JN195439

ピエール・ブルデュー 編

# 世界の悲惨

# I

荒井文雄・櫻本陽一　監訳

Ce perspectivisme n'a rien d'un relativ[illegible]jectiviste
conduirait à une forme de cynisme ou de ni[illegible]isme. Il est en
fondé dans la réalité même du monde social et il contribue à expl
une grande part de ce qui advient dans ce monde, et, en partic
nombre des souffrances nées de la collision des intérêts,
dispositions et des styles de vie différents que favorise la cohabita
notamment au lieu de résidence ou au lieu de travail, de gens diffé
sous tous ces rapports.

Bourdieu Library

藤原書店

un collectif dirigé par Pierre BOURDIEU

**LA MISERE DU MONDE**

©Éditions du Seuil, 1993
This book is published in Japan by arrangement with
les Éditions du Seuil, Paris,
through le Bureau des Copyrights Français, Tokyo.

# 『世界の悲惨』とは何か

ピエール・ブルデュー
聞き手＝加藤晴久
（東京大学名誉教授）

あなたの最近の著作『世界の悲惨』（一九九三年）は、昨年春出版以来ベストセラーになっています。五二の聞きとり調査記録と、担当研究者の社会学的分析からなっている本ですが、聞きとりの部分がそのまま脚本として使われて劇化され大きな話題になっています。われわれも昨日、スタン市の劇場で見て、撮影してきました。しかしこの『世界の悲惨』は（原著で）九〇〇ページもある本ですし、コメントの部分はかなり専門的で、すらすら読めるといったものではありません。それが一〇万部を超すベストセラーになっている。この事態をどのように説明されますか？

## 一〇万部を超えるベストセラー『世界の悲惨』

それは『世界の悲惨』が人々の強い期待に応えていたからだと思います。聞きとり調査のなかで話してくれた人たちはまさにその機会を待っていた、自分たちの苦悩について語るために私たちを待っていたかのようでした。読者のほうも、本のなかで話している人たちは自分の代わりに話しているという印象を持ったようです。自分の代弁者のように思った、話されていることのなかに自分の姿を認めたかのようです。そのような内容の手紙をたくさん受け取りました。読者との対話集会もしばしばやりました。あるとき、ひとりの女性が立ち上がって、「かすめ取られた成果」〔第Ⅱ分冊〕というタイトルのインタビューで語られている女性の話はまさに私自身の話です、あれを読んだお蔭で私は自分のことを理解できるようになりました、私も自分の話が人に話せるようになりました、と言いました。

**聞きとりの対象になった人たちはどんな人たちなのですか？**

それは本当にさまざまな境遇の人たちです。いわゆる極貧層に属する人たちがいます。たとえば失業者や労働者、ホームレス、浮浪者といった人々です。それとは逆に「小さな悲惨」に苦しむ人たちもいます。つまり、家もあるし、安定した仕事もあって、幸せであるための条件はすべて揃っているように見えながら、実際には職場の労使関係や人間関係で大きな悩みを抱えている人々もいます。ですから、この聞きとり調査は、フランスで「排除されている人々《レ・ゼクスクリュ》」、「第四世界《ル・カール・モンド》」と呼ばれる人々だけを対象としているのではありません。日常的に私たちが出会うような人々、たとえば教師とか学生といったごく普通の人たちも含まれているのです。私は極端に不幸な人の例をわざわざ選んだりはしていません。むしろあまりにドラマチックな例は外しました。というのも、『世界の悲惨』の基本的なコンセプトは、社会は表立って表現されることのない苦しみであふれている、その声にならない苦しみに耳を傾けようというものだからです。たとえば学校システムの中での苦しみです。日本の教育制度についても多くの文献を読みましたが、学校という場には表現されることのない苦しみが充満しているはずです。

**つまり、調査の対象となった人々に共通しているのは、彼らが今までみずからを表現する機会を持たなかった点である、というふうに言えるのでしょうか。**

そうです。民主主義と言われますが、現代社会の一般市民はそういう状況に置かれています。彼らについて、彼らのために、彼らの代わりに語る者たちがいます。政治家、労組幹部といった者たちです。しかし、この代弁者たちは市民の声に耳を傾けることがありません。この本はフランスの社会党政権※の末期に企画されました。その狙いのひとつは、人民の意思を表現しているはずの体制がいかに人民の言うことを聞いていないかを示すことでした。たとえばインタビューのひとつでは、下部の社会党員三人、市長、県会議員、組合活動家と語り合いましたが、彼らはいずれも、自分たちが党中央のエリートたちといかに断絶しているかを告白していました。これらの人たち自身が本当は一般市民の政治的代弁者であるはずなのに、です。となれば、一般市民に発言の場があるはずがありません。

## 『世界の悲惨』の「治療効果」

**聞きとり調査の対象になった人たちがいろいろだったとすれば、読者の方もそうだったと言えるわけですね？**

詳しい統計を取ったわけではありませんが、読者の手紙とか、集会での接触とかをとおして、非常に多くのソーシャルワーカーの人たち、つまり苦しんでいる人々と日常的に接している人たちに読まれたことがわかっています。しかしそれだけでなく、指導的な階層の人たちにも読まれました。というのはあの本のなかに読者は社会を見るひとつの見方を読みとったのだと思います。人々は話す場がないというだけでなく、聞く場もないと考えているのだと思います。聞くことを仕事にしている精神分析医とかその他の医師がいますが、社会的苦しみは表現される場がありません。別に治療的な役割を果たそうと思ったわけではありませんが、『世界の悲惨』には一種の治療効果があったと思います。

自分にとってこの本は一つの啓示だった、自分の問題が表現されていると感じた、今まで人前で言えなかったことが言えるようになった、と言う人たちがたくさんいました。

**治療的効果と言われましたが、具体的に説明していただけますか？**

たとえばソーシャルワーカーたちです。はじめ私たちは、ソーシャルワーカーはインフォーマントの役割を果たしてくれる、深刻な社会問題について彼らが持っている知識は私たちが分析すべき素材となると考えていました。ところがこの「生活道路で働く官僚たち《ストリート・レベル》」自身が実は大きな矛盾を抱えていること、深刻な苦しみに悩んでいることに気がつきました。北フランスの貧困地域で地区社会開発プロジェクトの主任をしている女性がいましたが、計画を実施するための手段がほとんどない、自分がやっていることは人々の苦しみをなだめる、眠らせることでしかないと悩んでいました。私たちと語ることが彼女にとってはまさに治療的効果を持つことになりました。

もうひとつ例を挙げますと、刑の執行を担当する判事の事例です。刑務所で服役者の外出とか外泊を許可するかどうかなどを判断する司法官です。インタビューのなかで「あなたはいわば『ヒューズ』のような存在ですね」と私が言ったのです。彼は笑いましたが、的を射ていると思ったのか、その後の話でこの「ヒューズ」という言葉を繰り返していました。それがきっかけでずっと打ち解けた話ができるようになって、彼自身の自己理解が進む効果がありました。読者にとっても同じようなことが起こったのだと思います。

その話をうかがって最近日本であったことを思い出しました。社会福祉関係の仕事に従事している人たちが自分たちで出している雑誌の「俳句」ないし「川柳」という定型詩欄で、自分たちが世話をしている貧困者や障がい者たちを嘲笑するような作品を発表しているのです。日刊紙がそれを取り上げてスキャンダルになったのですが、雑誌を回収するという、いわば臭いものに蓋をする形で処理されました。しかし、非難されたソーシャルワーカーたちは実は限られた条件の中で底辺の人たちの世話を一生懸命している人たち、彼ら自身上層階級に属しているわけでない人たちなのですね。その彼らが日常的に直面している矛盾が嘲笑的な川柳という形で表れたのだという分析はマスコミでは見ませんでした。

それは実に興味深い例です。ソーシャルワーカーを対象にした聞きとりは「達成不可能な任務」〔第Ⅰ分冊〕というタイトルでしたが、まさにあなたが言うとおりで、彼らは、蔑視すべきとされている人たちの世話をしているがゆえにいささか蔑視されている人たちなのです。人を援助する立派な仕事をしている、社会が果たしていない仕事に従事しているのに、軽んじられている。そうした状況を不当だと感じているわけです。最近、トゥルーズ市でコレージュ・ド・フランスの出張講義をやりましたが、終わったときにひとりの女性が寄ってきて、自分はソーシャルワーカーだが、『世界の悲惨』を読んで、読者の目に対してだけでなく、自分たち自身の目にとって、自分たちの仕事が名誉回復されたように感じて嬉しかったと言ってくれました。社会が重要な業務を、蔑視している人たちに負託するのはよくあることで、たとえばアフリカの多くの社会では鍛冶とか食肉処理など不可欠な仕事を負託されている人たちが一方で蔑視されています。私はそうした事態に義憤を覚えます。社会的弱者の世話をしている人たちが、自分たちが世話をしている相手を軽んじる、そのことで自分の仕事を軽んじる、そんな状況に置かれていることに、です。

## 似非科学的聞きとり調査批判としての「社会分析※」

昨夜私たちが観た芝居の最後で、従来型の聞きとり調査がかなり戯画的に演じられていましたが、そうした、あなたの言い方ですと「官僚的」な聞きとり調査の仕方に対して、あなたのチームが実践する聞きとり調査はどこが違うのでしょうか?

あれは官公庁の聞きとり調査の記録です。お役所社会学者が作った質問票に従って実施されたものです。残念ながら、普通、科学的と称されている調査の多くのはこの手のものです。それに従事している者たちは科学的と考えているのですが、ほとんどカフカ的と言わざるをえないようなもので、私たちは「尋問」というタイトルを付けて本に収録しました。私たちがおこなった調査はまったく違います。お役所的な調査で収集されるような客観的データは、聞きとりをする前にすでに私たちの頭の中に入っていました。対象となる人の置かれている状況、人柄、考え方、収入や家族に関してはもちろん、その人の属する社会的カテゴリー全体の状況も知っていました。

例えば、ロレーヌ地方の製鉄所の労働者とか、そこに住む移民の聞きとりに行く前に、私はその地方について書かれた物を深く研究し、調査のときにはそれを考慮に入れて質問するのです。その結果、私の質問の一つ一つが、相手をいかに理解しているかを証明するものとなるのです。つまり、聞きとりを受ける人が、質問の内容やその尋ね方を通して、自分が理解されていること、自分が受け入れられていることを感じ取るのです。そして、信頼して本音を語るというわけです。お役所的調査の、取り調べを受けているかのように、被告席に置かれているかのように感じるやり方とはまったく異なるわけです。

一部には、あなたやチームのメンバーによる社会学的コメントを付することなしに、生のままの面談記録を出せばよかったのに、という声がありましたが。

それは非常に重要な問題です。私たちはこの方法を「社会分析」socio-analyse と呼んでいるわけですが、私がこの方法を去年、日本で説明したときに、いったいどこが新しいのか、そんなことは皆やっている、というようなことを言った人たちがいました。それは疑わしいと私は思います。まず、社会学者が聞きとり調査の記録を公刊することは非常に稀です。それもそのはず、あまり誇れるようなものではないでしょうからね。それはさておき、面談はそれだけで、孤立して機能することはできません。語り手の存在条件の厳密に構築された記述を付さなければなりません。この記述は面談と一体をなすものです。これらの記述なしでは多くのテクストは公刊できません。たとえば人種差別的な信念が吐露されている場合があります。個人攻撃がおこなわれている場合があります。こうしたテクストをそのまま読者に提供することはできません。なぜ語り手がそのようなことを言うのかを読者が理解しうるように、語り手の社会的特性を記述した分析を添える必要があります。語り手に対してその聞き手が示すであろう態度を読者に代って取る、ということです。これは成功したと思います。私たちが意図したのは、まさに、社会学的まなざしの所産を、社会学的問いかけの成果を示すことでした。同時に、社会的まなざしの原理、つまりこう話しかければ、こう問えば、語り手はこう話す、ということを示すこと、人を理解するためにはどのようなまなざしを注ぐ必要があるかを示すことでした。

でも、こう言う人がいませんか。そのように前もって聞きとり調査を準備するというようなやり方は、被調査者、つまり聞きとりを受ける人々に調査者が自分を投影していることにならないか、と。つまり、そうした方法は科学的客観性を保証しうるのか、と。

それは実に素朴な考えです。それでいながら学問的だと信じ込まれている考え方です。最悪なのは素朴実証主義です。素朴実証主義の立場からそういう異論が出てくるのです。前提なき科学という幻想です。ニーチェはそれを処女懐胎の幻想と呼んでいます。私たちが批判した「尋問」的な調査というのは、まさに典型的な実証主義なのです。その調査の特徴は何かといいますと、問いを発する人が、みずからの問いそのものに関しては問いかけないという点です。このような調査をする人は、例えば今何をしているのですか、どこで働いているのですかといった質問が中立的で客観的だと考えています。しかし、もしこれが失業者に対する質問であった場合、それは相手の罪責感をかき立てるようなものとなってしまいます。失業中の人に「働いていないのですか？　何故ですか?」と聞くことがどんな意味を持つかおわかりでしょう。

それに対して、私たちの調査方法の特徴は私が反省性《レフレクシヴィテ》と呼んでいるものです。つまり、調査者は被調査者との関係を把握する努力をするということです。面談記録に付したコメントでは、例えば、両者はどのようにして知り合ったのか、つき合いは長いのか、社会的格差はあるのか、同じような社会環境に属しているのか、あるいは聞きとりがおこなわれたときの社会関係の性質はどのようなものであったか、これらすべてが明らかにされるということです。
言いかえれば、調査者の問いかけ自体を批判するために大きな努力がなされているということです。実証主義的調査はこの努力をいっさいしません。客観性と言いますが、客観性とは主観のゆがみを批判することを前提としています。質問を受けている人の立場に立つために、質問する者の主観のゆがみを批判しなければならないのです。質問する者が受ける者の社会的立場に立ったら、どのように言うだろうかを自省しなければならないわけです。

## 客観化する視点自体を客観化する

本の面談記録を読んだり、芝居を見たりして印象深かったのですが、フランス語で se trahir、文字通りには「自分を裏切る」、比喩的に「思わず本音を漏らす」ということですね、そういう場面がしばしばありますね。

この本をもとにした劇化の企画がかなり寄せられてきているのですが、私は演出家に言っています。もし観客が笑ったら、その劇化は失敗したことになる、と。笑いというのは難しい問題ですが、共感を込めた、優しい笑いはともかく、皮肉な笑い、距離を置いた笑いの場合は、失敗です。なぜかということですが、日常生活において、私たちは皆、他人の客観的真実については明敏です。しかし、他人を見ているときの自分の視点については明敏ではありません。ですから、大切なのは、客観化する者の視点を客観化することです。それが本当の客観性というものです。ですから、できる限り、読者や観客がこの視点から見ることができるようにすることです。そうすれば、ほかの人々を笑ったり、非難したり、毛嫌いしたりすることはなくなります。それまでは嫌だなと思っていたような人をも、あるがままに受け入れることができるようになるのです。

あなたは「補佐された自己分析」(l'auto-analyse assistée) という言い方をしていますが、聞きとりが終了した時点で被調査者は自己を発見する、自分という人間、自分の行動、要するに自分の人生を社会的に構造化しているものを発見する、ということになるのでしょうか。

そのプロセスは複雑です。日常的な場面でひとは他人について「あいつは我慢ならない、耐えられない」というようなことを言います。しかし自分自身についてもそう言うことがあるわけです。「自分に我慢ならない、耐えられない」という自己嫌悪があります。ところで、それに対して、他人、あるいは自分を我慢できる、耐えうるものにするプロセスは、人あるいは自分を変えるというのではなくて、その人あるいは自分がどのようにして今の人あるいは自分になったかを理解することなのです。いまある人あるいは自分にならなかったとしたら、わけがわからないということを理解することなのです。そこにある種の必然性があるということを理解することです。『世界の悲惨』の最後で方法論を展開した「理解するとは」という部〔第Ⅲ分冊〕のなかでフランシス・ポンジュの詩集『物の味方』« Le Parti pris des choses » に触れました。生物や無生物、カタツムリや椅子など、偶然的な存在がそうしたものとしてある、その必然性を受け容れるまなざしです。そのまなざしを人間に対しても持つということです。もちろん人間は競争、対立抗争の関係にありますから、より複雑ですが。

あなたのいう社会分析と精神分析とは違うものと考えるべきなのですね?

手続きの面では相似性がありますが、構築原理においては違います。いずれの場合も、相手に耳を傾ける、相手に対して完全に開かれている態勢にあるという点では似ていると言えますし、社会学者はこの姿勢を反射として完全に体内化していなければなりませんが、理解原理においてはまったく別です。

## ハビトゥス※を理解することはその人間を理解すること

社会分析には精神分析と同じように見えないものを見えるようにするという意図がある、そのことによって精神分析と同じように治療効果を持つことになるのだと思いますが、『世界の悲惨』の根底にある社会理論を具体的な例をとおして解説していただけませんか。

聞きとり調査で私たちがする質問、一見何でもないような質問の背景には理論があります。無色透明な質問というのはないので、その底には社会的存在としての人間、その人間を作り出した社会的条件についてのグローバルな哲学があるわけです。『世界の悲惨』に収めた面談の狙いは私が「ハビトゥス」と呼ぶものが表現されるようにすることでした。ハビトゥスというのは、われわれの内にある、言説・行動の生成原理です。われわれは社会的学習によって持続的、恒常的、体系的な諸性向を獲得します。これがわれわれのすべての行動のなかに表現されるわけです。たとえば、われわれは直感的に、人はひとつのまとまり、統一性を持っていると考えます。人の言動を予測可能なものと考えています。そしてそれを彼の性格に帰するのが普通です。生来の性格、つまり自然、生物的自然に帰するわけです。ハビトゥスはこれを社会的に獲得されたものとする概念です。人を理解するとは、この生成原理——彼が即興する、つまり言ったりしたりすることを選択する原基であるマトリックス——を把握することです。このハビトゥスを直感的に把握すれば、人の言動を予測できることになります。的確な質問ができます。未知の者どうしの間にごく自然な、くだけた会話が成り立つのは、相手のハビトゥスについての認識があるからです。抽象的な認識ですが、これを適用することによって自然な面談が可能になるのです。逆にいうと、自然に見える面談の背景には、調査者が被調査者のハビトゥスについての科学的な認識を持っているということがあるわけです。

ハビトゥスとは、われわれの身体に刻み込まれている行動原理である、われわれはこれを社会的学習によって獲得する、要するにわれわれの内部に組み込まれた社会である、ということはわかりましたが、具体的な例で説明していただけますか。

例えば、美術館に行き絵画を鑑賞するといった文化的な活動を取り上げてみましょう。まず美術館に行く頻度、そこに定期的に通う確率は社会的にきわめて不平等に分布しています。美術館に行くことがまったくない階層に属している人たちがいます。確率は上の階層になるほど大きくなります。次に、美術館に通う人々の好みを記述することができます。どんな種類の絵が一番好きかを尋ねた場合、一九七〇年代のフランスでは印象派という答えが圧倒的でした。印象派というのは一番安易で、最頻度な趣味、平均的な趣味だったというわけです。さらに印象派をもっとも好む人々を対象に、彼らが属する社会階層や学歴などについて調べ、どの画家が一番好きかを詳しく調査することもできます。商業や工業に携わる富裕なブルジョアはルノワールが好きだと答えるでしょう。ルノワールというのは、ブルジョア演劇的、色鮮やかで、きれいで、幸福感にあふれており、上流の生活を描いているということになるのでしょう。それに対して、社会空間の別の位置に属する人たち、文化に携わる人々、例えば教師の間ではマネ、あるいは印象派ではありませんがゴヤがもっとも好まれています。つまり、よりいかめしく、冷たく硬い感じがして、批判的な絵ということです。

さらに社会的出自を関わらせて、一歩進んだ分析をおこなうこともできます。たとえば第一世代の教員、つまり庶民階級出身の教員の場合、バロック音楽が好きだと言うでしょう。それに対して、ブルジョア出身の教員、ロラン・バルトのように、子どものときピアノを習ったとか、母親がピアノを弾くとかいった教員は、もっと洗練された、親密な《アンティミスト》音楽、シューベルトのリートやフォーレが好きと言うでしょう。こういう風に分析を次第に精密化していくわけです。もちろんどんな場合にも例外はあるので、第一世代の教員でもフォーレを愛する者もいれば、伝統的ブルジョア出身の教員でもバロック音楽を愛する者もいます。しかし、確率という視点からすれば、いま述べたようになります。

「社会学的真実は統計的真実である」というあなたが前に言われた言葉を思い出します。常に例外はある。

そのとおりです。ただし、科学の目的は例外をなくすこと、新しい変数を導入して例外をも理解させるようにすることです。ある人々がフォーレを愛し、他の人々がセザール・フランクを愛するのは何故かを社会学的に説明できるかどうかわかりません。いずれにせよ、説明しようとするなら、新しい変数を導入しなければなりません。私の経験では、新しい変数を導入するたびに例外の理解が進むのが常でした。説明不可能と思われたものが、説明可能になるのが常でした。もちろん科学的にすべての変数を手中にしうるかは問題ですが。

ハビトゥスという概念はいつも私に「箸の上げ下ろし」という日本語の表現を思い起こさせます。各人それぞれがそれぞれの家庭環境で身に付けた独特の箸の扱い方があります。ですからたとえば、もしあなたが好きな女性があなたと違う箸の使い方をするなら、その女性とは結婚しないほうがよい、遅かれ早かれうまくいかないことになる、というわけです。フランス語で「不釣合いな結婚」(mésalliance) と言いますね、あれです。ハビトゥスというのは、まさにそれだと思います。

まさにそのとおりです。私はかつて、自分の生まれ故郷のベアルン地方における結婚の仕方の変遷を研究したことがあります。日本でもそうでしょうが、かつての農村社会では結婚は家族によって取り決められていました。まさに「不釣合いな結婚」を避けるために「箸の使い方」が重視されていたわけで、金持ちは金持ち同士、貧しい者は貧しい者同士で結婚するように取り計らわれていたのです。今日ではこうしたことはなくなったと思われています。多くの近代社会においては結婚は自由な形態に移行しました。配偶者の選択は自由な交換にもとづいている、それぞれが自分の配偶者を自由に選ぶと思われています。

しかしながら、統計的に調査してみると、現代においても、やはり同じ箸の使い方をする者同士が結婚していることがわかります。同じ社会的特徴を共有しているのです。「同婚」(homogamie) と言われるものです。同じ社会的水準の者同士が結婚することです。親密な交際をしているカップルは、相手がどのような人間であるか直感的に理解している。彼らは同じハビトゥス、同じ物の見方、同じ知覚原理を持っているということです。ですから、初対面の者同士のあいだの、君はどんな映画が好きなの、といった種類のおしゃべりは互いが同じハビトゥスを持っているかどうかを見抜くひとつの方法なのです。そして、もし同じハビトゥスであれば、僕たち気が合うね、趣味も同じだし、ということになります。この「趣味が同じ」というのは、フランスではよく使われる表現ですが、これはつまり同じハビトゥスを持っているということなのです。

こういうとき、似た者同士群れるとか、生まれつき同じ性格の者同士のつながり式に考えるのは、よくある素朴哲学です。実は似た者同士というのは社会的に作り出された者たちなのです。同じ環境に属する者たちなのです。民族もひとつの要因です。ハビトゥスは部分的に民族によっても決まります。日本人とフランス人は挨拶の仕方、話し方などで区別がつきます。また、ハビトゥスは社会的な位置、経済資本、つまり所得水準、文化資本、つまり教養や学歴などと結びついていますし、性別にも関係があります。こうした特性すべてが人々、集団の性向を決定する条件になります。そしてこれら性向をとおして行動を決定するわけです。大まかに言いますと、同じ環境の中でつくられた人々はおそらく同じような趣味や好みを持ち、彼らが出会えば、互いに相手に対して親しみが持てるというわけです。逆にかけ離れた環境に属しているとすれば、相手になじめないと思うだろうということです。

そうですね、ただ、ハビトゥス概念については、素朴な反応として、決定論だとか、宿命論だとかいった批判がなされることがあります。

## 自由と必然

それに対する第一の答えは、私は社会学的認識をこれまで研究されてこなかった領域、これまで心理学に委ねられていた領域に進めたということ、無知を縮小した、そのことによって自由の幻想を打ち砕いたということです。自由は幻想だ、必然性についての無知だ、とスピノザがすでに言っています。批判があるのは、私が伝統的に心理学に任されていたことを研究の対象にしたことに起因しています。たとえば色の好き嫌いです。「趣味と色彩は議論の対象にならない」ということわざがあります。科学の対象にならないというわけです。私はそれがまさに科学の対象になることを示しました。いくつかの変数をもとに人々の趣味を予測することができることを示しました。第二の答えは、ハビトゥスとは拘束のシステムですが、同時に発明原理でもあるということです。あるハビトゥスから新しいものを作ることもできるのです。いま私がやっていること、私と同じ教育を受けなかった、同じ学校を出なかった、同じ本を読まなかった、同じ研究をする時間のなかった人は、これと同じことはできません。同じことを言ったり考えたりすることはできません。ハビトゥスは必然性の原理です。しかし自由の原理でもあるのです。人々のハビトゥスを知ること、それは人々の文法を知ることです。彼らはこの文法に従って話すのですが、文法に従いつつ無限の文を作ることができます。ハビトゥスに従って無限の文ができますが、それは文法の範囲内でです。フランス語の文法で日本語を話すことはできません。農民のハビトゥスの持ち主は国立行政学院〔→グランド・ゼコール※〕の学生と同じ話し方はしません。山奥の村の農民は東大の学生と同じ話し方はしないでしょう。

まさにその点が問題でして、人々は何か自分自身の判断とか選択といったものの自由が否定されているように感じるのではないですか。誰でも、自分がある画家が好きだ、ある映画作家が好きだ、という場合、それは自由な、独立した選択、判断だと思っているのではないでしょうか。

いや、私たちは、ある選択の幅の中では自由なのです。例えば、あなたと私が生み出された社会的条件には共通点が多いわけですが、この場合、二人がある特定のカテゴリーの映画を好むだろうと予想できるわけです。しかし、このカテゴリーの中で、あなたはこの方が好きだ、あの方はどうも、ということはあるでしょう。ただ、こうして残っているかに見える自由も、単に私があなたについて十分に精密な分析装置を持っていないということだけなのかもしれません。

私がやっているような社会学的客観化にいちばん反発するのは知識人です。自由の幻想はまさしく知識人の特性です。他のカテゴリーでは必然性の意識が強い。たとえば、労働者の間では、現実主義的な意識、必然性の意識が根付いています。いま自分がやっていること以外のことができるという自由の幻想はありません。

**そういったハビトゥスは個人の内部で一体どのようにして形成されるのでしょうか。その過程についてもう少し詳しく説明していただけますか。**

その前にハビトゥスを具体的な例でもう少し説明しておきましょう。自分がよく知っている人間、身近な人間についてそのハビトゥスを私たちは直感的につかんでいます。たとえば親子関係です。親は自分の子どものハビトゥスを直感的に知っています。子どもにとってはやりきれないわけですが、「また、あれだこれだ」「いつも、こうだああだ」といった具合で、子どものハビトゥスがひとつの本質であるかのように、それを元に子どもの言動を予測できるかのように考えています。この親の直感には真実が含まれています。メルロー＝ポンティがうまい例を挙げています。人それぞれに固有の筆跡があるというわけです。ペンで紙の上に書く、チョークで黒板に書く、大きく書く、小さく書く、いろいろですが、一人の人間が書くものには固有の形、姿、特徴があって、それを見ればすぐ、これはあなたの書いたもの、これは私の書いたものとわかります。多様性を超えたところに、ある統一性があるわけです。ひとりの人間の、物を食べる仕方、話し方、衣服の着方、髪の整え方、すべてに親近性、類縁性、統一性があります。

これがどのようにして形成されるか。興味深いのは、ハビトゥスは明らかに後天的に獲得されるのですが、その獲得のされ方は全く無意識的であるということです。ハビトゥスという私たちの中にある原理、文法は私たちに左右できないもの、私たちの統制の及ばないものであるということです。

**そして、ハビトゥスは個人的なものであると同時に集団的なものでもあるということですね。**

もちろん、二人の人間がまったく同一の条件を共有することはありえません。だから違いはあります。しかし、たとえば同じ社会的出自、同じ学歴、同じ職業など根本的な面で共通点がある場合、いろいろな個人的違いを超えて、政治的態度、趣味、食事面や衣服面の趣味等で、多くの共通点を持つのが普通です。そうした大きな共通性の中で小さな違いがあるというわけです。ハビトゥスはある社会カテゴリーに共通する、しかし違いを伴う、ということになります。

**ブルデューは決定論者だ、宿命論者だと言う人たちはまた、ブルデューは遅れて来たマルクス主義者だと言うのですが、この点はいかがですか。**

マルクス主義とは何か、は難しい複雑な問題です。私の仕事は階級概念を含めていわゆるマルクス主義に逆らって構築されたと言ってよいかと思います。「マルクス主義者」など、思想とか芸術の分野で人を分類するために使われる概念のほとんどすべては侮蔑的なニュアンスを持っています。たとえば「印象派」もそうで、初めは侮蔑的に使われたのです。「マルクス主義者」と言われて、そうだと挑発的に居直ることもできますが、こうしたレッテル貼りはまったく不毛です。あえて言えば、私はマルクスがなすべきであったがなさなかったことをした、マルクスが自分自身と首尾一貫していたならばしたであろうことをした、ということかもしれません。

レッテル貼りを相手にするのは止めて、いわゆる決定論を論じましょう。もし、社会的行為主体が深く、持続的に、彼らの存在条件によって条件付けられ、変容させられるというのが真ならば、彼らが決定されているというのは確かです。社会化《ソシアリザシオン》を論じない社会学者はひとりもいません。そんな人がいたら、それは社会学者ではありません。つまり社会学者は誰もが決定論の観念を受け容れているのです。問題はこの決定論がどの程度適用されるのか、すべてが決定されているのか、人間の生活には決定されていない部分があるのか、人間精神の論理的構造は社会的条件によって決定されているのか、それとも独立しているのか、といった問題です。これらが重要な問題であることは異論がないでしょう。私は、人間精神の構造は社会的に構成されると考えています。これが第一。第二は、そのような制約に対してわれわれはどのような自由を持ちうるかという点です。私は、自由の一つはこうした制約を認識することであると考えます。このことに盲目な人々、われわれは自由だ、自分は一個の人格であり、主体なのだなどと言う人々は、まさに知識人特有の幻想、自分は決定されていないという幻想の犠牲者です。サルトルはその典型です。彼はこの自由な主体という幻想の中で生きていた人です。これこそ知識人の社会学的幻想です。こうした幻想を捨て、自分は決定されているという考えを受け容れること、決定論を認識することによってひとつの自由を獲得できるのです。つまり、決定論に対して働きかける自由です。

例を挙げます。デカルト、スピノザ、ライプニッツら古典的哲学者は、人間は情念《パッシオン》を持っていると言っています。彼らが情念について語っていることは私がハビトゥスについて言うことと同じです。情念を変えることは難しい、情念を変える一つの方法は情念を知ることだというわけです。

なるほど。よくあなたは、重力の法則があるからこそ飛べるのだとおっしゃいますが、そういう意味での自由ということですね。そして、自由を獲得し、人間を解放するのに、社会学は貢献することができると常々言われています。社会学は私たちを規定している、見えない構造を見えるようにできるというわけですね。

ところで、ハビトゥスを作り上げる要因のひとつとして性別や民族を挙げられましたが、これを一種の習慣であるかのように考える人々がいます。社会学者だけではありません。フランスの日本学者、日本のフランス学者などには、自分が観察したわずかの例を根拠にして、日本人はこうだ、フランス人はこうだ、式の議論をする人たちがいます。あなたはいつもこのての人たちを、エッセイストであって研究者ではないと批判しておられるわけですが、あなたの所説、あなたが提唱される概念は、単なる思い付き、あるいは思弁の所産でなく、いつも精密・詳細な実証的統計的調査にもとづいている、ということを強調しておく必要があるように思います。

## 理論と経験

民族的特性はもちろんハビトゥス形成に関与します。ただし、安易にフランス人はこうだ、日本人はああだと言うのは本質主義であって、民族的特性を性格、自然的属性と見なす立場です。人種の観念と同じで、自然に、生物学的に形成された特質である、それが行動、趣味、選好すべてを決定する、とする立場です。

私も人々についてああである、こうであると言います。しかしそれはある特定の存在条件、特定の教育の結果としてそうなのだということです。たとえば、私がフランス人のハビトゥスとの比較において日本人のハビトゥスを研究するとしますと、まず膨大な歴史的研究をおこなわなければなりません。日本文化はどのような条件のもとで形成されたのか、ある事柄が、どうして本質的に日本的なものだと言えるのか。それが、いつ、だれによって、何のためにつくり出されたのか。そして、それがどのように再生産されたのかといったことです。この過程で教育の役割は重要です。フランス人の精神構造の特性として、たとえば才気ということが言われますが、これは学校教育によって、伝統的な作文教育によって生産・再生産されたものです。日本ではそうでないかもしれません。歴史的状況が違うからです。

私は社会学者ではありませんが、専門家ではない立場からの印象を申しますと、特に日本の場合、とかく社会学者の仕事は二つに分離しているように思います。一方では非常に細かい研究があり、細かいデータまで提示するわけですが、ただそれだけのことで分析・解釈がない。一体何のためになるのだろうと思います。そうかと思えば、何の根拠も示さずに一般論ばかり唱える人たちもいます。こういう人たちは社会学者と言えないのではないでしょうか。というのも、科学的な調査に基づいて言っているわけではないのですから。

そのとおりです。私はそのいずれも初めから一貫して拒否してきました。私の若いころ、フランクフルト学派の批判社会学、批判哲学がもてはやされました。その批判的性格に共感を覚えましたが、その皮相で饒舌なレトリックに違和感を持っていました。また、他方にはラザースフェルドに代表される経験社会学が盛んで、何でも統計を取るのですが、その結論というのはきわめて陳腐で、理論構築の努力をしない一派です。私はこのような二者択一を拒否したのです。たとえば『ディスタンクシオン』の元になったアンケート調査ですが、これは、労働者はブルジョアに比べてどのような頻度でパンツを替えるかといった類の、きわめて具体的な質問に答えることが出発点になっていたのです。アドルノのような理論家はこんな問題は絶対に問わないでしょう。音楽は論じるかもしれませんが、そんなところにも実は階級的差別主義が顔をのぞかせることがあるので、アドルノが大衆音楽について言っていることは非常に侮蔑的です。私は、身近な具体的・個別的な事柄の中で一般的な問題を考えようとしてきました。例えば、カントの提出した古典的な問題で、カテゴリーの問題があります。どのようにして私たちは知ることができるのか、どのようにして認識は可能になるのかというと、それは私たちの精神の中にカテゴリーがあるからだということになるわけです。デュルケームはカントから想を得て、未開社会ではこのカテゴリーは乾いた・湿った、熱い・冷たい、太陽・月など原始的分類形式であると言いました。そしてモースとともに、神話が構築される基になるこれらカテゴリーを分析しました。私は現代社会について同じことをしました。例えば、教師が学生の作文・レポートを採点するとき、美術評論家が一枚の絵を批評するとき、才気ありとか、真面目だとか、曖昧だとか、構成がしっかりしているといったカテゴリーを動員します。これらのカテゴリーは社会的に形成されたもの、社会的に獲得されるもの、あるカテゴリーの人々に共通のものなのです。いわゆる共通感覚《サンス・コマン》です。人はよく、それは明らかだとか言いますが、これは頭の中に同じカテゴリーを持っている人々にとって明らかだということなのです。こうしたカント的カテゴリーは普遍的なものではありません。それはさまざまな環境の中で獲得されるものであり、民族が異なればカテゴリーも異なるということです。

**一般的なものと個別的なもの、理論的なものと経験的なものを両立させることを常に心がけてこられたわけですね。**

私に言わせれば、もっとも理論的なことはもっとも経験的なものです。『世界の悲惨』はきわめて理論的な本ですが、その理論は目に見えません。理論が経験的に応用されているからです。

**あの規模の調査を実施するためには多額の予算、また時間が必要だったのではありませんか。**

私たちよりずっと多くの予算を使うチームもあります。『世界の悲惨』は比較的多くの経費がかかったことは事実ですが、予算の問題は主要な問題ではありません。巨額の予算を使ったからといって、厳密な調査ができるわけではありません。大規模な調査が難しいわけでもありません。むしろその逆です。

（後略。一九九四年四月一日、コレージュ・ド・フランスにて収録）

# 世界の悲惨　I

## 目次

# 第III部　国家の不作為

［以上、第Ⅰ分冊］

## 第II分冊 目次

## 第Ⅲ分冊　目次

# 凡　例

一　本書は *La misère du monde*, sous la direction de Pierre Bourdieu, Éditions du Seuil, 1993 の全訳である。日本語版には、原書に無かった一九九四年収録のピエール・ブルデューのインタビュー（初出：加藤晴久編『ピエール・ブルデュー 1930-2002』藤原書店、二〇〇二年）の前半を、本書への導入として掲載した。

一　原文のイタリックのうち、強調を表すものは傍点で示した。書籍・新聞・雑誌・映画・舞台・絵画名等は『　』で示した。

一　原注は本文に（1）（2）……を付し、当該章末に掲載した。

一　［　］は面談記録作成者による補足を示す。

一　訳者による短い補足は本文中に〔　〕で挿入し、長い訳注は❖、❖❖……を付して当該段落末に置いた。

一　著者の社会学の概念やフランスの社会背景の理解を補うため、日本語版独自の「用語解説」を設け、第Ⅲ分冊に収録した。用語解説で項目を立てた語には本文で※を付し、ある項目のなかにその語の解説が含まれている場合には↓で項目を示した。

# 世界の悲惨 I

次のみなさんに私たちの感謝を捧げたい。

私たちが、ここにその成果を示す調査研究の財源を保証してくれた預金供託金庫。なかでも、私たちの試みの当初から継続的な支援を寄せてきた、ロベール・リオン、ポール・パヴィ、ピエール・サラグッシの各氏。

私たちの作業の全過程にわたって、注意深い支援を寄せてきたピエール＝ジャン・グレ氏。

現場で調査を行なう上で、そしてそれらを解釈するために必要な情報を集める上で、私たちを様々な立場から助けてくれた、パスカル・バス、ジャン・バラン、ジャン＝クロード・フェト、ジャッキー・ガラン、アンドレ・ジェネラ、ジル・ロット、エドモン・メール、レミ・ヌーヴォー、ニコラ・パヴィの各氏。

そして、私たちと対話をすることによって、私たちに対する信頼を示してくれたにもかかわらず、匿名性尊重の配慮から、私たちがその名を挙げることができないすべての人々。

# 読者に

本書には、様々な人々が自分の生活と苦悩について私たちに打ち明けてくれた証言が収められている。私たちはこれらの証言を、科学的な方法が要求する、また、科学的な方法によってのみ可能となる、理解のまなざしを持って集めたし、また、それらを配列し注釈を加えるに際して、読者にも私たちと同じ理解のまなざしをこれらの証言に注いでもらえるように配慮したつもりである。それゆえ読者には本書の構成に従って読みすすんでいただきたいと考えている。読者のなかには、いろいろな「事例研究《ケーススタディ》」をいわば短編小説とみなして、あれこれ拾い読みをし、方法論的前提や理論的分析を無視してしまう人々がいるかもしれない。それはそれで理解できないことではないのだが、私たちとしては、これらの方法論的前提や理論的分析は面談記録の正しい理解のためには必要不可欠のものと考えている[1]。

個人的な発言――つまり、一対一の人間関係においてのみ成り立つ信頼関係のなかで得られた打ち明け話――を公にすることについて、ある種の不安を禁じえないことも確かである。確かに、私たちの対話者はすべて彼らの談話をどのように使うかについては私たちに一任してくれていた。しかし、信頼の契約にもまして、無言の要求を数多く含んだ契約は存在しない。私たちとしてはまず、私たちを信頼して打ち明けてくれた人々を保護するという配慮をしなければならなかった（そのために、地名や人名といった、彼らを特定できるような事項はしばしば変えてある）。それにもまして私たちが意を用いたのは、彼らの発言が無防備に提示され、結果として曲解されるという危険から彼らを守るということであった。

「嘆かない。笑わない。嫌わない。そうではなくて、理解すること」。社会学者がこのスピノザの教えを自らのものとしても、この教えを守る手段をも提供することができなければ、何の益もない。そして人々を理解する、つまり彼らをあるがままにとらえる手だてを与える道はただ一つしかない。それは、彼らを必然的な存在として把握するために必要な道具を提供することである。つまり、彼らが彼らであることの原因と理由に彼らを系統だてて関連づけることによって彼らのあり方を必然化するために必要な道具を提供することである。だが、標本のように「ピンで留める」ことなしに説明するにはどうすればよいか？　たとえば、面談記録に先立ってそれを分析した解説を付しているわけだが、そのことによって、面談記録を何やら病類診断を冒頭に付した臨床記録めいたものにしてしまうのを、どうすれば避けることができるのか？　分析者の介入は必要であるが、きわめて難しい。介入は包み隠しのない公然たるものであると同時に、常に介入自体を忘れさせるように機能しなければならない。たとえば、分析された事例の配列順であるが、これは、互いにまったく異なる視点、現実世界では互いに拮抗し、さらには敵対する可能性のある視点を持つ人々を近いところに配置し、時間をおかずに読まれるようにしたものである。この順序はまた、教員とか小商店主とか、〔先行する解説によって〕直接、分析の対象となった事例に近接してそのヴァリアントとも言うべき他の「諸事例」を置くことによって、分析された事例の典型性を明らかにすることをも可能にしている。聞きとりを転記すれば口頭の談話は決定的な変容を蒙ることになるものだが、タイトルや小見出し（これらはいずれも被調査者自身が用いた表現を借用している）によって、とりわけ対話の前に付したコメントによって、漫然とそして準備もなしに読んでいたのでは見落としてしまうであろう関与的特徴に読者の目を向けてもらうように配慮した。語り手は様々な社会的条件と条件付けの産物にほかならないが、タイトルや小見出し、コメントはこれらの社会的条件と条件付けに注意を喚起する役割を担っている。すなわち語り手が歩んできた軌跡、学歴、職歴など、転記された談話において、また、活字にすると消えてしまう発音やイントネーション、ボディランゲージ（身振りや態度、表情、視線）、さらには沈黙やほのめかし、言い間違いにおいても隠され、かつ明らかにされている諸々のことがらに注意を喚起する役割を担っているのだ。

しかし〔それだけでなく〕、どうしても避けることができない〔分析者の〕介入を受け入れてもらうには、分析者としては、以下のような書く作業を行なうしかない。それは、それぞれに矛盾を孕んだ二つの目標をともに達成するために不可欠となる作業だ。目標の一つは、被調査者をあたかも珍しい昆虫であるかのような存在に転化してしまう距離を作り出す客観化に陥ることなしに、彼の位置《ポジシオン》の客観的分析と彼がおこなうさまざまな態度決定《プリーズ・ド・ポジシオン》の理解に必要なすべての要因を提示することである。もう一つの目標は、調査者が望もうが望むまいが一つの対象であることには変わりない被調査者という分身《アルテル・エゴ》のうちに不当に自己を投射して、不遜にも自らを彼の世界観の主体としてしまうことなしに、彼の視点と可能な限り近い視点を取ることである。分析者の批判的省察が隅々に及んだ構成作業の成果に、自明かつ自然な様相を、さらに言えば所与への素朴な帰順といった様相を与えることができたとき、はじめて、分析者の参与的客観化※の仕事は成功したことになるであろう。

ピエール・ブルデュー

**原注**

（1）聞きとり調査と、その結果の書き起こしと分析の作業の認識論的前提についての詳細な考察は本書の末尾において展開されている。第Ⅶ部「理解するとは」参照。

# 第Ⅰ部　様々な視点からなる空間

「団地地区《シテ》」とか「巨大団地《グランザンサンブル》」と呼ばれるような場所、また多くの学校のような場所は、あらゆる点で離れた（＝違う）人々を接近させる。お互い知らぬ顔、お互い無理解という場合もあれば、隠然たる、あるいは公然たる対立関係にあり、そのためにいろいろ苦しんでいる場合もあるが、共生することを余儀なくされているのである。そのような場所で生起していることを理解するには、個々の人々の視点を個々別々に捉えて説明するだけでは不十分である。彼らの視点を現実にあるがままに対決させる必要がある。様々なイメージの対比を際限なく繰り返し、それらの視点を相対化しようというのではない。それとは反対に、それらの視点をただ単に並置することによって、人々の、異なった、あるいは対立する世界観の対決から生じるものを明らかにするためである。すなわち、ある場合には、それぞれ社会的な根拠があるがゆえに相容れない視点の、譲歩も妥協も許されない対決から生まれる悲劇をあらわにするためである。

ここに収めた聞きとり調査は、それぞれ独立したものとして構想され構成されたものであり、個々別々に（また、好きな順序で）読むことができるが、その配列には特別な配慮をした。つまり、物理的空間において接近する、それどころか対決する機会のありそうなカテゴリーに属する人々（たとえば低家賃団地の管理人と団地住民――成年や未成年、労働者、職人、商店主たち）の証言を、相前後して読むことができるように接近させて配列したのである。これは、二つの効果を狙っている。第一に、いわゆる「困難な」場所（今日では「団地」あるいは学校がそう言われる）というのはまずもって記述することが、また考えることが困難な場所のことであるということを明らかにしたい。（特にマスコミが流布する）過度に単純で一面的なイメージに代えて、同一の現実がときには互いに相容れないいくつもの異なった談話をとおして表出されるという事実を踏まえて、複合的・多面的なイメージを提示しなければならない。第二に、フォークナーやジョイス、ヴァージニア・ウルフのような小説家たちのひそみに倣うことを考えている。つまり、観察者が（そして、自分には無関係な話と思っている限り読者も）取りがちな視点――唯一、中心的で、支配的な、要するに神のような視点――を棄てて、共存するそしてときには相争う複数の視点に対応する複数の遠近法《パースペクティヴ》を採用しようとしたのである。[1]

この遠近法主義《パースペクティヴィスム》は主観主義的な相対主義（これはある種のシニシズムあるいはニヒリズムに導くだけである）とは何の関係もない。それはまさに社会の現実そのものに基礎を持っており、この社会で生起することの多くを説明することに寄与する。とりわけ、様々な利害や性向、生活スタイルの衝突――こうした点のいずれにおいても異なる人々が、特に居住地や仕事場で共生することで生起しがちになる衝突――から生まれる苦しみを説明することに寄与するのである。あらゆる経験の生きた地平をなす恒常的な集団（同じ地区や同じ棟の住民、会社の同僚など）の内部においてこそ、異なった階級や民族や世代を隔てる諸対立――特に生活スタイルの面での対立――が、遮蔽作用〔第Ⅱ部「場所の作用」原注（1）参照〕に由来するあらゆる間違い（特に標的に関わる間違い）とともに、知覚され生きられるのである。確かに、ときには自分の位置と自分の歩んだ軌跡ゆえに内部で引き裂かれ分裂した見方をする人々に出会うこともある。（たとえば第Ⅰ部「割に合わない投資」に登場する、「困難な」団地地区のスポーツ用品店主の女性である。彼女は団地の若者たちに一定の理解を示しながら、その一方で、強固に自分の立場を擁護するのを当然と考えている。）しかし〔より一般的には〕、異なったもの同士が直接に対峙することからは、争点となっている問題について、当事者ゆえに部分的〔一面的〕な洞察力を高めるという結果が生じる。（それがたとえば第Ⅰ部「フランスに同化した家族」のスペインからの移民女性の場合である。彼女は、子どもの数が少ないことと、しっかりした規律のある生活とがしばしば結びついているヨーロッパ人家庭の構造と、子どもの数が多く、親の権威の失墜――その原因は、慣れない土地でうまく適応できず、ときには自分の子どもたちに依存せざるをえない異国生活者の境遇にある――のためにしばしばアノミー的状況に陥っている北アフリカ出身者の家庭との間の違いを指摘している。）

マクロな社会空間で占めている位置にかかわる経験さえも、（会社、工場、小企業、近隣、拡大家族といった）ミクロな社会空間において直接受けた社会的相互作用の影響によって決定されるか、少なくとも変質させられるのである。パトリック・ジュースキントの劇作品『コントラバス』は、オーケストラの中で〔周辺に〕位置づけられるコントラバス奏者のように、高い評価を受けている特権的な集団の内部で低く地味な位置を占めているすべての人々が経験する社会的苦しみをとりわけ見事に描き出している。この経験は、彼らがどうにかそこに加わってはいるものの、結局、そこでは自分の相対的位置の低さを思い知らされるほかはない小世界が社会空間全体の中で占めている位置が高ければ高いほど、おそらくいっそう苦しいものとなる。こうした位置の悲惨〔位置から生じる苦しみ〕は〔社会的〕小世界の境界の中に閉じこもってそれに耐えている者の視点に相関するものだが、〔包括的な〕大世界の視点に立って、それを大きな〔重大な〕状態の悲惨〔生存条件から生じる深刻な苦しみ〕――「それぐらいのことで文句を言うな」と非難したり、「もっとひどい人もいるよ」と慰めたりするために、毎日のように持ち出される重大な事態――と比べると、どうしても「ごく相対的」と言われてしまうもの、つまりまったく非現実的なものと見えてくる。しかし、大きな悲惨をすべての悲惨を計る唯一の尺度にしてしまうと、今日の社会秩序――おそらく大きな悲惨を後退させはしたが（だが、しばしば言われるほどではない）、しかし、それ自体が分化することによって、社会空間（特化した界※と下位の界）を増殖させもした社会秩序――に特徴的な様々な苦しみの一定部分を見つけ出し理解することがまったくできなくなってしまう。これらの分化した社会空間は、あらゆる形の小さな悲惨が未曾有の規模で拡大する条件を提供しているのである。もしも〔本書において〕、小さな悲惨に晒される可能性が特に高い〔社会職業〕カテゴリーの人々――大きな悲惨に取り組んだり、あるいは、それについて語ることを任務とするすべての職業に従事する人々――に、様々な視点からなる空間で、彼ら自身の視点の特殊性に由来する歪みもすべて考慮しつつそれぞれの場所を用意していなかったなら、社会と同じく、それ自身を対象とする無数の表象を生み出すという特徴を持っている一つの世界を、正しく表象する（描き出す）ことはできなかったであろう。

ピエール・ブルデュー

## 原注

（1）『ドン・キホーテ』の例を引き合いに出すこともできるだろう。この作品では、同じ人物たちに、様々な語源的正当化を援用して説明される異なった名前を与えることによって、あるいは様々な言語レベルを駆使することによって「語がいろいろな人に対して持つ多価性《ミュルティヴァランス》」を復元すること、同時に、人間存在の複合性と両義性を成すところの複数の遠近法を復元することを試みている。次の文献を参照。L. Spitzer, "Linguistic Perspectivism in the « Don Quijote »," *Linguistics and Literary History: Essays in Linguistics*, Princeton University Press, Princeton, 1948, p. 41-85.

# ジョンキーユ通り

ピエール・ブルデュー

「地区社会開発※」の「事業」担当責任者たちは、当初イニシアルを用いて官僚然とZUP（優先市街化区域※）と呼称されていた一群の雑然とした住宅地を、再開発対象地区の「イメージチェンジ」を狙う婉曲語法を用いて「ヴァル・サンマルタン」〔サンマルタンの谷〕と改称した。この住宅地とその住民は、ロマネスク様式の教会の立つモン＝サン＝マルタンの丘の麓に広がっていたかつての農地に、一連の産業政策が沈殿物のように残した、目に見える痕跡である〔↓ロンウィ※〕。一五階建ての高層住宅は九〇年代のはじめに取り壊され、いまは二軒一組の小さな家がずらりと並んでいるだけである。そこには「持ち家奨励制度」によって金属産業の熟練工、組長、職工長の家族たちが入居している。外国出身者、特にアルジェリア出身者が多く、鉄鋼業の度重なる「リストラ」の結果、半数近くは失業者か定年前の早期退職者である。

ルブロンさんとアメジアーヌさんはジョンキーユ通りを挟んで向かいに住んでいる。樹木のない広い通りで、両側には小さな家が立ち並んでいる。低い塀で囲われた小さな庭園（四平方メートル）付きだが、庭には紙屑や壊れた玩具、捨てられた台所用具が散らばっていたりする。一階はガレージになっていて、その上が、急な階段を上って洗濯場と浴室付きの三間の住まいになっている。階段は、コンクリート打ち放しで、たとえば、アメジアーヌさんのところでは、足拭きマット代わりに数枚の雑巾が置かれているだけでそのままむき出しに見えている。

学校が引けて子どもたちの遊び場に変わる時間以外は、ジョンキーユ通りにはほとんど人影がない。肉屋やパン屋、食料品屋、カフェ、新聞屋、タバコ屋など、普通、都市空間に生気を与えるものがまったくないためかもしれない。ごく自然に「砂漠」という言葉が想起される。これはまさに、工場が次々に閉鎖され建物が取り壊されてからの、自分たちの地域のありようを指すために住民たちがよく使う言葉である。巨大な空虚が残されたが、それは風景の中にだけあるのではない。

ジョンキーユ通りの住民には巨大災害を被った集団の生き残りのようなところがあり、彼らもそれはわかっている。工場とともに、彼らの存在理由が消滅したのである。住民たちの多くは、ごく早い時期、初等教育修了証※後十四歳になるとすぐ、当然のように工場に入った。それは両親たちと同じ道だった。そして自分たちの子どもにも当然のようにそうさせようとした。消滅したのはまた、彼らの過去である。職場での人間関係の総体である。彼らはこの世界をどうにかして存続させようとする——カフェやスーパーマーケットに何かにつけ集まる。それらは住宅からは高速道路の向こう側なのだが、そこで午前中ずっとおしゃべりをしているのである。しかし、消滅したのは、とりわけ彼らの未来、彼らの過去を継続し正当化する彼らの未来である。彼らの息子と娘の未来である。中等教育での子どもたちの就学は、今日では引き伸ばされる運命にある。しかし学校は、子どもたちを工場への道から逸らさせるには効果的だが、たいていは、価値下落した資格以外のものは提供できない、つまり不況にあえぐこのような地域では、失業の約束以外のものはまず提供できないのである。

ルブロンさん夫妻は遠い親戚の紹介で私たちに会うことを承諾してくれた。夫はその朝は家で休息していて、娘たちは学校に行っていた。車の音が聞こえたのだろう、彼は私たちが車を降りる前に一階の入り口のドアを開けた。妻は二階にいたが、すぐに階段の上に姿を現した。二人とも入念に身支度を整えていた。夫は格子縞のシャツを、妻は花模様のワンピースを着ていた。妻の髪型はちょっとよそ行きの感じがした。二人して何かの試練に立ち向かうかのように揃って私たちを迎えてくれたのだ。精一杯自分たちを引き立たせるようにしていたが、どちらも連れ合いが傍らにいることで安心感を得ているようだった。多少おどおどしていたのは、自分たちが何を期待されているのかわからなかったからだ(「いったい、これをどうなさるのですか?」と面談の終わりに聞いてきた)。私たちもそうだったが、二人はこういう場面でよく使われる丁寧な決まり文句でその場を取り繕っていた。妻は夫に寄り添っていて傍を離れようとはしなかった。台所にコーヒーを取りに行くだけである(コーヒーはすでに用意ができていた。妻は低い食器棚から〔来客用の〕磁器のカップを出して使った)。それぞれ別々に聞きとりをしようとしたのだが、これには妻が抵抗した。夫は話に加わるよう眼差しで妻をうながす。妻は口を開くときはやはり眼差しで夫の了解を求める。夫は重々しく頷くが、口を挟むことはしない。妻を尊重しているようである。

私たちは食堂全体を占めるほど大きなテーブルを挟んで向かい合って座った。食堂は家族の生活の中心なのである。母親が縫い物や編み物をしているところで娘たちが宿題をする(棚に編み物と、書類や娘たちのノート、丈詰めをするジーンズが置いてあった)。そこには、愛情を込めて磨き上げられた食器棚、その上に娘の中学校修了証※を真ん中に娘たちの写真と置物が飾ってある。そして書棚にはやはり写真と置物が飾られ、三段の棚に一般向け書籍が並んでいる。刺繍を施した明るい色のクッションを並べたソファは、テレビと向き合っている。多肉植物、そしてちやほや可愛がられている小犬。この、ぬくぬくと暖かい、しかし自己閉塞的で完全に自己充足的な感じがする小世界は、ルブロン夫妻の人柄そのままである。しかし、にこやかで信頼に溢れた二人の柔和な顔は、それとなく話題が何か隣近所の問題に及ぶと、不安に、いや怯えに曇る。この一家はジョンキーユ通りに住むフランス出自の最後の家族の一つなのである。会話の中で、そのことに触れたのは妻の方である。「あの、ここ、この辺ですけど、数えてみますとね、ええ、フランス人は七世帯、七世帯だけなんですよ。だって、お向かいもね……このあたりに並んでいる小さい家にしてもみんなね。(…)」。そしてすぐ、付け加えたのだった。「まあ、私はあまり外に出ませんから」。

これは、この地域の産業の集団的没落に伴った個人的没落の徴候のひとつで、おそらくもっとも痛ましいものだが、徴候はこれだけにとどまらない。ルブロンさん(夫)はほとんど奇跡的に大量解雇(「解雇」はこれまた禁句である。鉄鋼業「リストラ」の責任者たちは「人員計画を伴う雇用停止」と言い換えている)の波を免れ、仕上がり検査要員の職を失わずに済んだ。彼は、職場の労働条件の劣悪化の相次ぐ徴候をすべて語ってくれた。まずは、賃金の削減である。(二四時間操業の体制で、したがって週末にも働いていたのを止めて以来)三〇から四〇パーセント減った。次に、作業班の員数の削減である。ときには、彼の班が九人から四人になったように半減の場合もある。しかも、技術水準の低い工員(定年待ちのため再配置された古手の工員)、あるいは形だけの再研修を受けた工員の割合が増えた。しかも生産の水準は以前と同じか増強化さえされているのだ。病欠も含め、欠勤を最大限減らすために規制と管理が強化されている(「病気になってはダメなんです。代わる者が誰もいないんですから」「今は、病気になるのに許可がいるわけです……」「工場で足や腕を折りますよね、それでも会社の車が毎日家まで送り迎えして働かせるんですから」)。さらに、組合の弱体化である。希望を失い、職があるだけで幸せと考えがちの労働者を動員することが難しくなったためである(「くどくどと言われ、うんざりですよ、くどくど言われるんです。《職があるんだろ、幸せと思え》と……。まったく決まり文句ですよ《幸せと思え、職があるんだろ》とね。私は七年この方病欠したことありません。九月に休みました。腸炎をやりましてね。全部合わせて九日間家にいました。仕事に戻りますとね、主任に呼ばれ、技師のところで意欲がないなと言われました。その後ですよ、やっと、どうしたんだって聞かれたのは」）。そして最後に、年少者の採用なし、である。これは、企業の再生産のサイクルと企業と運命を共にする家族の再生産のサイクルの停止を示している（「若い人で採用される人がいますか？」「今はいませんねえ。そうあって欲しいところですがねえ……。ロンウィ〔工場名〕の年齢構成、構成がね、老化しすぎなんですよ。組合はだから、五十歳から五十五歳に辞めてもらって、その代わりに、若いのを採用させるよう頑張ってはいるんですがね」）。

学校の影響が大きく関わるこの再生産の危機こそ、おそらく、主要な気懸かりの一つである。工場の状況が話題になっていても二人の娘の就学が話題になっていても、話はいつも自然にこの危機のことになる。看護師志望の長女は、「子どもが大好きでしてね」「チビたちのお守りをさせてごらんなさい。それは上手にやりますよ。好きなんです」。次女は中学三年〔日本の中二に相当→教育制度※〕、「移行学級※」に入れられて、〔移行学級の教育課程として〕野菜をむいたり、保育所の子どもたちのためにケーキやクレープを作ってあげるようになってからは、やっとすんで学校に行くようになっている。子どもたちが工場に就職するのを嫌がるようになった（「昔はね、今の若い連中ほど選り好みはしませんでしたよ」）理由として、ルブロンさん（夫）はまず、学校と学校が植え付ける願望が、あまりに厳密であまりに限定されたものであることを挙げる。「学校は、若者たちに教えすぎですよ。詰め込みすぎます。この職を目指して見習いをやりなさい、そうすればその職につけるよと言うんです。ところが、いざ子どもが学校を終えて職業適格証※を取ってもなんにもならないんですよ。似たような仕事が見つかっても就職しないんです。職種が違うってね。それは、私は学校が間違ってるからだと思いますよ」。そう言いながらも彼は指摘するのだ、多くの親は「できるだけ長く学校に行くよう望んでいますよ」と。彼は、工場なんかゴメンだという子どもたちの願望に同調しているのである。彼が感心したような口調で語るある同僚の息子（調理師の職業適格証を持ちながら高校に通い、技術バカロレア※受験を準備し、それが終わったらソムリエの学校への入学を考えている若者）と同様に、子どもたちはみな「学校に行ってりゃ失業者じゃないから」と言うであろう。彼は付け加える、「残念ながらそれが現実ですな」。そして彼は、看護師になりたいと言っている娘に「まだ七年学校がある」ことを、ごく自然なことと考えているのである。

　しかしながらルブロンさん（夫）は、自分の世代（彼はいま四十歳を少し過ぎている）と次の世代の違いを実に的確に述べている。彼の世代にとっては、学校はたいして大きな役割を演じなかった。あまり勉強しなかった小学校最終学年（彼の父親との間でいざこざがあったため、担任の教員は彼を教室の最後列の席に置き無視した）を終えて、なんとかぎりぎりで（試験で綴りの間違いを五二もやらかしたと笑った）〔初等教育〕修了証※を手に入れると、十四歳でごく自然に父親の勤めていた工場の工員養成所に進路を決めた。そして二年後、別の工場だったが、父親と同じ職種で働き始めた。こうして彼は、父親の話を通じてかいま見ていたし、知合いも多くいた工場という世界の真の姿を、とりわけ新人のために用意された各部門各現場への「現場見学」をとおして、ゆっくりと少しずつ発見していったのである。「いやね、工場の現場を見に行きましたとも。まあ、それで気がつくんですよ、こういうところで働いていたら、どうしてもね……。高炉や製鋼の現場に行きましたよ、そりゃもうね……。そこでショックを受けるわけですよ、焼結工場とかコークス炉とか、そんなところで八時間も働く人間を見てね、そりゃもう……」。自分が工場で働いていた頃のことを語るルブロンさんの妻の場合もそうであったが、凄惨な、ひとに伝えることが不可能な体験を思い起こしていることが読み取れる、ある種の微妙な抑揚、ある種の眼差し、とりわけある種の沈黙（いま引用した氏の三つの文はいずれも、名状しがたいものの前で立ちすくんでしまったかのように、途切れている）だけが、工場という世界とはじめて接したときのショック（工場に入る準備をしていたし、覚悟もできていたのにもかかわらず）の大きさと激しさを如実に物語っている。

　工員の養成は「現場」で、実習をとおして行なわれていた。どんな資格も、この現場の仕事の習得を保証するものではなかった。「私はなんの免状も持っていません。ゼロです。だけども、検査要員とか、金属組織とか、そんな職業適格証なんて、ぜんぜんなんの役にも立ちませんよ」。結婚した年、つまり工場に就職してから一三年後、職業適格証を取るために勉強するよう勧められた。しかし、代数を学習する段階で投げ出してしまった。「分数」から先は彼には無理だったのだ。今から振り返ってみても、物理にせよ化学にせよ、ただ理論的なだけの教育が何の役に立つのか、彼は疑問に思っている。現場で実際に「苦労に苦労を重ねて」マスターしたものではないからだ。「私ら知ってますよ。これだけの炭素とこれだけのマンガンが入ればこういう鉄鋼になるとか、硫黄がこれだけ入れば違う構造になるとかね。こういったことは実地で知ったんですよ」。彼は古いやり方で養成された工員と学校出の工員を対立させて語るのだが、そのとき意図せずに、つまり自慢する気はまったくなく彼自身の肖像を描き出しているのである。「確かに彼らは免状を持ってますよ。技術がありますよ。でも実地経験がないんです。いま工場に欠けているのはそれですよ。実地経験のある連中が不足してるんです。工場の設備を知ってるのがね。いつも言ってることですけどね、昔は古株がいましてね、設備の全部を知ってるわけですよ。〔圧延装置から〕丸棒の不良品が出てきたとしますよ、すると奴さんが見に来るわけです、不良品をながめて、戻って、圧延スタンドの列を二往復する、それから戻って来て、『原因はあのスタンドだよ』てなわけですよ。とにかく、間違うことがなかったんですよ。間違えなかったですね。ところが今は、おかしいぞ、不良品だぞてんで、あちこち調べます。それで原因がわかります、でもそれがどこだかわからないんですよ。どこだか言ってくれるのが誰もいないんだから」。そして彼は、一言言い直しを加えるだけで、そのような継続性となって現れる特権の両義性を一文で言い表すことができる。自分の仕事への完全な内面的適応には、ある種の誇りを伴うが、そこには必然性への深い従属も含まれるのである。「問題はそこですよ。私らのときは、工員養成所でしたから、幸いにも、いや幸か不幸かはわかりませんが、どっちにしろ工場を知っていたんです」。

宗教的伝統とか生活様式というよりは、おそらく産業秩序への、したがって社会秩序へのこのような根底からの統合によって、ルブロンさんは、アルジェリア出身の労働者であるアメジアーヌさんから隔てられている（ルブロンさんの話からは、問わず語りに様々な統合の指標が見て取れる。いまの住まいは、転居希望の居住者と住宅を交換する許可を、工場主任の斡旋でファミリアルという低家賃住宅※の運営会社の一つからえたものである。その前に住んでいたのは、結婚したときに自分の属するバスケットボール・クラブの会長の推薦で入居した住宅であった。バスケットボールの審判員をやっているが、この仕事のお蔭で近隣はもとよりこの地方の青少年に対してある種の権威を持っている。学校の父母会に参加しており、そのためかなり顔が広い。組合に加盟している。活動家的な立場を取ることはずっとなかったが、七〇年代の鉄鋼産業分割反対闘争には積極的に参加した）。アメジアーヌさんは八〇年代の大量解雇のため失業者になった。ジョンキーユ通りの向かいの少し上手に住んでいる。ルブロンさんとアメジアーヌさんの間、二つの家族の間、二つの住まい（クッションの置かれていない、合成皮革張りのソファ、〔礼拝に使われる〕モスクの絵柄の安物のタペストリー、鋳物製の低いテーブル。アメジアーヌさんの住まいは、寒々と殺風景な印象を与える）の間には、プロレタリアと、保護も保証もなく失業に陥ったために下層プロレタリア的状況に追い込まれたかつての労働者とを隔てる距離がある。一方〔プロレタリア〕は、没落した、あるいは没落しつつあるとはいえ、減りはしたが定期的に入ってくる収入、収支バランスの取れた家計、なにはともあれ比較的保証された将来がある。他方〔下層プロレタリア〕は、貧窮のため生活は崩壊し、家賃も払えず、借金も返せず、その日暮らしにあくせくし、辛うじて凌《しの》いでいるのである。

アメジアーヌさんは一九六〇年にフランスに来た。初めいくつかの企業で働いた。一つの企業で六カ月、次の企業で二週間（「扱いがひどすぎて、こちらから暇を貰いました」）、三番目の企業で一カ月半、といった具合に続く。ずっと建設業の最も過酷で給料の悪い仕事にしかつけなかった。六二年十二月、ロンウィ市の企業に雇われ、そこに二二年間勤めた。ただし二年間の中断期間がある（まずアルジェリアで四カ月のバカンス。その後、マルセーユで二カ月、次いでシャンベリーで働いた。そして、ロンウィの同じ企業に再雇用された。ユジノール社〔ロンウィ近くに工場を持つ鉄鋼大手〕の子会社で、製鋼の残滓から建設資材を製造する会社である。会社は、フォークリフト運転手の職を埋めないで、やはりそこで働いていた彼の従兄を介して呼び戻してくれたのである）。八四年、（五十歳に達していなかったので）年金がまだ出ないにもかかわらず解雇された。やはり従兄の紹介で、オートサヴォア県〔中東部、スイスに隣接〕に仕事口を見つけた。しかし低賃金で酷使された（一日九時間労働で月三六〇〇フラン）※。三カ月後にロンウィに戻った。八九年に研修を受け、塗装とタイル張りの技術、そしてまた読み書きを学んだ（彼は依然として字が読めない。フランス語を話すのが下手なのを彼自身嘆いている）。しかし再び失業者の身分。「連帯雇用契約※」のお蔭でようやく、中学校でパートタイムの仕事につくことができた。月給三九〇〇フラン。これに「商工業雇用協会※」からの失業給付金七百フランが加わる。しかしこの収入の半分以上は固定費に充てなければならない。まず家賃に一四〇〇フラン（家賃は月二四〇〇フランだが、一千フランの住宅手当を受けている）。住民税が五百フラン。これらに電気、ガス、水道などが付け加わる。

　子ども四人の六人家族（彼の妻は八一年に二人の子どもを連れてフランスに来た。あとの二人はその後生まれた）を養うために、多く見積もっても月額一五〇〇フランしか使えないことになるが、実は、あちこちにかなりの金額の借金を抱えている。訴訟沙汰にもなっている。ガス代。家賃（アメジアーヌさんは、ファミリアル社に二百万〔旧〕フラン〔二万フラン〕の借金があると思っている。聞きとりに立ち会った友人は、アメジアーヌさんは騙されていると言っている）。国鉄（「去年、女房が訴訟を起こされましてね。切符をなくしたもんで無賃乗車だってことになってね。二千フランよこせってんですよ。このままだと二二〇〇フランになっちまうんで、私が払うつもりですがね」）。病院（「これも二千フランなんで。三千フランかもしれません」）。彼はいつもこのように綱渡りを強いられている。彼自身百万から一二〇万〔旧フラン〕と見積もっている借金をいっぺんに返すことは無理なので（「……払っちまったら、うちの連中、何を食べるんですか？　何を食えというんですか？」）、「まあまあてんで、なだめる」ためにこっちには一五〇フラン、あっちには二百フランといった具合に「ちびちび払う」ようにやりくりしている。ところが〔やりくりがつかず〕、「心のレストラン※」の援助を受けるため、収支の明細を詳細に説明するのに苦労しなければならなかった。

現在の「連帯雇用契約」の期限は今年の七月五日である。その後どうするか、彼にもわからない。「さあ、わからん！　どうすりゃいいんだ。うんざりだもう。こんなところにゃいられない。うんざりだ、もういれない、ごめんだ、ああ。でも本心ですよ。だって、こんなことやってられるか？　こっちで三文稼いだと思ったら、あっちで六文出てく、これじゃ……」。しかし、彼が、そして彼の妻も、望んでいるように、本当にアルジェリアに帰ることはできるのだろうか？　大丈夫だと何度も言い、「心配なんかありませんよ」、家と土地がある、土地を耕せばいいんだ（「女房が鋤を持って土地を耕す後ろから、私が苗を植えていくよ」）とくどいほど繰り返すが、彼は本当は知っているのだ。自分が「八方塞がり」であることを。向こうで仕事を見つけるには遅すぎる、それに、失業手当として受け取れる僅かな収入も長続きはしないだろう。聞きとりに立ち会った、同じくアルジェリア人である隣人が彼らの立場を要約してみせた。「私ら、いまじゃピエ＝ノワール※みたいなもんですわ。向こうに行けばアルジェリア人じゃない。ここにいてもフランス人じゃない」。

近所の人たち（と言うと、彼もフランス人のことと了解する）について、そして、その近所の人たちとの関係について問われると、アメジアーヌさんは、ほぼルブロンさんの妻と同じ言葉で答える。いろいろな理由から、よい関係とも悪い関係とも答えられないのだろう。ないに等しい関係、または当たり障りのない関係と説明する。つまり、「こんにちは、こんばんは」に限られる関係である。この型どおりの挨拶は、六〇年代に私がアルジェリアで面接調査をした労働者や従業員たちにとっては、職場の人間関係の非人間性を要約する、あるいは象徴する言葉だった。さらにまたアメジアーヌさんは、彼がアルジェリア出身であることに触れたり、アルジェリアに帰る可能性に触れたりすると、大変気分を害した様子を見せるのだが、これは、フランス人の仕事を奪うと言ってアルジェリア人を非難し、自分の国に帰れと言う者たちの攻撃に対して敏感になっていることを示している。

　おそらくルブロンさんは、そういうことを言う人たちとは違う。アルジェリア人を尊重しているし、お返しに彼らから尊重されることを期待している、と彼は言い、その言葉は嘘ではないだろう。とはいえ、隣人との関係そして界隈の生活の難しさが話題になったときに、ルブロンさんの妻の表情や身振り、引き結んだ口、宙に泳ぐ視線は、言いたいことのすべてを言うことはできないと仄めかしている。そして、彼女が、ほとんど外に出ない、近所付き合いは最小限にとどめていると言うときのせわしい口調、ルブロンさん（夫）が、学校で移民の子弟の占める比率がひじょうに高いこと（彼は八〇パーセント前後としているが、一九八八年度で小学校は六五一人中、「たった」二二四人のアルジェリア人と、一四四人のモロッコ人がいるだけだ。中学校は四六三人中二六〇人が外国人だった）を、近辺の学校で教員たちが難しい問題にぶつかっていることを、また、父母会に参加しているので自分はその事情をよく知っていることを力説するときのその熱弁ぶり、さらには、アルジェリア人の同僚を話題にして彼が付ける留保（「一人、いい奴がいましたがね。これは認めなきゃなりません。アラブ人にしては、いい奴でした」）、ラマダン※の際にアルジェリア人に認められる優遇措置に対して彼が向けた批判、これらすべては、夫妻の国際主義的・反人種主義的伝統と信念――教育を通じて、また、政治的コミットメントを通じて身につけた伝統と信念（ルブロンさん［妻］もまた、長女が生まれるまでの五年間工場で働いていた）、そして、人種差別・偏見が公式に糾弾されていることによって強化された伝統と信念――が、共生の現実が生み出す様々な難しい問題とぶつかることによって、日々きびしい試練にさらされていることを示している（このことは、包み隠したり警戒したりする必要もなく何でも話せる、より親しい関係の中で得られた証言からも知ることができる。たとえば古参の社会党員の女性である。特に夏と、ラマダンの時期、自分の棟の騒音と臭いにもう耐えられない、逃げ出すことができず鎖で縛られている思い、というのである。あるいは、やはり古参の共産党員の夫婦である。同じ理由で引っ越しせざるをえなかった、自分たちの年来の信念に背くというやましい思いを抱きつつ、心ならずも、というのである)。

ルブロンさん（夫）が寛容の美徳を、あるいはむしろ、ただ理解するという美徳（「連中の立場に身を置いてみますとね」と彼は何度も言う）を実践するために努力していることは明らかである。その努力を、聞きとり調査という状況で、〔移民問題に関して〕公式の価値観の担い手を前にしていると思っているために取り繕っているのだと考えるのは間違いであろう。とはいえ、ラマダンの時期がどんなに「すさまじい」ものであるかを語るときの彼の口振りを聞く必要がある。「いやあそれは……。それはすさまじいもんですよ。すさまじい。ま、あの連中は、昼間寝るわけですよ。大人は静かですけど、子どもたちが……、子どもたちは外にいるんです。子どもたちがわめく。うるさいのなんのって、一度聞いてみなきゃわかりませんよ。それに連中は、夜の十時から生活がはじまるんですからね、こっちはねえ、こっちは寝ようかって時間ですよ。まったく、いやでも騒音を聞かされますよ」。また、フランス生活に適応する能力によって移民を区別するときの口振りも（彼は移民の中でも「アルジェリア人、モロッコ人」をことさら問題にする。しかし彼はすぐに、「ポルトガル人やイタリア人とも同じ問題があるんですよ」、そして界隈で持ち上がる難しい問題の多くは、もっぱらあるフランス出自の家族が引き起こしているのだと付け加える)。彼によれば、その適応の能力は、移民の「子どもたちにもフランス人と同じようにさせる」度合いによって示されるという。

実際、共生に由来するどうにも耐え難い問題、すなわち騒音、喧嘩沙汰、器物損壊、建造物破壊などを引き起こしているのはこういう移民の子どもたちや青年たちである。彼らは欠乏と貧困にさらされながら、とりわけ何の準備もなしに放り込まれた学校という世界で挫折と屈辱を強いられており（小学生六五一人中の二四〇人、中学生四六三人中の二七四人が、一年あるいはそれ以上留年している）、ときには、アメジアーヌさんの上の二人の息子のように、家族の監督がまったく及ばなくなってしまっているのである。このことは、お茶を出すためにちょっと姿を見せた母親と同時に息子の一人（おそらくは、女性教師にボールを叩きつけ、父親が二千フランの罰金を課せられることになったという息子）が、皮肉っぽく攻撃的な態度で戸口に姿を現したときに、一見して感じ取れたし、とりわけ、面談の間中ずっと末娘をやさしく抱きかかえていた父親が、表向きは無関心、いやむしろ少し憤慨しているように見えながら、実はすっかり匙を投げてしまっている様子で、二人の息子のことを話す口ぶりを聞いてすぐにわかった。「いやもう、ほかの二人にはかまわないことにしてます……［彼は二人の息子のことをまるで赤の他人であるかのように語る］。かまうようなこと、ありますか？（…）言うことなんて聞きませんしね。聞きません……。だったらしょうがない……」。聞きとりに立ち会った隣人は補足する。「いや、ちゃんと気にかけてるんですよ。でも子どもたちが言うことを聞かないんです……」。アメジアーヌさんは、当面は何も不満はない年下の子どもたちに、自分自身の苦い思いを転移し、その子たちもやがてまた自分の監督の手を離れてしまう日を見越している（「いや、今はまあまあですよ。十二歳とか十五歳になるまではね。その後はどうなりますかねえ。だって、みんな同じことになっちゃうんですから」）。それはすなわち、下の子どもたちが、上の子どもたちと同じように学業を終えて、よく勉強したとしてもしなかったとしても、結果は同じだということを発見するだろう日である（アメジアーヌさんは、おそらく上の子たちが言っていることをそのまま伝えている。「最後まで何も見つかりゃしない、なにもなしだ！　そうさ、変わりゃしない、勉強なんかしてもしなくても……」）。アメジアーヌさんのこのような言葉は、共生に由来する難しい問題をマグレブ※人家庭における親の権威の失墜のせいにするルブロンさん（夫）の説を裏付けるものである。だが同時にアメジアーヌさんは、学校が原因の失望を語ることによって、もっと正確に言えば、学校での挫折、あるいは学校教育のお蔭で得た資格を持っている青少年が労働市場で経験する挫折に起因する失望を語ることによって、移民の子どもたちの反抗に一つの説明――一つの正当化ともいえるもの――を見いだそうと努めている。それゆえ結論の言葉は、アメジアーヌさんに残しておかなければならない。いつの日か「ヴァル・サンマルタン」の街路が、（「地区社会開発」担当の技術官僚によってやや軽率に付けられた）「黄水仙《ジョンキーユ》」というような花の名にふさわしいものとなるのを望むならば、学校での挫折と社会的差別が集中する犠牲者たちの上にさらに厳しくのしかかる不完全雇用という宿命を払いのけなければならないのである。

# 二つの労働者家族

〈聞き手〉ピエール・ブルデュー
ロジーヌ・クリスタン

## 「ともに生きているわけです……」

［二人の娘の写真が食器棚の上に飾ってある。話はその娘たちのことから始まる。］

――上の娘さんは看護師志望、……それで、下の娘さんは……。

**ルブロンさん（夫）**　まだ何になりたいのか、決まってないんですよ。

――十四歳ではね……。

**夫**　「まだ人形と遊んでるのか」と言っても、「医者になったらどうだ」と言っても、「うん」と答えます。ま、大変な問題ですよ。

――学校はずっとここの学校だったんですね？

**ルブロンさん（妻）**　そうです。ずっとここの中高校〔旧制度と混同→教育制度※〕です。

**夫**　ここの〔新制度の〕中学校ですよ。

――今、学校はどこまで？

**夫**　職業前教育学級※です。今、移行学級ですよ。これが終わると技術コースか職業適格証コースで中学三年〔日本の中二相当→教育制度※〕に入るんです。今、どっちに進路指導するかを見ているわけです。

――将来何になるか、決めてるんですか？　まだあまり？

**夫**　まあ、その、保育所に行ってね、野菜の皮をむいたり、（…）そんなことが気に入ってるんで。ちっとはケーキを作ったり……学校では、まあそんなことが気に入ってるんですな。

**妻**　そうですよ、うまくやってます。

**夫**　まあまあですよ！　今年はとにかくすすんで学校に行ってますよ。

**——以前はあまり行きたがらなかったんですか？**

**妻**　そうなんです。

**夫**　前は、あんまりうまくついていけない科目がありましてね、それで家は出るんですが……学校には行くんですが……行ってたんですがねえ……。先生たちも今年はまあいいと言ってますんで……前はよくなかったんですな。なんか、こうしっくりこないというか。

**——授業がわからなかったんですか、それとも、つまらなかったんですか？**

**妻**　わからなかったんですよ。でも先生に聞けなくて。それでそのままになって。わからなかったんですね。わからなかったんです。私たちはいつも「先生に聞くんだよ」と言ってたんですが……。

［…］

**——で、今やってることは気に入っているわけですね？**

**妻**　そうです、気に入っているんです。野菜の皮をむき、今日は保育所の子どもたちにクレープを作る、気に入っているんです。

**——職業適格証コースのどこかに進めますね。**

**妻**　ええ、調理師とか何か。

**夫**　そう、何と言うんですかね。ちょっと忘れましたが。

**——この地域で雇用はあるんでしょうか、まあ、まだ、わかりませんか……。**

**夫**　雇用ですか！［笑］　職安〔公共職業安定所〕※にはたくさんありますよ。でも実際にはあまりないですね。雇用、雇用ですか、ええ、雇用があった時代もありましたね。でも今は、いろいろ見てても、同じですね。新しくできる会社がたくさんあるかと思えば、できるそばからつぶれる企業もたくさんあります。雇用は創られますよ、確かに。ロンウィの市役所がまとめた報告を見てください、雇用創出の統計がある、雇用創出があったと言うんですわ。でも実際は、なんにも創ってないですよ。名前が変わっただけ。確かに企業はできた、名前が変わるから。ただ小さい企業でしたね、小さい企業がたくさんできましたよ、でも、つぶれるのもたくさんあります。残念ながらね。

［…］

——そうですね。それに、どこでもそうですが、今では若者たちは学校教育を受けているから、もうあまり工場で働きたがらないんですね。それが問題ですね。

**夫** 問題はそこですよ。私らのときは、工員養成所でしたから、幸いにも、いや幸か不幸か知りませんが、どっちにしろ工場を知ってたんです。よく行ったりしてました、現場見学もあったからです……。

——工場に入る準備期間というわけですね。

**夫** ……現場を見に行くんです。職業適格証準備の生徒はそれぞれ自分の部門に合わせて、将来自分が行きそうな部署で実習ができました。だから、自分のやる仕事がどんなものになるかわかってたんです。ところが今は、学校を出はしますがね。まあ、同じことをやれと言っても仕方ありませんが……。

——十六歳まで学校に行くわけですよね。それで、その後は……。

**夫** その後はまた別の学校に行くんですよ。また、別の学校に行って、それから職場に入るとき……。まあ、今時の若い連中、連中が就職してくるときは、私らより技術とか理論ではレベルは高いでしょうけど、実地になると一から勉強ですよ。

——今は、若い人たちには、どんな就職があるんですか？

——仲間内ではいろいろ話題になっているのでしょう？

**夫** みんな、子どもができるだけ長く学校に行くよう望んでいますよ。残念ながらそれが現実ですな。同僚が一人、息子がいるんですが、調理師免許を取って、その上、技術バカロレアを取ると言っているんです。ところが、また学校にもどると言うんです。というのは、今年職業バカロレア、いや、つまりその子は技術バカロレアを取っても、ロがないからソムリエ学校に入りたいって言うんです……。

——それじゃ、今まで学んだことと関係ないじゃないですか？

**夫** そうです。ま、だめでしょうな。要するに失業者になりたくないってことなんですよ。

——なるほど、何でもいいってことですね……。

——工場に行く気はないんですか？

**夫** いや、彼に工場はだめですな。工場の話は禁物ですよ。なにしろ別の分野の勉強をしたんですから。あっちこっちで実習をやって実地を知ることはしたんですがね。まあ、ソムリエの学校が見つかれば、行けばいいんじゃないですか。それからまた別の学校に行けば。学校に行ってさえいれば。自分で言ってますよ。「学校に行ってれば、失業者じゃないから」って。ホテルで働くなら、というか、自分の店をやる、自分のレストランを持つ力があるんですけどね。でも、資金がねえ……。

――そうですね。元手が要りますよね……。

**夫**　……本人には元手なんてないし、親だって店を買ってやるだけの金はありませんよ。「あっちこっちで見習い〔→職業教育〕※をやるのかなあ」と言ってますよ……。

――でも、そういう子どもを抱えてるとずいぶんかかるんじゃないですか。子どもは、どうしてるんでしょう? ちょっとしたバイトでも?

**夫**　やってますよ、ホテルで働いている連中はね、まあ、同僚のとこみたいに、あそこの息子は実際は週末いつも働いていると思います。週末手当が出るんで。ホテルとかレストランとかで働いて、というのはあそこの息子は、ちゃんと料理を作る腕はありますからね。料理を作ってるんですよ……。

――なるほど。自分でなんとかやっているわけですね。でもほかには……。

**夫**　やっていけない連中もいますね……。

――たとえば会計の職業適格証を取った者なんかはどうですか?

**夫**　そういうのは、どういうふうにやっていけるのか、わかりませんな。ああ確かに、青少年向けサマーキャンプみたいなのがありますね。でも、資格〔(集団活動)推進員適格証〕※が要りますよ。資格取るのに、今は一八〇〇フランかかります。

**妻**　一八〇〇フランなんてね……。でもうちでも、上の娘に出してあげるつもりなんですよ。そうしたいって言うものですから……。

**夫**　何をしたいだって?

**妻**　バカンスにサマーキャンプで働きたいって。でも資格を取らないといけないのよ。それに十七歳未満はだめでしょう。だから……。

**夫**　子どもをみるのはうまいんですよ、あの子は。

**妻**　子どもが大好きでしてね。チビたちのお守りをさせてごらんなさい。それは上手にやりますよ。好きなんです。だから……。でも、とにかく十七歳になりませんとね。それで資格が取れればよいし、取れなければ、そうするとまたお金が……。

**夫**　そうだな。そりゃ最初の資格ってだけだから……、その後だよ……続ける気があるなら、あと二つやることになる、それはまあ……。

——看護師になりたいということでしたね？

**妻**　そうなんです。うまくいってますよ。ちゃんと勉強してます。なかなかしっかりやってます。

——試験があるんでしたっけ？　どうやってなるのか、よく覚えてないんですけど……。

**妻**　後は、入学試験があるんです。そのあと、全部で何年だったかしら、七年だと思います、まだこれから……。

**夫**　すくなくとも七年だ。あの子が選んだ進路だとね。

［…］

——いま解雇されたとしたら、そのあとすぐにほかに口が見つかりますか？

**夫**　とんでもない！　いまではだめですわ。いつも、経験のある若い者募集、ですからね。

**五十歳になると言われるんです、「辞めてくれ」とね**

——そうなんですよね。そんなことがあるわけないのに！

**夫**　どこを見ても、若さ、経験ですよ。ま、仮に私が応募しますよね。私には経験がありますが、四十歳を過ぎてますから……。

［…］

——何もかも欲しがるくせに、びた一文払わない、というわけですね……。

**夫**　ですから笑っちゃうんですよ。二十歳から二十五歳、プラス経験五年なんていうのを見ますとね。いまどきの若いもんで二十五歳で経験五年なんてね、お目にかかりたいもんです、そんなのいやしませんよ！　問題は、ですからね、ひとたび四十歳になりますと、どこ行こうたって……。要らないよってわけじゃないんでしょうが、しかしね……。

——そうですね。定年前退職で辞めた人たちもいますね。……なかには非常にきびしいことになっている人、まさにそれで腹を立てる人もいるようですね。

**夫**　ええ、腹を立てたのもいます。連中の立場になってみないといけません。だっていきなりね……。そりゃ腹が立ちますよ。五十歳で早期退職なんて。五十歳で、お払い箱になったのがいますよ。十四歳か、もしかするともっと若いときに工場に入ったのがね、いや、当時はそういうのがいたんですよ、それが五十歳になると言われるんです、「辞めてくれ。あんたはもう要らなくなった」とね。というのはまあ、おまえたちはもう要らないと言わざるをえないんですよ、追い出さざるをえなかった、なぜって……。

──ちゃんと年金を貰っていても……。

**夫** そう、貰ってたって、やっぱりね……手ぶらで辞めたわけじゃありませんよ。はじめに辞めてった連中は御の字でした。最近辞めたのはずっと取り分は少ないですが、でも、それでもまだ悪くない、ぜいたくは言えませんし……。

──じゃあ問題は何なのですか？　仕事ですか？

**夫** 仕事だったんですよ。生涯をね、工場で過ごしたんですよ、同じ部署で、同じ持ち場で過ごしたんですよ、一緒にね……。

──仲間たちと……。

**夫** そのとおり。それがいきなりですよ。特にはじめのうちは「五十歳で定年、いや定年前退職だ、代わりに若い者を採るから……」と言ってきたんです。

──ところがそうはいかない……。

**夫** 家に若いのがいる連中はまだ進んで辞めていきますがね、一年経っても子どもはうちにいる、採用なんてとんでもない、となればね、あとの連中は辞めたがりません。うまくやったのはモロッコ人だけです。辞めて喜んでました。モロッコに行ってたのが、帰ってきましてね、五、六年さばを読みましてね、定年だってことにして帰って行きましたよ、けれども……。

──ほかの人たちはそうはいかなかった……。

**夫** モロッコ人は、と言いましたけども。みんな一緒くたにするつもりはありませんよ。おんなじようにお払い箱になった連中もいるんですから。でもね、便乗した連中もたくさんいるんです、特にこの数年間ですがね。いよいよお仕舞いということがわかってから、まだ四年は勤め上げないといけないのに、六月に国に帰ってた連中がね、バカンスに行ってきたんだと言って七月に舞い戻ってきて、八月には、はい、五十歳でございい、てわけですよ。モロッコの役所が発行した書類を持ってるんですよ。五十歳ですってやつを。こちらは手の打ちようがありません。向こうの田舎の村で生まれた連中ですから……。

──もちろん、身分証明も何かちょっと……。

**夫** 何月何日生まれ……それでおしまい。日にちと月だけ、年はない……。いや、連中には好都合な話ですわ！　残る連中はお気の毒……まあ、そのあと連中は……。いや、辞めるのはいいですよ、辞めるのは。でもね、辞めてね、うちにいて不幸なのもいるんです。なんにもすることがなくて、なんにもできなくて……。

**妻** そう、ありますね、ぶらぶらしてますよ……。

**夫** 外でいろいろやってたのに、みんなやめてしまったのもいますよ。

**——やる気をなくしてしまったというわけですか……。**

**夫** ずっと工場で働いていたのが急にうちにいることになって。自分の入ってたクラブを、もっと利用することもできたはずなのに、つながりを断って、やめてしまうんです。

**——なるほど。家庭不和になることもあるようですね、うまくいかなくなることが?**

**妻** 夫婦の間でね、そのとおりです……。

**——ところで、ずっとここにお住まいですか? いいとこですね、住み易そうですし……。**

**夫** そうですね。結婚したときには団地でした。この、ずっと奥の団地です。でもね、私はどうも団地は……。

**——賃貸でしたか?**

**夫** そうです。ここもそうですよ。私はどうも団地は馴染めませんでしたね。好きになれないんですよ。団地はいやでした。それでいろいろ手を尽くして……まあ、その、五階建てでそんな大きい建物じゃなかったし、悪くはなかったんですが、……住まいはまあまあだし、静かでしたよ。でも私は八方手を尽くして、なんとか戸建て、いわゆる戸建て住宅ってやつに住みたいとね。いろいろやってもうまく行かなくて、私はバスケットクラブ、Eですけど、そこで選手だったんですけど、クラブの会長に持ちかけたんですよ。「戸建て住宅を斡旋してくれよ、さもないとクラブ辞めるよ」ってね。まあ、はったりをかますべきときもありますあね……で、結局、ここに入れたってわけで。

**——下にガレージがありますね……。**

**夫** 下はガレージ、台所と一部屋。上に三部屋ですね。三部屋と浴室。

**——で、賃貸ですね……。家賃はいくらですか? 失礼でなければ……。**

**夫** いえ、別に。家賃は一九〇〇フランですよ(…)。住宅手当を貰っているんで私の払い分は一六〇〇フランですが……。

**——住宅手当がある……。いいですね……住むにはいいですね……。**

**夫** まあね、でも問題があるんです。全部閉めきってしまうわけにはいきませんからね。前より子どもが減ってはいますがね。ここは優先教育地区※でね、中学校は八〇パーセントも外国人がいるんですよ。

**——何パーセントですって?**

**夫** 八〇パーセントですよ。

――え？　知りませんでした。

――どこの国ですか？　イタリアですか……？

**夫**　アルジェリア、モロッコ、チュニジア、ポルトガル、そうなんですよ、ここには多いんですよ……。

――でも、どこで働いているんですか？

**夫**　……移民の連中がたくさんいるんです。そりゃみんな工場ですよ。つまりみんな工場にいたんですが、今では、残念ながら、多いんですよ、定年になったのとか、失業している若いのとか、失業って言っても、自分で失業者だと言っている……。そん中にも、いろんな裏の話がね……ま、しかし、ここでそんな話をするのは……。

**妻**　あの、ここ、この辺ですけど、数えてみますとね、フランス人は七世帯、七世帯だけなんですよ。だって、お向かいもね……このあたりに並んでいる小さい家にしてもみんなね。（…）

――それで、うまくいっている……。

**妻**　まあ、私はあまり外に出ませんから。

**夫**　静かですよ、ここは。静かです。一時に比べると確かにずっとましですよ……。

**妻**　ええ、騒がしかったんですよ。でも、私は外に出ませんから、出るのはただ……家にいますしね。それ以外は「こんにちは、こんばんは」です、それだけ、それ以上はなし。あまり好きじゃないんですよ。人嫌いというわけじゃありませんよ、でも……あまりどうも……。

**夫**　そうだな。去年は静かだったが、ちょっと困るのはラマダンの時期でね。

――ほう、どんな風でした？

**夫**　いやあ、それは……それはすさまじいもんですよ。なんといっても、すさまじい。ま、あの連中、昼間寝るわけですよ。大人は静かですけど、子どもたちが……子どもたちは、子どもたちは外にいるんです。子どもたちがわめく。うるさいのなんのって、一度聞いてみなきゃわかりませんよ。それに連中は、夜の十時から生活がはじまるんですからね、こっちはねえ、こっちは寝ようかって時間ですよ。まったく、いやでも騒音を聞かされますよ。

**妻**　天気のよい日は、子どもは外ですし。

**夫**　子どもは外。学校はまた大変だ。昼間子どもは学校に行きますわな。そりゃ行く。でも寝に行くんですよ。だって夜は、十一時、十二時はまだ外にいるんだから……親は気にしない。子どもが疲れていても寝かせようとしない、親は飲み食いして。お祭りなんだから、何が悪いってわけです……。

**妻**　窓を開けっ放しでね……。

**夫**　子どもは外。昼間子どもが騒ぐ、腹が空いているから。なのに食べ物をやろうとしない。子どもはラマダンをやらないのに。食べ物をやらない。特に、ラマダンの最後の時期、そりゃそうでしょう。見りゃわかりますよ。最初のころはそれほどでもないが、そりゃ最初はまあ、確かに、でも終わりの頃は、子どもにとってもきついだろうな、……ですからね、私は連中の身になってね、子どもにちょっと何か作ってやるんですよ、というのは、パンや何かをちょっとですよ、子どもにちょっとやるんです、食べちゃいけないって言ったってねえ、食べちゃいけない、かまやしませんよ、こっちだって言ってやりますよ、子どもは欲しがってんだから、食べていいんですよ……。

**——でも、実際にはラマダンをやってないんじゃありませんか、多くの人は？**

**夫**　廃れつつありますね、廃れつつ……もう、やってるのは年輩の者たちだけですな。

**——年輩者ですね。**

**夫**　若い連中の間では廃れてきてますね、だって断食なんてね……。

**妻**　子どもは学校に行ってますからね……。

**夫**　断食って言ったってね、連中だって、その間もいろんなことしてるからね……。私らのチームでバスケットやってる奴を見てますから。家ではラマダンやってましたけど、私らと試合に来て、一緒に飯食ってましたよ。腹は空くし、それで何の問題もなかったね、どっちにしろ。私がどうしてもおかしいと思うのは、連中が仕事中にラマダンをやるのを工場が認めてたってことですね。これだけはどうしてもがまんならなかったんですよ。どうしても言っときたいところです。私ら、持ち場で食事するのに二〇分あるわけです。三〇分になっても、まあまあ大目に見てもらえますけど、二〇分が原則です。ところが連中、ラマダンの時期は、二〇分が二回になるんですよ。夜勤の始まる二十二時に食べられて、夜勤の終わる夜明け前にまた食べられる。二度二〇分食べるのを認めているわけですわ。で私、私らフランス人は可哀相なもんで、フランス人とかイタリア人とか、ラマダンをやらない連中ですよ、仕事がきつかろうが、疲れようが、お構いなし、食べる時間は二〇分、黙れ、文句は言うな、てなもんです。あれ、義務じゃないんですよ、義務じゃないけど、ラマダンやってるんです。工場医学から見て、ああいうことが、許されてるなんてわかりませんんね。なぜってね、夜食べないなら問題ないですよ、でもね、昼間、水一杯飲まずにね、ひどく熱い中で八時間働くのを見たことがありますよ……。

――それは危険ですね。

**夫**　労働医学の立場から言っているんですよ。許しちゃいけません。

――もちろんそうです。

**夫**　耐えられるときはまだいいですがね、ひょっとしてね……。奴がですよ、転炉にでも落ちてごらんなさい。助けられやしませんよ。ぶっ倒れるくらいなら大したことないですが、転炉に落ちた日にはね。製鋼工場でもいたし、圧延工場でもいましたよ。シリンダーに巻き込まれたら、お仕舞いですよ。どうやって抜け出せるんですか？

――で、あなたの組にはアルジェリア人がいるんですか？

**夫**　もういません。もう。一人、いい奴がいましたがね。認めなきゃなりません。アラブ人にしては、いい奴でした。一人だけのときはね。ああ、そういえば、食堂ではいろんなことがありましたよ。ていうのはね……。わしらは、ともに生きているわけです……〔笑〕。まあ当然でしょうね、連中は、自分の環境とか、故郷とかと離れて、そりゃ固まって集まりますよ。私だって、外国で働いていて、フランス人に会えばね、フランス人と話ができて一緒に働ければ嬉しいでしょうからね。

――そうですね。フランス人がいれば話すのが、少なくとも礼儀ですね……で、近所の若い人たちですが、失業者が多いんですか？　若いアルジェリア人ですが……。

**夫**　〔外国人と言っても〕いわば、二つ種類があるわけです……あの、マグレブ人はですね、つまりは外国人ですね、特にアルジェリア人、モロッコ人ですね、私はアラブ人って言ってますけどね、あの連中はね、ここにいるわけですね、ここにいられて喜んでいるんです。それが今度は文句を言い始める。援助をしてやると静かになりますね。それから隣の男ですが、フランスの生活に合わせて、うまく溶け込みましてね。子どもたちにもフランス人の子どもと同じにさせる人間です、ここに問題があるんです。スポーツクラブで、けっこうな数のアラブ人の子どもの面倒を見てますが、奴ら、特に悪いわけじゃありません。いや、奴らというより、女の子たちですな、みんな女の子なんですよ。他よりより悪いわけではありませんよ。ところがいくつかの家族がね……。

――どこでもそういう家族がいますね……。

**夫**　学校でも同じですよ。一部の家族が問題を起こすんですな。いつも同じ家族ですよ。心配したってしょうがないんですよ。保育学校〔→教育制度※〕から問題があるんですから。でもね、外国人だけじゃないですよ、モロッコ人やアルジェリア人だけじゃなくて、ポルトガル人やイタリア人とも同じ問題があるんですよ。

――でも、イタリア人はずっと前からいますよね？

**夫**　ええ、ここにいる連中はね……アルジェリア人もたいていはここに来ると長くいますね、それにアルジェリア人は長いことといますから。よくあることなんですが、いまはだんだん減ってますが、一時期は、多くの者がアルジェリアに嫁取りに行ってね、嫁さんを連れて帰って来てたんですよ。トルコ人もある時期かなり来ましたね。来た当座はひどい有様でしたが、このごろはもうトルコ人の話は出ませんね。とにかく、行政が、優先市街化区域の行政が問題だと思うのは、このあたり、以前は優先市街化区域と言われてたんですが、連中のためには何もしてないですよ、ていうのはですね……。つまり、連中をみんな一緒に囲い込んじゃったんですよ、ここには高層住宅があったんです、高層住宅に。入り口が四つあったんですが……。

**妻**　五つでしたよ。

**夫**　五つ。〔その中で〕二つの入り口はね、いかない方がいいところだったんですよ……。

## ファミリアルは、あの連中だけを一緒にしたんです

――ほんとですか？

**夫**　いやあ、中にはいかない方がよかったんですよ、とにかく！　喉を掻き切られるとか、何をされるかわかったもんじゃない。でも、どうしてそんなことになっちゃったのか？　あの連中だけ一緒にしたからですよ。バルコニーで羊を飼うのがいれば、風呂場でウサギを飼うのがいる、全体から見れば、ファミリアルがやったのはそういうことでしょ？　連中をみんな一緒にしちゃったんです。ファミリアルとか行政とかがやるべきはそういうことじゃないでしょう。少し分散して住まわせて、生活に慣れさせるべきだったんです。もう、お国の片田舎の村にいるんじゃないんだから。彼らの立場になってみればね、ここにやってきた、村と同じだ、となりゃ好きなことやりますよ、ここに来ても……だけどそれはおかしい。連中もみんなと一緒に生活させなきゃ。

――その高層住宅はもうなくなったんですね？

**妻**　ええ、取り壊されました。

**夫**　取り壊したのはね、会社にとって補修工事の箇所が多くなりすぎたからじゃなくて、とにかく、危険になったからですよ。住民が多くなりすぎちゃって、もう、空けさせて何かやるとかいうことは……それに、この地域の状況が……いずれにしてもね……。

**妻**　跡地に何か作ることになっているらしいですよ……。

**夫**　福祉関係だろうね。囲いがされてるから、気候がよくなれば工事がはじまるだろう……。

**――この界隈は女の子には危険じゃないんですか？**

**妻**　いえいえ、安全ですとも！

**夫**　よそよりも危険ってことはないです……。

**妻**　ええ、安全です……。娘たちだってずっとここで……。

**――そうですか、すると騒音とか何か……。**

**妻**　いえ、うちの娘たちだって困ってませんよ。何年になりますかね、何年に……？　ここに住んで一四年ですよ、引っ越してきたとき、下の娘がお腹にいましたからね。道側の部屋で寝てますけど、そりゃ夏はね、いつも外に子どもがいて騒ぎますけど、娘たちが眠る邪魔になりませんよ。騒がしくてもね……。

**夫**　まあね、私と一緒だろう。私は平気で寝ているから……。

**――ちょっとした盗みみたいなことはありませんか？**

**妻**　いえいえ、とんでもない。

**――そうですか。では困るのは騒音だと……。**

**妻**　そのとおりです。

**夫**　とにかく、よそと比べてひどいことはありませんよ。迷惑だっていう人はいます。でもほんとかどうか確かめないとね、ほんとかどうか……。

**妻**　そうね、確かめないと……。

**――その人たちはなんて言っているのですか？**

**夫**　洗濯物を盗られたとか、タイヤをパンクさせられたとかですよ……。まあね、でも憲兵〔→警察※〕が彼らの家に来るのを見たことがないですよ。だから、ちゃんとした保険とか何かに入ってればね、なんとかなりますよ、車のラジオを盗られた、何をやられたといってもですよ……。

**――ええ、それに、そういうことはどこでもありますね。**

**妻**　少し下手に何軒か家がありますけれど、フランス人なんです。あれを盗られた、タイヤをやられたと言ってこぼしているのですけど、憲兵が来るのを見たことがありません。恨みを持つ者がいるのかもしれない。まあ、そんなもんでしょ。

**夫**　まあ、そうだな。それに、物干し台を道側に置いて、洗濯物を夜も出しっぱなしじゃあなあ。それじゃあ……。

――猫にマタタビですね。

**妻**　まったく。うちは裏庭は囲いになってますから。それに夜は、洗濯物を外に出しっぱなしにしません。

**夫**　私は車は外に置いてます。言っちゃなんですが、二軒置いた下手の家にフランス人が引っ越してきてからですよ、鍵をかけるようになったのは。それまではかけたことありません。一日中出しっぱなし、鍵もかけずです。書類も何も車の中。何も盗られたことありません。体育館に車を置いてます。体育館じゃ毎週、騒ぐ子どもを外に追い出しますよ、でも車に悪さされたことはありません。だから、やり方もあると……。

――なるほど、やり方ね……。

**夫**　……どう付き合うかですよ。怖がっているように見せちゃいかんのです。怖がっているところを見せると、自分の方が強いと思いますからね。三歳のチビから大きい子どもまでが突っかかってきますよ。機先を制するんですよ。ここに来て、六、七年になりますかね、Mでスポーツをやってるのは。

――なるほど、スポーツをとおして彼らを知っている、だから彼らはあなたを尊敬しているんですね。

**夫**　私は彼らを尊重しているんですから、彼らが私を尊重しないのはおかしいでしょう。

――まさに、そのとおりですね。

**夫**　いけないのはですね……。私は、おとなしくしているかぎりは体育館に置いといてやります。ちゃんとやってますよ、彼らは。騒ぎってやつをしでかしたら、外に追い出します。放り出すときには言うんです、「俺の車は、あそこにあるぞ。触ってみろ。誰だかわかるんだぞ」とね。「あいつだ、あいつだ。あいつだ。だけど警察には行かない。あとが怖いから」と言う人間が多すぎますよ。私はね、体育館の外に子どもを追い出しますよね。それで車に何かあったら憲兵を呼びますよ。憲兵に誰がやったか言えますね。その子でないかもしれませんが、憲兵がその子の家に行くのについていきます。その子でなければ、誰がやったか言わせます。言いたくないんですがね、ここの憲兵も何もしてくれませんよ。憲兵警察隊とか警察とか、そう、二年前に問題が起こったんですよ。教師が相手でしたけどね。ほとんど私らだけで解決しなければならなかったんです。憲兵警察隊に行けば、自分たちは関係ない、警察があるからって。警察に行けば、それが……。

――親たちで、父母会で解決したんですか？

**夫**　教員と親の間でですね。

――どんな事件だったんですか？

**夫**　学校で、教員の車のタイヤがパンクさせられたり、フロントガラスが割られたり、ガソリンに砂糖を入れられたりしたんですわ。いや、それはもう……ところがですよ、ある日ね、とんだことになっちまいましてね。一人の教師が外に出たときに、生徒の現場を押さえたんです。ところがそこでね、やっちゃならんことをやっちまったというわけです。生徒の鼻っ柱に、拳固を一発お見舞いしちゃったんですよ［笑］。親たちは法律やら、なにやらって知ってますから、教師を非難したんですが、ところがあいにく、中学校の構内でなかったてんで、国民教育省からすれば関係ないという態度で。そこで親たちは直接国民教育省に掛け合って、停職処分にさせようとしたんですけど……まあ結局、親たちは必要な情報を持ってなかったんですな。

――ここの教員たちは地元の出身ですか？　小学校でも中学校でも、教員は知っている人たちですか？

**夫**　地元のもんは一部ですね。よし、中学でも小学校でも若い教員が来ても……。

――最初はきついでしょうね？

**夫**　腰が引けてますよ。地元の者でないときは、考えることはただ一つ、よそに行くことですな。

――教員たちをご存じなんですね、地元の人間の？

**夫**　若いのをずいぶん知ってます……この辺で生まれた子たちですよ。ここに居残った連中です。あるいは、年取った小学教員も、若いころここに赴任して、ここでずっと教えている連中ですね。

――製鉄工の子どもたちで、そういうふうに、教員になって、ここに残っている者たちがたくさんいるんですか？

**夫**　そんなにたくさんはいませんな。

――学校では、よくできた者たちですね……。

**夫**　元製鉄工の子どもで多いのは、警察とか憲兵警察隊、機動隊に入った連中ですね。連中はうまくやったんですよ、六八年、※六九年に機動隊、警察が若者を大量に採用したときです。みんな、いやみんなじゃないな、多くのね、ふらふらしていた若い連中がね……。

――そのあとは、たくさん学校に行くようになった世代ですね。七〇年頃から始まったんですよね、あの世代は……。

**夫**　工場からカート［駆動装置付荷物運搬車］で乗り出

していった連中がいた頃ですよ。カートに乗って出て行く連中に言い聞かせなきゃならなかったんですよ。さもなきゃ、連中は出かけてって、手当たり次第ぶち壊してしまうんですからね。デモに行くときに、ピストルやカービン銃を持ってくるのがいましたよ。いくらなんでも、そりゃいかん、それは、はやりすぎだってんで、連中をなんとか捕まえて、武器を取り上げよそに移して、事なきを得ましたよ。それでも若い連中、来るときは何かは持ってましたよ。まあ、相手がまたね、情け容赦ない警官隊だから。

**――いやあ、本当に信じられない衝撃でした。凄まじいものでした。**

**夫**　そうですとも！　実に痛快なぶつかり合いがありましたなあ。ちょっといただけない場面もありましたけどね。しかしまあ、済んだことですよ、済んだことです。今になってただ一つだけ残念なのは、新聞の切り抜きとかをとっておかなかったことですな……。

**――今の若い人たちはそういう話をどう思っているんですかね？　関心ないんですかね？**

**夫**　関心ないんですな。なにしろ経験してませんからね。若い連中は、今の、この砂漠しか知らないんですよ。だから私は、新聞の切り抜きをとっておかなかったのが残念だと言ってるんです。娘たちに見せるためにね。ほら、これが工場だよ、これがあれだよとね。子どもたちも少しは覚えているんですよ……Eの私の実家に行ったときですが、私は工場の向かいに住んでいたんです、ちょっとしたもんでしたよ。

**――いわゆる脱政治化ということですね。政治に関心がない。**

**夫**　そのとおりですよ。それに今の若い連中はいいようにあしらわれちまうんです。右派の政治家が来ますよね。夢のような公約を触れて回ります。選挙権がある若い連中はその候補者に入れますよ。左派の候補者が来ても同じこと、乗せられてしまうんです。あとになってがっかりするのが落ちで、そのあとどうするんですかね。これが問題なんです。いまは、若い者に言いすぎるんですよ、先はこうなるって。私がさっき学校のことで言ったことです。女の子が美容師見習いをしたら、女性向け美容師だと、女性向け美容師って、男の髪だって刈れるじゃないですか。ところが、「だめ、私は男性向けの床屋をやるために仕事するんじゃない、私は女性向け美容師なんだから、そんなところはいかない」って言うんですから。

一九九二年二月

# 行き所のない一家

アブデルマレク・サヤド

パリに隣接する労働者の町。都市近郊地区では高層や横長の集合住宅が並ぶのが典型的な配置だが、この地区は例外となっている。他から少し離れたこの区域には、ふつう「砂岩〔グリットストーン〕づくりの家」と呼ばれる、古い三階建ての一戸建て住宅が建ち並んでいる。市当局は、こうした住宅を一定数、売りに出されるたびに購入し、多くの場合、緊急措置によって、改修・改築工事も施さないうちに、いくつかの移民家族世帯に住宅として割り当てた。この割り当ては、最も貧しい家庭向けの公共住宅（低家賃住宅※）の割り当てに際して、通常適用される規則に反するものであり、当然ながら、これまでなかった種類の葛藤を近隣に生み出すことになった。一方の当事者である移民の人々にとっては、こうした隣人とのいざこざは、自分たちがその元凶と非難される迷惑について考えさせられるきっかけとなる。つまり、たとえば「騒音」とか「悪臭」とか言われるものについて、あるいは、人との付き合い方（頻度や親密度、時間など）を隣近所に迷惑をかけないようにするべきだといった非難について、それが本当は何を意味しているか考えさせられるのだ。他方、もう一方の近所に住むフランス人たちからすると、この種のいざこざはもはや、通常の場合とは違って、個人的な対人関係（すなわち、まったく主観的な関係）の枠に収まりきれなくなっており、当事者それぞれが集団として問題にされるものとなっている（聞きとりの中で、移民一家の隣人のフランス人女性がはっきりそう言っている）。当事者はみな、この葛藤の中に、自らの社会的存在のすべて、すなわち、自分自身について抱いているイメージ、今はやりの言葉で言えば自らの社会的アイデンティティ（それは、この場合、国民的アイデンティティであり、したがって何にもまして集団的アイデンティティでもある）を関わらせているのである。こうした軋轢は、まったくと言っていいほど客観的な基盤を欠いているために、よりいっそう意義深い。おそらく、長い間夢見ていただろう一戸建て住宅と、その住宅に結びついた（地理的、社会的な）空間を、ようやく手に入れた住民はその空間に社会的上昇のすべての望みと夢とを投影し、情熱を傾け、全力を注ぎ込んできた。それゆえ住民は、その（地理的、社会的な）空間の衰退、価値低下、信用失墜のプロセスに巻き込まれるのを恐れ、それに対置すべき最後の対抗を示さざるを得ないのだ。

二つの聞きとり調査は、同一の社会的現実について、異なる、さらには正反対とも言える社会的位置から取られうる、まったく相反する視点が浮かび上がるように構想されたが、それらを照らし合わせると、三種類の談話が含まれているのがわかる。まず、移民家族の側では、フランスに移住してきて以来、転々と移り住んだ家族の歴史をたどる、父親の談話がある。この回想はアラビア語でなされており、全面的に父親だけに関係する談話、父親固有の領分に属する談話はこれだけである。それから、子どもたちが口々に話した談話があり、これは現在の状況と今の住まいの状態に関するものだ。次に、移民一家の周りの人々、直に接する人々の側では、すぐ隣に住むフランス人女性の談話があり、この談話は、はっきりと区別される二つの部分から成り立っている。一方で、この女性は、特定のカテゴリーの住民に（排他的な意味で）固有の物質的・象徴的な利益を守ろうとして、特定の人々に割りあてられる住宅を取得する特権を得るにはそれなりの人間でなくてはならないのだと力説する。その一方で、貶められ、軽蔑され、軽んじられている人々と同じ地域に住まざるを得ない状況を、自分を貶める屈辱的な状況とみなして、憤慨し、抗議している。

ベン・ミルー一家はアルジェリア南部のビスクラ〔アルジェの南東三百キロほど、サハラ砂漠の入口に位置する中堅都市〕地方の出身である。一家は一九六〇年にフランスに来た――より正確に言えば、フランスに来ていた夫のもとに妻が来たのがこのときであり、子どもはみなフランス生まれである。ベン・ミルーさん（夫）は現在六十四歳で、最初にフランスに来たのは一九四九年、二十一歳のときだった。長い間、長期疾病・障がい制度の適用を受けた後、現在は退職している。病気は重く、集中治療と頻繁な入院が必要な状態である。重病というだけでなく、労働によって消耗してしまったように見える。

親世代と子世代にはそれぞれの関心事や話せる内容があったため、親子の間には暗黙の了解があり、父親は昔のことのほうをすすんで語り、現在の状況については子ども（特に娘たち）が話をした。父親は、家族が移民するというのがかつてはどういうことであったかを、みなに（今回の場合は、強い関心を示す子どもたちに）語り聞かせることに専念した。「［フランスに］来たのは一九四九年のことだ、働き盛りだった（…）。初めのうちは、みんなと同じようにやってたよ、あのころみんなやってたみたいにだ。フランスでしばらく働いちゃ、国へ帰る。帰るときはもう戻って来ないかのようなんだが、何カ月かしたらまた戻って来る。『新品』みたいに戻るんだ。結局、なんだかんだ言ったたって、国よりフランスに長くいたことになる。今んなって、何年、何カ月、何日って数えてみりゃ、人生の半分以上――半分よりずっと多いね！――、フランスで過ごしてる（…）。最初は、工場で働いた、パリなんかじゃない、東部だった。だが一九六〇年――三〇年以上も前んなる――からは、建設工事の仕事になった。働きづめだったよ、一日も休みなしだ。家族がいたからね。家族がフランスにいて、子どももでかした［生まれた］。それやこれやで金がかかる、せっせと働かんといかん（…）。家族がフランスに来たとなりゃ、［言うまでもなく、フランスとアルジェリアの間を］もう行ったり来たりすることあない、みんな一緒にいるんだから。休みに家族でアルジェリアに行ったこともあったが、高すぎたね。それに今は子どもらも大きくなったから、ますます行かなくなった。子どもらは大人で、自分のやりたいようにやる。こっち［親］は、旅だとか、どっかに行ったりする元気はもうない。だから、ここにいて、待ってる」。妻が彼のもとに来た――夫妻にはまだ子どもはなかった――のは、ちょうど、土木・建築の仕事に移ったころで、その後、この部門で長く（障がいのために引退し、定年退職するまで）腰を据えることになった。ベン・ミルーさんが住まいを得て妻を呼び寄せることができたのは、建設業での最初の雇い主のおかげだった。この最初の住まいのことを、一家は今も懐かしく思い出す。すばらしかったと振り返るのも道理だ。都市中心部から離れた、田園と言っていいようなところにある一戸建ての家だった。むろん、それなりに傷んでおり、かなり長いこと廃屋になっていたが、農村出身の一家にはこの上ない、おあつらえ向きのものに思われた。一家はそこで、都市生活への適応の最初の経験をし、体得した。広々とした（三階建てだった）独立家屋で、〔都市中心部と異なり〕隣り合う建物は離れており、広い土地があった（一部を庭にし、菜園を作る）。かつては田舎で暮らしていたこの家族に、伝統的な家にいたころの習慣的な住み方を取り戻せるという幻想を抱かせる、あらゆる特徴が揃っていた。都会の生活様式への適応を促すのに、これ以上の移行期を望めようか。その上、廃屋だったこの住まいは、会社から（「親方」からと言っている）、無償で提供されていた。給料に加えて現物支給の恩恵を受け、特に厳しかったこの時期に、節約ができた。厳しかったというのは、第一に、労働者の手の届く住宅が非常に不足し、そのために家賃が高騰していたからであり、また、まったく無一文でフランスに来た移民の家族はみな、日常生活に欠かせない最低限の家財さえも事欠き、何から何まで多くのものを必要としたからである。それやこれやで、家族が落ち着くのに大変な費用がかかったのだ。

将来、高速道路が通るという理由で取り壊されることになっていた廃屋は、取り壊しを待つ間、単なる仮住まいの一時的な住居としてベン・ミルー一家に割り当てられていた。ついに期限が来ると、その家の「不当な」居住者たちは、路頭に迷うことになった。そして、同じ不運に見舞われたほかの多くの人——多くの場合、土木・建築現場の肉体労働者で、同胞もそうでない人もいた——と同じように、同じ時期に、あの「最低、最悪の住宅」——と本人たちが言う——、「掘っ立て小屋の地獄」であるスラム※で我慢しなくてはならなかった。ベン・ミルー一家はおそらく、ナンテール〔パリ北西郊外〕のかつてのスラムが様々な段階的解消作業によってすでに地図から消され始めた時期に、最後に加わった家族の一つであり、すでに幼い子どもが四人いたベン・ミルー一家は、そのために、緊急用の住宅の割り当てを優先的に受けることができた。まず移った先はジュヌヴィリエ〔パリ北西郊外、アニエール（第Ⅳ部「寡黙な証人」参照）の東に隣接〕で、一家によれば、ここで初めて、同じ階でほかの家族と隣り合わせに暮らす経験をしたという。ベン・ミルーさんがこのときの話を好んでするのは、一部のフランス人家族の孤立と精神的荒廃を、このときの経験から知ったからである。また、こうしたフランス人家族が、親類や友人をたびたび迎える大家族のマグレブ※出身の家族と接して、いら立ちを覚えていることもこのときに知った。手続きを重ね、いくつもの社会福祉支援（市の社会福祉事業局、企業の社会福祉課）の助けを借りて、一家は、パリ市内に移ることができたが、新たに割り当てられたアパートは狭すぎた。もっと広いスペースを求めて、再転居の手続きを再開し、こうして、現在も住んでいる住まいにやってきたのである。

# 労働者の町の住民たち

## 「もうお互い話もしないし、お隣さんていうのもいなくなりました」

〈聞き手〉アブデルマレク・サヤド

**娘**　ここでは、うちは文句もあるし、不満もある。そりゃそうですよ。でも絶対出て行くつもりはない。問題外です。両親がここに慣れてますから。二人とももう年だし、病気持ちだし。父は集中治療が必要で、ここでしょっちゅう入院するんです、この近くで。母は、めったに出かけないし、電車やバスの乗り方も知らない。タクシーを呼べば家まで来てくれて、病院へ連れて行ってくれるし、帰りも。お金？往復百フラン。※何とかなります。でももし遠くへ行かされることになったら……そのことだけ考えても、無理なんです。

**息子**　それに、それだけじゃない。団地に戻るなんて、まっぴらだ。俺はガキだったけど、覚えてますよ——ナンテールのあのスラムじゃなく、コンクリートのアパートのこと。〔低家賃住宅の〕団地って言われるやつ。クールヌーヴ〔パリ北郊の団地〕やヴァル・フレ〔マント＝ラ＝ジョリ（パリ北西五〇キロほど）にある団地〕に行くのと同じさ。今じゃだれだって知ってる、ずいぶん騒がれたからね。

**娘**　うちはそういうとこに慣れてるなんてことはないからなおさらね。それどころか私はいつも……うちは、アパートには一度も住んだことがないんです、ああいう団地タイプのアパートには。だからあの女のために、あの女にへいこらして、っていうか、あの女のせいで、ここから出て行ったりしない。あの女はひたすらそれを願ってる。うちが出て行ったら、さぞ喜ぶでしょうよ。そうなればいいって思ってるんだから。そのことだけ考えたって、けんかになるわ……相手が低家賃住宅公社だって、市や県だって、それに何より、この家の改修を請け負ったらしいあの会社だって。だってその間に、うちはどうなるんです？　いつ？　どうやってやるんです？　何にもわからない。わからないことはほかにもあるし。

——よくわからないんですが。だれのことなんですか？

**父**　隣の家の人のことです……すぐ隣の。この壁の分、ほんの何センチしかはなれてません。

**娘**　［父親の言葉をさえぎって、急いで説明しようとする。］向こうもうちも、ちゃんと自分の家に住んでるんですよ。それなのに、なんだかんだとうちに言いがかりつけてくんのよ［父親の厳しい視線］。

**父**　いや、おまえ、礼儀をわきまえなさい。この方に、そんな話をお聞かせする必要はない。言うべきことを言いなさい、本当のことをな。口汚い言い方をしたり、陰でこそこそ人を悪く言ったりするもんじゃない。それにお前はあの人に面と向かって悪口を言ったことはないし——そうだよな——、向こうさんもお前に面と向かって悪口を言ったわけじゃないじゃないか。

**娘**　父さんはそう言うけど違うのよ。「あのう……ちょっと失礼ですけど」とか「あのう……すみませんけど」とか言いながら人をバカにする言い方ってのがあるのよ、父さんにはわからないでしょうけど。口じゃそう言ってるけど、目つきは別。ぎらぎらして、毒があるのよ。

——なんでそんなことに。

**娘**　そう、お話ししたかったのはこのことなんです。こういうことがあるんです。あそこに二階に上がる階段が見えますよね。お隣の奥様は、うちが階段を上り下りするとき、音がうるさいって言うんです。わかります？　木の階段で、その音が隣の家まで聞こえるなんて！　そんなことを言うなんて、頭がおかしいに決まってる。ノイローゼだからって、眠れないのは音のせいじゃないでしょ、本人はそうだって文句つけてますけど。私は猫を三匹飼ってますけど……。人がどう思うか知りませんけど、ほんとにかわいいんです！　あの女は、どこにでも文句を言いふらしたんですよ、近所の人にも道で、警察でも市役所でも。ありがたいことにだれもまともに相手にしませんけど。手紙を書きまくって、請願署名を集めて、うちを追い出させようとしたんですよ、「公共の秩序と地区の平穏を乱す」って口実で。

こういう状態です（…）。それで、猫のことですけど、あの女が言い出したことときたら、まったくどうかしてる……猫がうるさい音を立てるって言うんです。猫がうるさい音を立てるとこなんて見たことあります？　吠えないでしょ、猫は。あの女は犬を飼ってるんです。その犬のせいで寝られないなんて、私は言わない。で、しまいに、うちの猫が、階段を駆け下りる音がうるさくって、気になって眠れないって言うんです（…）。

## 向こうがうるさいって言ったのは、それだった。人が……、夜、集まったりして

**息子**　いつもうこうなんですよ、あの女。どうしようもない。ほんとですよ、あの女はうちを嫌ってる、ほんとです。うちが隣にいるのが我慢できない。上品で上等だと思ってる地区にアラブ人がいるのが我慢できないんだ。そんなこと言っても、この辺にはぼろ家しかないのを見てみろってんですよ。だいたい、だれだって自分のやり方があるし、考えもある。俺だって、あの女に手加減なんかしない。おまわりたちから聞いたんですよ。あの女は、うちの前にこに……しばらくほんのちょっとの間いた人たちにも、もうこんなことやってたんですよ。でも、アラブ人じゃなかったんですよ、その人らは。（…）何で知ってるかって言うと、こっちは警察にちょっとは顔が利くんです。こっちの話は全部してある。あの女がうちのことで何回も苦情を書いてきたって、連中から聞いたんです……。今じゃ連中は書類を処理済みにファイルして終わりですよ。当たり前だ。俺はおまわりたちとサッカーやってるんです、警察のクラブで。だから俺らの間じゃ仲間内でツーカーなんです。こっちがあの女に手加減する理由はない。お気の毒さまだ。って言っても、向こうの思うようにはさせないってだけですよ。売られた喧嘩を買う、それだけです。うちのほうから苦情を言ったりはないですよ。

**娘**　それだけじゃないんです。実は、大もめしたんです、公園のことでも。奥様は、公園は自分のもの、自分ちの所有だと思ってる。本人がそう言ったんですよ。嘘ついたんです（…）。音がうるさいとか……猫とかだったら……そんなのほっとけばいい、勝手にさせて……言いたいこと言わせときますけど。でも広場とか公の場所だってことならそうはいかない。だって、道とか歩道だってそうなるでしょ、あの女がいるところはどこも！　だったらこっちだって負けてない。あの女はやきもち焼いてるんです。私は、土曜日曜や平日も、この人［兄弟を指さす。彼は離婚して二人

の子どもがおり、祝日とバカンスには子どもを引き取って、両親に預けている」の子を預かって、子どもらを公園に連れて行って遊ばせるんですけど、それが我慢ならないのよ。もちろん、あの女はそのことで公式に苦情は言えない。けど、またぞろ猫を口実に持ち出してきたんです。市役所に行って、猫が——うちの猫ですよ、よそのじゃなく——、砂場を掘って用を足すから、子どもたちと、それからもちろん、自分の犬にも、ばい菌がうつるって……! 私は衛生課に呼び出されたんですよ。うちの猫の健康手帳を持って行きましたよ。予防接種やら何やら、名前、生年月日、登録プレート、耳の識別番号とか。全部規定どおり! もう、こんなことになってるんです。

**息子** いつもおんなじ話なんですよ。アラブ人と隣になるのは嫌だって言えないから、汚いから、臭いから、うるさいから、いつも家に人が多すぎるから〔迷惑だって〕、そう言えないとなったら、ほかのことをひっぱり出してくる、いつだって何かしら見つけてくるんですよ……。

**娘** うちだって、言おうと思えば向こうと同じようなこと言えますよ。本当は、思ってますよ、向こうのほうがうちよりずっと汚いんじゃないですか。化粧なんかしたって、表向き顔を飾りたててるだけ、それだけ。化粧したって、せいぜいそれくらいのことにしかならないのよ。

**父** まさしくこういう言葉がある、「汝、うわべを飾る者よ、その内面は如何なりや」〔アラビア語のことわざ〕……。

**息子** 音がうるさいって言われるのは、友だちみんな言ってることだけど、ほんとは音じゃないんですよ。何デシベルとかじゃなくて、アラブの歌だから嫌いなんですよ。アラブの歌だから、ちんぷんかんぷんで、耳障りなんだ……。今、ライが流行ってるから、もしかしたら、ちょっと変わるかもしれないけど。うるさいって言うのはそういうことなんですよ。実際は、比べてみれば、どんなロックだってアラブの歌よりずっとうるさいですよ。

**娘** 匂いだって同じ。新聞で読んだんですが、あの(…)事件があったとき……匂いとメルゲーズ〔スパイス入りソーセージ。北アフリカから入りフランスに普及〕の。新聞にはこう書いてありました、「フランス人はクスクス〔肉野菜を煮込んだアラブ料理〕やメルゲーズを食べるのは大好きだ。だが、自分のためではないとなると、アラブ料理の匂いは我慢できないものになる」って。

**父** 一つ話をしますとね。子どもらはもう知ってますが。低家賃住宅団地に住んでた時のことで。同じ階の小さなアパートに、お年寄りが二人いましてね、だんなさんと奥さんです。子どもさんは見たことなかったけどもね。子どもがいるって知ったのは、そこの家とうちの関係がぎくしゃくして、二人がどういう人かってのを知ってからだった。そのときもね、その人たちは――そりゃ年取ってたから、うちもずいぶん助けたんですよ。買い物してやったり、クスクスをよく持って行ったり――クスクスの話が出たんでこの話を思い出したんだがね――、その人たちは、うちがうるさいって苦情を言ったんだ。で、その人たちと話してるうちに、なんでうるさいって言うのか、何をうるさいって言ってるのかわかったんですよ。実はね、年寄り二人、会いに行く人もいないし、会いに来る人もいなかった、子どもらもですよ――息子一人と娘一人、二人とも親子の間で何かまずいことになったんだろうと思いますがね。二人っきりで暮らして、何にでも目を光らして、何にでも聞き耳を立ててた。気の毒に思いますよ、心からね。特にあのころは、こっちも若くて、自分の親にはそういうふうになってほしくなかったし、自分のことは、自分も年を取るとはまだ思ってなかったから、ずいぶん気の毒に思ったもんです。結局のところ、二人は不幸せで、人生はもう終わった、あとはお迎えを待つばかり。そういう話を何度も聞いてたんですよ、階段の踊り場で顔合わして立ち話して、様子を尋ねたりしたときに――向こうからあれこれ言われたことに対して、しゃべってるうちに（…）。で、ある日、どかどか文句をつける気なんかなかったですよ、まあ、相手が同じくらいの歳だったら、ぶん殴ってたかもしれんが。うるさいって言われた話を持ち出してみたんですよ。向こうが言ったことにはびっくりしたね。うるさいってのは、実は、うちにしょっちゅう人が来てたことだったんだ。確かに、私らのとこじゃそうだ。そういう習慣なんでね。土曜と日曜は、親類やら従兄弟やら友だちやら、ぞろぞろやってきた。何たってあのころはまだ、フランスに、家族でいるのは多くなかったから、男連中がみんな独り身で、家に来ちゃあ、家庭ってもんの雰囲気を味わってたわけだ。で、もちろん来るたびに、手土産だ。果物やら、羊の腿肉丸ごとやらで、花束ってことはなかったな［笑］、人を訪ねるときは、そういうものを手土産にしたわけだ。で、向こうがうるさいって言ったのは、それだった。人が行ったり来たり、夜、集まったりして……。羨ましかったんだろうよ、間違いないね（…）。

**娘**　この物件に入ったとき、ほんとによかったと思ったんですよ。清潔だし、全部改修されてる、と思ってたんです。ほんとのところは、うちに鍵を渡す前に、あちこち「ちょっと一撫で」しただけだった。「目につくところだけちょこちょこっと」やっただけだって気がつくまでに、しばらくかかりました。だれのせい？　わかりません。市の指図？　低家賃住宅公社？　どっちだろう？　それとも、どっちもだまされたんでしょうか、工事を現場で監督して確かめるのが面倒だったから？　それとも、わざとやったんでしょうか、みんなぐるになって？　いまだに疑問です（…）。うちのほうも、できるだけのことはやりました。改修して前より住みやすくして、合っていないような窓も付け替えて、壁紙を張ったのもうちです（…）。入ってから、少し塗り替えもやりました。でもあとは何をすればいい？　何のために？

**父**　どれだけ保証をしてもらえるかってことだ――そうすりゃ、金もかけられるが。うちはみんな、ここにいるもん［父親と息子たち］は、そういう仕事の関係なもんでね。自分らで何だってやれる。職人や会社なんかがやるよりずっと上出来だ。ざっと見積もったって、ちゃんとした状態にするには資材だけで三百万（旧）フラン※ばかりは要るだろう、手間賃抜きで――自分らの手間賃は勘定に入れずにだ。

**娘**　うちがここに来てからっていうもの、だれが何を決めてるかわからない。どういう機関がどれだけ関係してるのかもわからない。だれに家賃を払ってるのかすら知らないんですよ。不思議ですか？　うちは家賃を払ってます、それは確かです。うちの財布から出て行ってるし、だれも未払いだって言って来ないから、行くべきとこに行ってるんでしょう。取るものは取られてますよ（…）。今、実際に工事をする業者が来てるんです。でもだれかわからない。だれの指図で来てるのか。会社自体か、それとも低家賃住宅公社か、それとも市、県？　工事の人はとても親切だし、よく見に来てますけど、進まない。何をやってるんだかわからない。何の担当なのか？　何も教えてくれないんですよ。一年後なのか、一〇年後なのか、いつまでもかかるのか、教えてもらいたいんですけど。……うちが望んでるのはそれだけです。今どうなってるのか知りたい。誰が決めるのか、何によって決まるのか？　なんでこんなふうに待たなきゃならないのか？　……こんなことがこの先ずうっと続く！　うちをうんざりさせてここから追い払おうって思ってるなら……そういう魂胆なら、大間違いよ。うちは絶対ここを出て行かない。ここにいて、ここに残る。追い出される理由なんかどこにもないんだから（…）。

［みな同意。住居のことで介入してくる様々な機関がどのような意図をもっているかについて、娘が最後に話したことをみなが支持する。また、こうした機関の誠実さについて彼女が表明した疑いをみな共有していることでも意見が一致。さらに、改修計画がどのようになろうと、改修が行なわれようと行なわれまいと、この家にとどまるという家族の意思を表明することについても、同様に、みな一致。この点について、息子の一人は、彼女の発言よりもさらに踏み込んで、改修計画は、自分たち現在の住人が家を明け渡さざるを得なくなるようにするための計略にすぎないと、断固とした調子で言い切る。］

**息子**　俺たちをみんな追い出して、都合のいい家族だけ入居させられるって、あいつらが確信しなくちゃ、工事なんか始まらないさ。どっちみち、ずっと前からわかってたことだけど、あいつらが何かするのは、うちのためじゃない。さもなきゃ、うちがもういられなくなるまで、家賃を吊り上げようってんだ。そうなりゃ、うちのほうからここを出るか、家賃滞納って口実でろくでもない団地に移らされる。よくある手だ。間違いなく、それこそ奴らの魂胆なんだ。俺は、もうずっと前から、わかってた……。ここでずっとそう言い続けてる。うちはバカにされてる、ってことなんだよ。何も手に入りっこない。いつまでも待つばっかりだ。あいつらは、うちのためにやってるんじゃない。うちをもてあそんでるってわけです［アラビア語の表現。面談を通じて、子ども世代が発した唯一のアラビア語の言葉である。一方、両親はアラビア語しか使わなかった］。

## 文句を言われてるのはほんとは猫じゃない、うちなんですよ

**娘**　三匹の猫はほんとに「家猫」です。家族の一員なんです。だからもめるし、猫のことで文句を言われる。文句を言われているのはほんとは猫じゃない……うちなんですよ。飼い主のほう。それだから、うちの猫、私の猫はうるさいなんて言われるのよ！　……どうやってうるさくするかって？　いいですか、階段を駆け下りるときですって。お話ししましたけど……。猫が駆け下りる音がするんだって！　……もう少しましなこと言えそうなもんだけど……。そのくせ、自分は動物好きなんだって。どの動物のこと？　全部なんでしょ、ただし、近所の……アラブ人の飼い猫じゃない限り！　当の奥様だって犬を飼ってらっしゃる。向かいの公園で犬を放すのはまったく当たり前と思ってらっしゃる。リードもつけないし、公園で自分の家と同じよう

にしていいと思ってらっしゃる。公園は自分のものだって、言うんですよ、私に。どうやって、どんな理由であの人のものになるのか、わからない……。そういう言い方で、実は私にこう言ってるのと同じですよ、フランスは自分のものだ、ここは自分のフランスなんだって。で、うちはそのフランスの一員じゃないし、フランスはうちのものじゃない、うちはフランスに属してないって。それが頭に染みついてる。一度言われたことがあるんです。うちの向かいに公園があるのは、あの女のおかげなんだって。あの女が市に掛け合って、公園を造らせたんだって。でも、公園は一世紀前からありますよ。公園とか、公の場所に入れないようにしてやるって脅かすんです（…）。

**息子**　それに水を流す音のこともあっただろ……蛇口や……トイレの。それがみんな雷みたいな音を立てて……騒音で耐えられないなんて言ってやがったな。うちは人が多すぎるって口実であの女は文句を言った。過密だって言うんですよ……入れ知恵した奴がいたかもしれないな。だって、ここだけの話、そんなこと書けるほどの頭も学もあるとは思えない。つまり、俺ら子どもはここに居場所はないって言うんです……。もちろん、家は親の名前ですけど、俺らはここで育って大きくなって、俺らの家でもある。ここに住む権利はないなんて言うなってことです……。

**娘**　……ここに住もうと住むまいと、それはうちの問題、うちだけのこと……ほかのだれにも関係ない、まして近所の人になんか。あの人たちは自分ん家のことを心配してればいいのよ……。

**息子**　実は、俺らみんな、住むところはあるんですよ。ここにいるのは、住むところがないからじゃない。そんなのは嘘です。家賃の受け取りがあるんだ。証明しろって言うならいつでも、証明できる。見りゃわかる。姉貴は自分の家に住んでて、もちろん、毎日ここに寄る。一年中ここで見かけるって、親に会いに来るんだ、当たり前だろ！　何か起きてないか確かめに来るし、泊まることだってある。俺らみんな、ここに部屋かベッドがある。でもそれでも姉貴には自分の家がある……うちはこうなんですよ。親をほったらかしにしたり、忘れたころに会いに来たりしないんだ（…）。

**娘**　兄弟も二人とも自分の家をもってます。一人はそんなに遠くないところにワンルームのアパート。やっぱり、［親の］家と自分のアパートを行ったり来たりしてる。もう一人は、もうすぐ再婚することになってるけど、やっぱり自分のアパートがあります。私らみんな親がかりで住んでるなんて言わないでもらいたい（…）。もちろん、みんないつでもここに泊まれるし、自分のベッドもあるし、テーブルに自分の席もあるけど、家は親のなんです。両親は自分の家にいるんですよ。なのに、ひどいじゃない！　自分の家にいる、うちはちゃんと自分の家にいるのに、人を泊めるの泊めないのって指図されて、家に何人いるとか、テーブルに何人いるとか数え始めるんだから。あの人たちに養われてるわけじゃないのに（…）。やきもちでしかない。そうよ、そういうことよ。それだけよ（…）。調べに来たっていいんですよ……幸い、今のところは、陰口、近所の人のやきもちっていうだけですけど。人数が多すぎる、だからうるさいんだ、とか、低家賃住宅の公社とか運営会社〔→低家賃住宅※〕はこんな人をみんな住まわせるためにあるんじゃない、とか。やきもちでしかない。あの人たちは、うちの親が、何にもない狭苦しい穴ぐらをあてがわれて、だれも泊まる場所なんかなくなればいいと思ってるのよ。

**息子**　こういう話で何かわかるとしたら、要はあいつら、うちにここにいてほしくない、ってことなんですよ。もしいるんなら、顔を合わせないように、うろちょろしないようにしなきゃならない。猫はだめ、犬もだめ、道もだめ、公園もだめ、ガキもだめ。だめだめ尽くしだ。でも、うちはここで自分ん家にいるんだ。親のうちにいちゃいけないなんて言ってるのとおんなじですよ……（…）。そう、結局、こういうことなんです。家に俺らの場所がないとか、この地区や市にないってだけじゃない……この社会のどこにもないってことなんだ。それでも、俺らみんな、男きょうだいも女きょうだいも、フランス国籍もってるんですよ。でも、そんなこと、奴らに言ってみろ。どっちにしても、俺はそんなこと絶対に言わない。そのほうが、ひょっとして奴ら、うれしいかもしんないけどな。

**娘**　さあ、どうだか……。ひょっとしてそれでも言うかもしれない。フランス国籍だって、くれてやったんだって。一番大事なものをって。

**息子**　どうでもいいさ……。どっちみち、俺にとっちゃ、そんなもの、身を守るものになりっこない。俺は「みなさんはどうして人種差別するんですか、僕はフランス人です」なんて、奴らに言わない。そんなら、うちの親父のことなら人種差別したっていいってことか？　……どうなんだ。奴らが親父のことを差別するなら、俺のことも差別すりゃいい……俺がフランス国籍だろうが、なんだろうが……。意地の問題ですよ！

**父**　［締めくくるかのように］そんなのはみんな大した

ことじゃない。大事なのは一つだけだ。うちはここを出て行かない、ってことだぞ。［みな長い沈黙。父がここぞとばかり威厳をもって話したことは、全員の注意を――誰よりも私の注意をひいた。］この歳になって、行くところなんかないからだ……。［ひとりの離郷者、すなわち、帰る祖国、帰る「わが家」があると生涯信じ続けて生きてきた者にとって、最もつらい告白に違いない。］

**どうしてここにいるのか、ちゃんと説明しないといけないのよ、あの人たちは……。私にじゃなく……フランスに対して。**

［調査の意義を説明するときに、前置きとしてあげた理由のために、被調査者の社会的特性についての質問は一切できなかったが、子どものないこの一家が一九七五年、狭いワンルームアパートに住んでいたパリから来て、ここに住まいを構えたことが、聞きとりをとおしてわかった。今住んでいる一戸建ての家は、妻が両親の死後受け取った遺産で手に入れた。夫はパリ交通公団〔パリの地下鉄・バス・郊外線等を運営〕の職員であり、妻は見たところ年上で、一度も外で働いたことがない。］

――この地区を回っている者です。いろいろな方とお話しして、みなさんとというか、一戸建て用のこの地区にお住いの方全員とお話しできればと思っています。生活環境についてどう思っていらっしゃるか、この地区の将来をどう考えていらっしゃるか、ここにおいでになって以来、近所や環境全般がどのように変わったか、そうした変化は、住環境と生活環境の全般的改善に向かうものだったか、それとも逆に悪化に向かうものだったか（…）。決まった質問があるわけではなく、ただ、みなさんとあれこれお話しして、ご意見や印象をうかがえれば、と……。

**ムニエさん**　ああ、そりゃそうね！　ってことは、あの人たちも今じゃ、自分のやってることを白状しなくちゃならなくなったわけね。もう隠しきれなくなってるんだから。もうおしまいだ、こっちは何もかもお見通しだって、あの人たちにもわかったのよ。やっと目が覚めたんだわ……だって、今まではこっちには何にも見えてない、あの人らが陰でなんかごちゃごちゃやってるのを何にもわかってないと思ってたんだから。

――何のお話ですか。陰で何かやってるというのは何のことですか。何を隠しきれなくなってるのですか。何をやっていて、何をやっていると白状しているのですか。

**ムニエさん**　ええ？　じゃ、知らないっておっしゃるの？　まさかそんなこと、信じられないわね。みんな知ってる、みんなが目にしてることなのに……。

――何を目にしてるんです？

**ムニエさん**　もうじき、この地区はすっかり人が入れ替わるでしょうよ。みんな出て行ってます。ここじゃ、全部売りに出てるの。一緒に地区を一回りできたらお見せするんですけど、二軒に一軒は売りに出てます。不動産屋は大喜びよ……。不動産屋はどうだっていいんだから……商売ができさえすれば。一番高い値をつける買い手か、最初に来た買い手に売りつけりゃいい……。どうだっていいのよ、不動産屋はここに住むわけじゃないから……金がはいりゃ、あとは知ったことじゃないのよ。

――どうして、ここで持ち主が家を売りに出しているんですか。他所よりもそうなんですか、それとも、ここみたいな地区ではどこでも同じですか。

**ムニエさん**　さあ。この地区のことは知ってますけど、他所は知らないから。でもきっと、他所でも同じはずですよ、ここみたいなところだったら……。うちは、この家を買うために、わが家を手に入れるために、さんざん苦労したのよ。高いお金を払って、いろんなことを犠牲にして、払い終わってないのに、もうだめになってる。

――どうして、だめになってるっておっしゃるんですか。

**ムニエさん**　うちの人がいたら、もっとうまくお答えするんですけど。この地区に昔住んでた人たち、つまり……通りが何本でしたっけ（…）。とにかく……この辺は、うちが来たころは、お年寄りしかいなくてね、家の持ち主はみんな定年退職した、お年寄りでしたよ。その後、空いてったんです。出て行った人がいたり、老人ホームやホスピスに行った人がいて。子どもの世代はここに住み続けられないんです。どこにいるか知りませんけど……。それで、家が外国人に貸される、地区の外国人に。いつも移民ってわけじゃないですけど。借家人も、長くは居つかない。

――買う人はどういう人なんですか。

**ムニエさん**　やっぱり外国人ですよ。どっから来たかはもう様々。それで、家を買って住むようになった人も、居つかない、長く居つかない。三年後、五年後に、また売ることがとっても多い……。

――どうして？

**ムニエさん**　気に入らないとか、もう気に入らなくなったとかですよ。地区にがっかりするの。戸建ての家はみんな、たいてい小さくて、住み心地がよくない……いつも工事してないといけないし。うちがそう。取り換えなくちゃならないものが、暖房やら配管やら屋根やらあって、それやこれやでずいぶんお金がかかるのよ。だから、買って、何年か後に、また売って、ここを出て行く。人がいつも入れ替わってて……それでよくなるとは限らないし。

——よくなるとは限らないというのはどういうことですか。

**ムニエさん**　地区のどこでもそんな感じがするでしょ。うちはここに来て……かれこれ一五年になるから、そういう変化は全部気がつくの。だれも攻撃するつもりはないし、非難するつもりもない。人種差別でこんなことを言うんじゃないんですよ（ほんと困るのよ、これ。ちょっと愚痴こぼして、地区の評判が悪いとか、住民の質が落ちたとか言ったりすると、すぐ差別だっておこられるんだから）。人種差別じゃあないんですよ、ここに移民の家族、アラブ人の家族が増えたって私が言うのは。アルジェリア人か、モロッコ人か知りませんけどね、マグレブから来た家族。そうなったら、もうだめ、この地区は住みやすくなるどころじゃない。全部、いちどきにだめになってるの。

——「アラブ人」とおっしゃる、移民の家族は、どこから来たんですか。ここは、一戸建ての家で、他所のような、低家賃住宅とか、団地とかじゃないですよね。だれでもここに住めるわけではない、一戸建ての家を買えるわけではないですよね。

**ムニエさん**　いいえ、とんでもない！　考えてらっしゃるようなもんじゃないのよ。ますます増える一方で、毎日のようにくるんです。たとえばね、ここの店はほとんど全部アラブ人で、食料品はすっかりアラブ人が握ってる。でもそれだけじゃない。一番深刻なのはそれじゃない。一番深刻なのは、ここが低家賃住宅、今の言い方なら団地地区になってきてるってこと。みるみる、そうなってるの。すごいスピード、猛スピードでね！　もう昔みたいな住宅地じゃない、うちが、あれだけのお金を払って買ったときに考えてたような、ね。いんちきだったんですよ！　お金をまき上げられたんです、まだまき上げられてます。ローンを背負いこまされて、高いお金を返してる、バカみたいに。だまされた、バカを見たって、今はわかってます。

——どういうことです？　たとえば、お宅を売らなければならなくなっても、値段的に損になるとはおっしゃらないでしょう？　そんなはずはないですから。

**ムニエさん**　絶対……。確かよ、間違いなく損します。どこもかしこもだめになってるんだから。どこをとっても悪くなってる。元をとるのなんか絶対無理。たとえば、ここを売って、他所に、別の場所に、もっと安全な、ここみたいに悪くなってない町に家を買おうとしたって、絶対無理。お金が足りない。ずっと遠く、地の果てまで行かない限り……。たとえば、毎日パリに通勤できるくらい近いところなんて絶対無理よ。

——よくわからないんですが。「どこもかしこもだめになってる」、「悪くなってる」というのはどういうことですか。そうは見えませんが。ここは清潔だし、静かだし、環境がいい。

**ムニエさん**　いえ。それは上辺だけの、見かけ倒し。そうなのよ、地区のことを知らない人、特に昔の地区を知らない人は、そう言いますけどね。でもうちはもう一五年もここにいるから、どんなふうに悪くなってきたか、わかるんです。何もかも悪くなってます。

——悪くなった原因はどこにあるのですか。何なのですか。公共サービスですか、建物ですか、住民ですか。

**ムニエさん**　そう……それです。まったくそう。おっしゃる通りよ。地区に住民が、ほんとの住民がいなくなって以来——昔の持ち主はみんな、たいがい、自分で建てた家だったの。そうじゃなくなってから、この地区にはもう手が入らなくなって、何でも放っておかれて、修繕もしないし、みっともなくなった。ご覧になったでしょ、この通りで、花一輪、植木一鉢、見ましたか。私だけ、うちだけよ。ときどき考え込むわ、何の役に立つんだろう、何でこんなことするんだろうって。豚に真珠。でも、それでもやっぱりやる。お気にさわったらお気の毒さま、しょうがないでしょ。家が放っとかれたら、そうなるのよ。うちは一九七七年からここにいますけど、地区には知り合いがもうだれもいないの。一日中外出して、近所を散歩したり、家の向かいにある公園で何時間も過ごしたりしても、だれからも挨拶されないし、挨拶する相手も見つからない。人がいないわけじゃないのよ。もう、昔のものは何も残ってないし、昔の人はだれもいない……昔、地区に住んでた人たちはね。もうお互い話もしないし、お隣さんていうのもいなくなりました。だれも当てにできなくなったし、助け合いもなくなった。そういうこともみんなだめになった。近所付き合いってものが全然なくなってるの。そんなことがあるから、様変わりしてるのがわかるのよ、いい方にじゃなくね。

——たとえば、どんなことです？

**ムニエさん**　たとえば、郵便局。それだけとってもね、きちんとしたとこがなくなった。配達の人は、昔はいつも同じ人で、その人のことをみんな知ってたし、配達の人もみんなのことを知ってた。前は、いつも同じ時間に来てて、時計で時間がわかるみたいに、時間なんか見なくてもわかったのよ、そりゃたまには何分かずれることもあったけど。今じゃ、担当がくるくる変わって、信用できなくなってるし、何時に来るかもわからない、九時だったり午後一時だったり。一事が万事なの。ガスも電気も、水道もゴミ収集も。住民サービスみんな同じ。どうでもいいや主義がそこらじゅうはびこってる気がするのに、何も言えない。この地区は市に見捨てられてる気がする。市はここのことなんかどうでもよくて、もっといい話がある別の場所、他所に目が行ってるのよ。

――どうしてですか。どんな理由で？

**ムニエさん**　それを教えてくれるのが、そちらのお仕事でしょ……。聞きに行ってきてくださいよ。市の言い分がわかるから……。何か言おうって気が向こうにあるならですけどね、ほんとのことなんか言えっこないんだから！こっちだって知りたいわ。でも、どっちにしても、さっき言ったのが事実なんですよ。

――地区のみなさんで、抗議をするとか、市に働きかけるとか、サービスの向上を要望しようとしたことはなかったのですか。

**ムニエさん**　でもそうするには、何人か集まって、数がいないとだめですから。みんな賛成して、同じ意見じゃないと。ところがね、さっきお話ししましたでしょう。お互い知らないし、話もしない。近所の人に声をかけて、苦情を言いに一緒に来てほしいとか、集まろうとか、何をしなきゃいけないか考えようとか、抗議しよう、署名や手紙だけでも書こうとか、そういう話にはならないの。一事が万事、こうなのよ。

――お隣はどういう方なんですか。

**ムニエさん**　なんですって、お会いになってないの？うちに来る前に会ったでしょ……。それにどっちにしても、みんなに会いに行くんだから、あの人たちにも会いに行くんでしょ。それじゃ、洗いざらいお話ししますよ。そうすれば、あの人たちをうっかり見逃しちゃうなんてことはないだろうし。あの人たちに会いに行こうと思ってなくても、私の話を聞いたら、飛んで行くはずよ……。それに、こっちの話も向こうに伝えてもらわなきゃ。いいことだわ、こっちが向こうのことをどう思ってるか、言ってもらわなきゃ……もし向こうが気づいてないんだったらの話ですけど。でも、わかってるはず。わかってないはずがない。お互い何だって見逃さないんだから。両親はそうでもないけど。両親は穏やかな人でね。あまり見かけないし、声も聞かない。子どもたち、あのうちの子ども、特にあの娘ね。何様だと思ってるのかしら、ほんとに。人を見下して！　あの娘のやることは絶対見逃さない、できる限りね。いけないことかもしれないけど、でもそうしてるのよ。

## 物の数にも入らないってことを思い知らされる

――どういう人たちなんですか。

**ムニエさん**　ですけど、ご存じなんでしょ。市だか低家賃住宅公社だか、どこだか知りませんけど、あなたをここに寄越したのは、あの人たちのことででしょ、私のことでじゃなくて。私なんか数に入らない、どうでもいいのよ。だれもかれも、私のことなんかどうでもいいの。私なんか数に入らない……。今ここじゃ、私らなんか物の数にも入らない。ここじゃ、数に入らない、物の数にも入らない、無視していい人間なんだって思い知らされる。あの人たち以外は数に入らないの。

――「あの人たち」というのはだれですか。私はここの住民の方全員に関心があります。住民の方々の間に何の区別もしません。さっきおっしゃったような、だれが大事とか、そんなことどうでもいいとか、判断するのは私の仕事ではないんです。みなさんのお話を注意深く聞いて、話してくださったことを記憶しておくつもりです。だからこそ、全部記録していますし、同意をいただければ録音もしています。ご自身の見方は、ほかの近所の方々全員、地区の住民のお一人一人の見方とまったく同じように、深く考えるべきことなんです。それで、その隣の家の人たちというのはどういう人なんですか。「あの人たち」というのはだれなんですか。

**ムニエさん**　あの人たちというのは……アラブ人の一家です。マグレブ出身の人。よく知りませんけど、アルジェリア人の一家だと思いますけど。

――それで、その人たちと何がうまく行かないのですか。

**ムニエさん**　それはね、何一つうまく行かないの。何もかもうまく行きようがないのよ。話が通じない。好みも違うし、習慣も違う。生き方も違う。同じものを見ないし、同じように見ない。だから、考えが合いようがない、考えが合わないの……何から何まで。

――その人たちは家を買ったのですか、家の持ち主なのですか。どうやってここに来たのですか。

**ムニエさん**　お話ししますとね。さっきから、ここでは何もかも変わったって話をしてましたでしょ。そう、お話ししたかったのはこのことなの。この話から始めるのは嫌だったのよ、人種差別だって大騒ぎされたでしょうから。そう口に出して言うか、心の中で思ったはずよ、なんだこの女、人種差別してるじゃないか！って。でも今ならわかってもらえるでしょ。すぐ隣の家の人たちなんですよ。うちとの間には、仕切り壁しかないの、うちと向こうとを分けてる壁よ。うちのほうが先に来てて、向こうが来たとき、うちはもういたの、市があの人たちをあそこに入れたとき……。あの人たちを来させたのは市ですからね。

――どうやって来させたんですか。

**ムニエさん**　どうやってって、市で話を聞いてないの？　市で、ここの住民の名前を全部教えてもらってきたんだと思ってましたけど。あの人たちの住んでる一戸建ての家は市のものなんですよ。(…)［その家についての経緯を話す。家は、持ち主の死後空き家になり、「市か低家賃住宅公社」の所有になり、一つの家族に割り当てられた。］いつもこういうふうに始まるのよ。最初は一家族か二家族。一つの家族がもう一つを呼び寄せると、もう切りがない。もうじきここは、団地地区みたいになるでしょうよ、マンゲット※や、クールヌーヴ〔パリ北郊の団地〕やヴァル・フレ〔パリ北西五〇キロほどにある団地〕みたいな。そういう話があんまり出るもんだから……みんな、自分のとこにもそういうのがほしくなるのね！　だって、市がすすんでそうしようっていうんですから。他みたいな団地になるわよ。うちはわが家に住むために、有り金はたいたのよ……わが家にいるんだと思ってたのに。

――でも、その人たちがここにいると、何が、どういう害があるのですか。近所にいると、何が迷惑なのですか。ここの家は分かれて、別棟になっていますよね。アパートが隣接して、騒音や人の行き来や匂いなどが迷惑になる場合がある集合住宅とは違いますよね。

**ムニエさん**　ああ、そりゃあ、おっしゃるとおり、すばらしいとこですよ、ほんとに。あの人たちがどんなふうか知ってるでしょう。あの人たちときたら、何人いるのかぜんぜんわからない。だれが家族でだれが家族じゃないか。人が出たり入ったり、ひっきりなし。子どもがいつだってがやがやして。そこらじゅうにいるのよ、道にも公園にも。泣くわ、わめくわ。道とか、家の前とか、公園でやられたら、だめよ、それははっきり言っとかないと。ほんとに困るのよ。車だって通るんだから、危ないのよ。だれにとっても危ないの、子どもたちにとっても、車の方も。で、これが住宅地の中のことですからね、静かな住宅地、静かなはずの住宅地で、もうわが家に帰り着こうってときに！　……でも、それを言うと、向こうは気に入らないの。気を悪くして大騒ぎ、人種差別だ、そういうことを言いに来るのは人種差別だって、追い出したいんだって。追い出したがってるとしたらね、どうしてかって自分の胸にきいてみなさいよ。わが身を見て、少しはわが身を振り返るべきでしょ。そうしたらもしかしたら、どうしてかわかるんじゃないの？（…）うちとあの家の間でも、両親とはそんなにひどくはないの。両親は見かけないし、声も聞かない。お父さんは、病気じゃないかしら、外に出ないし。お母さんは全然見かけないわね、ご主人が入院してるときでも。問題は、子ども、息子と娘。何やってもいいと思ってる。好き放題やって、おまけに、人が何か言うと、時によっちゃ何にも言わなくたって、悪態をつく。口から出るのはそんなことばっかり。口汚くて喧嘩腰で、目つきも悪くて、いつだって陰険な目でにらむし。いつだって殴りかかってきそうな気がする……背筋がぞっとする。

――近所付き合いの問題に戻りますが。その人たちの振る舞いで、区別をしておいでてでしたね、両親は気の毒な人、いい人のようだけれど、子どもたちは……。

**ムニエさん**　そうなのよ！　息子と娘は思い上がってて……怒りっぽくって。（…）人が一言も言わない先から、人種差別だって目くじら立てて。あの子らにしたら、自分と同じ考えを持ってない人はだれだって人種差別ってことになるのよ。だけど、人種差別はあっちの方よ。

――でも、何か例がありますか。ご自身とほかの人たち、ほかの近所の人たちの間で、もめ事があったのですか。例そういうもめ事の原因は、何が一番多いのですか。例を挙げていただけたら、わかりやすいのですが。

**ムニエさん**　そうね……。もめ事は……もめ事にしようと思えば、いつでもだと思いますよ。絶え間なしに。音がうるさいとかで、いつもひどいもめ事になるわけじゃないけど、それはこっちが耳を塞いで、目をそらしてるからよ、見たくないから……それでいつも、もめ事が内に籠って、争いにはならないようにして……。喧嘩って言っても、何て言ったらいいかしら？　無言の喧嘩よ。口なんかきかなくてもいいのよ！　顔を合わせるだけでたくさん。一番下の赤ちゃん……二人いるの、孫なのよ……そう、このおチビさんが、私を見るなり、いつだって顔をしかめなきゃ気がすまない……あかんべえをするの。ええ、こっちは何にもしてないのよ。なのに、こう。っていうことは、家であの子たちはそういうのを教わってるってことでしょ。で、もうこんなことになってるわけだから……それならこっちも今じゃ、こっちだってあの子らを大目にみたりしないわよ。人に言われたっててね、頭がどうかしてるとか、ヒステリー女とか、いい大人が赤ん坊を目の敵にするなんてとか。関係ない。あの子らに思い知らせてやる、だって、ほんとは問題はあの子らじゃなくて、その親なんだから。あの子たちはかわいそうに、私に何にもしてないけれど。だから、こんなことだって、十分言いあいの種になってる。

**——でも、どういうふうになるんですか。苦情を言いに親のところにいくと、そこでもめるんですか……。子どもたちを叱ると親が出て来るんですか。どういうことが起きるんですか。**

**ムニエさん**　いいえ、そんなことしませんよ！　苦情を言いに行こうなんて思うわけないでしょ、ドアをノックしようなんて。だって、そんなことしたら何を言われる羽目になるか。こっちから挑発したってことにされて、ひどい仕返しをされる。私が困ってるのは、あの家の娘、今、親と一緒に暮らしてる方の娘で、何の仕事か知りませんけど……病院に勤めてる娘ですよ。この娘とは、全然話が通じない。だから、女同士、女の闘い……ってうちの人は言うんですけど。（…）ほんとにそうなんですよ。こっち側は私一人。あの娘と口げんかになったって……——だって、そう、口だけなのよ、おおげさに言うのはよしましょ、髪をつかみ合ったりはしないんだから。こんなふうな口げんか、それだけよ——、こっち側は私だけ。だけど、本当は、私はみんなの利益を守ってるのよ、市や地域全体の利益だって守ってるのよ。喧嘩は……私のことだし、私だけのこと。うちの人も関係ありません。味方をしてほしいとさえ思いません……うちの人には何も言わないの。さっき言ったように、女同士のことなんだから、女同士のことにしておかなきゃ。でも、あの娘の方は、間違いなく、家中巻き込んでやってますよ。家族全員に私のことを目の敵にさせてる、父親、母親、兄弟姉妹、甥っこ、ほかの従兄弟全員、家族中全員。だから、向こうにとっては、娘と私だけのことじゃないの……。一〇人を相手に一人で戦ってる気がするわ。だからやってやる。好きなようにはさせないわよ。おあいにくさま！　子どもらがとばっちりを受けることになったってね。あの子らのせいじゃないけど、私のせいでもないんだから。休戦なんかない。とことんやってやります。

**——でも、ほかの人たち、たとえば息子たち、男性とは**

**どうなんですか。もめ事はない？**

**ムニエさん**　お話ししましたようにね。あの娘とだけで、もうたくさん。あの娘はほかの全員を代表して喧嘩してるんですよ。向こうではそういう話になってるんです。あの娘は家族の攻撃係の戦闘員。だからほかの家族は、後ろに引っ込んだまま、見てればいい。中立のふりをしてますよ。あの娘に任せてるの。わかります？　……こんな言い方で悪いんですけど、ドツボにはまり込んでるんですよ、私は。意地悪女は私ってわけよ！　向こうは親切で、ご立派で……それで、意地悪な人種差別女は、フランス女のこの私ってこと。ワナなのよ。役割があべこべなのよ。

**——でも、男性は、息子たちは……？**

**ムニエさん**　そっちとは関わらないようにしてます……。だって、万一、一言でも言い合えば、うちの人が出て来ることになると思うから。そうなったら、ただじゃすまなくなる、大事《おおごと》になって、血を見るかもしれない。みんなそのことがわかってる気がしますけどね。うちの人は、何でもないふりをして、そうなるのを待ち構えてるんじゃないかしら……向こうは向こうで、うすうす気づいてる。万一、一線を越えたら、自分たちもただじゃすまなくなるんじゃないかってきっとわかってるはずよ。

**——それで、この場合に限って言えば、女同士の喧嘩は何についてなのですか。**

**ムニエさん**　ありのままに言いますとね、ほんとに何か大事なことがあるとは……重大なことについてだとは言えないんですよ。何もかもとも言えるし、何でもないとも言えるし……大したことじゃないんですよ。でもこうなっちゃうのね。

## どうでもいい、バカげたこと

**——ささいなことでもいいんですが、一番最近いざこざがあったのは、どこででしたか、どんなふうで、何についてでしたか。**

**ムニエさん**　いつも同じことなのよ。どうでもいい、バカげたこと、猫とか……犬とか……子どもとか。

**——というと？**

**ムニエさん**　そう、猫ね。猫の話からしましょうか。娘は——あの娘……やっぱり、親とここにいるあの娘のことですけどね……。歳は知りません……三十にはなってるでしょうけど、小娘みたいに親の家で暮らしてて、いつもいるの。それで……猫を何匹も飼ってるんです、三匹か四匹か五匹。別に文句はないのよ。私も動物好きだから。うちにも小さい犬がいるし。あの娘は大の猫好きらしいのね。だれにだって大好きなものはある……それなりにね。あの娘はそれが猫なのよ。あの猫たちはね……うちのじゃないけれど……かわいそうなんですよ！　朝、戸が開くと、猫が走って通りを渡っていくのが見えるの……公園に駆け込んで行く。わかります？　一番交通量の多い時間よ。いつかひどい目に遭うわ……車に轢かれるわ。胸が悪くなる、想像するのもいや。猫を、自分の猫をかわいがってるっていうくせに、そんなことも気がつかないなんて！　それでもちろん、公園に行ったら、猫が何をするかと言えばねえ。花壇や……子どもの砂場を……トイレ代わりにして、用を足すんですよ。おわかりでしょ。きたないし、何より、不衛生でしょ。でも、こうなのよ。何とかしないと。言いに行ってごらんなさい。向こうが何ていうか、何てわめくか、今からもう聞こえるわよ。「あんたん家にいるわけじゃない。公園はあんたのもんじゃない。自分の犬の世話をしてな。うちのほうからあんたにちゃんと説明しろだの言ったことなんかないだろう！　ああだ、こうだ！」って。でもね、向こうはわかってないのよね……。「あんたん家にいるわけじゃない！」ですって。ところが、あの人たちは私の家にいるのよ。フランスにいるじゃないの。こっちがあの人たちのとこにいるわけじゃない。役割をあべこべにするもんじゃないわ……。「ちゃんと説明しろだの言ったことなんかない！」ですって、だけどまさにそうなのよ、どうしてここにいるのか、ちゃんと説明しないといけないのよ、あの人たちは……。私にじゃなく……フランスに対して。なにも、私がフランスだって言ってるわけじゃないですよ。でも、ただ、あの人たちは自分の立場をわかってもらわないといけないのよ。そのことをちゃんと頭に置いとかなきゃね、特にあの家の子ども世代は（…）。いつもこんな話なんです……。取るに足りないことかもしれませんけど、これでよくおわかりでしょ。（…）そう、角突き合わすのは、わかり合えないのは、いつも、外のことで。もちろんですよ。あの家で起きてることに、口出しするつもりはない。私には関係ないもの。音がうるさいのだって、どうでもいい！　少しは気になるけれど……大したことじゃない。あの家で起きてることに、首突っ込んだりしません、いろんな話が耳に入ってくるけど。

――たとえば……。

**ムニエさん**　こんな話だって聞いたことがあるのよ――でも、あの家に入ったことは一度もないし、関係ないことに首突っ込んだりはしないんですけどね――、あの人たちは、洗面所を、自分の国にあるみたいなお風呂に変えたって。

——えっ、どういうことです？

**ムニエさん**　ガス台で大鍋にお湯を沸かして、蒸気を出して、ハンマーム〔中東地域の伝統的共同浴場〕みたいに蒸し風呂に入るらしいの。でも、そのうち、そんなことを繰り返してたら、どうなるか想像がつくわ……それしか言いません。今にガタが来る……壁も、配管も、ドアや窓の木も。もうわかり切ってる……。ともかく、これは噂。まあ、こういう具合ですよ。（…）堪忍袋の緒も、しまいには切れるのよ。このことは、言わないといけないし、わからせないと……。（…）外だって、何一つ大目に見るわけにはいきません。おばさんと一緒に公園に来る子どもらだってね。何でも汚すし、壊すし、何でもめちゃくちゃにするし。公園ではボール遊びは禁止なんです。それをやるのよ。あの子らが公園にいるときは、うちの犬にだめって言うんですよ……外に出さない（…）。犬だって……もちろん、何度もちょっかい出されたり怖い思いをさせられたら、うちの犬だって、子どもを咬んでしまうことがないとは言えないでしょ。そしたら全部こっち持ちですよ。面倒をね、向こうは大きくしようとするの、私が相手だったら。そうこうしてるうちに、あの人たちがここを仕切ることになってしまう。ああいうたぐいの家族がほかに二つ三つあってごらんなさい。もうおちおち外にも出て行けやしない。何もかもあの人たちのせいで！　だから、手遅れにならないうちに何とかしないとって思うんですよ。

一九九二年

# だれにも邪魔されない我が家で

ロジーヌ・クリスタン

私がフランソワーズの母と知り合ったのは一九六二年だった。フランソワーズの母はパリの一三区にある住宅の管理人で、父はルノー社の単能工だった。年とともに、何度か引っ越したが、一家との緩やかな関係は続き、特に長女のフランソワーズとはずっと連絡を取り合っていた。

一九八七年、一家は大変な騒動に巻き込まれる。自宅と仕切り壁を共有する隣家の持ち主とのいざこざ、そして、そういう我慢の限界と思われた状況にいかにして終止符を打ったかという話を、フランソワーズはたびたび聞かせてくれた。当時、彼女の話は、私にはよくある話に聞こえ、社会面に載る平凡な記事に似ているように思えた。彼女と家族について知っていたことをもとにすれば、私にはこの話に意味を与えることもできたはずだが、観察の対象にするには親しすぎた。今は彼女がいざこざを切り抜けることができたということもあり(現在は「フランス国鉄の管理職住宅」に一家そろって住んでいる)、住宅についての研究の一環として、面談を頼めるのではないかと考えた。フランソワーズには、これまでの一連の住まいについて、住み替えの理由と影響に焦点を当てながら、話をしてもらえるのではないだろうか。

一九九一年三月二十七日、面談の日は、[ジェメルという名前の」アラブ系の若者の死(ユーロマルシェの警備員に射殺された）が誘発した「サルトルーヴィル事件」※の翌日だった。フランソワーズは約束の時間どおりに家に来た。彼女は非常にオーソドックスな好みの表れた服装で、英国調の明るいベージュ色のギャバジンのレインコートにカーキ色のミディ丈のタイトスカート、花柄のブラウスの襟を黒いカーディガンから出し、「セリーヌ」風の黒エナメルのモカシンを履いていた。まっすぐ切り揃えた短い髪で、化粧っ気はまったくない。例によって物静かで、非の打ちどころがないが、同意を求めるようなためらいがちな声と心配そうな眼差しが心の内を表していた。この「苦しい時期」の話を、家族の出来事や住まいの変遷と結びつけて語ることにどのような意味があるのか、彼女はすぐに理解した。

　フランソワーズの両親は、〔パリ近郊のイヴリヌ県、セーヌ川沿いの〕アシェールで一九四八年に結婚した。まず、祖母の所有する小さな小屋で数カ月暮らした。その後……フランソワーズは、こういうことを言っていいものかどうかわからないけど、と言いつつ……「アシェールでお屋敷に不法入居してたんです。あの頃は、ちゃんと住める空き家のお屋敷があって、もう一組のカップルと一緒に……当時は、そういうこともまあ大目に見られてて。今とは違ったんでしょう」……「そういうところが始まりだったんです」。父親はポワシー〔イヴリヌ県の都市〕の近くのフィブロシマン社〔アスベスト入りコンクリート建材で有名〕で働いていた。

　一九五〇年、フランソワーズが二歳のとき、母親が管理人室の仕事を見つける。パリ市所有の、正面が赤レンガの建物で、すぐ近くには、むかむかする煙を一三区にまき散らす製糖工場があった。居間が一つ、寝室が一つとキッチン、「いいとこでした、ちょっと小さいけど、いくつか部屋があって」。父が一時期失業し、その間、母はフランソワーズに飲ませるためにミルク券を市役所にもらいに行かねばならなかったが、その後、父はルノー社に入り、亡くなるまで勤めた。父は組合に入ったことがなく、会社でときどき苦労もあった。「父はそういうことには反対で」「いつでも仕事に行きたかったんです」。一九六八年〔→六八年※〕のストの間、組合に加入している労働者は居住地の市役所で特別手当をもらえたのに、組合員証のない父にはもらう権利がなかった、ということをフランソワーズは覚えている。父は自分からストに加わることなどできなかったのだ。単能工で「一度も昇進せず」、給料も安かった。両親は、「出費を片端から削ってやりくりした」。バカンスなし、外出なし。一九五七年、母が重病になり、病み上がりの体には仕事の負担が重すぎるため、一家は管理人室を出なければならなくなった。フランソワーズがこう打ち明けたのは、この時期の話のときだ。「母と時々話したものです。どこから来て、どこに行きつくのか考えると怖くなるって」。

一家は、同じ建物の二階、管理人室の真上にある、二部屋とキッチンの住居へ移った。次女のパトリシアが早産で生まれ、「それでますます大変になった。家賃を払わなくちゃならないし、子どもは増えたし……」。母親は、近所の建物で家政婦として働いた。赤ん坊は、三カ月間、病院で保育器に入れられ、「〔赤ん坊が〕返されたとき、ソーシャルワーカーが、子どもを育てられる家庭なのか、どんな状態なのか、見に来たんです……」。物質的な苦労の上に、母親として主婦としての資質に対する侮辱が加わった。地区では立派な母、主婦として知られ、感心されていたのだが。このことについても、フランソワーズは母親と話すこともあるが、ごく稀にである。忘れてしまいたいこと、というのはあるものだ。一九六五年、セイ社の製糖工場の向かいに新しい建物が数棟、建設され、母親は住宅への入居を申請した。「うちは老朽化してたし、子どもも二人いたから……」。黒煙は見えず、臭いもない。「あそこは最高でした……ほんとによかった、新築だったし。パトリシアなんかあんまりうれしくて、バスタブの中で寝るんだって言って、今までバスルームのある家なんて一度もなかったから。いい時期が始まった。先の見通しが立つようになったんです。もちろん……前より高い家賃を払わなくちゃならなくて苦労は増えたけど、住宅手当があったから、そのおかげでまともな暮らしができるようになりました」。

「少し息がつけました」。一九六八年、フランソワーズの母は、ポルニシェ〔ロアール＝アトランティック県の大西洋岸の町〕にある自分の父の家の取り分、三万フラン※を相続し、そのお金ですぐにその町に小さなアパートを買った。それまで手の届かない特権だった「バカンス」のために。フランソワーズは、簿記の免状を取った後、働き始め、その後、一九七二年、ずっと前から知っていた、鉄道の機関助手ティエリーと結婚する。ティエリーは父も鉄道員だった。少年は四歳で「電車の仕事をする」と決め、十四歳から三年間鉄道関係の見習い〔→職業教育※〕をし、電気機械工の職業適格証※を取り、少しずつ階段を上っていった。機関助手、機関士、その後、夜間講義を六年受けて、機関区主任になる。ティエリーは、子ども時代の鉄道熱を保ち続けており、職階を上りつめたいとは思っていない。上に行けば、「事務所」勤めになって、自分の好きな、「機械相手」の仕事ではなくなるからだ。あまりに一徹なこの関心にフランソワーズもいらだちがないわけではないが、あきらめている。その代り、彼女は家のことを思いどおりに切り盛りし、子どもの教育のことを決め、家計を管理しており、ティエリーはいつもそれに従う。ティエリーのことをフランソワーズはあまり話さない。二人の結婚は、当然の成り行きで、なるべくしてなったのであり、まずまず文句のないものだというかのように。

一九七六年、父親が五十二歳でがんで亡くなる。「ひびが入ったんです。今までの生活が終わって、別の生活になった……最悪でした……悲惨だった」。まだ四十八歳だった母には、二年間「何の権利も」なく、年金をもらえるには五十歳まで待たなければならず、一年後には社会保障がなくなった。「どん底で、二度と立ち直れない」と母と語り合った。父の死は、フランソワーズが自分の生活を思いどおりに築き始めたときにやってきた。仕事を辞めて（「一日中書類をいじっててもつまらないし」）、娘のキャロルを育て、家事をし、長い午後を編み物や母との夢のない会話で過ごす。フランス国鉄でのティエリーの将来は有望だが、まだ薄給で、妹のパトリシアは十九歳で仕事がなく、そして今や収入のない母がいて、「何もかもががらがらと崩れていく」と思った。家族ぐるみ、脅威にさらされているのをひしひしと感じる。フランソワーズは、「家長」の役割を引き受けることを決意し、煩雑な手続きをして、母が夫の五年分の給料と同額の特別手当をもらえることを知る。「もし申請をしてなかったら、と思うと……お金をせびるみたいなことはあまり気持ちのいいものじゃないけど、でも生きていかなくちゃならなかったから」。

しかし、母親が年金の半額しか受け取る権利がなかったため、この特別手当はあまり足しにならず、社会保障もない……それゆえ解決策がどうしても必要であり、「それが家だったんです」。死亡特別手当を当初の経済的支えにし、母親は同居することにし、フランソワーズはローンを返済するためにまた勤めに出、ティエリーはサン・ラザール駅の職を目指した。

夢見ていたのは、マント〔イヴリヌ県西方の住宅街〕あたりの瀟洒な分譲地にある近代的だが「イル・ド・フランス」風の家だった。木々があり、緑があって、明るい広々したキッチン、家族それぞれに個室があり、少なくともバスルームが二つあるような。実際に買った家は、一部が補修された「古家」で、サルトルーヴィルの平凡な小道にあり、キッチンは狭く、全体に五人家族には小さすぎたが、最大の欠点は、隣家と壁を共有していることだった。それでもフランソワーズは満足で、年老いた伯母が譲ってくれた家具を配置した。部屋にぎりぎり収まった、アンリ二世風の揃いの食卓と椅子、自慢の「アンティークの」ベッド。「そのほかは、有り合わせのものや両親から来たものでなんとかしました、大したものはなくて」。

二年間、穏やかな暮らしが続いた。ティエリーは夜になると試験の準備をし、給料が上がっていく。下の子、ジャン＝バティストが生まれた後、フランソワーズは、何の未練もなく、また仕事を辞めることができた。最初の仕事で、直接の上司の横領と偽造サインを見つけた日以来、彼女は職業生活に嫌気がさし、不信感をもっていた。世の中にはペテン師がごろごろいる、家族にすべてを捧げ、守っていかなくてはならない。この揺るぎない信念は母親譲りだ。

仕切り壁を共有する隣家の持ち主との、当たり障りのない関係――「朝晩の挨拶、それだけ」――が、突如、険悪になったのは、この隣人、ポルトガル人の左官職人が、何のことわりもなく二階の増築を始めた日からだった。隣人が採光のために開けるという「ベランダつきの」窓は、フランソワーズたちメナジェ家の屋根を見下ろすことになる。メナジェ一家は自宅の庭がこんな侵害を受けることを認めるわけにはいかず、正当な権利があるという確信をもって、県施設整備局※に手紙を書く。調査が行なわれると、隣人は侮辱されたと感じ、関係悪化の悪循環に陥る。この手のことでは、フランソワーズとティエリーは相手にかなわなかった。ポルトガル人一家は騒音を気にせず、ラジオ・リスボンをかけっぱなしで生活し、三人目が生まれたばかりで増築が要る。大がかりな工事が必要で、隣家の家長の仕事の都合や季節に応じて変わるペースで、何年も続くだろう。この厄介な隣人は多少の散らかりようはものともしない。周囲の顰蹙を買いながら、狭い庭はまもなく鶏小屋・豚小屋と化す。隣人は、係争中の窓越しにゴミを捨てることも、ティエリーが丹精込めて植えたトマトを盗ることも平気だった。

フランソワーズも夫も途方に暮れる。法律が自分たちの味方だということはわかっているのに、正当な措置をとってもらうことができない。県施設整備局はフランソワーズたちが正しいと認めたものの、当面、隣人は、問題の窓の半分を閉じただけであり、新たな行政手続きをもう一度始めなければならない。S市の共産党の市長は、数回にわたって二人を大変丁重に迎えたが、面会に何の効果もない。二人は必死で近所の人に声をかけ、署名を集めたり、共和国検事※にまで直訴した。通常の行政・規制手続きではらちが明かないように思えたからだ。慇懃無礼な無関心の壁にぶつかり、多忙な行政当局から探るような目さえ向けられた。最も痛手をこうむったのはフランソワーズだったが、彼女はだれにも迷惑をかけまいとした。道徳と慣習を重んじて毅然として対応するよう、法律に従うように努めた。彼女は、再び不安を感じるようになる。自分たちの生活から永久に遠ざけたと思っていた脅威、庶民階級の猥雑さと粗暴さがまたもや迫ってくる気がした。礼節と清潔さ、そして「わが家」のシンボルである一戸建ての家を買ったことで、一時はその脅威から解放されたと思っていたのに。「あんなこと」（フランソワーズは面談の間中、名づけようのないあの苦境をこう表現していた）を終わらせる方法は一つしかないと思い詰める。死。彼女の、あるいは相手の。

家を売って引っ越した後、職員「住宅」の入居者――全員がフランス国鉄の管理職〔↓社会職業分類※〕――から迎え入れられたことは、彼女の望みをかなえ、希望を取り戻させた。そこには、温みがあると同時に礼儀を重んじる環境があった。最初の数カ月、ティエリーとフランソワーズは、堂々とした管理職の人々を相手に少し気後れし、時々、遠慮して、パーティへの参加を断ることもあったが、翌日「残り物を片付けるから」という招きには応じた。全般に「住宅」の人間関係は、フランソワーズがその素朴さから道徳律としている、礼儀正しさという規範に反しない。

一九九一年の現在は事情が変わって、フランス国鉄は、管理職だけでなく、だれにでも住宅を貸すようになり、様変わりしている。昔からの入居者は高齢になって出かける意欲がなくなり、新しい人たちは、交流に興味がない。雰囲気は違っている。

フランソワーズは、自分は考え込むほうで、孤立しているのはそのせいもあると言う。子どもたちも彼女に似て、ほかの子たちと違い、あまりよくないことなのだろうが、友だちが多くないという。彼女は「家族に起こりそうなこと、最悪の事態をいつも考えて、先を見ようとしてます」。だが、父の死も、また、とらえどころのない脅威、ところかまわずの攻撃、いわれのない仕打ち、彼女の言う「あんなこと」のすべても、予測できなかった。今も、特に子どもたちのことを心配している。家からあまり遠くないところ、大通りのすぐ向こうに、アシェール、シャントルー＝レ＝ヴィーニュ、サルトルーヴィルの団地があり、「マグレブ※出身の人、若い人、仕事のない人」が住んでいる。そこからライバル同士のグループが来て、町の中心部に大挙して押しかけ、見るからに目的もなく暴力を振るったり、わけのわからない復讐をしようとする日があるという。彼女が子ども時代を過ごした〔パリ一三区の〕ナシオナル通り一帯は、アルジェリア系住民のほうが多かったが、「うまく行ってました」。アルジェリア系の子どもたちとも遊んだが、今は「もう、変わってしまって」、彼女にはもうよくわからない。地域の学校は「マグレブ系の」若者が増えており、「とてもレベルが低くて」、フランソワーズは子どもたちをかなり遠くのカトリック学校に入れなければならず、それで運転も習った。「そっちに入れたら入れたで、いろいろ大変」と打ち明ける。カトリックの様々な祭りや行事、「お小遣いのことですごく甘やかされている」友だちとの付き合いのことだ。しかし、彼女に選択の余地はなく、子どもにはできるだけ機会を与えてやりたいと思っている。

フランソワーズは、家の中のことに非常に愛着をもっている。彼女を家から引きはがすのは至難の業で、ちょっと買い物に行くだけでも、出かける前は決まって支度に丸々三〇分は見なければならないと、母親は冗談交じりに話す。ガス栓のレバーを確かめ、全部の窓と一部のカーテンが閉まっているのを確かめ、厳重に鍵をかける。「こんな癖、私の血をひいてるんじゃないよ」と母親のロジェさんは言い添える。きちんと整えられた娘の家の居間のソファーベッドに泊まりに来るようになる前は、気のおけない雑然としたところで、大して隠す物もない人らしい無頓着さで暮らしていた。ロジェさんの頭にあるのはおそらく、私も同じで、一三区の二部屋の住まいの食堂にあったテーブルだろう。上には、娘たちのノートが載り、その隣にはこれから記入する社会保障の用紙やら、編みかけの編み物やらが載っていた。テーブルを片付けようとはだれも思わなかった。食事はたいていキッチンでとっていたからだ。だから、この年老いた女性にはときどき理解できないことがある。どうして、ようやく獲得した「わが家」のことで心配を抱え込むことなどあるのか、と。

# 郊外に一戸建ての家を持っていた女性

〈聞き手〉ロジーヌ・クリスタン

## 「地獄を経験しました」

［…］

**フランソワーズ**　……最初は騒音だったんですけど、その後は、身の危険、殺してやるって脅迫とかあって、もうそんなとこまで行ってたんです！　……ある日……もうそれですっかり参ってしまったんだけど、ある日、向こうがハンマーを持ち出して……私、たぶんあんまりいらいらしてて、境の壁を叩いたんだと思うんですけど。向こうが飛び出してきて、私も出て行って、二人だけ、ティエリーは庭にいたから。だれも何も気がつかなくて、向こうと私とこんな風に鼻突き合わせて、それで向こうが、工具を振り回して「ぶっ殺してやる」って言ったんです。たぶん、その日以来、ひどいことになって、というのは……。その後、何ていうか、家の外でもそういう目に遭って。道でも……学校でも……身の危険が出てきたんです、私たちの身の。

（…）

## そこまで行ってた

子どもたちが同じ学校へ行ってたんです。向こうは子どもが三人いて、末の女の子は生まれたばかりだったけど、うちのキャロルより年上の子が二人いた。でも、残念ながら親と同じような子で、学校に行って、学校でキャロルを脅してた。キャロルを学校まで連れて行ったとき、向こうは車を持ってて、何度、歩道で轢かれそうになったかわからないぐらい。そういうところまで行ってました。(…)さんの家に寄って、郵便ポストまで行くとき、家のとこの角にカフェがあるんだけど、ある日、手紙をポストに出しに行ったら、向こうが来て、車で道の角を曲がって、私の体すれすれのところをこうかすめて行ったんです。虫けらみたいに轢かれてたって全然おかしくなかった。安心して道も歩けやしない、いつもこんなふうにびくびくして。全然外へ出られないほどになってしまったけど、たいていティエリーが子どもたちを学校へ連れて行ってくれました。向こうの子がキャロルをいじめて、ぶったり、脅したりしていて、私は校長先生に会いに行って話をしなくちゃならなかった。そこまで行ってた。ほんとに耐えられなかった。騒音だけじゃなくて、ほかのことにも及んできたから。騒音はそれはそれで我慢できなかったけど、もしこういう脅しがなかったら、もしかしたら、ましだったかもしれない、だって、工事は、いくらなんでも、一生やるわけじゃないでしょうから、たぶん……今でもそうだといいって思ってるけど……。

——郊外地区ではよく起こることだと思う?

**フランソワーズ**　騒音の話は聞いたことあります。あんなことがあった後、やっぱり、騒音のせいで移らなくちゃならなくなった人たちと知り合いになって、でもこんな脅しの話は……聞いたことがないです。他で一度も聞いたことがない、初めてです。お酒飲みで、間違いなくおかしくなっている人なんです。それに、こんな目に遭ったのもうちが初めてじゃなかった。あんなことがあった後、手続きとかやったとき、前にこの家に住んでた人も、向かいの家にいた人も、みんな移らなくちゃならなかったってことがわかったんです。あんなことのせいで、脅されて身の危険があったせいで。

——全体では、近所同士は仲がいいの?

**フランソワーズ**　ええ、まさにその話なんだけど、つまり、最初、うちが来たときは……郊外って何か垣根があって、人付き合いがあんまりないと思う。ほんとに時間がかかって……ジャン゠バティストが生まれるまで、つまり三年かかったんです、三年間は家で暮らして、帰ってきて、出かけて、だれからも挨拶されなかった。一人だけ、うちが引っ越してきた日に会いに来て、自己紹介してくれて、引っ越しの当日だったけど、とても親切で、「何か入用のものがあれば……」って言ってくれたけど、それだけ、それで終わり。その後、その人たちを見かけることも、会うこともなかった、生活時間が違ってて。それで、その後、もうだれからも話しかけられなかった。隣の人たちだって、話しかけてこなかった。ジャン＝バティストが生まれてようやく、みんな少しずつ……好奇心とか何かで……ね……でも、三年間は、だれとも知り合いにならずに暮らしたって言えます。六年経ってここを出るとき、道に人がいて……道を渡ったら、知らない人たちだった。

## ああいう人たちと関わり合いになってはいけなかったんです

だから、ほんとにあんまり人付き合いのない郊外だったんですけど。でも、ああいうごたごたに巻き込まれた後、やっぱり周りの人たちが心配してくれて、支えてくれた。それ、実は驚いたんですよね。話しかけてこなかった人、挨拶もしなかった人たちが、警察が来たら——もうたまらなくなって警察を呼んだ日があったんだけど、そしたら翌日、どうしたのって近所の人たちが来てくれて、理解しようとしてくれて、精神的な支えになってくれて。あの後、署名運動をしたり、みんなで市役所に行ってくれたり、とか……このことはちゃんと言っておかないと。ティエリーも私も何度も市長に会いに行ってました。窓口があったから。市長に会いに行って、何が起きたか、そういうことを全部説明することから始めたんですけど……まあねえ、いつも事情ってものがあって……ああいう人たちと関わり合いになってはいけなかったんです。で、結局、みんなが私たちの様子を見て——というのは、ひどくなればなるほど、当たり前のことだけど、参ってしまって、家族全員そんなふうになってしまって……そうなったとき、みんなで署名をやることにして、あの家の周りの人たち、あの人たちの周りの家全部の署名を集めに行くことにしたんです。ほとんどの人が署名してくれて、知らなかった人の分まで（…）集めました。ドアをノックしに行って、何が起きたか説明した。そうしたら、実はそこの人たちも困ってて、というのは、あの家につながる庭を持っている人たちで、みんないろいろなことで困ってたんです。みんなずいぶん親切で、支えになってくれた。その後、それで市長に署名を提出して、呼び出されて、もう一度行きました。何時間も話したけど、無駄だった。それを見て、別の人が、「それじゃ、共和国検事に手紙を書こう」って言い出して。警察で、そうしたらいいって言われたから。［どんどん早口になり、発音も不明瞭になる。とても気持ちが高ぶった様子。］共和国検事に手紙を書きました。これで納得がいかないなら、ほかのやり方で（…）、なんて言われたし、だからまた（…）そっちをやることにしたんだけど。一年間、そんな生活でした。健康にも影響して。第一、子どもたちが……もちろん、子どもって大人よりうまく対応しますよね、細かいことはやっぱりわからないから。でも私がほんとに参ってしまってたから、子どもたちもどうしても気がつくし。キャロルの成績にも響いたり……とか。ジャン＝バティストは当時、小さかったから、気づかなかったけど。いまだに、その話をするんです。ポルトガル人を見ると、ジャン＝バティストにとっては「ポルト野郎」だから。あの頃の話は全然しない、今はもうしません。済んだこと、終わったこと。全部に影響が出て、ほんとにかき回されました。私は一六キロやせたし、母さんも病気になるし。私はもう家にいられなくて、もう無理で、出てしまわなくちゃならなかったことが何度かあった。医者に「出なくてはだめです、家にいるのは無理です」って言われて。もう食事も喉を通らないし、眠れないし、心理的なもので、どうしようもなかった。頭の中が騒音のことでいっぱいで、そして脅されたあの日以来、ほんとに怖くなった。怖い思いをしながら暮らしました。乱暴な人たちで、向こうがあんまりふつうじゃない過去の持ち主だっていうことも知ってたから。

## 願いは一つ、殺してやるってことだけ

だいたいこんな感じでした。もう一つ重大なことは、家族の間で、家の中で――ああいう人たちと話が通じないからって、家族同士もお互い我慢ができなくなったんです。これは大変なことでした、だって、家族なのに、お互い我慢できなくなったんだから。家族の間で責任を押しつけあって。どうしようもない、私たちの責任じゃない。かといって、隣の人のせいにもできないし。それから、もう一つ重大なことは、私は、今まで一度もそんな考えを持ったことはなくて、ティエリーだって、そういう気性じゃないから。でもあるとき、願いは一つ、殺してやるってことだけになった。そんなところまで行くなんて！　喧嘩っ早い人はいるものだけど、でも私は正直、向こうの姿が見えたら、声が聞こえたら、声が聞こえただけでも、手に何か持ってたら、正直、やってたかもしれないと思う。ほんとにカッとなって、なんでもなく殺してしまったかもしれない。それでもまだ思いとどまって、どっちみち、そんなことをしたって何の役にも立たないし、厄介なことになるって言い聞かせることができたけど、そうしてやるって考えを時々もったし、ティエリーもそうだった。重大なことだと思い

ます。そんなところまで行くなんて、やっぱり大変なことだから。団地なんかで騒音にいらいらして、やってしまう人がいるのがよくわかる。今は気持ちがわかるんです。昔はわからなくて、「どうしてそんな考えを持てるんだろう」って思ってた。でも、あんなことを経験した今は思うんです、ええ持てますともって！　頭がカッとして、なんだってやってしまう。もちろん後で後悔するでしょうけど、とっさだったら、やってしまえると思う。

ある日、私が今にもやってしまいそうだったから、ティエリーに医者に連れて行ってもらわなくちゃならなくて。サン゠ドニだったと思います。散歩をしに行って、戻ってきて、TGV〔高速列車〕を見に行って……ただそうしたって話で……面白くもなんともないけど、とにかく……TGVを見に行った、もちろん、騒音が聞こえないように、できるだけ出かけることにしてたから。近所の人の家に行ったこともあるんです、騒音が聞こえないように。それで散歩をしに行ってたわけですけど、それ、脅された日、ぶっ殺してやるって言われた日なんです。ティエリーに医者に連れて行ってもらわなくちゃならなかった。だってほんとに、もうどうかしてしまって、自分が何をしでかすかわからなかった……何だってやりそうで……自殺してもおかしくなかったと思う、もういっぱいいっぱいで。でも午後は楽しくて、気持ちがよくて、何もかもうまく行ってたのに、それがあの一言だけで……。もう一つ大事なことは、土日は近所の人のところによく泊めてもらってたんです。家にいないで済むように招いてくれて。ありがたかった。支えてもらって。そのことはちゃんと言っておかないと。もし支えられてなかったら、あんなに持ちこたえられたかどうかわからない。（…）

もう一つ言っておかないといけないことがあって、うちには小さな、ほんとうに小さな庭があったんだけど、そこで時間を過ごすことはなくて。庭には全然出なかった、丸見えだったから。この庭はよその家の部屋に面してて、丸見えだったんです。で、向こうが建物を高くしたとき、部屋がうちの庭を見下ろすようになって、ますますひどいことになった。そう、脅しはもう行くところまで行ってたし、庭にどんどんゴミが捨てられて。庭を何かに使うなんて考えられもしなかった。それに向こうは動物を飼ってて、うちの壁際にまでいて、臭いが始終、漏れてきてた。ほんとにこれでもかってくらい、いいことずくめでしょ。このことでもおんなじでした。県の衛生管理課の人に来てもらったんだけど、壁の向こう側だから、向こうの好きにする権利があるってことで。ウサギに豚に、何でもかんでも。豚まで飼ってて、末の女の子の洗礼のとき、殺したんですよ！　都会の郊外で豚なんて、やっぱり理想的っては言えないでしょ。田舎ならいいけど。それに、うちの庭はブロックだけで囲まれてて。ちっちゃな四角い庭で、周りはブロックだけで、結局、牢屋にいるみたいな気までしてきて。ついそこまでブロックがあったから。あんまり快適じゃなかった。芝生が少しあって、それから、そんな風に呼べるかどうかわからないけど、ちっちゃな菜園を作って、トマトやらいろいろ、それを、向こうが夜来て、持って行ってた。それ以外は、この庭は全然、使いませんでした、全然、まったく。ウサギの臭いやら何やら……（…）。家は売りに出したんです。もう我慢の限界で、思い立ってパッと決めたっていうか。

［…］

**――で、今いるのはどういうところなの。**

**フランソワーズ**　フランス国鉄の管理職住宅。同業の人しかいません。（…）

**――居心地はいい？**

**フランソワーズ**　ええ、だって、思うんだけど、あまりこんなこと言うべきじゃないかもしれないけど、みなさん聡明な人で、物事をありのままに見ることができるし、筋道を立てて考えたり、話が通じる人たちです。何かうまく行かないことがあると、そのことについて話し合って、なぜなのか、どういうふうになのか説明して、それで解決。あまりそういうことは起こらないけど。人数がとても少なくて、夫婦六組だけだから……やっぱり人数がとても少ないから、やっぱりわかり合えます。少し距離を置いてる人もいつも一人、二人いるけど、気にならない。それぞれ、人のことに首を突っ込まないようにしているけど、助け合いもあります。何かあれば、お互いを当てにできるけど、それでもたよらないようにしてます。ときどき、家に招待し合うんです。食事に招いたり、今度は、クラブメッド〔ホテル等のリゾート運営会社〕に行くことになってて。いつも女のほうが食事を作らなくてもいいように外で食べるんです。今回は、共同でお金を用意して、毎月、少額入れておくことにしたんです。十一月にクラブメッドに行って、食事をして、それから遊ぶ。気晴らしになるでしょ。こうすれば、女性も働かなくていいし。去年は、クリスマスの食事会をやりました。ずっと前から準備して、メニューを作って、そして、それぞれが何か作ることにして、前菜か、メインディッシュか、デザートか。それぞれ分担があって、一緒に買い物して。まず、共同のお金を用意して、一緒に買い物して、そして、それぞれがほかに何か一皿、持ち寄ったんです。たとえば私はトリュフ・チョコを作ったし、フリュイ・デギゼ〔マジパンを果物のような形にした、クリスマス向けの伝統菓子〕を作った人とかもいて、そういうのは共同じゃなくて、それぞれがちょっとしたものを持ち寄ったんです。それで、食べきれなかったので、翌日、またやりました。残っていたものがあったから。それから仮装パーティもありました。うちは留守してた、出かけてたから参加しなかったけど。仮装パーティも同じで、三日間続きました。食べ物がほんとにたくさんあったから。うちは仮装パーティに行かなかったから、やっぱり翌日招かれました。行かなかった理由が、行きたくなかったからじゃなくて、行けなかったからだったから。それで後の二日、招かれました。家にいたから、迎えに来てくれたんです。

一九九一年三月

# メディアの視点

パトリック・シャンパーニュ

社会不安は、それがメディアによって取り上げられたとき、つまりジャーナリストによって認知されたとき、はじめて目に見えるものとなる。しかし、こうした社会不安は、メディアが構成し、報道する不安と同一ではないし、まして、それが取り上げられたとき、メディアによって付与されるイメージに還元されるわけでもない。おそらくジャーナリストたちも、自分たちが語る問題を一から発明するわけではないだろう。それどころか、彼らが、自分たちは問題の所在を人々に知らしめ、それをいわゆる「公の場での議論」に付託するのに貢献していると自ら考えるのも、理由がないわけではない。しかしそれでも、この段階で止まってしまうのはいささか単純すぎるだろう。社会不安はすべてが同程度に「メディア的」とは限らないし、また、いったんメディアに取り上げられたものは、その過程で必ずなんらかの歪曲を蒙ってしまっている。というのも、ジャーナリズム界は、たんにこうした社会不安を記録するだけにとどまるどころか、この業界特有の関心に基づいたまぎれもない構築の成果を、そこにつけ加えるからである。

報道に日々現れる社会「不安」を数え上げると、「ジャーナリストにとっての不安」とでも呼びうるもののリストが出来上がると言ってもいいくらいだ。つまり不安の公的表現が、まさにジャーナリストたちの関心を引きたい、という目的で作られたのか、さもなければ、その社会不安が「尋常ではない」とか、悲劇的あるいは感動的であるとかの理由で、それ自体でジャーナリストたちの関心を引くものであるのか、どちらかなのだ。後者の場合、そうした性格のおかげで商業的にも採算が取れ、それゆえ「トップニュース」たるにふさわしい出来事の社会的定義にも適合するのである。こういう社会不安をメディアが選択して取り上げるやり方は、結局のところ、その不安の当事者である社会集団についてばかりでなく、少なくともそれと同程度に、報道機関とその機能のしかたについて語っている。(1)

## 「事件」の創出

ここでの主題ではないが、事件を報道する側の視点の多様性を分析する必要もあるだろう（それは結局、報道機関の形態の多様性に帰されるものだ）。しかしどういう種類のメディアで働いているにせよ、ジャーナリストたちが互いに相手の報道を読み、聴き、見ていることに変わりはない。彼らにとって「関連記事のまとめ」は職業上欠くべからざるものであり、そのおかげで彼らは、「各社」がいま何を取り上げているかを知り、それゆえ自分たちがいまどのような主題を扱うべきなのか、理解することができる。また現地取材報道のアイデアを仕入れ、あるいは少なくとも、現在の自分たちの位置を把握して、ライバル他社との差別化をはかるために、独自の切り口を見つけることもできる。他方、多様な報道側の視点が、業界の内部ですべて同じ重みをもっているわけでもないし、とりわけその外部、すなわち〔広範囲に流通する〕社会的表象を構成するプロセスにおいて、すべて同一の影響力を持っているわけでもない。たとえば、「湾岸戦争※」、一九九〇年の「高校生デモ」、あるいは「ヴォー＝アン＝ヴラン※の暴動」について書かれ、また放映されたものの全体を冷静に見直せば、確かに的確な記事やルポルタージュをいくつも見いだすことができる。しかし事後的に全体を網羅的に見直すこのような調査は、これらの的確な記事や番組が、当時は大多数の人に気づかれないままであったことや、それらとはまったく異なる基調の報道全体のなかに埋もれていたことを忘れている。[2] すなわち、メディアというものはつねに瞬間を捉え、共同作業によって社会的に流通する表象を作り出すものなのだ。そうした表象は、かなり現実からかけ離れている場合でさえ、後に取り消しや修正が行なわれても持続してしまう。というのも、多くの場合、そうした表象はもっぱら自然発生的な解釈を強化し、それゆえ、まずもって偏見に依拠し、またそうすることによって偏見を倍加させるからである。さらにまた、ジャーナリズム界においてテレビがきわめて強い支配力をもっていることも考慮に入れるべきである。とりわけニュース番組において顕著にみられるが、多くの視聴者に訴えるテレビは、出来事の支配的な表象を形成するのにきわめて強い力を発揮する。そのうえ、「イメージ化された」情報は劇的な効果をもたらし、きわめて直接に集団的な感情の高揚を生み出すことができる。最後に、映像は非常に強い明証性の効果を持っている。多少とも意図的な選択と構成の作業をへて作られている点では何の違いもないのだが、映像は、言葉よりも、議論の余地のない現実を突きつけてくるようにみえる。テレビは、ふつう新聞・雑誌から、あるいはそれらと同じ情報源（おもに通信社の速報）から情報を得ているが、テレビに特有な作業手順と拘束条件があり、それらが、社会的出来事の創出に強力な影響を与えている。テレビはまた、一般の視聴者ばかりでなくほかのメディアにも働きかける。今では文字媒体のジャーナリストたちも、前夜の八時のニュースが「トップ」で扱ったことを無視することはできないのである。

たとえば、一九九〇年十月に、高校生の最初のデモをテレビがニュースで取り上げる決定をしたとき、問題はパリ北郊のいくつかの中学校だけに限られ、教員不足と、何人かの被害者を出した校内暴力に抗議する数百人の生徒たちのデモにすぎなかった。パリの新聞・雑誌の教育専門記者たちは、こぞってテレビの派手な取り上げ方を無責任であると非難し、連鎖的な反応を引き起こしかねないと批判した（「テレビはどうかしている」、「八時のニュースの冒頭で取り上げるなんて、馬鹿げてる」、「まるで高校生全員が街頭に出ているように見えるが、多くて三千人くらいだろう」など）[3]。しかしテレビのジャーナリストたちも、おそらくきわめて誠実な判断からこのデモを「八時のニュース」で取り上げたのである。彼らはそこにきわめてテレビ向けの映像と主題を見出した（「テレビの記者たちは教育問題をどう解説すればよいのかまったくわかってないのですよ。よくわれわれに教えてくれと言ってきます」と、パリのある新聞記者は説明する）。さらに彼らの頭のなかには、一九八六年十一月に起きた高校生と大学生のデモの記憶があった〔↓社会党政権〕※。それもまた同じ秋の学期に、たった一つの学校でのストから始まったのである。先例を優先する考え方はほとんどのジャーナリストにあるし、革命を報道するのに遅れてはならないという思いや、大きな抗議運動の始まりに再び立ち会っているという確信から、彼らはいまだ局所的なものにすぎない運動を、初めから特別扱いにしたのである。実際、高校生たちの運動はテレビによるメディア効果で拡大し、パリの日刊紙の教育欄の担当者たちは、編集長に焚きつけられてこの問題について「論説」を書かねばならなくなった。たとえば、この報道に携わったパリの新聞記者も、「テレビは社会運動の目安みたいなものです。テレビがニュースで扱ったとなると、みんなで取り上げなきゃならない」と言っていた。何人かの教育専門の記者たちがそれでも記事にするのをためらったのは、その分野の専門知識があるために、多少のことでは驚かなくなっていただけではなく[4]、おもにテレビによって作り出されたこの運動には、とらえどころがなかったからでもある。実際、彼らはこの運動がなぜ起きたのかを理解できなかったし、その責任者や目的も探りあぐねていた。それでも、記者たちは書かざるを得なくなった。こうして彼らもまた、メディアをとおして「高校生たちの不安」、さらにより一般的に「若い世代の不安」という正真正銘の社会問題となったものに、無意識のうちに重要性を与えることになったのだ。運動のなかから頃合よく現れ出た高校生調整委員会の代表らは、経験を積んだ大人たち〔共産党、SOSレイシズム〔反人種差別団体〕、社会党などの責任者たち〕からメディア戦略の助言を受け、大いにうぬぼれて、「高校生総会」で語るときにも、まるで実況中継のある水曜の午後に国民議会の演壇に立つ政治家のようであった。彼らを取材したパリの大新聞の記者は言っている、「調整委員会のリーダーたちはスター気取りで、こっちも、あんまり真に受けすぎましたね。彼らはテレビカメラに向かってしか語りません。あまりにもスター扱いされるので、何でも許されてると思っているみたいでした。エリゼ宮〔大統領府〕にも行ったし、ジョスパン〔国民教育相〕とも朝食を共にしたというわけです……」。しかしメディアによって作り上げられたこれらの運動は、メディアがそれについて語るのをやめたときに泡のように消えてしまうことも理解できる。それゆえ、よく言われるように報道機関が何に興味をもつかという問題ばかりでなく、ジャーナリストたちが、自らの力で作り出した出来事に、後日しだいに興味を失っていく過程についても問い直す必要がある。ラジオ周辺局〔フランス隣接国に送信局を置いてフランス語で放送する民間ラジオ局〕の編成部をよく知っている若いジャーナリストはユーモアを交えてこう語っている。「ラジオ局の編成会議にはいつもいるんですよ、『そんなのはもういい。もうみんないやになってる。郊外とか、そんなのはもううんざりだ。ほかにないのか、もっと面白いネタは』なんて言ってくる奴が。探せばいつでも何か追っかける話はあります。こうして、『ル・モンド』〔中道日刊紙〕が事件を沈静化し、『リベラシオン』〔中道左派日刊紙〕が解釈と分析と現地調査をする。事実報道とか、話題になる記事を書いた人たちは、また別のネタをやるでしょうが、一度取り上げられたネタを追求する人はいません」。

## にせの対象

人が「事件」と呼ぶものは、つまるところ、一定期間「事件」とみなす合意が自分たちの間で成立したことがらについて、メディアが自らの力を動員した結果にすぎない（こうした動員は自発的な場合も誘発される場合もある）。ジャーナリストの関心を引くものが、社会の周縁で生きる恵まれない人々である場合、メディアに取り上げられた結果として起こることは、こうした人々の期待をはるかに上回るものとなる。というのも、この場合、当事者たちはほとんどまったく事件の創出に関与することがないがゆえに、その分、ジャーナリストがよりいっそう、大きな創出力を発揮するからである。

八〇年代初め、移民労働者が集中しているマンゲット団地※――リヨン郊外のヴェニシューにある――でいくつかの事件が起き、「問題のある郊外」をめぐって、新たに様々な言説が報道を賑わしたことがあった。かなり人目をひく事件（車の焼き討ち、バリケード、警官隊への火炎瓶を含む様々な物の投擲など）であったため、報道機関全体によって大きく報道され、その結果、住民の中でも、学業に挫折し、資格も職もない（「ブール（フランス生まれのアラブ系住民）」と呼ばれる）移民二世の若者層への関心が、一挙に高まることになった。それと同時に、いくつかの郊外の荒廃したありさまや、心ない破壊行為によって荒れ果て、低家賃住宅管理運営機関※からも見放された団地の様子が注目を浴びることになった。これらの事件は、社会党が政権について二カ月もたたないうちに起きたこともあって、左翼政権に突きつけられた、まぎれもない政治的挑戦とみなされた〔→社会党政権※〕。このような新しい型のスラム街は、それまでにいくつかの低家賃住宅団地で徐々に形成されており、その改修・更新事業のために様々な対策が取られてきた。そして教育課程から落ちこぼれて失業している若者を指導支援するためのいくつものしくみが作られ、職業教育を促進し、彼らを雇用市場に参入させるための試みもなされた。これらの対策の全体は、「地区社会開発」※という政策的枠組みのなかで調整され、一九九〇年には約四百の地域が対象となった。

しかし郊外の問題は、同じリヨン郊外にあるヴォー＝アン＝ヴランという、一九八七年に「地区社会開発」の対象となった町で一九九〇年十月に起きた事件によって、再びメディアの脚光を浴びることになった。一九九〇年九月末、地区再生事業が終わったその町のマ＝デュ＝トロー地区では、低家賃住宅団地の真ん中に一年前に創られたショッピングセンター前の広場で、記念式典が行なわれた。一流政治家たちの臨席のもと、人々はスポーツクライミングのできる壁の除幕式を行ない、町の再生事業の成功を祝った。しかしその一週間後、警察の検問で一台のオートバイが転倒し、後部座席に乗っていたイタリア系の十八歳の青年が死亡した。青年はポリオで体が不自由だった。そのときに団地の百人あまりの若者が群れ集まり、事件の責任は警察にあるとして大声で抗議した。自分たちには警察の「失態」と思えるものを、警察が単なる事故として隠蔽しまうのではないかと彼らは疑ったのだ。その夜には、石が投げられ、（この街ではめずらしいことではないが）三台の車が燃やされ情勢が緊迫した。警察の会話を、高周波受信機でつねにモニターしている地方新聞社は、逐次情報を流すとともに、事件についての公式の見方を報道し、それは、その晩のうちに中央メディアに伝わった。翌朝、十四歳から二十歳の若者が、ヴォー＝アン＝ヴランの警察署に再び投石した（署内に退避している警官をおびき出すためだった）。ついで昼頃には、マ＝デュ＝トロー地区のスーパーマーケットに一台の盗難車が突っ込んで火災となり、広場に面したいくつかの店に延焼した。警官、消防隊員、ジャーナリストらが若者たちによって押し戻される一方、地元住民もよそものも、大挙して楽しげに機会をとらえ、どっちにしろ火事で燃えてしまう様々な商品を略奪した。その場に居合わせた数少ない地元紙の記者の一人によれば、少年たちはお菓子やタバコやスポーツシューズなどをめいっぱい抱え込んで店から出てきたという。一人の老女がスーパーマーケットのドアを開けたままにして、盗品であふれた大型ショッピングカートが外に出て、大急ぎで車のトランクのほうに走るのを助けてやっていた。要するに、確かにショッピングセンターでの略奪があったのは間違いなく、それはおそらく準備されたものであったにしても、[5] パリの報道機関、特にテレビの記者たちのように、これを「暴動」と呼ぶのはどうみても行き過ぎなのである。

支配される側の者ほど、〔自分たちがどう語られ、表現されるかという〕自分たちの〔社会的〕表象を、主導権を持って形成する能力を欠いている人々はいない。彼らの日常生活の情景は、ジャーナリストにとっては平凡でつまらないものでしかない。そのうえ、彼らには文化的資源が欠けているので、自分たちを主要メディアが要求する形態にそって表現しようとしても、できないのである。というのも、ある政治家がテレビ番組制作者の考えを代弁して語るように、「放送では、一人一人が自分のこだわりや自分の意見を述べようとしていけない。はっきりと自分の言いたいことを表現する必要がある」からである。事件の起こる数日前に、都市問題を専門とするリヨンの通信社が、郊外の現状について調査することを提案していたのに、その時は採用されることはなかった（「どうせ面白くないよ。何も起きてないから……」と断られたそうである）。競争の論理に従って、記者たちは「ホット」なニュースを伝えるように、「何かが起こっている現場に」赴くように促される。ヴォー＝アン＝ヴランの劇的な事件はたちまち大量のルポルタージュを生み出し、それらはすべて、この郊外の町で、何がうまくいっていないのかを語り、説明しようとした。しかし、こうした郊外における当たり前の日常と、日々の問題とに注意深い観察の目を向けるほうが、より理解を深めることができるのに、ほとんどの記者は最も派手で、それゆえに例外的な暴力にばかり注意を向けがちなのである。[6] かくしてメディアは、事件と直接には関係のない一般大衆に向かって、郊外問題※についてことさらに異常さを強調した報道と表象を作り出すのである。そして大衆の方はといえば、警官との衝突、略奪行為、スーパーマーケットの火災、炎上する車などという、暴力的な場面しか記憶に留めないことが多く、また、報道機関が収集した説明、つまり警察の失態、若者たちの無為、非行行為、郊外団地の「つらい暮らし」、〔劣悪な〕住居の状態、陰うつな生活環境、スポーツ施設や児童クラブの不足、外国人の過剰集中などをごちゃまぜにして、これらの混乱の原因だと考えることが多い。

## 悪循環

〔メディアが創出する〕こうした表象に、支配される側の声がほとんど反映されないのは、こうした人々の話を聞くことが、特別に難しいからである。彼らは自ら語るよりも、他人によって語られることが多く、支配する側に向かって語るときでさえ、まさにこの支配する側の者たちが、自分たちについて語る言葉を繰り返してしまうのだ。このことは、とりわけテレビカメラのまえで語るときにそうである。前夜のテレビニュースや郊外の荒廃に関する特別番組で見たことをおうむ返しにして、ときには自分たちのことを三人称で語るのである（「若者たちはどこか集まれる場所がほしいのです」と、その若者の一人があるルポルタージュのなかで語っていた）。しかしより正確に言うならば、記者たちは、そうとは知らずに郊外に関する自分たち自身の言説を集めているのだ。彼らは、マスコミを待ちかまえて団地をうろつき、「テレビに出るために」、こちらの望み通りのことを語ってくれる者を、必ず見つけてしまうのである。

報道機関の「調査」（取材）は――地方新聞の無名の記者でもパリの大新聞のジャーナリストでも同じことだが――、社会科学でいう「調査」（研究）よりも、警察の捜査に似ている。つまり、社会学者よりも「探偵」記者、すなわち事件の捜査において、ときには「警察を出し抜い」たりする記者の方がモデルとなる。さらに、とりわけ全国規模のメディア（つまりテレビだが、通信社も含まれる）においては、どちらの側にもつかないという配慮、または、社会的にきわめて多様な視聴者たちにショックを与えないという（多分に商業的な）配慮が見られ、現存するあらゆる視点を中立化する加工された表現が目指される。報道機関の取材は、裁判における証人尋問に似ている。客観性とは、裁判の場合と同様、当事者全員に発言の機会を与えることにある。それゆえ記者たちは、どのような場合でも、告訴側と弁護側、「賛成派」と「反対派」、公式見解と目撃証言の両方を取材しようとする姿勢をはっきりと示す。実際の現地取材は、現実的な制約から、本当に現場に立つのは、数時間あるいは数日を超えることはなく、一般には編集会議であらかじめ作られた制作方針にしたがって、報道に「若干、いろどりをそえる」程度のものにすぎない(7)。

ジャーナリストたちはときとして、メディアにとっておあつらえ向きの現実を自ら出現させてしまうこともある。たとえば、リヨンのＡＦＰ通信の記者はこう言っている。すなわち、ヴォー＝アン＝ヴランで何日か激しい衝突があった後、報道機関はあげて新しい事件が起きるのを期待しながら町を監視していたのだが、こうした、現場におけるジャーナリストの存在こそが、この町に期待通りの事件を引き起こすことにつながったのである(8)。何も起きていないときでさえ、報道機関の歯車は空回りしがちである。かくしてたとえば、事件の取材のために郊外に張り付いていたあるテレビレポーターは、何事も起きていないにもかかわらず、パリにいる編集長から、夜のニュースで二分間の現地報告をするように命じられる。高額な現地取材の採算を取らねばならないというのが、その理由だ。多くのジャーナリストは、事件をさらに分析しようと心がけるにもかかわらず、どうしようもなく事件へと引き戻されてしまう（「三面記事の背後には本当の問題が隠れているから、もっと掘り下げなければいけないのだけど、そんな時間はないし、いつだって新しい事件を扱わなきゃならない」と、たとえばリヨンの地方紙記者は語っている）。他社との競争のために急かされて、彼らはつねにライバルのいるところに行かねばならない。
「他局に先を越されると、『何やってんだ、早く行け』と編集長に叱られます」と、あるテレビ記者は言っている。「みんなヴォー＝アン＝ヴランに焦点を合わせていた」とリヨンのAFP通信の記者は報告している。「あそこで何かが起こると、それがどんなつまらぬことでも、ヴォー＝アン＝ヴランであるという理由ですぐに話題になった。マルセイユの郊外ではさらに悪いことが起きていたのに、そんなことは知らなかった。パリ［の編集局］が私たちをつねに煽っていました。ライバル意識がエスカレートして誤った報道をすることもあります。そういうのに抵抗するのは、大変なんです。なぜなら、うちにはいろいろとうるさいクライアントがいて、『ヴォー＝アン＝ヴランもの』をほしがるからです。焼き討ちにあった二台の車のために速報を流すべきかどうか迷ったときもありましたよ。（…）一カ月後に大きな記事を書いたけれど、事件が終わるともうだれも興味を示さない。記事も読まれないし、この時点こそできる総括ももうインパクトを失っているのです」。

　ヴォー＝アン＝ヴランの事件がメディアで執拗に取り上げられたのは、メディアによって構成された多くの社会問題、すなわち、失業、荒廃した郊外、移民、治安悪化、麻薬、不良グループ、若者、ル・ペン※、［イスラム］原理主義などの問題とこの事件がうまく共鳴したからである。しかしこの「メディアによる徹底取材」は、人々に事実を理解させるどころか、郊外とそこに建つ大規模団地について、以前からあるステレオタイプを再現させる機会となった。それは三〇年ほど前から、その時々の三面記事的な事件をとおして形成され、そのままヴォー＝アン＝ヴランに貼り付けられたステレオタイプで、今回の事件を考察するには明らかに不適切な図式であった。「郊外のベッドタウン」が生み出す問題を告発した記者たちもいたが、この町に創設された企業の数はむしろ増えていた。また郊外病について、賑わいも統一性もなく、陰うつな日常が繰り返され、非人間的なものとなってしまった郊外といった、これまでよく言われてきたことを、改めて持ち出した記者もいたが、この町ではまさに三年前から公共住宅の大規模更新・改修事業が行なわれ、活気あふれるショッピングセンターもオープンしていた。これらの矛盾を前にして自信を失うどころか、逆にメディアは、「何百万フラン※かのお金をつぎ込んで、階段のペンキを塗りなおし、植え込み花壇を増やせば、団地にも活気をもたらすことができる」と信じる「紋切り型思考の大失敗」について語った。ほとんどのメディアは、それまでの都市計画を疑問視する人や、拒絶、絶望、対話の不在が支配するこれらの町を作りあげた建築家を告発する人々に同調していた。そして最後に、出来事の発端にあったもの――すなわち警察による検問の失敗――をしっかり説明する必要があったので、どのメディアもほとんどすべて、若者と警察を隔てている溝に言及し、それを乗り越えるために今必要な対話および信頼の回復を訴えていた。

　もちろん、それぞれの新聞は独自のイデオロギー的な選択に基づいて、これらの主題を発展させた。たとえば、『リベラシオン』は、警察の失態をとりわけ強調しながら、路上での検問に際して死んだ犠牲者の長いリスト（一〇年間で一〇件）を示し、それが暴動を起こした若者たちの警察に対する怒りの土壌となったとする。そして暴動を起こした若者たちの肩をもちながら、一世代の間に創られ、今や若者の社会への同化という問題に直面している〔こうした〕優先市街化区域※に蔓延する「限界に達した憤懣」について語っている。そのうえで、「何にでも火をつけるこういうやんちゃ坊主らに対して、国は催涙弾以外のものを提供すべきだ」と要望している。編集主幹のセルジュ・ジュリーは、「暴動」の一週間後、集団的妄想を掻き立てかねない粗暴な類推に満ちた社説のなかで、ヴォー＝アン＝ヴランをジャーナリズムの観点からみた世界史に位置づけた。「今回の事件では、何もかもが典型的にそろっている。（…）われわれは、また振り出しに戻ってしまったようだ。荒廃した郊外の風景が黒く縁取る人種隔離、（…）まさに、社会の周縁に押し出された帰属する場所のない者たちの首都（…）ヴォー＝アン＝ヴランは、取り返しのつかない社会崩壊の絶望的な兆しなのだ。こういう郊外には、第三世界化の亡霊が棲みついている。ここ何日かの暴動と略奪は、パレスチナのインティファーダ〔パレスチナ人による反イスラエル抵抗運動〕からも、カラカスの食料暴動からも、同じくらいに着想を得ている」と。これと対立しつつ相互補完的な視点から『ル・フィガロ』〔保守系日刊紙〕は、この事件に、暴力によって（イスラム）革命をめざす一握りのプロ扇動家のやり口しか見ようとせず、思わせぶりに、略奪の場面と路上の若者たちの攻撃性を描き出す。この新聞は、ふだんからこの地域では非行が数多いことを指摘しつつ、暴動はとんでもない逸脱であると断じる。さらに、「プロ連中の無駄話」（つまり左派の人々やソーシャルワーカーらが展開する、郊外での生活の苦しさに関する話）は、郊外での生活には取り立てて問題はないという地元住民の証言とはかけ離れているとし、そうした現実離れした言説を告発する。地方新聞（『リヨン・マタン』と『ル・プログレ・ド・リヨン』）は、より事実に近いところに留まっており、パリのジャーナリストたちの大雑把な報道にときおり批判を加えている。そして、たとえば、「ゲットー、ベッドタウン、いじめられる移民、手荒い警察、郊外の暴力など」という型通りの言葉の向こう側に、もっとありきたりの現実がある点を指摘している。すなわち、「事故、それが引き起こした感情的な反応、（再開発、スポーツ、民間団体活動などにおいて）模範となった地区で、事故に乗じて小規模な組織的略奪を働いた不良グループ」というふうに、事件の現実はとらえられる。

報道で表象された現実と、より忍耐強い調査によってはじめて明らかになる現実との間のずれは、テレビによる報道においてさらに顕著なものとなる。[9] 記者たちの関心は、衝突に至った客観的状況よりも、衝突そのものに集中した。そしてそれらの衝突は、社会のより一般的な危機の徴候とされ、しかもその危機は具体的な状況から切り離されて扱われてしまうのである。[10] 逆説的なことに、記者たちは現地取材に際して、現地に関するデータにほとんど注意を払わない。そのため、彼らが創出するメディア化された事件は、彼らの取材対象となった様々な社会的行為者にとって、まるでロールシャッハテストのように機能する。つまり誰もがそこに自分がずっとまえから考えていたことの確証を見出すのである。

## 負の烙印《スティグマ》の付与

ほとんどの記者たちは、業界に流通するきわめていかがわしい手法を非難し、それを拒絶するし、また、情報を正確に伝えようとしても、不可避的に何らかのバイアスがかかることを自分から認めるが、それでもなお、こうした問題点や歪みがあっても、何も言わないでいるよりはましであると考えている。彼らの言い分はこうだ。メディアによる郊外問題の取り上げ方には、改善の余地があったかもしれない、メディアはいくつかの非中心的、つまりそれほど重要でない側面を受けを狙って取り上げ、日常のありふれた現実を無視してしまったかもしれない、だがそれでも、これらの問題を公の場で取り上げることに貢献したのは間違いないし、ただそれだけでも、自分たちは社会にとって有益な存在だと思われる。このような考え方は、どうみても楽観的すぎるだろう。なぜならそれは、文化的資源を欠く人々に対して働く場合とりわけ強い効力を発揮する、象徴的な次元を考慮に入れていないからである。確かにヴォー＝アン＝ヴランの市役所では、この緊急事態のおかげで再開発と社会福祉対策のための予算が、少しばかり早く拠出されることになったのを認めている。しかし、事件が残したおそらく唯一の前向きな効果はこれだけなのである（そう言っていいか、まだわからない。これらの施策がおもに誰に恩恵を与えるのか、今後調べなくてはならないからだ）。逆に、この一時的な物質的恩恵は象徴的な次元できわめて高くついた。この町の住民もそれがよくわかっていた。事件以後、一部の住民がしだいに記者たちを避けるようになってきたが、それは裏切られたと感じる人たちの行き場のない憤懣を表していた。当然のことだが、記者たちは、顔が割れて警察のリストに載るのがいやな不良少年たちからは忌避された。しかし彼らは、テレビニュースや新聞記事が出回るにつれて、きわめて否定的な郊外のイメージが作り出されるのを見たこの町の住民たちからも、同じように忌避されたのだ。メディアはこれらの郊外の人たちを助けるどころか、彼らに負の烙印《スティグマ》を押すことに、逆説的ながら貢献してしまったのである。

　これらの町は、不衛生かつ陰うつで、そこの住民は素行不良なのだと紹介される。仕事を探している若者は、もはやこれらの団地に住んでいるとは言えない。なぜならメディアの「トップニュース」となることで、その悪評があまねく知れ渡ることになったからだ。たとえばあるテレビ記者は伝えている。ドルー〔パリ西方七〇キロの町。一九八三年に極右政党「国民戦線※」が市議選で第一党となった〕郊外のレ・シャマール地区には世界中のレポーターが訪れるようになった。なぜならドルーは「国民戦線」躍進のシンボルとなったからだ、と。このような負の烙印《スティグマ》はおそらくは意図的に付与されているわけではなく、ジャーナリズム界の働きそのものから生じているのだろうが、それを生み出した出来事をはるかに越えて広がり、居住地を離れたときでさえそこの住人たちを印づける。かくしてガール県〔南部地中海沿いの県〕のユースホステルで、休暇中に滞在していたヴォー＝アン＝ヴランの若者たちを巻き込んで発生したトラブルに関する通信社の速報はすべての報道機関によって取り上げられた。同様に、ジュラ県〔スイス国境沿いの県〕を休暇で訪れていたル＝ヴァル＝フーレ〔パリ北西五〇キロのマント＝ラ＝ジョリにある集合住宅団地。一九九一年の暴動で知られる〕の若者たちは、現地の住民たちによる様々な暴力行為や侮辱に滞在中ずっと耐えねばならなかった。つまりメディア（とりわけテレビ）が若者たちの住む町で起きた事件をたっぷりと報道して以来、住民たちに不信感が育まれ、結果として生じたきわめて緊張した状況は、それだけで新たな事件を引き起こしかねないのであり、新たな事件が起これば、今度はそれが、メディアが最初に産出したステレオタイプを循環的に強化してゆくのである。

　報道をとおして作り上げられた、こうした郊外の像に対して、地元の人々はごく一部ではあるが反感を強めている。彼らのほとんどは最も政治意識が強い、つまり最も活動的な人々であるが、不当な扱いに対して大いに憤慨している。「もし私の住んでいる郊外の町が本当に新聞に出ているようなとこなら、決して住みたいなんて思いませんよ」、「家族が会いに来てくれないんですよ。ここが最悪にヤバいとこで、あっちこっちですぐレイプされちゃうと思い込んでるんです」、「記者の奴ら、でたらめしか言わない。言いたいこと、何でも勝手に言わせといてやるよ。でもそんなら、それでOKかどうか、こっちも面と向かって言わせてもらおうじゃないか。手出しするような真似はしないよ。俺は非暴力だし、ちゃんと話もできるからな」。メディアがヴォー＝アン＝ヴランに付与する負の烙印《スティグマ》となるイメージと闘うために、団地の居住者たちは自主団体さえ結成し、この町が荒んでいるどころか、ほかの町とほとんど変わらないことを公の場で訴えた。それでも、大部分の住民は、文化的資源を欠いていることがおもな理由だが、ジャーナリストという、必然的に欲得ずくで、いくらかのぞき趣味も持った観客が自分たちを見るその見方を、自分でも取り込んでしまうのである（「ここはゲットーだよ」、「俺たちなんかどうでもいいんだ」等々）。

多くのヴォー＝アン＝ヴランの住民にとって、事件は寝耳に水だったし、中には、自分の町でそんなことが起きたのを恥ずかしいと思う人もいた。商店主たちの多くは、それまでは若者たちと、取りたてて問題もなくやっていたと言うし、多くの教員もまた、確かに中学校ではいろいろと大変な問題があったとはいえ、「社会騒乱」などというのは大げさだと思っている。中には、騒動は本当のところ、一握りの若者――ほとんどが警察に知られている札付き――の仕業であり、ショッピングセンターの略奪も、おもにヴォー＝アン＝ヴランの外から来た成人の不良たちが、悲しい出来事（警察による検問）を悪用して引き起こしただけだ、とより単刀直入に指摘する住民もいる。地元の記者たちも、これらの事件を大きく取り上げたいという気持ちはあるが、それでもむしろ慎重に、ほとんど住民と同様の視点から語っている。「ヴォー＝アン＝ヴランを歩いてみれば、ゲットーなんて言う気にはとてもなりませんよ。もっとひどいとこだって見たことがあります。自分が使っている言葉が何を意味するか、きちんと理解しとく必要がありますよ。ちょっと郊外を悪者にしすぎてますね」（リヨンの新聞記者）。「たぶん最悪なのは、イケイケの突撃記者ですよ。あいつらはスター気取りで、湾岸戦争のあとには郊外に現れ、そうかと思うと今度は高校生のデモをやってる」（パリの新聞記者）。

## 政治的メディア対策

しかしそれでも、メディアは今や現実の欠くべからざる一部となっている。あるいは、こう言った方がよければ、メディアはいろいろな現実らしさを製造している。すなわち、メディアは、（現実を伝えるだけだという主張にもかかわらず）実はメディアが作り出す現実の見方をとおして、その現実を作り出すことに貢献しているのだ。とりわけ、人々の不幸や権利要求は、公的にその存在を認められ、政治権力によってなんらかの仕方で「考慮」されるのを望むなら、今やメディアをとおして表明されなければならない。政治家、ジャーナリスト、そして「世論」の専門家たちの間に成立している諸関係の論理によって、もはやメディアの圏外で政治的な行動をとることは非常に困難であり、ましてメディアと対立していては、政治はできない。そのため政治権力はつねに報道機関に関心を払い、広報担当を使って「ニュース」と呼ばれるものの創出に自ら関与できないときには、「ニュース」報道を管理しようとするのである。政治家たちは、事件によって不意打ちされることや、まして事件が彼らの頭越しに起こることを好まない。そして、他人から押し付けられて、対処すべき社会問題とその対処法が、緊急事態という圧力の下で、喫緊の課題となることがないように気を配っている。要するに、彼らは自分たちの政治日程を自らの手で管理したいのであり、（ある地方で発生し、深刻化する事件のような）予期せぬ出来事が起こり、活字メディアやテレビニュースによって語られることで、それが政治の最前列に置かれるのを恐れているのである。[11] たとえば、よく知られていることだが、いくつかの大企業では、万一の場合の予測できない事態に対処すべく、あるべき報道対応のシミュレーションを行なっている（フランス電力公社は、おもにメディアへの「模範回答」を準備する目的で、原発の重大事故の進行を予測している）。権力も、メディアによるこのような出来事の生産（あるいは共同生産）をとりわけ恐れている。というのも、こうした出来事は、記者たちが、単にジャーナリズム界特有の法則（過熱報道、執拗な取材、誇張など）に沿ってのみ行動すると、ときに継続的に報道されることになり、たとえ一時的にではあれ、政治家たちを戸惑わせかねない相当な政治的拡がりを見せるからだ。ヴォー゠アン゠ヴランの一九九〇年十月の事件や、その翌月に起きた高校生のデモはまさにそういうものだった。メディアが報道するにつれて、デモはあちこちに拡がったが、政治家たちにはこれらの若いデモ参加者が何を望んでいるのかよくわからなかったし、デモ参加者の方も、自分たちが何を望んでいるのかやはり判っていなかったのだ。

このような出来事が起きると、最も恵まれない人たちに、突如として社会一般の関心が注がれるが、そういう状況は、彼らに何らかの利益をもたらすだろうか。たとえば公権力は、郊外や高校生の問題に取り組まざるを得なくなるだろうか。そんなことはまったく保証されたものではない。というのも、実際には、報道機関と公権力の間の闘争こそが重要だからだ。ジャーナリストたちは、公権力を困難な状況に追いつめることで自らの職業的自律性を自分たち自身に証明しようと望んでいるかのようであり、他方、政治家たちも、（今日ではもちろん間接的にではあるが）できる限りメディアをコントロールしようと努めている。別の言い方をすれば、闘いはおもにメディアという戦場で繰り広げられ、そこに留まる傾向にある。権力は広報宣伝の専門家たちの助けをえて、メディアの騒ぎをしずめ、そうすることで、もとになった騒動そのものを終わらせるための戦略を考案する。かくして一九九〇年の高校生デモ――それは拡大して一九八六年のときの「悲劇」に発展するのではないかと恐れられていた――を鎮静化するために、国民教育省の広報担当者たちは「緊急事態おばさん」〔と揶揄された女性担当者〕を考案した。つまり中学や高校のあらゆる問題にすぐにも解決策を見つけるという触れ込みの、話のわかりそうな、穏やかで母性的にみえる一人の女性を連れてきて、すべてのテレビとラジオの番組に出演させたのである。

ヴォー゠アン゠ヴラン事件の数週間後には、「都市省」が創設されたが、これはおそらく、困難な状況にある人々に向けられた様々な省庁の活動を、現場において調整するという、官僚側の要請から生まれたものであろう。しかしあらゆる点からみて、その創設は、これらの問題に取り組む報道機関を管理下に置きたいという思いから発したものだとも考えられる。すなわち、メディア対応のための諸活動を一手に担い、様々な私的見解の混乱に終止符を打って、国家による公式見解を確立することを任務とした公的機関を設けるということだった。

理解しようと努めるのであれば、むしろ普通の人々に彼らの日常生活について尋ねてみたり、時間をかけてヴォー゠アン゠ヴランの歴史を再構成してみることが必要なはずである。この町は、二十世紀の初め、一九二一年には一五八八人の住民しかいない小村であったが、一九二五年に化学繊維の工場が設置されて以来、人口が一気に増えている。(12) 一九五三年から一九五九年にかけて、最初期の公共住宅が建設され、貧窮した多人数家族を受け入れたことや、一九六四年に「優先市街化区域」の指定を受け、六〇年代に急速に成長したことも思い起こすべきだろう。とりわけ、一九七一年から一九八三年にかけて九千戸を超える住宅が建設され、一九八二年に四万五〇〇〇人に達した急激な人口増加の影響も考慮しなければならない。さらに、一九七九年における空き部屋の増加の後、優先市街化区域、なかでも一九八五年にスーパーが閉店せざるを得なくなったマ゠デュ゠トロー地区において、状況が急激に悪化した様子も分析しなければならない。そうすれば、ヴォー＝アン＝ヴランにも、困難な状況にあるほかの多くの町と共通した構造的な特徴が見出せるはずである。すなわち、新たに建設された町で、おもに集合住宅で構成されていること、住民の年齢が非常に若いこと、多人数家族が多く、外国出身者の比率が高いこと、転居率が高いこと、失業率が高く当たり前の生活をすることが著しく困難であること、などである。

〔一九七〇年代のオイルショックによる〕経済危機以前にフランスにやってきた第一世代の移民たちは、現在彼らを苦しめている失業を、しばしば若干のあきらめとともに受け入れている。それは、彼らがフランスでいまだに外国人であると感じているからだ（おもに女性に今でもフランス語を話せない人が多い）。しかしフランスしか知らない彼らの子どもたちはそうではない。子どもたちは、自分も一人のフランス人として扱われることを求めている。自分ではフランス社会に同化していると感じているから、ほかのフランス人と同様に扱われていないという客観的な現実を我慢できない。彼らは失業に不公正をみる。ほかのフランス人より失業率が高いからだ。文化的理由によって学校の勉強についていけず、学歴資格もない彼らは、雇用者たちを告発する。ごく控え目に言っても今の雇用者たちは、移民系の若者を優先して雇用しようなどとは、つゆほども思っていないからだ。ただ、このように反発することで、移民系の若者たちは、自分たちをさらに排除する悪循環を意図せずに強化してしまう。排除されていると感じるゆえに、自分たちをいっそう排除させることになる振る舞いに及んでしまうのだ。それは同時に、彼らに対して善意を示すごく少数の人々をも失望させることになる。彼らの使用に供された施設はしばしば荒らされ、彼らを雇用した企業主たちは、ときに通例となった諸問題（盗難、暴力など）と直面しなければならない。

これらの郊外がおかれている状況は、団地そのものからではなく、たとえば住宅政策※とか経済危機のような、より包括的なメカニズムから論理的に帰結するものである。したがって、地域での活動を担う人たち——おもにソーシャルワーカーや教員——が、多くのエネルギーを費やしても、ごくわずかな成果しか得られないことになる。全体のメカニズムが彼らの努力をたえず無に帰してしまうからである。また都市省の創設が、現実的な解決というよりも、おそらくメディアを意識した政治的な対策にすぎないのもそのためである。それでもなお、これら郊外の状況が特異な形態（軽犯罪の多発、破壊行為、麻薬、車の盗難、ショッピングセンターの略奪等）を示すのは、やはりこうしたマイナスの働きをするメカニズムがすべて同一空間に重層しているからである。見かけにとらわれると、常に見かけだけの説明しかできない。郊外の若者の非行の原因を、水平に分散する住居（一戸建て）ではなく、上下に積み重なった住居（高層住宅）のせいにしたフランス北部の警視がいた。しかし、これら郊外の問題を生んでいるのは、住人の「積み重なり」ではなく、様々な問題と困難の積み重なりなのである。不動産市場の作用と、公共住宅の優先入居者の決定方式とが、困難な状況にいる人たちを同じ空間に集めるという結果を、なによりもまず生じさせ、おもに移民の家族であるこれらの人々の空間的集中は人種差別的反発を引き起こした。それに加えて、このような居住区には、県知事や社会福祉事務所の権限によって、いわゆる「重荷となる」（犯罪歴があるか、少なくとも警察にマークされている）家庭が集められることになる。これらの家庭の数はそれほど多くはないが（おそらくリヨン郊外の庶民階級地区全体でも二、三百戸くらいだろう）、収入源もなく、優先市街化区域を縄張りとして法の外側で生きている。あまつさえ、集合住宅団地の建築は彼らの活動に好適な条件を提供している。意図的に幹線道路から離れたところに建設され、そこに、意図した結果ではないにしても、大都市の中心部から切り離された紛れもない隔離地帯を形成しているからだ。これらの家庭の若者には、窃盗や、最近では麻薬の密売など、闇経済から収入を得ている者もいる。

最後に、失業が今日ではおそらく以前よりも耐えがたいものになっていることを付け加えねばならない。ここ二十年来の経済発展と流通ネットワークの拡大は、かなりの数の消費財を人々の手の届くところまで普及させた。大規模スーパーでの万引きは、もはや金のない失業中の若者だけがやることではまったくない。スーパーで「欲しいものを調達する」のがしだいにあたりまえになっている若者にとって、万引きがごく普通のことにみえるのも、理解できる。万引きは、こういう若者たちにとって、しばしばグループ内での序列決定の原則となっている派手な大仕事に乗り出す機会がないときに、暇な時間を埋める一種のスポーツとさえなっている。消費欲と自由に使える収入との間の隔たりが、若年失業者の経験においていまほど大きいときはかつてなかった。そこから、ショッピングセンターが、一石二鳥という意味で、団地の若者たちの暴力行為にとって、ぴったりの標的になっていることが説明される。つまり自分たちを排除する消費社会の象徴そのものであるショッピングセンターを荒らし、破壊すると同時に、物質的な利益がないわけではない略奪をも行なうのである。またそこから、どうして車がいつも盗まれ、荒らされ、燃やされるのかということの説明もつく。車はこれらの若者たちにとって消費財そのものとなっているのである。つまりそれは（金銭ばかりでなく感情的、社会的側面もあり、費やされた時間なども含む）いくつもの投資の対象であり、移動や余暇のなくてはならない道具なのである。車は人生での成功、そして雇用市場への参入の証ともなる。なぜならそれは、彼らが安定した仕事を見つけて「身を固める」（結婚する）ときに一般的に最初に買われるものだからである。

　メディアの「トップニュース」となる派手な暴力事件は、これらの町に住む人たちすべてにたえず行使されている目立たない小さな暴力を隠してしまう。住民の中には不良の若者たちも含まれている。彼らもまたその犠牲者なのだ。彼らが振るう暴力は、幼いころから、学校や、雇用市場や、性関係の市場などで受けてきた、より見えにくい暴力への返答にすぎない。しかしまた、これらの郊外に住む「貧しい白人《プア・ホワイト》」、つまり自分を「生粋のフランス人」とみなし、フランスを「自分の国」だと思っている人々が、こういう移民家庭の子どもたちがたえず近所で引き起すもめごとに、とりわけいら立ちをつのらせるのも理解できないことではない。ときとして悲劇的な事態にまで至り、三面記事をにぎわせることになるこういう絶え間のない葛藤から生まれる怒りほど、簡単に悪用されるものはないのである。

## 原注

（1）メディアによって演出されるこれらの社会不安は、ときとして、現実に対してかなり空想的なイメージを与えることがある。たとえば近頃テレビで放送されたある特集番組では、この二〇年間の若い世代の歴史が要約されて、一連の新たな通俗イメージに還元されていた。つまりヒッピー、ボブ・ディランのコンサート、ミュージカル『ヘアー』、〔都市部の空き住居の〕不法占拠者、ハード・ロック、「SOSレイシズム〔反人種差別団体〕」のコンサート、路上の車を焼き討ちする郊外の少年、スキンヘッドと「ズールー」〔大都市郊外を拠点とするアフリカ系若者の不良グループ〕、ラップダンサー、タッガー〔壁にスプレーで落書きをする若者〕、そして最も新しいトピックとして、パトリック・ブリュエル〔フランスのシンガーソングライター〕のコンサートでライターを灯す若者たち、などが次々に映し出された。

（2）「的確」な記事というものは、取り上げられた問題についてすでに十分知っているときにしか目に留まらないものである。事件が起こった当初は、よくわからないことや、まったく知らない事柄について、とりあえずそれについて何か言っている人を頼りにするしかない。

（3）これらの発言は、私が行なった高校生の運動についての調査に際して、ドミニク・マルケティが実施したジャーナリストとの面談に基づく。調査のより詳細な報告は今後なされる予定である。

（4）パリのある日刊紙の編集長は私にこう説明してくれた。専門の記者たちは自分の分野をよく知っているので、一般に、何かとんでもないことが起こっていると考えることはまずない。また、自分たちの書く地味な記事が第一面を占めることもないので、彼らはむしろ、何が起こっても、すべてありきたりのこととみなす傾向を持ち、なかなか驚いたりもしない。テレビニュースがつくり出す状況により敏感なのは編集長の方であり、しばしば見解を表明するよう、記者たちをせき立てなくてはならないという。

（5）ヴォー＝アン＝ヴランの住民には、こんなことを言う者が何人かいた。すなわち彼らは、騒ぎを起こすきっかけ、ないし口実となった事件のずっと以前から、若者たちがそのようなことをたくらんでいると聞いていたという。同様に、ショッピングセンターの略奪のほんの少し前にたまたまそこにいた記者も、何人かの若者から、もっとおもしろいことが起こるからここにいろと忠告されたと、私たちに語っている。

（6）かくして、たとえばあるテレビ局は、ショッピングセンターが焼き討ちされた翌日に、リヨンの番組制作会社に「ヴォーの壊し屋と麻薬密売人（顔なしインタビューでも可）」のルポルタージュを依頼したが、請け負った側の責任者たちは、自分たちもマグレブ（アルジェリア）系であったこともあり、多少とも脚色された刺激的な報道に同調するよりは、巨大団地に暮らす若者の真の姿を理解してもらおうと、ルポルタージュの制作方針を勝手に変更した。つまり、壊し屋でも売人でもなく、失業者や世話役にすぎない、三人の移民系の若者に関するルポルタージュを制作したのだが、それはいまだ放送されないままである。

（7）言うまでもなく、これらの指摘は、ジャーナリストという職業への（報道言語で使われる通俗的意味での）「批判」ではない。この仕事が身体的な危険を伴い、多くの人がそのために命を犠牲にしたのを私たちは知っている。ここで指摘したいのは、報道の仕事には様々な制約が重くのしかかり、その制約ゆえに知的な影響も受けているということだけである。

（8）テレビ記者たちが、金を払って事件の「再現映像」――それと明示されることなく放送される――を撮っているという事実は知られており（車の放火、壁の落書き、暴力行為などをする若者）、それはますます増えている。これらの行為はどっちにしろ行なわれていることで、したがって情報を不正に操作しているとまでは言えない、という言い訳を彼らは用意するが、その一方で、報道すべき最も大切な情報がほかにあるはずだとは考えていない。

（9）火に包まれたショッピングセンターは、あらゆるアングルから撮影されることで、まるでその一帯全体が燃え上がっているかのような印象を与えることになる。FR3〔フランスの公共テレビ局〕では事件が起きてまもなく、「これほどの憎悪は、なぜ」という仰々しいタイトルの特別番組が放送された。またTF1〔公共放送から民営化されたテレビ局〕でも、事件から二日も経たないうちにあるショー番組（「私の火曜日！」）のなかで事件についての討論が企画され、略奪行為に加わった「壊し屋」たち（あるいは自らそう語る者）が呼ばれて、顔を隠したままいかにも社会のはみだし者が言いそうなことを語っていたが、それは大部分、テレビがそうしむけていたのである。ヴォー＝アン＝ヴランの住民の一部は、テレビ映像のせいでよそに暮らす親類にひどく心配をかけることになったと嘆いている。

（10）そのような文脈のなかで、記者たちはあらゆる三面記事的事件を、人種差別や郊外の困難という図式にそって読み解き、そこに、〔新たな報道のための〕糸口あるいは鉱脈を発見するのである。たとえばフランス北部のある警察官から聞いた話だが、きわめてありふれた私的復讐の事件が、当事者がユーゴスラビア人で、事件が公共住宅地区で起こったというだけで、至るところにヴォー＝アン＝ヴランのような事件を見つけ出す新聞の中で、郊外の荒廃を表現する人種差別的な犯罪として報道されていた、という。

(11) たとえば一九九〇年九月、ヴォー＝アン＝ヴランの事件の少し前に起こったあの「イスラム・スカーフ※」事件を思い起こして欲しい。

(12) ここで挙げる簡略な情報は、ピエール・シュシェとジャン＝ピエール・シャルボノーの編集で、リヨン都市圏共同体の諸機関が、ヴォー＝アン＝ヴラン市の諸機関、そしてラ・クルリー都市計画事務所の協力をえて作成した資料、*Vaulx-en-Velin: un centre pour demain* から得ている。

# どうにもならない現実

ピエール・ブルデュー

フランス北部の小都市郊外にある、殺伐とした、どこにでもありそうな団地地区。プレハブの、いつまでたっても仮設のままの建物の中に、「予防クラブ❖リクレーション・交流センター」はある。窓には鉄格子がはまり、鍵を壊されたドアはとりあえず修繕されている（今まで何度も、そしてつい最近も荒らされた）。くすんだ色の大きなホールは、まるで廃校になった学校の食堂のようで、いくつかの合成樹脂製の家具やテーブル、隅に流し台と一つの古い冷蔵庫が置いてある。そこにいる、諦め、少し皮肉っぽくなった「ソーシャルワーカー」たちは、怯えているのか、それとも人を怯えさせるためか、ここを「シカゴ」のようだと言う。

❖ 県の児童相談所がおこなう予防特別支援による青少年クラブ。社会的不適応のある若者に対して、その社会的包摂をはかるべく集団的諸活動を組織する。

その日の朝、「典型的な事例」として紹介された、ブールと呼ばれる、フランスで生まれたアラブ人の移民二世は、まもなく二十歳になる高校二年の生徒で、上の学年に進級できるかどうかが、数日後の「不服審査委員会❖」の決定にかかっている。「俺の将来がかかってるんですよ、なんせ、Dコース〔↓バカロレア※〕の三年に行けるかどうか、完全に追い出されて、どっかよその高校を探して転校か、決まるんだから。入れてくれる公立校があるかどうか、わからないし」（彼はこれまで、何度も自分で転校先を探さねばならなかった）。奇跡を待ちのぞむ思い（地元の仲間で高校三年まで行ったのはこれまで二人しかいない）と挫折感（心の底ではもう自分の学歴には先がないと思っている）の間で引き裂かれながら、彼は高校と「団地地区」の隔たりを冷静に見つめ、語ってくれた（「地区の同級生なんかとは、マジでけっこう地区で起きている問題のことを話すんです。でも高校にいくと、そんなことすぐ忘れちゃう」）――現実の生活と学校世界との断絶を、これ以上的確に語ることはできないだろう）。父はアルジェリアのゲルマ〔地中海とチュニジア国境に近い地方中心都市〕近郊の小農家の出身で、化学工場で分析部門の労働者として「きちんと稼いでる」。そのアルジェリア移民の父から、彼はつねに勉強するように後押しされたが、その一方で、手助けもなくほったらかしにされてきた。「フランス語の読み書きが少しはできる」父と、字の読めない母は、家ではアラビア語を話していた。そして彼に「すべての希望をかけていた」（ずっと年上の長兄はすでに機械工になり、一つ年上の次兄は職業教育修了証※を取るのに失敗している）。両親は勉強するようにたえず彼を励ますけれども、彼は、どうしてかわからないが、自分には「なんかじゃまがあって」、勉強に打ち込めないと感じている。おそらく「学校が重要だということがわかっていないため」である。母親は「がっかりしている。だって、うちの母親は」彼がよい成績を取ってくれたらいいと「ほんとに願っていたから」であり、彼が「後でひどい苦労するのを見」たくなかったからである。「母はやっぱり勉強しろって言いますよ、自分のためだ、とかなんとか言って。でも、なんというか、母が言ってるのは、たぶん、わかってない奴ら、人生がどういうものか本当にはわかっていない連中の受け売りなんです。だから話になりません。親だからって話が通じるもんでもないし、親だからこそちゃんとわからなくちゃいけないのかもしれないけど、でも、もしだれか他人から違った言い方で言われたなら、もっとよくわかるだろうし、もしかしたら変わるかもしれないけど」。

❖ 生徒の進級・進路を決定する学級委員会※の決定、及びそれを追認する校長の判断に不服がある場合、決定の変更を求めて、不服審査委員会に異議申し立てをすることができる。

そして午後にはアリと会った。彼のことでは、いろいろな話をさんざん聞かされていたが（「こんどのケースはちょっと違いますよ」、「刑務所にもいましたから」など）、やはり二十歳くらいのアラブ人移民の息子で、フランソワという友人に付き添われてやってきた。二人とも、悪評高い集合住宅団地で、案の定「ラ・ロズレー〔バラ園〕」などという名前をつけられたところの、最も問題のある建物の一つに住んでいる。彼らの口調は不愛想で、疑問があるのか、あるいは同意するのかは、絶えず目つきで示していた。きつい北部なまりがあり、ときどき何を言っているのか聞き取れない。私が誰で、何をしようとしているかを説明し、彼らが持つかもしれない疑いや恐れを晴らそうと試みているあいだ（「私の仕事は、話を聴いて、理解して、その後に人に伝えるということで、裁判官でも警官でもないんだ」）、二人は気まずさを隠すかのように、そっぽを向きながら聞いていた（とりわけ私が、自分にも同じくらいの年齢の息子が何人かいることを理由に、親称を使ってくだけた口調で話してもよいかと聞いたときにはそうだった――こんなふうに丁寧に扱われることに慣れていなかったのだ）。また自分らでほんとにいいのか、話を理解できないのではないか、と恐れているかのようにも見えた。二人は質問はしなかった（やっと聞きとりの終わりころ、信頼関係が成立してから一つか二つの質問をしてくれた）。質問を待ち受けているということが、二人の態度から伝わってくるだけだった。

アリはモロッコの〔北東部アルジェリア国境に近い〕ウジュダという小都市出身の労働者の息子で、父親は七〇年代末に家族とともにフランスにやってきた。そのときアリは八歳だった。そこから彼の学校での苦しみや、それから逃れるための反抗が始まる。遅れて入学した小学校では、まったくフランス語ができなかった。文字の読めない父と、少し書けるだけの母とは、家ではアラビア語しか話さなかった。そのため彼は、フランス語が読めるようになるまでに大変な苦労をした（彼は聞きとりの最後になって、今でも「ぶつ切りでしか読めない」と告白している）。どう見ても、彼の学校に対する拒絶反応と、彼を次第に「手に負えない」生徒という役割に閉じ込めてしまった反抗的態度の根源には、ほかの生徒たちの前でフランス語を読まされる屈辱から逃れたいという欲求があるように思われる。勉強を怠り、授業をさぼってしまうと、ますます成績が悪化し、拒絶の連鎖にはまり込んで、またしても成績が悪化する。これこそ、課されたことは進んでやるという美徳が逆説的に働いて、学校的には悪行であることを進んでやるようになり、ほどなく彼を社会的にも不良少年にしてしまったのだ。

フランソワは中学四年〔日本の中三相当→教育制度※〕までは中学校に通ったが、職業教育修了証を取るのに失敗してしまった（彼は「あんまり学校に行かなかった」という。それは「すぐ近くの高校〔新制度の中学校を併設→教育制度※〕はよい子とできる子の学校」で、一〇キロも離れた中学にバスで通わねばならなかったからだという）。フランソワとアリは分かちがたく結ばれていた。そしていずれ離ればなれになることをとても悲しそうに語るのだった。なぜならそれがどうにもならない現実だからだ。そのどうにもならない現実を、二人はもう知っているということができる……二人は面談の間ずっとそのことについて語ったけれども、いつもそんなことはあたりまえ、という調子で文末で声が高くなり、話からは憤りや反抗のようなものが本当に伝わることは、一度としてなかった。そのことをわかってもらうために、録音の一節を聞いてもらえたらと思う。そこでアリは、大いに自制しつつごく控えめに（「俺なんか、俺みたいな奴なんか」）、自分がディスコの入り口で何度となく追い返され、そして友人のフランソワだけを入れようとするという話をし（「だいたい、この辺でディスコに行こうと思っても、なんつうか、俺なんか、俺みたいな奴なんか、入れてもらえない。アラブは入れないんすよ」）、そのあとで、「しまいには頭にきますよ」と、きわめて簡潔に締めくくるのだ。

私は、アリとフランソワの二人に同時に会うことができた幸運にまず感謝した（それが友情の結果であることがやがてわかった）。二人の発言を読む人たちは、民族的出自――これはまったく話に出なかった――を別にすれば、二人が実際すべてを共有しているのを、見ないわけにはいかないだろう。そして、移民／自国民という二分法を政治的な言説や市民の頭の中に持ち込んでいる連中が、いかに愚劣であるか、わかるだろう。アリはフランソワの極限値とでもいうべきものにすぎない。つまり肌の色、顔つき、また固有名のなかに消すことのできないものとして書き込まれている民族的な負の烙印《スティグマ》は、卒業資格や職業資格の欠如によるハンディキャップを倍加したり、あるいはこう言ったほうがよければ、先鋭化することになるだろうが、卒業資格や職業資格の欠如そのものは、文化資本、とりわけ言語的な資本の欠如と結びついているのだ。「移民」と「現地人」（かつてならそして別の場所なら、たとえば〔植民地であった〕「フランス領アルジェリア」なら、適用される用語が逆転されるだけで、同じことが起こっていたであろう）は、同じ問題、同じ困難、そして同じ世界観を抱えている。それは、子どものころのけんかや、学校への幻滅と失望、そして「腐った」地区にある住居や、札付きの家庭環境（彼らにはいつも嫌疑をかけられて犯人扱いされる「兄貴たち」がいた）に由来する負の烙印《スティグマ》のなかで、ともに培ってきた世界観である。すなわち、かっこいいジャンパーやズボンをみつけても、お金をくれるような大人などなく自分たちで何とかしなければならないという事実、「うんざり」しながら一緒に過ごす長い時間――街に行くにしても、バスも、オートバイも（〔盗品を〕「闇で買う」か盗むでもしないかぎり）ないし、もちろん車もない（いずれにしても免許証はない）。グループで集まれるところも、サッカー場もない――、とりわけ学業に関しても、仕事に関しても、未来もなければ希望もない、全面的に閉ざされた世界への恒常的・持続的な直面、そういう環境で培われた世界観だ。彼らのまわりには、失業者や困窮者しかいない。援助や助力を期待できるはずの両親に話が及ぶと、失業しているか、体を壊して働けない者しかいない。

　彼らの絶対的な連帯は、両者をともに含むような「俺たち」とか「みんな」というような主語の使用において、そして「移民」に特有な問題に対する「現地人」の完璧な理解において、いつでも明らかに見てとれる。フランソワはそうした理解を、単刀直入に、特に反人種差別を公言することもなく、わからせてくれる。ディスコの入り口でアリが入場を拒まれれば、彼もそこから一緒に立ち去るし、アリには話すのが辛すぎるだろうから、代わりに、女の子と一緒だったのに、それでも入れてもらえなかったと説明し（「女の子だったら、『この人、あたしの連れよ、一緒に来たのよ』って言ってもらうんだけど、それでもだめだった」）、また彼が困ったり嫌な思いをしないように、そして中立的な第三者としてアリに有利な証言をしようと、フランソワはアリの代わりにいくつかの質問に答えるのである。かくしてアリが、警察、そして裁判所とめんどうなことになったこと、彼が「バカやった」――公権力の視点を取り込みながら罪を最小化しようとする婉曲表現――と呼ぶことについて語るときも、まるで自分のことのように情状酌量を求めるのはフランソワだった。「ていうか、俺らも金がいるときがあるんすよ。俺らにもけっこう金がいるときがあるんすよ、なんか、たとえば、自分らでかっこいいジャンパーとか、かっこいいズボンとか、見つけたときとか」。そしてフランソワと自分との違い（「そんなのはもう昔の話ですけどね。俺はもうやらないんです。あいつらとも、もう関わらない。前はやったけど」）をもたらす唯一の点がどこにあるかはっきりさせたがっているかのように、アリは「こいつ、もう片づいちゃったんです」と言って、彼に恋人がいるという事実を明かすのだった。そしてさらに、友人の有益な経験から教訓を引き出すかのように、「俺らには女の子が要《い》るんすよ」と結論する――どうして、女の子なんだい？ ――「これ以上、バカやらないためです」。

　フランソワのアリに対する連帯感がこれほどまでに自明で全面的なのは、それが実際、当然のものだからであり、単に、フランソワの生活環境における友情のとらえ方が影響しているだけではない。いうならば、彼らは同じ苦役を強いられ、ともに負の烙印《スティグマ》を押され、団地住民のなかで、最も若者に敵意を持つ者や、管理人や、警察から、ともに「目をつけられて」いるのである。とりわけ世間の噂は、彼らに自動的にあらゆる非行の罪を背負わせ、そうすることで彼らを反抗へとかりたて、一種の恨みの連鎖のなかに追い込んでいる。彼らを貶めるそのような匿名の噂に対抗して、私は何らかの反証を提示したり、あるいは名誉回復を試みようとは思わないし、もとより彼らもそんなことを望んではいない。しかし、私が出会った二人の「郊外の暴れ者」の一人によって、これ以上ないほど自然に語られた言葉だけは挙げておきたい。彼が夜遅く外出するとき、両親はとても心配していたが、それはラジオやテレビが〔郊外の危険性について〕さんざん語っていたことのせいなのだった……。

この聞きとりの中で、二人が自分自身について語るイメージは、聞きとり調査というきわめて特殊で非日常的な関係が作り上げる社会関係によって、歪められているわけではないが、明らかに影響されている。自分たちは理解されており、受け入れられていると感じることで、彼らは自分たちにとって可能な真実のうちの一つを打ち明けることができる。それはおそらく、ふだんは同類たちのグループ内で、(彼らが「はったり」と呼ぶ) 検閲を受け、ますますひどくなる暴力から生じる集団的な制約によって、最も巧妙に隠されていることなのだ (アリとフランソワの話は、革命戦争やある種の象徴革命のなかで見られるものに大変類似したプロセスを思い起こさせる。それは、孤立ゆえに倍加する恐怖で維持され、弾圧に対抗して無理やり一体化しているグループ全体を、活発な少数者がしだいに暴力の連鎖的深刻化へと追い込んでゆくことを可能にするプロセスである)。したがって、二人が話の中で真実として語ること、それはきわめて誠実に、人を欺こうという意図なしに語られているのだが、そうした彼らの真実を開けたことにただ満足してしまうのはナイーブということになるだろう (どうしても言っておかなければ、という調子で人々が言うように、彼らは「小さな天使たち」ではない。しかし、彼らが二人でやってきたという事実は、おそらくこちらに「たぶらかされる」のを避けるためだったのだろうが、彼らの証言に信憑性を与えることにもなっている)。しかしながら、真実であるかもしれないものを否認するのは、それよりもはるかにナイーブであろう。こうした〔可能性としての〕真実は、それを牽制、あるいは抑止しかねない状況との遭遇が繰り返されるにしたがって、しだいに成立しにくくなっていく。そうした状況として、特にあげられるのは、人種的偏見との対決であり、学校、社会福祉、警察などの指導員が振りかざす、しばしば負の烙印《スティグマ》をともなう分類的決めつけとの対決である。こうした決めつけには運命化作用があり、その作用をとおして、口にされることで予告されることになる運命の実現に、非常に強力に貢献する。この二人は良い子なのか、悪い子なのか。こういう問いと、それが呼び寄せる説教くさい回答にはほとんど意味がない。二人は本当に、この聞きとりの中で自ら語っているような者たちなのか。この質問も、より正当なものにみえるが、まったく同様に虚構でしかない。聞きとりが例外的な状況を創り出し、おかげで二人は、もし世界が彼らに対して今とは違ったものであったなら、おそらくより多くの時間、より首尾一貫してそうであったであろう自分の姿を表に出すことができたのである。

しゃべり過ぎはしないかとの恐れ、あるいはショックを与えないようにとの配慮から生まれた躊躇と沈黙にもかかわらず、この二人の若者はこのうえない素直さで、彼らの生活をなすもの、団地での生活、彼らのする「バカ」なこと、また何人かあるいは一人によって振るわれる(「年下」の者を自分の奴隷にするような)暴力について語ったが、その話を聞くにつれ、私には、二人の語るすべてが、ごく自然なものに思えてきた。それほど二人の語る言葉や態度の端々には、どうにもならない現実が持つ「惰性の暴力」が見てとれたのだ。それは、雇用市場や教育市場、人種差別(本来、人種差別を押さえこむことを任務としている「治安維持機構」のなかにもある)などの容赦のないメカニズムのなかに刻み込まれた暴力である。一語一語、一文一文に、また、とりわけ声の調子や、表情や身体の表現に込められている、こうした集団的不運の自明性という感情を共有するのに、私はなんの困難も感じなかった。この集団的不運は社会的隔離地帯に集められたすべての者にまるで宿命のようにふりかかり、そこでは、各人の苦難が、困窮した人間をすべて寄せ集めて共生させる状況によって、またおそらく、とりわけ負の烙印《スティグマ》を押された集団への帰属がもたらす運命効果によって、倍加されているのである。アリは、自分の学校での運命が狂ったのは、中学四年のとき、団地地区の仲間たちがいるクラスに入れられたからだと言う。また、近くにできたディスコがおもしろくないのは、団地に住んでいる人間しか来なかったからだと言う。そして、なぜ団地の女の子たちがどうでもよい、価値のない存在だと思うのかを説明するには、その子たちが彼や彼の同類と一緒に遊ぶから、と言うだけでいいと彼は思っている。グルーチョ・マルクス〔「マルクス兄弟」の一人として二十世紀前半に活躍したアメリカの喜劇俳優〕の有名な冗談、「私のような者を入れてくれるクラブには入りたくないんです」の完璧な例証であるこの発言から、コミカルな効果を狙った中和作用をさらに中和するなら、そこには自己嫌悪ではなく、まさに自己絶望とでも呼ぶべきものが表れてくる。

# フランス北部の二人の若者

〈聞き手〉ピエール・ブルデュー

## 「しまいには頭にきますよ。」

――このあたりは、あんまりおもしろくないって言っていたけど、どうしてなのかな？　仕事、それとも遊び？

**フランソワ**　仕事も遊びもどっちもです。仕事なんかないすよ、俺らの地区だって、なんにもない。

**アリ**　暇なときにやれるようなことがないんです。

**フランソワ**　〔リクレーションセンターの〕建物はあるんだけど、近くの奴らにどなられたりする。

**アリ**　そう、いやな奴らだ。

――でもどうしてどなるわけ？

**フランソワ**　緑地で集まってるでしょう。で、夜になると団地じゃ行くとこはないし、寒いんで入り口のとこたむろする。そこで大騒ぎになると、あいつら、すぐ警察を呼ぶんです。まあよそにもセンターがあるんだけど。

――ああ、そこは使わせてもらえないってこと？

**フランソワ**　そう、カギ貸してもらえない。

――どうして？　それじゃ何の役にも立たない。

**フランソワ**　そう、何の役にも立たない。

――近所の人たちがどなると言ったね。誰がどなるの。

**フランソワ**　アパートに住んでる奴。一階の入り口んとこで大きな声でしゃべると、下りてきてどなるんです。

――そうか。君らは一緒にいられるところがないからなあ。

**アリ**　どこに行ったらいいのかわかんないです。

——そのセンターというのはどういうとこ？　センターがあるって言ってたよね？

**フランソワ**　おっきな部屋です。前は、開いてて、卓球台があって、よく遊んでました。

——でも、どうして使えなくなったの？　君たちが騒ぎすぎた、とか……。

**フランソワ**　ちがいます、泥棒に入られたんです。

**アリ**　いや、そうじゃないよ。よその団地の奴らが入ってきて荒らしたんだ（…）。

——で、君たちにそんなことがないようにして、きちんとしとくことはできないのか。難しいのか……。

**フランソワ**　いや、いまはもう大丈夫なんです。うまくいってます。もうよその団地とのけんかもないし。

——スポーツのできるグラウンドはないんだろうか……。

**フランソワ**　ハンドボール場ならあります。でもそこはとなりの団地が使っている。

——そうか。二つの団地に一つしかないわけだ。それはひどいね。それでほかの団地と、ちょっとは対立するんだ。

**フランソワ**　というか、かなり。

——で、グループってどんなものなんだろう。いくつもあるの？

**フランソワ**　いくつもあります。

——どういう集まりかな。学校の仲間とか、そんな感じかな。知り合いとか、それとも単に同じ地区に住んでるからとか……。

**フランソワ**　それはいろんなのが、いくつもあります。（…）働いているのもいるし、スポーツをやっているのもいるし、それから、……集まって騒いでるのもいる。

——君もその一員……。

**フランソワ**　違いますよ。

——なぜ笑ってるんだい。

**アリ**　こいつが笑わせるんです。

——なんか隠してるな……。

**アリ**　なんつうか、団地じゃ、俺ら、いつだってむちゃくちゃ言われてばっかりなんすよ。昨日なんかも催涙スプレーをかけられた。アパートに住んでいる奴、ボディビルのムキムキ野郎ですよ。

——君たちでそんなあだ名つけてるのかい。どういう人なんだい。

**アリ**　入り口ホールに誰かいると、催涙スプレーをぶっかけてくるんすよ。

——どうして。君たちが何かしたのかい。向こうが腹を立てるようなことをしたんじゃないのか？

**フランソワ** してませんよ、俺ら下にいるでしょう、野郎は二階に住んでるんです。下でしゃべってて、ときどき大声を出したりするから……。

——それは昼のこと、それとも夜のこと？

**フランソワ** 夜ですけど、夜中じゃない。

——夜遅く？

**フランソワ** 遅いっていや、遅いですけど、十時か、十一時くらい。

——そうか、もう寝たかったんだろうね。でも催涙スプレーとはね。一晩中うるさいのならわからなくもないけど。

**アリ** でも、降りてきて、一言うるさいって言ってくればいいんだよ……。

——そうだね。「どこかよそでやってくれ」とか、おだやかに言ってくれればいいわけだ。

**アリ** ……催涙スプレーとかじゃなくってね。

——そう、確かにそんなことはする必要はない。でもどこからかけてくるわけ、そのスプレーを。

**アリ** アパートの窓からです。建物の中に向かって。やられるのはいつも俺ら、若いもん。というか、年上の方の仲間。

**フランソワ** そう。奴ら、上の階の人とか、管理人とかに会いに行ってなんだかんだ言う……今までにもありましたよ。「またいつものあいつらだ」って、奴ら言うんすよ。

——管理人ってどういう人？

**フランソワ** わかりません、管理人っていっても、まずいることないんです。ここに住んでいないから。たぶんいろんな団地を巡回してんじゃないですか。

——で、こんなごたごたがたびたびあるのかな。そしていつも同じ者たちのせいにされるってこと？

**フランソワ** そうっす、いつもいっとう年上のもんのせいにされる。こいつ［アリ］の兄さんとか、もう一人の先輩とか。

——でも、どうしてなんだい。年上の人らの責任だと思われてるのかな。

**フランソワ** そうです。たぶんグループのボスだと思われているんです。それっきゃないっすよ。

——でも、責任者にされて、いったい誰にどなられるんだい？ 団地の人、それとも警察を呼ばれる？

**アリ**　団地の人が警察を呼ぶか、翌日、管理人にチクるんすよ。

**——そしてどなりたおされる……。**

**フランソワ**　そう、どなりたおされる。だって奴ら、かならず親にも言いつけるから。

**——それで、親にどなられる……。**

**フランソワ**　いや、親ももう慣れっこだから。最初のころはどなられましたよ。でも、このごろは、言いつける奴らがしょっちゅう来たってどうってことない……。

**——で、学校では何を勉強した？**

**フランソワ**　中一〔日本の小六相当↓教育制度〕※から中四〔日本の中三相当〕までやりました。職業教育修了証※のコースにいて、修了試験を受けたんですけど……。

**——うまくいかなかった？**

**フランソワ**　だめでした、落っこちました。あんまり学校にいかなかったし、そのせいっすよ。

**——そうか。ちょっとさぼってしまった。**

**フランソワ**　そういうこと。

**アリ**　いや、中学がうちらのとこから遠すぎたんだ。近くの〔高校内の〕中学に行けたらよかったんだけど、中学はえらい遠いとこで……。

## すぐ近くの中学はよい子とできる子の学校だから

**——そうかい、ずいぶん遠くの学校に行かされたってこと？**

**フランソワ**　うちから一〇キロくらいありました。

**——何で通ったの？**

**フランソワ**　バスです。

**——バス？　でもどうして近くの学校には入れなかったの。**

**フランソワ**　すぐ近くの中学はよい子とできる子の学校だから。

**アリ**　ちゃんと勉強した奴らが行くんです。

**——小学生のころ親は勉強を見てくれたかな？**

**アリ**　いいえ。おやじは字が読めないし書けない。字が書けるのはおふくろだけ。何とか書けるというくらい。兄貴たちが少し……。

**——教えてくれた……。**

**アリ**　ええ、まだ家にいたころは。

**——「明日の宿題はちゃんとやったのか」と言ってくれる人はいなかった？**

**アリ**　いませんけど、〔放課後に教員の補助のもとで宿題や復習をする〕勉強時間のクラスに行ってました。前は学校の授業が終わったあと、一時間、勉強時間があったんです。いっつもおやじが連れてってくれました。

**――そりゃ、よかった。**

**アリ**　ええ、よかったです（…）でも毎日じゃなかったし、あとでさぼるようになってしまった……。

**――それはいつ頃から？**

**アリ**　中一〔日本の小六相当〕の頃。前につるんでたダチとまたみんな一緒になって。

**――君が入ったクラスには同じ地区の子たちがみんないたんだ。**

**アリ**　そう、そうなんです。

**フランソワ**　中学は団地のすぐそばだったし。

**――それに、全体としてあまりレベルが高くなかったんじゃないか？　生徒はみんな、勉強で問題があったんじゃないかな？**

**アリ**　そうです、全員、問題があった。

**――（…）でも中一は大変だ。新しく習うことがたくさんあるから大変だ。**

**アリ**　そうですけど、ちゃんと勉強してればなんとかまあ、うまくいったと思いますよ。でも遊んでる方が好きでした。［そのころアリは、すでに学校をやめていた年上――十九歳――の友人と付き合うようになった。アリが勉強しておくべきだったと気づいたときにはもう遅かった。］

**――（…）先生は何も言わなかった……。**

**アリ**　センコーはさ、俺たちのことなんて知ったことじゃないっすよ。

**――知ったことじゃない？**

**アリ**　俺らの団地では学校に行く奴は一人もいなかった。

**――どういう意味？**

**アリ**　年上の奴らのことっすよ。

**――高校や大学に進学したのは一人もいないってこと？　それともグランド・ゼコールのこと？**

**アリ**　いませんね。

**――ほんとに一人も？**

**アリ**　そりゃ、二、三人はいる。ほかは働いたり、刑務所に入れられたり、それから……。

## バカばっかやってたんです

**――そうか、刑務所、失業、あるいは就職か。今なんか言おうとしたろう、言ってみて。違う？　スポーツは**

やってみようとは思わなかった？　だって、君はりっぱな身体してるし、それに、もしやってれば……。

**アリ**　やったことはあるけど、おもしろくなかった。長いこと一緒にやってられなかった。

――どうしてだろう。やることがほかにたくさんあったから？

**アリ**　バカばっかやってたんです。

――たとえば、どんなこと？　言っていいよ、だいじょうぶ、私は警察じゃないから。

**アリ**　知ってます。だから、その、盗みとか……。

**フランソワ**　でも、そんなのはちょっとの間だけだったよ。

――そうか、面白半分だったんだ。

**アリ**　暇つぶしというか、おもしろいことがないときなんか、やったんです。

――どんな種類のバカなこと？　ちょっとしたこと、それともけっこう重大なこと？

**アリ**　俺らがしたことですか？　でも、あの頃はまだ小さかったから。

――何歳だった？

**アリ**　十二歳。

――そうか、十二、三か……。

**アリ**　甘いものとか、お菓子とか、香水とか、万引きしてた。でも、年上のもんは酒もやってた。それでだめになった奴もたくさんいますよ。酒とそれからクスリ。

――ほかに何もやることがないから、そういうことになるんだな、わかるよ。

**アリ**　そうっすよ。だいたい、この辺でディスコに行こうと思っても、なんつうか、俺なんか、俺みたいな奴なんか、入れてもらえない。アラブは入れないんすよ。そんで夜、家に帰ったあと、何をやったらいいんすか。だから、みんなで夜騒ぐ。

――［フランソワに向かって］君と一緒でも入れてもらえないの。

**アリ**　こいつは、入りません、俺が入れなければ、こいつも入りません。

――わかった、そうだろうな。でも彼だけ入れてもらえて、君は入れてもらえない……。

**アリ**　何回もですよ。それに、女の子と一緒でもだめだった。「女の子と一緒なら入れるかもな」って言われてたけど、みんなの前で、「おまえはだめ、入れない。ここは常連だけ」って言われた。

――そんなのむちゃくちゃじゃないか。そんなこと言う権利は誰にもない。

**フランソワ**　そうっすよ。それに結局、常連になるには一度入りゃいいんですから。

**アリ**　でも入れてくれない。どういうつもりなんだか判らないけど。

――ひどい話だ……。

**アリ**　そうですよ、そんなことされて……しまいには頭にきますよ。

――それで、そんなことが君たち二人のときにもあったんだ。〔フランソワに〕君は入れてもらえて、彼だけ拒まれるということが。

**フランソワ**　ええ、何度もありました、何度もやられました よ。

――〔アリに〕君が怒って「どうしてだ」って言っても、向こうはなんとも答えない……。

**アリ**　でも、俺にいったい何が言えますか。

――そうか、何も言えないか。

**フランソワ**　そんなこともないけど。一緒に行ったのが女の子なら、言ってくれますよ。女の子だったら、「この人、あたしの連れよ、一緒に来たのよ」って言ってもらうんだけど、それでもだめだった。

――それでもだめなのか。

**アリ**　何回もやってみたけど、だめだった。

〔…〕

**フランソワ**　そうなんです。常連じゃなきゃダメだって言う。こいつだって常連になれますよ。「一度入れば常連になるだろ」ってなことを、こっちは言ってるんだけど。

## 買う金がなくなったら、そん時は強盗やるんです

〔…〕

**アリ**　それから、おまわりだって何度か団地にきたことがあります。お前、覚えてるか、奴らに催涙弾を食らわされたときのこと。

――そりゃ、なんで。

**アリ**　みんなで建物の入り口にいたんですけど、誰か、中で自殺しようとした奴がいて、それでサツが来たんです。そんで、奴らが帰ってくとき、誰か、俺らほうのが、「くたばれポリ公」とかわめいた。で、奴ら、引き返して、俺らを探しまわったんですけど、俺らが静かにしてたんで、「根性なしどもめ!」とか言って出てった。そんでそのとき、

建物のなかにいたのがみんな指笛で、はやし立てた。奴ら、また戻ってきて催涙弾を打ちやがった。みんなで逃げましたよ。

**フランソワ**　そのときぶっ飛ばされた野郎もいましたよ。

**アリ**　ジャン＝マリーか？

**フランソワ**　そう、ジャン＝マリー。おまわりの奴ら、俺たちが奴らを殴れないのを知ってる。それで俺らを追っかけまわすんだ。

**――君たちがアラブ人とフランス人で一緒なのを見て、警官が戸惑ったりしてなかったかな。わからないけど、もし君のほうが「くそったれ」って言ったらどうなんだろう、別に気にしないんだろうか……。**

**アリ**　奴らにしたら、どっちだっておんなじですよ。前に、団地のアラブ人が団地の中でサツの奴らに殴られたんですけど、フランス人が一人、助けようとしたんです。「おい、こんなの、おかしいじゃないか。そんな権利はないだろう」って言って。そしたら、おまわりはそいつを車に押し込んで、署まで連行して、そいつもやっぱ殴られたんすよ。翌朝釈放されましたけど。

**――その人はだれだか知ってるのかい。**

**アリ**　知ってます、団地の人で、俺らのダチのジルっていう奴です。このあたりでは、毎年、聖人のお祭り〔ベルギー及び北フランスの伝統的祭り〕があるんだけど、そのときにはいつも乱闘になる。でも責任を取らされるのはやっぱり俺らです。だから土曜日は出かけない。何か起こるから。

**フランソワ**　土曜と、日曜もだ。

**――そうか、いつも君たちのせいにされるんだ……。**

**フランソワ**　でもここの団地じゃなくて、よその団地からくる奴らもいるし、しかもそいつら……。〔沈黙〕

**――いいから言ってごらん……。**

**フランソワ**　奴ら、持ってくるんです……。〔沈黙〕

**アリ**　いいから、言っちゃいなよ。

**フランソワ**　あいつらはヤクやってんですよ。で、買う金がなくなったら、そん時は強盗やるんです。〔沈黙〕（…）

**アリ**　いや、俺らのほうはこれからはもっとうまく切り抜けるよ、もう成人だから。うまくやらなきゃ。ついこのまえだって、女のシドーのことで裁判所に行ったし。

**――なんだいそれ、シドーって？**

**アリ**　指導員のことですよ。

**――どうしてそういうことになったんだい。**

**アリ**　ちょっといざこざがあって。でも、結局、執行猶予付きで八日間と一二〇〇フラン※、確か一二〇〇フランすよ、そんだけ罰金をくらった。裁判官が判決を読んでいるときに、俺、笑っちゃったんです。ちょっと笑っただけですよ。

——判決を読んでいるときに、笑ったのか……。

**アリ**　ええ。だって何人かダチと一緒に行ったんです。連れってちゃいけないなんて、知らなかったんで。で、奴ら、一緒に来て、俺を笑わせるもんだから……。

——この辺りじゃ、君たちぐらいの歳の者に仕事はないのだろうか？

**アリ**　ありません。研修やるくらいしか。

——ああ、しょうもない研修か……。

**アリ**　ええ。意味ないっすよ。一二〇〇フラン稼ぐなんて、意味がない。なかには一時間でそんだけ稼ぐ奴らもいるじゃないですか。(…)

——それに、研修をやったからといって、職もないから、何の解決にもならないしね。でも、なんというか、誰か一人が仕事をみつけて、みんなを呼ぶというようなことはないのだろうか……。

**アリ**　ありますよ。年上の連中はそうやってますよ。

**フランソワ**　でもパリに出るか、この団地なら、みんなルーアンに行くんです。プジョーの工場があるから、みんなそこで働くんです。

——でも、どうやってそういう就職口を見つけたんだろうか。一人が見つけて、それからみんなを呼び寄せた、そういうことかな。

**アリ**　だって自分なんかも、兵役があったからだめだったけど、そうじゃなければ行ってましたよ。

——そうだよね。働かなければお金にならないものね……今のところどうしているの。ちょっとは親からもらうのかい？

**アリ**　ええ、ときどきだけど。

[…]

——ところで、格闘技って、なにやっていたの？　空手とか……？

**フランソワ**　いろんなのやりました。ストリート・ファイトですよ。なんちゃってです。

——なんちゃって？　でもどこでやってたの。

**フランソワ**　あそこの、警察署通りで。

——ああ、団地のブロックのちょっと先だね。

**フランソワ**　そう。でもなんちゃってですよ。

——本気じゃなかった？

**フランソワ**　教わったのは、知ってたことばかり。教わる必要はなかった。

——ボクシングは考えなかった？

**フランソワ**　一度ジムに行ったことはあるけど、遠くて通えなかった。遠くに行くにも足がないから。

——バイクとか、持ってなかったの？

**フランソワ**　そんなの、なんにも持ってません。

——今いくらぐらいするのかな。

**フランソワ**　二千フランくらいかな。

**アリ**　店で買ったら三千はするよ。

**フランソワ**　なにバカ言ってんだよ、店で買ったら、四千か五千はするよ。闇で、人からじかに買うっきゃないよ。

——「闇で買う」って、どういうことなんだ。

**アリ**　つまり、なんつうか、抜け道ですよ。

[…]

**アリ**　団地の中で、私服の刑事とも、ちょっとごたごたがあった。団地で殴られた奴もいます。

——そうかい、どうしてそんなことになったんだ？

**アリ**　デカの野郎が身分証を見せなかったからです。そいつがよその団地の連中を殴っているのをみつけて、俺らのダチが一人、助けようとしたんです。刑事なら身分証見せなきゃいけないのに、見せなかった。

——で、みんなから殴られた？

**アリ**　ハジキを出しやがったから、俺らのダチは逃げたんだけど、あとでつかまっちゃいましたよ。

——で、彼はどれくらい……。

**フランソワ**　一週間。今は仮釈放で、出てきたと思う。保釈中。

——ところで、君のときはどうだったの、裁判官はどうした……拘留されなかった？

**アリ**　成人になってから、捕まるのは初めてだったんで。成人になってたぶん七カ月くらい。

——そのまえは、捕まったことはなかったの。

**アリ**　未成年のころってことっすか。(…)

——万引きとか、なんかそんなことで？

**アリ**　ベルギーで。ほんのつまんないことですよ、しょうもないバカやって。

——でも一度やるとずっとついて回る。なんにもしてなくても、すぐ目をつけられる。

**アリ**　だからやっちゃいけないことなんです。

——でもおもしろくないと、どうしてもやっちゃうってことかな……。

**フランソワ**　ていうか、俺らも金がいるときがあるんすよ。俺らにもけっこう金がいるときがあるんすよ、なんか、たとえば、自分らでかっこいいジャンパーとか、かっこいいズボンとか、見つけたときとか。だから、どうしてもいるんすよ、金が。でも、そんなのはもう昔の話ですけどね。

——（アリに）どうして、笑ってるんだい？

**フランソワ**　こいつ、笑ってやがる。

——まだ何か隠してるね。

**フランソワ**　そんなことないっすよ。俺はもうやらないんです。あいつらとも、もう関わらない。前はやったけど。

**アリ**　こいつ、もう片づいちゃったんです。［彼女ができた。］

——もう片づいたって？　でもいまは、昔やったこと、どう考えてるの？

**フランソワ**　いや、あいつらがやっていること、みんな見てしまったから、もうやめることにしたんです。（…）

**アリ**　俺らには女の子が要《い》るんすよ。

**フランソワ**　どうして、女の子なんだい？

**アリ**　これ以上、バカやらないためだよ。

［…］

## スライドを映す機械はあったんだけど、法令のスライドがない

**アリ**　そうだよ、どっか行くにも、足がなくって、金もなかったら、どうすりゃいいんですか。

——バスはないのか。D市に行くには何もないのか？

**アリ**　いや、バスはあります。

——でも、本数が少ない。

**アリ**　というか、D市にしか行ってないんです。派遣の仕事をするんなら、どこにでも行けなきゃだめだ。ランス〔リールの南西約四〇キロの都市〕にも行かなきゃ。リール〔北部の中心都市〕にも行かなきゃ。だから、どうしても車がいるんです。

——で、君らは持っていないんだ。友だちでも、誰も持ってないの？

**アリ**　一人も持っていません。うちには姉がいるけど、仕事もなんにもないですよ。でも今、ここの団地では、みんなが免許を取ろうとしてます。だから、しばらくしたら、ちょっと変わるかもしれない。

——そうか。土曜日なんかは、車がないとどうしようもないね……。

**フランソワ**　いや、それでも何とか出かけますよ。レユニオン島〔アフリカ東部インド洋にあるフランス海外県〕に行ってるダチがいて、帰ってくるのを待っている。運転免許くらいは取ってくるだろうから。

**――そうか。きみたちはたいてい免許がないんだ……自動車学校みたいなものもないのに、どうやって車の運転を習うんだい。**

**アリ**　一度、ここのクラブで教えてくれようとしたことがあります。指導員の人が教えてくるってことで……。

**――それはいい考えじゃないか。**

**アリ**　でもそれにはスライドがないといけない。

**――そうだね。**

**アリ**　だれかが持ってこないといけなかった、自動車学校なんかから。(…)スライドを映す機械はあったんだけど、法令のスライドがない。だから習えないんです。車ころがせる奴はたくさんいるんです。だけど、法規が突破できないんです。だから、二度受けて二度とも落ちた友だちも何人かいます。

**――やはり法規がだめなのか。**

**フランソワ**　そうです。法規です。もう一人、別の友だちは、無免許で運転して、パリに行って働いてる。なんとかうまくやってます。

**――でもどんな仕事をしているの？**

**フランソワ**　働いているってことしか聞いてません。何をしてるのか、知りません。

**アリ**　俺にもパリで働いているって言ってました。一万フランかそこいら稼いでいるって。

〔…〕

**――それと、君が言ってたことだけど、兵役のときにうまくいかなくて、脱走するのも多いってことだけど。**

**アリ**　ええ。だってあれはうんざりだから。

**――多いって言ったって、君たちのまわりに三十人とかいないよね。**

**アリ**　ええ、五、六人です。

**――でも、そんなにいるのか。どこにいた人たち？**

**フランソワ**　うちの団地と、となりの団地です。

**――君たちとほぼ同じ歳だろうか？**

**アリ**　兵役にいかなかった奴もいます。初めから行くのがいやで、出発する前に薬飲んじゃった。

**――薬？**

**アリ**　そう、あれ、なんて言うんだっけ？

**フランソワ**　睡眠薬。

——自殺しようとしたのか。
アリ　ええ。でも本気じゃないですけど。
——そうか。兵役不適格となるためか。
アリ　そうです。
——それで、うまくいった？
アリ　ええ。不適格になりました。
フランソワ　でも、精神病院に送られたんです。
アリ　そう。でもなあ、精神病不適格の四〔最深刻度〕ってのはまずいよ。
——精神病不適格の四って何だい、それになったら、かならず送りこまれるわけ……。
フランソワ　正常でないと、精神病不適格の四をつけられるんです。そうするとあとで仕事探すときに、大変なことになるんです。兵役に行ったほうがまだましです。
——ところで君が言ってたけど、空挺部隊に入って逃げ出した友だちもいるのかい。
アリ　ええ、そいつ、どっか別のところで拘禁されて……。
——何をやったんだい？
アリ　けんかしたんです。なんどもやったんで、軍事刑務所に送られたってことですよ。嫌になってそこから飛び出したまま、それっきりです。
——そういうケースがたくさんあるのか。私は一度も聞いたことがないんだが。規律が耐えられないのかな？うんざりしてしまうのかな？
アリ　命令されるっていうのに慣れてないんすよ。
——そうか。でも仕事でも同じような問題があるんじゃないか。一時的な臨時雇いとか、そんな仕事もないのかい、ちょっとしたアルバイトなんかもないのかい？
フランソワ　仕事をしてる奴はいます。ジャン＝リュックなんかそうです。でも、あいつ、六カ月働いても給料もらえなかったんですよ。
——六カ月もただ働き？
フランソワ　そう。それに、今になってもまだ契約してもらってない。
——それでも彼は続けているの？
フランソワ　ええ、ときどきやってます。でもたった二〇三〇フラン、いや二三〇〇フランしかもらえない。
——長時間、働いて？
フランソワ　二六〇時間、超過勤務をしているって言ってました。連帯雇用契約※やってんです。企業研修ですけど。
——そうか。それじゃ、あんまり仕事を探す気にもなれないな。

**フランソワ**　ええ。やってられません。

**それから、みんなやりたがった……**

**——ぶちこわし、ですよね**

——さっき言ってたけど、君は格闘技はなにも習ってないんだよね。じゃあ、どうやって身につけたの？　けんかとか、よくあるんだろうか？

**アリ**　若い、っていうか、小さい頃からよくけんかしてました……。

——だろうね。学校とか、となりの団地の連中とか。

**アリ**　いや仲間内でもけっこうやってました。どいつもこいつもボスになりたがって。

**フランソワ**　でも五分もたつと仲直りしてた。本気のけんかじゃなかったんです。

——それから、みんなやりたがった……。

**アリ**　ぶちこわし、ですよね。

——それだな。でも君たちは、二人ともそんなにワルにみえないんだけどね。不思議だね。

**アリ**　ワルじゃないっすよ、俺らは。(…)

——それで、政治の話をすることもあるの。それともほとんどしない？

**アリ**　しません。

——政治のことなんかどうでもいい、いや、どうでもいいっていうより、どう考えていいのかわからないということなのかな？

**アリ**　ええ、政治のことはよくわかりません。

［写真撮影のため中断］

——［アリとフランソワに、私のいない間、テープレコーダーのまえで彼らだけでお互いに質問するように言ってしばらく外に出る。］さてと、今は君が聞いている番かな。

**アリ**　いや、こいつが質問してるとこです。

——そうか、そっちか。続けて、続けて。ちゃんとできるかどうか、みてみよう。

**フランソワ**　こいつが俺にしたのと同じ質問をするんですか。

——いや、そうじゃなくて、彼が言いたくなかったことを言わせるように質問するんだ。(…)　裁判官が君に下した処罰はなんだったっけ。一二〇〇フラン？

**アリ**　それと執行猶予付きの八日間の拘留です。

——前にもそんな目にあってたの？

**アリ**　いえ。それまでは未成年だったから。

――でも、未成年でも、やったことはあとまで残るでしょう。

**アリ**　そうです。またバカやって捕まったら……前のも加算されることになる。（…）

――それでいろいろ困ったことが起こったんだ。そもそも何をやったんだい？

**アリ**　原付盗んだってことです。そんで、写真撮られて、指紋も取られた。たいしたことじゃないのに。

――それ、何歳のとき？

**アリ**　中三〔日本の中二相当〕のときだから、十六、いや十五。

――で、警察にあげられた？

**アリ**　っていうか、逃げ道がなくって、捕まった。

――現行犯で、ってことか？　なるほど。それで、逮捕されて、連行されて、それからどうした？

**アリ**　写真を撮られたり、なんだかんだそんなこと。

――でも、そのときは留置されなかった？

**アリ**　親を呼ばれたんです。未成年だったから。あの日はびびったな。警察は留置したかったんだけど、おやじが迎えにきたんで帰れたんです。

――警察はお父さんになんて言ったんだ？

**アリ**　何があったか、話してました。

――お父さん、怒ったろう。

**アリ**　もちろんです。ぶっ飛ばされそうになりましたよ。当たり前ですよ。おやじの気持ちもわかります。

――そうだね、お父さんも嫌な思いをしたんだろう。

## いつも同じ者たちのせいにされる

**アリ**　そうです。でもよかったのは、おやじのおかげでもうバカやらなくなったことです。［フランソワに］ちょっと質問したいんだけど。

――いいよ。まだ彼は答えていなかった？

**アリ**　まだです。こいつに引っ越したいと思ってるか聞きたかったんです。その気があるのか、ないのか。

**フランソワ**　引っ越し？　引っ越すとしても、もっと年を取ってからだな。

**アリ**　今は？

**フランソワ**　今は……。

――引っ越したら団地がなつかしくなるだろうか。

**フランソワ**　いや、だってもう一九年も住んでるから。

――ということは、住民はみんな知っているんだ。

**フランソワ**　みんな知ってます。友だちもみんないるし。(…)でも引っ越すとしたら、誰か一緒に暮らす人と……。

──結婚するためかい？

**フランソワ**　そう。結婚して独立するとき。

──君はどう？　できれば引っ越したい？

**アリ**　引っ越し？　ええ、その気あります。でもきっと後悔しますよ。だって引っ越すのは大変だし、行った先の人がどんなだかわからない。行ったのがどんなとこかによります。

──でも、結局、君たちが困ってるのは、この団地に住んでるってことから来てるのが多いんだろう？　それが問題なんだろう。

**アリ**　ええ、そうです。いろいろ困った奴がいるし、引っ越した方がいい。(…)

──(…)必要なのはたぶん、ここがもっとよくなるには……建物とか……やっぱりちょっとひどい状態じゃないか。

**フランソワ**　建物とか、いろいろ壊れて、ひどい状態なのは確かですけど……。なにか壊されたりすると、いつも若いもんのせいにされる。

──壊されるって、どういうこと？　ボールが窓ガラスを割ったり、そういうこと？

**アリ**　いや、一階入り口のドアとか、窓ガラスとか、郵便受けとかです。

──でも誰がやったんだ？　やっぱり若者なんじゃないか、そういうのを壊すのは？

**アリ**　確かに、それはそうなんだけど。

**フランソワ**　でも、いつもそうとは限らない。それなにいつも同じ者たちのせいにされる。なんにもしてない奴のせいにされるんです。

──君がさっき言いたかったのもそういうことだね、ちょっと目をつけられたら、いつだってそいつらが悪いことになる。そういうことだろう？　そして君も、ちょっとそんな目に遭った……そうだろう、目をつけられて……小さかった頃、違うかな？

**アリ**　そうですけど、でも今は違います。俺って、いつも上の人らと付き合ってるから。うちの兄貴やもっと年上の人。それが、いっつもあの人らのせいにされるんです……しかもですよ、あの人ら、俺ら年下のもんに、そんなことはやるなって言ってたんですよ。

**フランソワ**　年上の人らにしたら、割が合わねえよな。

──どうしてみんな、彼らのことを不良グループのボスなんていうんだろうか。

**アリ**　そう、おかしいっすよ。要するに、あの人らが年下を操っているって言うんです。そう思い込んでて。

**――でも、君はさっき、団地同士でけんかがあったと言ったよね。だからグループはあるんだ。**

**アリ**　そりゃありますよ。いくつもグループはあります。よそのグループがやってきて壊していくんです。それなのにいつも俺らのせいにされる。

**――でもどうしてかっていえば、やはり君たちがけんかするからじゃないのかな……。**

**アリ**　というより、あっちこっちに団地があるからです。みんな悪ぶって大きな顔したいし、自分んとこが一番強いグループだっていうか、自分らがボスでいたいんです。そんなことがなかったら、うまくいくんです、もっとお互いわかりあえる。遊べる店が一軒できたんで、そこにアラブ人がいっぱい行ってる、でも、行けるのはそこだけだけど。

**――うん、そうなると、ちょっとはましかな……。**

**アリ**　いや、でも、まあ、みんな知り合いというのはいやなんすよ。店に行っても、いつもおんなじのに会うんじゃ意味がない。(…)

**――どこか遠く、誰も自分を知らないところに行けて、いつもとは違う人たちに会わなきゃね。**

**アリ**　そんなのどうやってやるんすか。前は、そういうことやってました。遠く行くのに、さんざんな思いして。今はもうやってません。今どき、若いもんに自転車を買ってやる奴もいないし。

**――どうして？　高すぎる、それとも……。**

**アリ**　前はみんな自転車を持っていた。いろんなとこに、(…)遠くまで行ってた。でも今はそんなこと、もうしない。

**――どうして？　きつすぎるから？**

**フランソワ**　だって学校があるから、電車にも乗るし。それに団地から引っ越してったのもたくさんいて……。

**――君たちのグループとか、仲間からも抜けていったのか。**

[…]

## なんかテレビで言ってると、親はみんな信じちゃうから

**――うん、そうだな。ところで君は兵役が済んだら、どこかに行きたいとか言ってたよね。**

**アリ**　ええ。絶対確実にパリに行きます。まあ、パリか、そうじゃなかったら、南仏に行く。こいつ［フランソワ］

と行こうと思ってたんだけど、こいつ、彼女と落ち着いちゃったから、行かないほうがいい。ずっと前にやっときゃよかったんすよ、南仏に行くっての。

――で、君（フランソワ）のほうはこれからどうするんだい？

**フランソワ**　そうっすね、卒業資格を取らなくっちゃ。職業適格証※です。

――そして、君も彼と同じところに就職できるかもしれないよね。

**フランソワ**　ええ。でもさっきも言ったけど、これからずっと一生一緒にいられるとは思わない。いつかはきっと別れないといけない。

――それはそうかもしれない。でも、いい友だちなんだから、一緒にいようと思えばなんとか……。

**フランソワ**　そうっすね。一人が何か見つけたら、みんなに知らせてあげられる。誰かが先に働いていれば、ほかのみんなに言いますから。それに（…）そのほうがいい。

――だからさっき、君にきいたんだよ、もし君に従弟とかいたら、なんとかなるんじゃないか……。

**アリ**　問題は親ってこともあるんです。親が俺らを信用してない。ほっといたら、きっとだめになるって思ってる……。たとえば、俺なんか、今年一人でモロッコにいくつもりだった。でもおふくろがだめだって。まるでガキだと思っている。結局モロッコはむりな感じです。

――そうだな、家族がいるとどうしたって、自分だけでは……。

**アリ**　そうです。前だって、夜、外に出てなかった、出てもそんなに遅くじゃない。ところが、親は怖がっていたんです。なんかテレビで言ってると、親はみんな信じちゃうから。

――なるほど、そうだな。ご両親は団地は危険だと思っている、そういうことだろう。前に、一人の男の子から聞いたことがあるけど、彼のお父さんはいつも怖がっていたそうだ。手紙を受けとるたびに。字が読めないもんだから。どんな手紙でもなんでも、受け取ること自体怖い。わかるよね、それも。そういう人たちにしたら、笑いごとじゃない。読み書きができないっていうのは、ほんとに大変だよね。

**フランソワ**　そうっすね。俺らの団地にもあんまり読み書きができないのがけっこういますよ。

――ほんとかい、君と同じくらいの歳で？

**フランソワ**　ええ。もっと年上にもいます。

**アリ**　ほんとに年上でもけっこういるんです、読むことはできても、一語一語ぶつ切りだったり、あるいはほんとに……。

——そんなにたくさんいるのかい。

**アリ**　たくさんいます。少なくとも八〇パーセントはそうじゃないか。

——八〇パーセント？　そんなにはいないだろう。一〇人のうちの八人だよ。ほんとに？

**アリ**　ほんとっすよ。もちろん俺らのまわりだけだけど。俺らのグループでは。

——なるほど、グループでか。

**アリ**　仲間内は二、三〇人くらいだけど、ちゃんと読める奴が何人いるか。俺はちゃんと読めますけど、そんなんが一〇人くらいかな。ほかはだめですね。

——グループってのは、自分たちも一緒にいるんだよね。いつもいつも一緒なのかい……。

**アリ**　サッカーをやるとか。何人か集まるってときです。字を読めるかってことですけど、みんな一応は読めるんです、でも、うまく読めないんです。

——つまり読むのにとても骨が折れる。途中で詰まってしまったり、意味がわからなかったり、ってことか。

**アリ**　そうです。ぶつ切りでしか読めない。そんなのが大勢います。

**俺だってぶつ切りでしか読めません。**
**読むことは読むけど、ぶつ切りです**

——そんなこと、思いもよらなかったな。

**アリ**　俺だってぶつ切りでしか読めません。読むことは読むけど、ぶつ切りです。

——どうしてそうなるんだろう。

**アリ**　だってX市にいたころは、家では、一度も読んだことないし、学校でも一度も読まなかった。

——声に出して読んでみろって言われなかったの。

**アリ**　いや、言われたけど無視したんです。

**フランソワ**　なにか別の遊びをしていたかった。

——どうしてそんなことしたんだ。悪ぶって、仲間をびっくりさせたかったのか……。

**アリ**　そうじゃないんです。やっぱ、好きじゃなかったんです、読むのが。読むだけだったら、やることはやるけど、でもとても下手だったから。

——きみは中四（日本の中三相当）までやったよね。だったら読めないはずはないだろう……。

**アリ**　ええ。読むことはできます。できるんですけど……。

――でも簡単にはいかない。

**アリ**　そうです。とてもきつい。

――でも、新聞なんかは読むかい？　読まない、全然？　読まなきゃだめだよ。

**アリ**　そりゃ、読んだほうがいいのはわかってますけど。読み書きと、計算くらいはできないとだめですよね。誰でもできるんだから。

［休憩。その間、ピエール・ブルデューのいないところで、フランソワはアリに問いかけている。ロズレー団地について――「汚ったねえよな」――、またクラブについて、――「いつも閉まってるね」――などと。］

**アリ**　うん、自分ちのブロックに帰ってくときなんか、三階に住んでいる女と、そこによく来ているそいつの妹から、俺ら、よくどなられた。

――妹のほうも、同じ団地に住んでるのかい？

**アリ**　いえ。団地の近くの一軒家。

――でも誰なの、その人らは？　近所に住んでいるフランス人かい？

**アリ**　マグレブ※が嫌いなフランス人の女です……。

**フランソワ**　あいつら、二人とも、団地でも知られた人種差別女ですよ。（…）

――そういうのが、二人のほかにもいるだろう。

**アリ**　この二人と、それからほかには……。

**フランソワ**　（…）いや、あとは別の女が一人だけだよ。

――ところで管理人は？　彼らはどうだい、だいじょうぶかい？

**アリ**　管理人は午後の一時から一時半までしかいないんです。

**フランソワ**　午前中もいるけど。でも団地に住んでるんじゃない。ふつう管理人は地元に住んでなきゃだめでしょう。

**アリ**　そう。でも住込みの管理人もいたよ。二十八歳で、すっごくいい人だった。いろんなとこに連れてってくれたし、ずいぶん助けてもらった。

――それ、どういう人？

**アリ**　カリムっていいます。あれはちょっとした人だったけど、もう今はパリに行ってしまって会えません。夜によく一緒に話して、いろいろ教えてくれました。

――その人、今、仕事は何をしてるの。

**アリ**　ちゃんとやってますよ。車の運転してます。

**――学校は上のほうまで行ったの、その人？**

**アリ**　アルジェリアに住んでて、志願兵で、アルジェリアで五年間軍隊にいたんだけど、やめてここにきた。そして上のほうの学校を卒業してからここも出て、今、派遣とかで働いていているんです。

**フランソワ**　俺らのためにいろいろしてくれる。（…）

**――それでカリムは、君たちと仲良くしてくれた？**

**アリ**　何でも一緒にやってくれた。サッカーもしたし、いろいろやってくれた。行きたいとこにも連れてってくれたし、頼めば、連れてってくれた。（…）

**――結局、誰か君らによくしてくれる人がいれば、それだけでずっとよくなるんだよね……。**

**アリ**　俺らのこと、わかってくれたのはあの人だけだった。

**――彼は何歳、二十八歳？**

**アリ**　二十八か、九かな。

**――でも彼はもういないんだ。**

**フランソワ**　いやまだX市に住んでるんだけど、あっちこっち行く仕事しているから。土日はいるんですけど。

**――それで、彼ならあの女の人たちに説明できないだろうか……。**

**フランソワ**　あの女たちはぜんぜん耳を貸しません。いまは少しまし、ちょっと穏やかになったけど。でも、一時は、あいつらなんにもわかってなかった。うちのグループだけじゃなくて、他のもいたんですよ。それで、やったのは俺らじゃなくて、年上の奴らのグループだったんです。奴ら五人で、みんな［刑務所に］ぶち込まれましたけど。でもほんとにヤバいのは、あいつらが出てきたときで……。いまのところ二人だけ出てきましたけど、まだ三、四人いるんすよ。

**――どうしてその連中は逮捕されたの？　麻薬の密売？**

**フランソワ**　そうです。それに車も盗んだし、ピストル強盗もやりました。もうじき出てくるけど。いったんつるむと、飲んだり、吸ったり、何でもあり、それに……。

**――騒ぎを起こすのか。**

**アリ**　騒ぎなんてもんじゃないです。

**――その連中、団地に住んでいるのだろうか。**

**アリ**　いや、団地には住んでるのは二人しかいないと思う。

**――それじゃ、どっか外から来るんだ。**

**アリ**　そうです。目立たないようにして。そのうち一人がボスです。

**フランソワ**　出てきたのは三人だけど。

**アリ**　そう、出てきたのがもう一人いる。

**フランソワ**　でも、あいつら、何もわかってないんすよ。もしも自分だったら、なんつうか、そんなことになってほしくないけど、もしも自分がある日家に戻れたら、もうそれっきり、何もかもやめるのに。あいつら、そうじゃない。［刑務所と家を］行ったり来たりしてるだけですよ。

**――そうだね。それに彼らは武器をもっているよね……。**

**フランソワ**　危ないもんも持ってるし、麻薬もやるし、なんでもあり。

**――ちょっと恐怖をまき散らしてる。**

**フランソワ**　いやあ、恐ろしいってことになったら、奴ら、いや、一人だけ……本当にヤバいのは一人。あとの奴らは、まあなんとかなるっつうか……深刻っすよ。

**――そうか。だから彼らが出てくるのを、みんなちょっと恐れてるんだ。**

**フランソワ**　そうです。みんな恐れている。それに、家族同士のけんかってのが、ほんとですよ、うちの団地でもけっこうあって、それも危険なんです。

**――なんだいそれ、家族同士のけんかって。**

**アリ**　つまり二つの家族がやりあうんです。ほんとうに家族ぐるみで。

**――でもどうして。**

**アリ**　なんでもない、どうでもいい、バカなことで。

**――結婚とか、そういうことじゃないのか？**

**アリ**　違います。たとえば、ラジカセの奪い合いとか……。

**――ラジカセ？**

**アリ**　エリックって奴のラジカセなんだけど、ほかの奴がそれを狙って獲ろうとして、そいつの仲間も加勢にきたんです。それで殴り合いになって、エリックの兄貴も降りてきた。エリックが呼んだんでね。

**――そうか。あとは家族ぐるみけんかになるのか。大家族なんだろうか、二つとも。**

**アリ**　ええ。大家族です。

**――すごく人数の多い家族なのかな？　どこから来たの？　アルジェリア？**

**アリ**　アルジェリアです。

［…］

## 女の子たちと話すときに、「ラ・ロズレーに住んでいる」っておまえだって言うだろう……

**アリ**　まあ、それでもちょっとはよくなったんじゃないすか、ラ・ロズレー団地も。近頃は騒ぎもあまり起きませんし。ただ、ちょっと前の悪い評判を引きずってる。危ないとこだっていう。笑っちゃうんですけど、たとえば、もっとましな……。もっときれいな団地に住んでいる女の子なんか、「俺、ラ・ロズレーに住んでる」と言っただけで……。

――すぐに警戒するのか。

**アリ**　それどころか、すぐどっか行っちゃいますよ。だから、まずいっすよ、これは。適当にごまかさないといけないから。

――そうなのか。君もおなじか。

**アリ**　おまえもだろう。女の子たちと話すときに、「ラ・ロズレーに住んでいる」っておまえだって言うだろう。

**フランソワ**　まあ、言ったら（…）、不良とみなされるね。（…）

――君の恋人も団地に住んでるの。

**フランソワ**　そうです。彼女も団地の出身です。

――彼女と一緒に住んでるの？

**フランソワ**　住んでるって？

――つまり一緒に暮らしているのかってこと。まだ結婚はしてないだろうけど。

**フランソワ**　ええ。結婚してないし、一緒に住んでもいません。

――でもいずれ、兵役が済んだら彼女と結婚するんだ。

**フランソワ**　いや、彼女も働かないといけないし。もちろん自分もおんなじですけど。

――君は彼女はいないの？

**アリ**　えっ、俺っすか。俺は、簡単でおいしいってのがいい……。［笑］いや、ほんと、だから簡単で……。いや、女の子でやなのは、付き合うんだったら、ほんとにいい子じゃないと。だって俺らの知ってる女の子はしっかりした子じゃないから。しっかりしてて、いい子だったらいんだけど、見つけるのが難しい。

――そうか、じゃあ、きみと付き合うような女の子は、あまり……。

**アリ**　そう、あんまり本気じゃない。じゃあなって、一度離れたら、それっきり、もう会うこともない。誰か別の男と付き合っている。

――一緒に団地の外に出かけた女の子は一人しかいないって、言ってたじゃないか。

**アリ**　ええ、でもあの子は友だちの妹で、男とおんなじで、ぼくらの仲間なんです。女友だちっていうより、友だちです。そりゃ、いい子だけど。

――それで、ほかの女の子たちとは、どんなふうにして知り合うの？　やっぱりディスコとかで？

**アリ**　そうです。一緒に遊びに行ったり、学校で一緒だったり、友だちの姉さんだったり。

［アリはこのあと、同じ団地の、あるフランス人女性の話をした。「俺らとよく話してくれる」「俺らのことでなんか言ってる奴らがいると、教えてくれる」。そして、再び暴力の連鎖について語った。］

**フランソワ**　うちの団地じゃ、ほんの小僧っ子でも、バカやりはじめてる。

――誰？

**フランソワ**　チビたちですよ。うちの団地の。九歳とか十歳くらいの。

**アリ**　バカやってますよ、人んちの庭に入って、さくらんぼを取ったり……。

――でも、そんなことなら君たちもやったろう。

**アリ**　そりゃ、みんなやりましたけど。でも……。

**フランソワ**　あいつら、自転車だって盗むんです。

――ああ、そうか。まえより悪くなってるってことか？

**アリ**　そうですよ。俺らのころは、最初っからこんなじゃなかった。最初っから自転車なんて。今は、うちの団地のガキらはみんな、十三とか十四とかでも吸ってます。

――何を？　大麻を？

**アリ**　タバコですけど。

――そうか。タバコね。

**アリ**　もう十四でタバコ始める。十五になると……。

――でもタバコ買う金はどうしてるんだ。

**アリ**　集めてきたものを売ったり、なんだかんだ金にしてる。

――でも君は、全体に悪くなっている、悪化していると思うんだ。

**アリ**　そうっす、もちろんです。タバコのあとどうなるかって言うと、もう慣れっこになって、いい気持ちになりたいから手ぇ出すんです。俺らの団地のあいつ、何歳だっけ、あいつ、十五かな、いろんなクスリや、大麻も、酒もやってます。いや、うちの団地じゃなかった、別の（…）っていう団地にいる奴です。そいつ、学校も辞めちゃったし、もうだめになってる。あんな風になりたいなんて、俺は思わないな。あいつ、十五で俺らより大きくて、いい体してんですから、もっとうまくやれたはずなんです。もったいないっすよ。

――ほんとにもったいないな……。

**アリ** それに、あいつ、自分がほかの奴らのために盗んでるってことがわかってない。

――なぜ盗みをするんだ？　何を盗むんだ……。

**アリ** ボスのために盗むんです。

――そうか。グループでやらされるんだ。

**フランソワ** クスリとかやってなかったらなんとか……。

**アリ** そう、そのとおりよ。あいつもいつかわかるよ。だってなんにもあいつのものにはなってないんだ。何やってんだ、いったい。いくら盗んでも、ほかの奴らに巻き上げられ、自分のとこには何も残らないんだ。

――その、巻き上げるグループのボスってのは、いったいなんなんだ……。

**アリ** ボスなんてもんじゃなくて、一緒に遊んでいる悪ガキなんです。そいつがみんな巻き上げる。ふらっと来て「あれを取って来い」と言われるから、盗んでくると取り上げられる。

――それじゃまるで奴隷じゃないか。

**アリ** いいカモになってんですよ。あんな奴なのに、惜しいっすよ。

――そんなことって、よくあるのだろうか。ほかにもそういう関係ってあるのだろうか。

**アリ** そんなことをしてるのはあいつらだけです。あいつら二人しかいない。

**フランソワ** いや、やっぱほかにも……。

**アリ** いや、あいつら二人しかいないって。だってあの野郎、あいつをまったく手下にしてるじゃねえか。

**フランソワ** 十五の男の子のほうは怖がってる。

――なるほど、そうだろうな。

**フランソワ** 「やんなきゃぶん殴ったるぞ」なんて言って。

――でもどうして手下にするようになったんだろうか。年下のほうは自分で身を守れないからかな。

**アリ** 年下は、何もできないんです。

――彼は怖いのか、兄弟とか、何もなくて、一人ぼっちなのかな？

**アリ** 確か、妹がいます、おふくろもいるんだけど、おやじは出てった。

――そりゃ、ひどい、かわいそうに。きみは彼のことを知ってるの？

**アリ**　俺だけじゃなくて、みんな知ってます。俺らとつるんでたこともあるし。

――彼からなんか言われたことは？

**アリ**　言えることなんか、なんにもないっすよ。なんも言いませんよ。気まずそうにしてる時もありますよ。恥ずかしいと思ってるんです。でも、何も言えない。何も言えないって言うんです。

――彼は怖いんだね。でも君たちは彼を助けてやれないの？　係わり合いになるのはいやなのか。

**アリ**　ええ。あいつら二人の話ですから。二人の問題ですよ。

一九九一年五月

# フランスに同化した家族

パトリック・シャンパーニュ

マリア・Dは、ヴィルヌーヴ（仮称）に住んでいる。二〇年前、とある大都市の周辺部に作られた集合住宅団地である。彼女はかつて一〇年ほど市の中心部に住んでいたが、都市再開発のために追い出され、七〇年代の初めにこの優先市街化区域※に移ってきた。当時はまだ、ほんの数棟、集合住宅の建設が始まったところだった。この優先市街化区域は、一九八七年以降「地区社会開発※」の指定を受けていたが、彼女を私に紹介してくれたのは、そこのプロジェクト主任である。スペイン出身の彼女は、「地元の顔」であるとともに、よく口も立つので、団地の「善良」な住民の格好の代弁者になると思われたようである。共産党の活動家でもある彼女は、実際、団地の更新・修復計画で一定の役割を果たすべく、少し前に立ち上げられた入居者団体の大変活動的な役員でもある。背が低く、神経質で、人の言いなりにならない彼女は、「歯に衣着せず」言いたいことを言う。しばしばユーモアを交えながら、ときには理解できないほどの早口で、大きな声で饒舌に話す。スペインからの移民によくある、強いなまりの、文法上の間違いも多いフランス語ではあるけれど、そんなことなど気にしない。

彼女は花柄のブラウスと、暗めな色のカーディガンにスカートという地味ないでたちで、自宅に私を迎えてくれた。彼女の家は、すでに更新工事が終わった地区にあり、内部はきちんと一分の隙もなく整頓されて、すべてあるべきところにおさまり、ちり一つなかった。食堂で、食卓のテーブルを囲んで対話するあいだも、彼女は話しながら見えないほどのパンくずを見つけては手で払っていた。こうしたことはどれも、適度に身だしなみに気を配るこの五十代女性の、大変に意志的な性格、いい加減なところがなく、軽薄さを嫌う性格を表していた。「いいえ、違います。私はそこいらの奥さんたちとおしゃべりして午後の時間をつぶすような人間じゃありません。そういうのはいやなんです。会議に出たりとか、そっちのほうがいいです。ツメのお手入れとか髪型とか、そんなどうでもいい話はごめんです」。

彼女は農家の出で、兄弟姉妹は一〇人いた。六〇年代の初めのころ、まだ十八歳のときにフランスにきた。生まれ故郷には仕事がなかったが、「フランスには、五九、六〇年のころにはたくさんあった」からである。フランスの雇用主たちは、カトリック布教団の仲介で、彼女のように従順で安上がりなスペイン人労働者を採用していた。「田舎もんで、それに若かったから。高望みもしなかったし、せっぱつまってたわけでもなかった……ほかのとこに行くっていう可能性はなかったこともあるけど。(…) 契約書が送られてきて、ちょっと無理やりって感じかな。でも旅費は出るというし、少しばかりお金もくれたんで」。彼女は古布のリサイクル工場に就職することになった。その後、彼女をつてに兄弟姉妹のうち何人かもフランスに来て、同じ地域に住み始めた (彼らはいまでも頻繁に会っている)。フランスで彼女は、スペイン出身のいまの夫と出会った。彼もまた彼女とほとんど同じような状況下で、スペインを離れたのである。スペイン軍の学校で板金溶接の訓練を受けた彼は、二十三歳のときにフランスの自動車関連の工場に就職した。数年まえから自動車板金業者として自営している。一方、マリアの方は、二人の子ども (二人の息子はこの面談のときにそれぞれ二十四歳と十六歳であった) を育てるためにしばらく休職した後、再びパートで働き始め、いまはいくつかの大変裕福な家庭で家政婦をしている。

彼女は懐かしそうに、ヴィルヌーヴに引っ越してきたころのことを語った。市中にいたころよりも住居にはゆとりがあり、緑に囲まれた建物は、彼女にとっては魅力的で快適だった。しかし数年のうちに、どれほど建設工事が相次ぎ、どれほど住民が変化し、そして、おもに若者の失業の増加のせいで、どれほど「問題」が現れたかを語った。最初のころは、まだ牛乳屋がドアの外に瓶を置いて、住民もドアマットの下に代金を置いておいてもだいじょうぶだった、とマリアは回想する。しかしほどなく、盗難（自転車、それから車）が頻発するようになる。そしてこういうちょっとした非行行為がしだいに日常化するばかりでなく、建物の荒廃も進んだため、それが可能ないくつかの家庭は、この団地から出て行くようになった。それから、ヨーロッパ系住民とますます多くなったアラブ系住民の共生から、数多くの問題が生じるようになったと彼女は言う。「文句言いだす人が出てきてね。アラブ人を〔団地に〕たくさん入れたでしょう。〔ラマダンの〕※断食のときに、アラブ人でうるさくて迷惑かけるのがいるって、文句言う人がたくさん出てね。今はそれほどではありません。あれだけたくさんの人が文句を言ったから。それまでは何年も、断食のときにはほんとに外はお祭り騒ぎ。アルジェリアにいるみたいでしたよ」。しかし彼女にとって団地での毎日の生活が「地獄」と化したのは、八〇年代の初めに「すごく評判の悪い」、「問題のある家庭」が移ってくるようになってからだ。この優先市街化区域の団地では、しだいに空家の数が多くなっていたが、そこに、こうした家庭が割り当てられたからだ。「どいつもこいつも泥棒やってましたよ。というか、よそで泥棒やってたかどうか知りませんけど、あのころはほんとうにどこの家でも盗難にあった。夏の長期休暇、あるいは夜とか休日とか。みんな、そんな目にあってましたよ」。

　知らぬ間にフランスに同化することに成功し、失業に脅かされることもなかった移民家庭である彼女たちも、ほかの多くの家庭と同様、団地を出て行って当然だったろう。彼女にとっても家族にとっても、状況はますますひどくなる（車が盗まれ、地下の物置にあったものがみんな盗まれ、住居が盗難にあった）一方であったが、それでも彼らがこの優先市街化区域に留まることにした理由は、愛着もあり、少しは自分の町にもなっていたこの団地を見捨てたくなかった、ということだけではない。多くの移民の家庭がそうであるように、彼女らもまた長い間、「母国に帰る」という幻想とともに異国で暮らしていたからである（たとえばマリアとその夫は、いまだにスペイン国籍を保持している）。どんなに長くフランスにいても、そこでの暮らしは一時的なものに過ぎないという考えが、何か重要な計画を立てるのを妨げた。「初めのうちは、ここにいるか、スペインに帰るか、決めかねてました。だから家を買う決心もつかなかった。そんな調子で、いつまでもいつまでもだらだらして、そのうちに子どもたちも大きくなって、修理工場を手に入れたでしょう。それからは、お金ができたらできるだけ早く［この団地から］出ていこうと言ってました」。

しかし、団地で暮らしていれば、子どもたちが非行行為に引き寄せられ、結果として社会的に排除されるというあの悪循環にさらされるのが、マリア・Dにはわかっていた。だから彼女は注意と努力を倍にして、彼らが「悪い友だち」と付き合ったり、街中でうわべだけの誘惑にのって安直な生き方をしないように目を光らせなければならず、どうにかそれに成功したのである。「ここでは、子どもはいくらきびしく見張っても足りないくらいです。子どもにちゃんと勉強させたいなら、ここの学校に通わせてはいけません。だから若い夫婦は、それがわかって、ここから出てくんです」。

しかし、団地にいるたくさんのアルジェリア人家庭とは反対に、彼女が自分のやり方を貫いて、子どもをつかまえておくことができたのは、彼女のもつ客観的な属性が、大多数のマグレブ※出身者とは、一貫して異なっていたからである。大方の北アフリカ出身の女性たちは、夫に連れられて生まれた村を離れ、フランスにやってきた。しかし彼女は、まだ若くて独身のときに、仕事を求めてフランスにやってきた。マグレブ系の女性の移住は、いまでも家族の論理と男性の支配に強く従属している。他方ヨーロッパ出身の女性たちの移住は、より直接的に雇用市場の論理と、社会的地位向上という考え方に従っている（マリア・Dはカトリックの布教団が仕事と住む場所を見つけてくれたので、移住するときに家族ネットワークの世話にならなかった）。「私はね、フランス人じゃないけどヨーロッパ人でしょう。だからおんなじことなんですよ」と彼女は言う。事実、彼女を受け入れ国から隔てる文化的かつ社会的な距離は、いまだに生まれた社会に強く同化している大部分のアルジェリア人女性の場合よりもずっと小さい。彼女たちの多くはほとんど家から出ず、フランス語を話せるようにもならない。マリアは、アルジェリア人は男ばかりが集会に来るので憤慨せずにはいられなかった。「アルジェリア人は、露骨に男しか来ないんです。女は家にいろってこと」。

その上、ヨーロッパ系移民には、マグレブ系と較べて、若干多く社会的な選択の余地がある。ヨーロッパ系移民は、受け入れ国において社会的な上昇をなしとげるのに必要な（とりわけ教育のような）特性を持っている。マリア・Dとその夫は、何とかうまくやれたという感情を抱いているかもしれないが、ほとんどのマグレブ家庭ではそうはいかない。男たちは失業するのでなければ、一生の間工場で単純労働をするしかない。この状況は、どうしても子どもたちが、自分からなりたいと思うような職業にも影響を与える。マリア・Dの長男は父の修理工場で働いているから、父と同じ仕事をして小さな家業を引きつぐ気持ちになるかもしれない。ところがマグレブ系移民の子どもたちは大部分、きつい単純労働を拒むばかりでなく、彼らが「搾取」と感じるものをなにも言わずに受け入れてしまっている両親をしばしば軽蔑している。マリア・Dはフランスの生活に溶け込んでいるので、いまでは出身国についてまるで外国人のように語る。「今年はスペインの別荘に一万一〇〇〇フラン※払いましたよ［夏の長期休暇のために家を借りている］。あちらさん、取れる時にしっかり取る気ですよ。値段を聞いてあきれましたよ。スペイン人ってのは、まるで泥棒よ」。

子どもの数も一つの重要な差異となっている。マリア・Dは大家族のなかで育ったにもかかわらず、意識的に子どもの数を制限した。子どもが二人しかいなかったから、勉強を見てやることもできた。次男などは、ヴィルヌーヴの中学校で不良仲間に引っ張られて、落ちこぼれかけたが、なんとか勉強についていけるようにした。彼女には政治的な信念があって、（団地にいてもちゃんと勉強できるということを証明するために）わざと息子をそこの中学に入れていたのだった。それからまた、長男が失業したときにも、対応策としてすぐに父の経営する修理工場を手伝わせるようなことはせず、自分で仕事を探すように息子を急き立てた。大きな問題を起こすのが、子だくさんの家庭――特にマグレブ系移民に多い――であるというのは偶然ではない。というのも、農村とは違って、ここのような都市圏地域では、こういう子だくさん家庭の子どもたちを全員、効果的、かつ、きめこまやかに指導するのは、両親にとっても、地域でより広範囲に活動する団体にとっても、ほとんど常に不可能なのだ。こういう家族は、福祉部門によって、親族関係や、同郷集団とは無関係に、ただ空き部屋の数と家族の経済力に基づいてこの団地を割り当てられたので、放置されて孤立し、自分たち自身の力しか頼りにできない。父親としては、ぐれた息子をこっぴどく殴りつけるぐらいしかできないが、そんなことをしても大して効果はなく、やがて息子は家を出て「兄貴たちの悪い例」にならってしまう。それに加えて、家庭の出産戦略は、先進国における再生産や社会的上昇の要請に適合しているとは言いがたい。子どもの教育には、（教育・物質・愛情の側面における）長期にわたる多大な投資を必要とするが、そうしたことは、子だくさんの労働者家庭にとって、実質的に不可能なのだ。

「人種差別するわけじゃないけど……」、面談のなかで何度となく繰り返されるこの否認の言葉を軽々しく聞き流してはいけない。このような団地地区で何か悲劇的な事件がおきると、特にメディアをとおして住民たちが非難され、その非難には、こうした地区における極右政党「国民戦線」※の支持率の伸びも根拠とされるが、それに対して彼らはこういう言葉で自己弁護しているのである。この団地に住む多くの非マグレブ系住民たちと同様、マリア・Dも、これらの困難を抱える隣人に理解を示すと同時に、激しい怒りをこめた視線を投げかけている。

マリアはあまりにも彼らに近すぎるために、彼らの家庭の中で起きていることを知らないでいることも、彼らに襲いかかる困難を見ないでいることもできない。自分も同じ状況に陥りかけた彼女は、マグレブ系の親たちの無力がいっそうよくわかる（「おやじさんがね、子どもを床にたたきつけて半殺しの目に合わせる。でもそれで、子どもがまともな道を歩くことにはならない」）。彼女もまた、ほかの面談〔第Ⅰ部「最後まで残る相違」〕でヴィルヌーヴ団地の管理人が語ったのと同じことを言ったとしてもおかしくないのである。この管理人は、選挙では彼女とはぜんぜん違うところに投票する人なのだが。「うちらの子どもだって問題はおなじだよ。十三、十四歳が分かれ目だな。小さいうちはまだいい、なんとかなる。でも十四や十五になると、どうしてだか突然、遊び仲間のせいかな、小学校、中学の……すごく突っかかるようになって、十五とか十六を過ぎるともう手に負えない。まったく変わってしまう。話しても、うるさがられてるのがわかる。親の手の届かないとこに行ってしまう。それで、まるで……まるで一人前の大人みたいな顔をする。親たちは、『もう十四、五だからしょうがない、もうどうにもならない』なんて言ってる」。彼女もまた、面談という状況がそうさせたとばかりも言えない、同じような思いやりを示しながら、何度も刑務所送りになる若者のことを話題にし、彼らが親たちに引き起こす絶望を語ることもある。「私もね、あの子らは知ってます。ほんのガキのくせにもう三回も四回も刑務所に入っている。車を盗むんです。刑務所から出てくると、親に死ぬほど殴られるのにまた同じことをやる。ここ〔彼女は指で頭を指す〕の問題なんですよ、ここに入ってるから、こればっかりはどうにもならない。親は気の毒ですよ、かわいそうに、ほんとうに心が痛む。アルジェリア人だからって変わりないですよ。あのおやじさんを見るとほんとうに気の毒になりますよ。こっちはそう感じてるんだけど、おやじさんはそんなこと想像もしてません。母親もです。子どもがあんなになったのは、親のせいじゃあないんですよ」。

それでもマリアは、同時にこれらの家族に憤慨しないでもいられない。一方で若者らによる日々の様々な侵害の被害を受け、それが日常生活を難しいものにしているし、他方で、そしてとりわけ、彼女は自ら努力を払い、欠乏に耐えて何とか困難を乗り切ることができたのに、この若者たちは、彼女のように全力で困難に立ち向かうことを望んでいるようにみえないからだ。生活条件がかってと同じでないことを彼女も知らないわけではない(「あの子らにどうやって我慢させろというんですか、いまの時代に」)。しかし、この若者たちが、自分の通ってきた道を通らないことを許すことはできないのである。「子どもにいつも言うんです、私らは進んで仕事をしたし、今の若い人たちよりも正直だった。今の若いもんは怠け者でいつも疲れている。何でも手に入るし、何の問題もないのに……」。実際、マリアが政治でも市民団体でも積極的に活動しているのは、彼女の社会的な上昇が、ある程度、思いどおりに成功したことと一体化している。政治活動は、より一般的な社会活動の一部にすぎず、政治活動によって得られた人脈と情報が、社会活動をより活発に行なうことを助ける、という関係になっている。政治活動はまた、基本的な精神的支柱を確認する手段でもある。それこそ、時間はかかるが、確実でもある社会的上昇を可能にしたものなのだ。「仕事を持ってれば、たとえ給料が安くても、それがすべてです。そうでしょう。労働こそ、すべてです。労働こそ、自由です」。あきらめや敗北主義からも、あるいは逆に、しばしば最下層労働者を特徴づける完全に非現実的な計画とも無縁なマリアは、つねに合理的な要求を前面に出す。闘争をとおして現状を改善する道を探るが、不可能を求めることはしない。お金は持っている範囲で使うべきで、それ以上使ってはいけない。手に入るものしか欲しがってはいけない。要するに自分の限界を知る必要がある。「ここの若い者が何をしてほしいのか、知っておこうということで集会をもったこともあります。あの子らは何もかもほしいんです。いらいらしましたよ。だって私らが若かったころは、何も持ってなくても幸せでしたから。私らは満足だったけど、あの子らはそうじゃない。でも、そんなにあれこれ望んじゃだめなのよ」。面談を終えて帰ろうとしたとき、彼女はマイクのないところでこう語ってくれた。彼女が家政婦をしている豪華なマンションでは、上の階の住人のハイヒールの音がうるさい（「コツ、コツ、コツって音がするんです」）。そこで彼女は、雇い主の女性に言ったそうである。「奥様のお宅は、街なかのいいところにあって、大きなすばらしいマンションですけど、ちょっと物音がしますね。ヴィルヌーヴの小さな私のうちの方がしずかで、よほどほっとしますよ！」と。

# 低家賃住宅団地に暮らす女性

## 「人種差別してるなんて言っちゃいけない」

〈聞き手〉パトリック・シャンパーニュ

――お子さんが二人いらっしゃいますね。二人ともずっとヴィルヌーヴの学校でちゃんとやっていけたんですか。

**マリア・D**　いいえ、二人ともヴィルヌーヴの外に出しました。上の子は中一のときに、下の子は中二のとき〔↓教育制度※〕。（…）長男［いま二十四歳になる］は、中三まで職業コースに通って、電子工学の職業教育修了証※を取りました。私たちは進学してほしかったんですよ、でも、本人が望まなかったから。次男は、中一のときには、私の職場からそんなに遠くないところにいました。いま高校一年ですけど、中学はヴィルヌーヴの学校に入れたんです。私が党［共産党］に入って闘っていたでしょう、だから、「この子はヴィルヌーヴの学校に通わせよう。よく勉強するし、ヴィルヌーヴの学校でもちゃんとやっていけるって、ほかの人たちにもわかってほしいから」と思ってね。あの子は小学校ではとてもよく勉強したから、中学は近くのルイ・アラゴン中学に入れたんです。小学校ではね、あの子、びっくりするくらいしっかり勉強しましたよ、先生たちからも褒められるくらい、ほんとによく勉強したんです。

**フレデリック、退学なんかになったら、ただじゃおかないからね！**

**マリア・D**　でも中学に入ると息子は変わりました。ほんとにもう、最初の年から進級できるかできないか、ぎりぎりだったんです。中学生になると変わるんですよ。進級も危ないくらい。何回か電話をもらって、うちの息子がもう先生の言うことなんか聞かないとか、なんとか言われました。「そうですか」なんて言って聞いていましたけど、息子の方は、うんと叱りつけてやりました。それでなんとかよくなるだろうって思ってたんです。とにかく、ぎりぎりで中一は終えることができました。ところが中二になって、もうそれから上はだめ、落第してもう一度、中二をやることになりました。校長先生や先生方に会いに行って、息子が一年に一七日も学校をさぼってたのを知りました。ぜんぜん知らなかったんですよ、それまでは。どうしてさぼったのがわかったのか、お話ししましょうか？　息子をイギリスに英語を習いに行かせようと思って、相談のために学校にいったんです。（…）学校付きのソーシャルワーカーと話して、どうすればよいのか聞いたあと、このごろ学校ではクスリの問題とか、何かほかに問題はないのかとか、興味があったんで、ちょっと聞いてみたんです。すると向こうが、「いいえ、ありませんよ。どうしてですか。息子さんがどうかしましたか」って言うんです。それで「いや、そういうわけではないんですけど」って答えたら、「息子さんのお名前は？」って聞いてきたんで、「フレデリック・Dです」と答えました。「フレデリック・D？　じゃあ、あの一七日も不登校の子で（…）、このまえ大学区※の事務に報告した生徒じゃありませんか」ですって。びっくりしたのは私ですよ。「いや、そんなはずはありません。うちの子がそんな……いや違います。なんかの間違いです」。

［…］

でもやっぱりうちの子でした。信じられないと私は言ったんですが。それから私は、校長と出欠を管理している担当者に面会を申し込んで、「どういうことなんですか。私の息子が何日も学校に来ていないというのに、私はまったく知らされてなかったんですよ」と言いました。一度電話をもらったことはありましたけど、でもその時は、息子が学校に行ってないなんて知らなかったんです。するとその担当の女性は、「そんなこと言われても、手紙をお送りしたはずですよ」と言うんです。私は「いや、私は受け取っておりません」と言って、それから「でも、手紙を送ってて私から返事がないんなら、どうして電話をしてくれなかったんですか。一七日も登校していないなんて、普通じゃありませんよ」と言いました。そしたらなんて答えたと思います？　「しかし、学校には五百人から生徒がいるんです。

一人一人に電話していたらきりがありませんよ」ですって。なんとまあ。「だめだ、これじゃ」と私は思いましたよ。息子が先生の言うことを聞かないと言われたとき、もうこの学校には置いておけないと思いました。息子をそのままにしといたら、ほかの生徒だってすぐまねをして、先生の言うことを聞く子なんか、誰もいなくなりますよ。だから、転校のために書類を出してくれるようにたのみました。でもね、下の子のときは、最初は私も強気でしたから、それまでは学校にはこう言っていたんです。「息子をよそへやったりはしません。皆さんのとこでお願いします〔息子をヴィルヌーヴのルイ・アラゴン中学にいれた〕」。でも〔今度は〕、「私はね、今後も学校をよくするために闘うつもりです。でもこの子はもう放っておけません。転校させます。息子の人生は一度しかないんですから」って言いました。

**――あとで息子さんとそのことで話しましたか？**

**マリア・D**　もちろんですよ。息子とはとてもうまくいってるから、なんでも話してくれましたよ。「おまえ、学校にも行かずに何をやってたのよ？」ときいたときにも、「何も。あの辺をぶらぶらしてただけだよ」って言ってました。校門のところまでは行くんだけれど、そこに仲間が待っていて、「ルクレール〔大型スーパーマーケット〕に行ってなんか買おうぜ」と言うのだそうです。そんなことしてるうちに時間がたって、午前中ずっとそんなで、学校に行かなくなってしまったんです。午後にもどっかにでかけたことがあったみたい。「何をしていたのよ」ときいたら、「ぶらぶらしてたよ」なんて言うから、「ダメじゃない！」って言ってやりましたよ。「誰かに見つかりそうになったことはなかったの？」ってきいたら、「二回、三回、見つからないように隠れたことがあるよ。知っている人がいたから。フレデリック、こんなとこで何やってんだって言われると思ったから」ですって。「二回、三回、走ってガレージの陰に隠れたこともある」とも言いました。「そんなバカな！」って私も言いましたよ。息子自身も、仲間から誘われると断れないから、転校したいって言ってましたよ。その子たちは教室でもバカなことをやるようになってきたし、息子も一緒にやってたんです！　うちの子もほかの生徒たちと同罪ですよ。まったく……。でも移ってからは〔彼は市の中心部にある別の中学に転校した〕、何でしょうねえ、ちゃんとやるようになりましたよ、まあ、最初の年はそれでも何度か学校から連絡が来たんです、まだヴィルヌーヴのくせがぬけてなかったんですよ。それで私は、「フレデリック、退学なんかになったら、ただじゃおかないからね……」って言ったんです。そうしたらなんとか、最初は問題もあったけれど、次第によくなりました。うまくいってます。去年なんかね、「フレデリック、驚いたわね。今年はなんにも問題なかったじゃない」と言えるようになりました。そしたら息子のほうだって、「そうだよ。そんなもんだよ、人は変わるんだよ」なんて言ってね。

［…］

## このあたりは死んでましたよ！住みたいと思う人なんか誰もいませんでした

——団地の更新・修復は、二、三年前からの話ですか。

**マリア・D**　そうです。というのも、本当に、このあたりは死んでましたよ！　住みたいと思う人なんか誰もいませんでした。修復工事が始まったころは、どれくらい空き部屋があったかわかりませんけど、誰もここに来て住みたいなんて人はいなかったんですよ。あっちこっちどこもかしこもボロボロでね。そこらじゅう、外壁も全部ぼろぼろ。それに、ご存じでしょうけど、外国人をいっぱい入れたでしょう、それが問題だったんです。マグレブ人も、たくさん。あの人たちのこと、気の毒だと思ったこともありますよ、いい人だっていますから。今までこの地区に住んでいて、好きな人たちもいました。働こうとしてる人もいるんです。でもあとまわしにされて、いつだってわきに置かれてしまう。ちゃんと公平にしないといけないのにね。「こんなことを言う人がいる。」あいつらはたちが悪いし、泥棒だ、あんな評判を立てられてもしかたない、なんてね。そんなこと言ってるだけで、あの人らのために何かをしてあげようなんて人は誰もいなかった。（…）仕事を探しても無駄なんです。誰も仕事をあげないんですから。それでどうなるかって言えば、盗みをくりかえす。でもたまには、少しくらいそんなことをやった若いもんでも、仕事にありつければ、まじめになって、生活を立て直すし、ちゃんと自分のことを考えるようにもなるんです。十八とか二十とか、二十四とか二十五まで、ぶらぶらしてるなんてことはなくなるんです。でも仕事をしない連中も多いし、そうしているうちに働かないことに慣れて、もうめんどくさいことなんかしなくなってしまう。ときどきあの子らに仕事を紹介しても、あの子たち、ほかに何もないのにまだ選ぶんです！　私らのころはそんなことはなかった。私はそれを子どもたちに言いました。私らは進んで仕事をしたし、今の若い人たちよりも正直だった。今の若いもんは怠け者でいつも疲れている。何でも手に入るし、何の問題もないのに。

――それに加えて、ここでは麻薬の問題はないんですか。

マリア・D　そりゃあ……。今年は静かですけど、ないなんてもんじゃない……。ひどいもんですよ。ほんとにひどい。去年なんか、朝から晩まで七、八人の若いのがたむろしてクスリをやってましたよ。団地の階段のところに集まってやるんですよ。行ったり来たりして、かたまって売り買いもしてましたよ。私らのうちの前でやるんですよ！こっちは、階段の昇り降りのときなんか、わきを通らないといけない。「ちょっと通してちょうだいよ」とか言って。あっ、でもね、こんな言い方しちゃだめなのよ、ほんとは。でも、連中がそこにいるといつも階段の上から下まで電気がついているのよ〔自動消灯スイッチが消えるたびに若者たちが点ける〕。だから頭にきて、よそでやってちょうだいよ、って言ったこともありましたよ。「ごめんなさいね。でも電気代を払ってるのは私らなんだから、困るのよ」ってね。連中、もう大人でしたけど、私って大きな声出すでしょう、「あんたらいつもいつもここにいて、うんざりなのよ」って。そしたらあいつらも、「うっせんだよ。おめえに迷惑かけてねーだろが」――「あんたたちにここにいてほしくないのよ。どうして道でやんないのよ。いったい何やってるのよ」――「関係ねーだろ！」「ここにいてほしくない、っていってるでしょ」、なんて言いあってね。でも何回かね、奴ら、ちょっとクスリでラリッてたか、酔っ払ってたか、なんかそんな感じだったんだけど、ちぢれっ毛のでっかい奴が、ほんととっても怖かったんです。「よう、おばちゃんよう、でっけえ声だすんじゃねえよ、ぶっ殺すぞ」なんて言ってね。まったくねえ。私は「勝手になさい」といって階段を上がってきました。それから連中がどこに行ったか判りませんけど、とにかく少しは静かになったんです。まったくねえ、クスリってのは、ほんと、困りもんですよ。

## 私、思うんですけどね、ここだってそんなに悪いところじゃありませんよ

――改修工事をしたときに、ドアを防犯用の頑丈なものに替えたんですか。

マリア・D　そうです。そのときでした。

――お宅でも、ドアも破られたことがあったんですか。

マリア・D　ええ、ええ、ありますよ。うちがやられたときは、奴ら、ドアに穴を開けたんです。何しろ、ああいう［たよりない］ドアでしたから、そんなことで簡単に入れたんですよ。それに夏休みで遠出していたから、誰もい

ません。時間もたっぷりあったんです。テレビ、ビデオ、子どものステレオ、ラジカセ、ワインとかいろんなお酒なんかもみんなやられました。お父さんのコレクションも、けっこう値打ちがあって、お父さん大事にしてたんですが、それに現金も相当、みんなやられました。

——ご主人の、何のコレクションですか。

**マリア・D** フランスのコインです。でも、四年前からこの地域も少しはよくなりました。外観もきれいになったし、全部、改修されましたから。(…)私、思うんですけどね、そりゃあ、高級住宅地じゃあないけど、住民がそれなりに気を使えば、ここだってそんなに悪いところじゃありませんよ。街中に住むのとそんなに変わらないですよ。低家賃住宅だからって、暖房はちゃんとしてるし、お湯も出るし、エレベーターもあるし、ゴミはダストシュートに落とせばいいし、管理も行き届いていますから。けっこういい住宅なんですよ。でも住民が……もうちょっと自分からいろんなことに注意してかないと。(…)

——一戸建ての家を探してるっておっしゃってましたね。とりあえず買っておくということですが、それともヴィルヌーヴから引っ越すためですか。

**マリア・D** いえ、そんなことないですよ、ヴィルヌーブから出て行こうなんて思ってません。家はね、買うかもしれないですよ。(…)ヴィルヌーブから出て行こうなんて思ってませんよ。知り合いがたくさんいるし、みんないい人だし。だから、ここを出たくないんです。いやな奴もいるけど、そんなのはどこにでもいるし。泥棒とか言ったって、ヴィルヌーヴだけじゃないですよ、そうでしょう。妹がT［近くの町］に住んでるんですけど、このまえ車を盗まれたんです。ヴィルヌーヴの連中の仕業じゃないか、って妹は言うけど、どうだか。よそだって同じ問題があるんですよ。

［彼女は改修のあと家賃が倍になったと説明する。彼女は現在、車庫つきの4DKに管理費込みで月二四一〇フラン払っている。また一定の所得水準を超えると家賃が倍になることも、裕福な家庭がヴィルヌーヴを去ってよそに家を買うことを誘発していると説明した。］

## 私らが若かったころは、何も持ってなくても幸せでした

——いろんな市民団体や地区委員会（市民団体の活動と行政の連携を図る）なんかにも参加していますね……。

**マリア・D** はい。でも今年はすこし控えました。しょっ

ちゅう、午後いっぱいつぶれてしまうし、勝手な人がいて面白くないこともあったから。（…）何回か、アラブ人たちと怒鳴りあったこともありましたよ。怒鳴るって言うかね……あれをしろ、これが欲しい、とか言ってくるから。ここの若い者が何をして欲しいのか、知っておこうということで集会をもったこともあります。あの子らは何もかも欲しいんです。いらいらしましたよ。だって私らが若かったころは、何も持ってなくても幸せでしたから。私らは満足だったけど、あの子らはそうじゃない。でも、そんなにあれこれ望んじゃだめなのよ。なんかの活動のために部屋がほしい。あれも欲しい、これも欲しい。だから、あの責任者の人に言ったんです。「もう家にいるほうがいいみたい。だってアラブ人と言いあいになるかもしれないし、ほかにもいろいろね」って。コミュニティセンターのお手伝いもしましたよ。お互いの食文化を理解するための食事会も開いたり、いろいろやりましたよ。私はね、フランス人じゃないけどヨーロッパ人でしょう。だからおんなじことなんですよ。でもあの人らは、なんというか違っています。宗教ですよね。豚肉は入ってないか、きいてくるんですけどね、自分らが来るのが判っていたから、わざと豚肉を入れたんじゃないかって言うんです！　アルコールも用意してましたが、そしたらやっぱり一滴も飲みません。だめ、だめ、だめ、どうしてもだめ、禁じられているんですから。「だめです。神が許してくれません」って、アメッドさんは言うから、「いいじゃないですか。神さまだってもう寝てますよ」って言ったのよ。夜だったからね。「もうおやすみなんですから、寝かしといてあげましょうよ」とかね。（…）それにね、アルジェリア人のことですけどね、黒人の団体の人でイスラム教の人らは夫人同伴で来ますけど、アルジェリア人の団体の人は、露骨に男しか来ないんです。女は家にいろってこと。それで、そんなことがあったんで私、言ったんですよ。「もうあの人たちと食事会なんかやらないわよ！」ってね。だから、もうあんなことはやってないですよ。私らとおんなじってわけにはいかないんですよ。やっぱりこれは認めないとね……。人種差別するわけじゃないけど、こんなことが、一度、二度、三度ってあると、やっぱりときどき言いたくなっちゃいますよ……。（…）私はね、人はみんな好きなたちなんですよ、でもね、こう言ってやりたいのよ、こうやって私がやっていることを、どうしてあんたたちはできないのよ、って。あんたらもやってごらんなさいって言いたいんですよ。宗教は置いときましょうって。私だってね、スペインにいたころは、カトリックで教会のミサに行かされましたよ。でもフランスに来てからはやめました。もう二度とミサには行きません。これからも絶対行かないとはいえないけど。でも、私がアラブ人や中国人やほかの国の人たちと食事会をやりたいと思わないのは、宗教のせいじゃないのよ。それは自分でもよくわかってます。あの人たち、食事会のときなんかよく入口からのぞいて、ヨーロッパ人がいっぱいいると、入ってこないんです。アラブ人はね、自分らが一番多くないとだめなのよ。人種差別してるなんて言っちゃいけないけど、あの人たちこそ一番差別してるじゃない。共産党も、なんかの運動とかあるとき、ときどきお手伝いしますけど、でも、党の人たちも、いつだってなんだかんだあの人たちの肩を持ちますね。仕事がないのも、給与が低いのも、みんながアラブ人を差別するからだとかいうんです。でも、あの人たちこそ差別してるじゃない、なんて言おうものなら、大変……。だからさっきも言いましたけれど、今年はあまり団体の方の活動はしてないんです。

［彼女はそれから通りに物を捨てる団地の住民たちの話をした。「窓からゴミバケツをそっくり空けるのもいますよ。バナナの皮、ヨーグルトのカップ、牛乳のパック、紙オムツ、やり放題ですよ」。そして、「働きたいのに職のない人たち」が遭遇する問題も語った。］

――若者の失業の問題はどうでしょうか。

**マリア・D**　そりゃ、大変なもんですよ。

――ご自分のお子さんは？

**マリア・D**　いえ、いえ、うちはだいじょうぶ。ヴィルヌーヴは問題山積ですけど、うちはそういう問題はありません。（…）みんながみんな同じ問題を抱えているわけじゃないんですよ。優先市街化区域の団地でも、いい生活をしてる人はいるのよ。団地ではみんなひどい暮らしをしてるなんて思っちゃだめ、間違ってますよ。二人とか三人暮らしのうちで、ちゃんと仕事があれば、車も二、三台持ってるとこもあるんです。（…）外観もちょっとはよくなったし、改修も少し進んだけども、中の方の問題はまだ残ってます。あいかわらずそういうのを抱えている人たちがいて、前と同じ問題なんですよ。同じ問題、つまり失業ですよ。

――問題を抱えている家庭というのはどういう家庭なんですか。

**マリア・D**　特に子だくさんのうちですね。どんな国籍でも、いつも子だくさんのうちです。あんまりないですよ、五人とか六人を超えるうちで……、別に数のせいってわけじゃないですよ、〔子だくさんで問題ないうちが〕全然ないって言いたいわけじゃない、たぶんあるでしょ……でも五人も六人も子どもがいると、国籍がどこでも問題を起こすことになりますよ。（…）スペイン人のうちなんですけどね、両親は離婚して、父親はいつも酒浸り、母親は子どものことでいつもだれかれとなく、けんかしています。イタリア人のうちで、同じような問題を抱えてるのもある。つまりこういうことなんですよ、大人数のうちはいつだって問題を起こすんです。どんな国籍でもね。もちろん親がきびしくて、きちんとしてれば別だけど……。でも大部分はアラブ人です。家族の人数も一番多いし。アラブ人のうちにはね、もちろん家族の人数によって違うけど、一人か二人か三人、何年も仕事もしないでぶらぶらしている子どもがいるんです。そうでないうちなんてまずない。刑務所に入ったことのあるのだって、そのくらいいる。ヴィルヌーヴでは、私の知っているアラブ人の家族で、刑務所に入った子どもがいないとこなんか、一つもないくらいよ。そういううちの子は、それこそ何年も失業してぶらぶらしている。二カ月とか三カ月、たまに六カ月くらい働くと、失業手当をもらえるもんだから、またぶらぶら、ぶらぶらして、そんなことばっかりしてる。もう三十にもなろうってのに、ちゃんと仕事したことがない。そんなのはね、冗談じゃない、私のとこじゃ許しませんよ。うちじゃあ、子どもにそんなことはさせませんよ。（…）もし息子が仕事が見つからない、なんて言うんなら、私が代わりに仕事を見つけてきますよ。で、その仕事が気に入らないってことなら、もっと学校でがんばるっきゃないでしょう。私がアラブ人たちに言ってるのも、そういうことなんですよ。

**――で、あっちはなんて言うんですか。**

**マリア・D**　あの子たちに、私はこんなことをしょっちゅう言ってるんですよ。むこうだって、「はい、そうっすね」なんて言うんです。「どうしてもっと学校の勉強を一生懸命やらないの。そのあとで、仕事がないとか、見つけた仕事がおもしろくないとか、なんとでも言いなさいよ。闘わなきゃだめよ、学校のときから闘うのよ！」って言うでしょう、すると「そうだけど、大変っすよ、それ」とかなんとか。――「仕事だって大変でしょう」――「ええ、それはそうっすけど。おっしゃってること、正論っすね、ほんとうにおばさんはやさしいよなあ、ためになること言ってくれるなあ」。あのね、私はもう何千回も言ってきてますよ。「テレビで見たでしょう。アラブ人だって、ジャーナリストもいるし、いろんなところで活躍してるじゃない。あんたちはね、差別されているわけじゃないのよ、学校でしっかりやればできるのよ。勉強しなくっちゃ！」あの子ら、私が話してもへらへらしてますけど、みんな私のこと知ってます。みんなです。私もみんな知ってます。あの子らが小さいころ、っていうか、生まれるころから知ってるんですから。なんせ、ここにもう二〇年も住んでいるんですから。（…）おぼえてますよ、うちはね、一〇人兄弟でね、いまとはぜんぜん違ってましたよ。父は働いてましたけど、もう、うちじゅう無いものだらけ。でも、物がなくても、それでも幸せでした。いまはそうはいかない。そうでしょう？　六人、七人とか、四人、五人とか、場合によるけれど、それだけ子どもがいて、父親が働いてないところがたくさんある。さもなきゃ、父親が一人で働いて、安月給をもらってる。

## 母さんがいるかぎり、おまえに失業なんかさせとかないよ

――ここでは仕事を見つけるのに、何か問題があるんですか。

**マリア・D**　その、仕事の問題ってのが一番大切ですよ。私、思うんですけどね、仕事をしてれば、たとえ給料が安くても、それがすべてです。そうでしょう。労働こそ、すべてです。労働こそ、自由です。労働こそ、すべてなんです。だから仕事がないときには、どんなことがあっても、なんとか探し出さないといけない。仕事、仕事、仕事ですよ。若い子だってね、仕事さえ見つかればまじめになるんですよ。さっき言ったような、ぶらぶらしているだけの若い子も確かにいることはいますけどね、ぶらぶらしている子もいますよ、でもそんなのは少数派ですよ。（…）そりゃあ、なにもかも、百パーセントうまく行くってわけにはなかなかいきませんよ。他人を利用したり、その時の事情をうまく利用したり、みんなしますよ。失業を利用して、手当で生活する人もいます。うちの息子なんか、父親のところで働き出して、それから兵役に行くまで、一年、働きました。電気関係の仕事で契約社員でしたけど、車に〔盗難防止の〕警報装置とか、無線電話とか、そんなのを取り付ける作業だったようです。契約期間は六カ月でした。息子は、そのあと失業手当が出るのを知ってましたから、もう仕事はしないつもりだったんです。でもね、私、息子に言ったんです。「いいかい、おまえ、あたしの前で、そんなことぜったい許さないからね！」ってね。息子は夏の休暇を取ると言い出しました。私たちは八月には休暇で遠出する

ことにしてたんで、それは許しました。でも九月になると、「仕事を探しにいきなさい」と言ったんです。息子は行きたがりませんでした。というか、行かないっていうわけじゃないけど、ぐずぐずしていたんです。ぐずぐずして、見てられなかった！　お父さんは朝から仕事に出ます。私は起きてますけど、息子は九時まで寝かしときました。でも九時になったら雨戸を開け、毛布をはぎ取りました。十八になってましたからね、もう大人で、職業高校も終わってたから大人ですよ、「さあ職安〔公共職業安定所〕※に行くのよ。仕事、探してくるのよ」って言ったんです。「今日はいいよ、昨日行ったばっかだろ」、「でも今日も行くのよ」ってね。もう大人なんだから。最後はもう、いらいらしながら起き上がって、服を着て、でかけていきましたよ。「とにかく、ベッドでゴロゴロしてちゃだめなのよ」って言ったんです。九月中、息子はぐずぐずしてました。二人して、ほんとうに大変な一月でしたよ。毎日が言い争いでした。〔前に〕言ってたんです。学校を続ける気がないなら、それまでだって。私立にも行かせてやる、とか。だのに、本人はいやだって言ったんですよ。それで私はこう言ったんです。「母さんがいるかぎり、おまえに失業なんかさせとかないよ」って。そうじゃありませんか。健康なら、失業手当なんかもらっちゃいけませんよ。息子と二人して、毎日口論しながら一カ月過ごしました。毎日うるさく言いましたよ。最後に、息子は派遣会社に行って、そこで何カ月か働きました。そのあと、うちのお父さんが修理工場をやってたんで、なんとかそこに落ち着くことになったんです。でも一カ月ですよ、一カ月も息子は家にいて、一カ月毎日、二人で口論ばかりしてたんです。「ああ、だめ、だめ、そんなのはだめ！」なんて言ってね。若者が誰でも仕事にありつけるわけではないのはわかってますけど、私がそばにいたら絶対働かせて見せます。うちの息子だって、その気になったじゃないですか。さっき、最初に言いたかったこともそのことなんです。失業手当をもらっている若者がいるでしょう。手当がある限り、わざわざ苦労して仕事を探す気にはなりませんよ。手当が出なくなったら、しょうがないから三カ月とか六カ月とか働いて、またぶらぶらするんです。おわかりでしょう。少数だけどそういう若者もいるんです。もちろんそうでないのもいますよ。仕事をもらって、仕事を始めれば、あとはちゃんとやる。（…）はっきり言ってね、うちの息子は二人ともちゃんと働いてますよ。小さいほうはまだ学校ですけどちゃんと勉強している。私がいつも七時とか六時半とかに起きて働いてるのに、子どもたちは寝かせておくんですか。怠けさせとくんですか。お父さんと私がまるで犬のように働いているっていうのに。だめ、だめ、とんでもないですよ。でも、ほかの人がみんな私のようじゃないってことは、私だってわかってますよ。

［…］

そうでしょう？　誰だって、みんな働いてきたんです。一人残らずみんなそうです。そしていまの世代の若者たちも、ちゃんと働かせるようにしなくちゃいけません。私の弟にはもう結婚している息子がいて、そこは夫婦共稼ぎです。娘も二人いますけど、まだ二人とも学校に通っています。四人目もいるんですが、これは男の子で働いてます。私らみたいなスペイン人は、そんなに立派な職にはつけませんけど、でも、立派な職じゃなくたって、生きていくためのお金はきちんと稼いでいるんです。何もしないでぶらぶらしたり、人に迷惑をかけたり、そんな家族じゃありません。五千フラン稼げば、五千フランあるってことでしょう。街中で暮らしている人たちも知っていますが、みんなそれぞれの稼ぎで生きています。年金暮らしもいるし、ときには失業手当で生活する人だっていますけど。五千フラン稼ぐ家庭は五千フランの暮らしをする、一万フラン稼ぐ家庭はそれなりの……。そう、そういうことをいつも私は子どもたちにも言うんです。いつも頭の中に、自分で稼ぐ精神ってのを持ってないといけない。働き者の精神を持って、ぶらぶらしたり、成り行きに任せるなんてことのないようにしなくては。仕事さえあれば、なんとでもなるんですから。でも、もし仕事がなくて、あちこちうろうろしなくちゃならなくても、気落ちしたり、あきらめたりしてはだめです。やる気のでないときもあるでしょうけど、続けないと、やっぱり続けないと……。子どもがやる気をなくさないようにしてやる、そのためにも親がついててやるんだと思いますよ。子どもたちにも、私はそれほどお金もないし、贅沢もできなかったけれども、人から後ろ指をさされるようなことは一度もしたことはない、と言ってます。一度もないですよ！　いかがわしいところにいったこともないし、ちゃらちゃらした服を着たこともないし、そんなことは何もしてません。自分が持っているものの範囲で、慎ましく暮らせばなんとかなるんだと……。そうなんですよ、私は子どもたちに、できないようなことを望んではだめだと言ってるんです。住むところもそうだし、ほかにもね……。私はね、ここに二〇年住んでいますけどね、ここもけっこういいですよ。おしゃれな街に住んで家賃四千フラン払いたいとは思わない……。だから私はここにいるんです。正直に暮らしてきて、これからもそうしていく。それしかないでしょ。ここだったら家賃が払えるから、いるんです。家賃が払えないようなとこに行けますか？　行けませんよ。

一九九一年三月

# 割に合わない投資

ガブリエル・バラーズ

テリエさんは町の商店主自衛会の代表だ。一年前に「設立した」ばかりのスポーツ用品店は、商品をごっそり持っていかれたあげく、放火された。今は黒焦げになった骨組みしか残っていない。

この高層アパートと集合住宅の団地にあったのは、生活必需品を売る二〇軒ほどの小さな店だけだった。こうした労働者住宅地域に店を出した場合、特に盗難に遭う恐れは大きい。スーパーは出店義務を負っているため、非常に消極的であっても、こうしたリスクをおかして出店せざるを得ないが、大型店ほど監視態勢や保険を用意できない小商店は、こうした地区を避けることを選ぶ。小さなショッピングセンターが略奪される事件が起きたとき、のどから手が出るほど欲しくても団地地区の青少年には手の届きにくいスポーツ用品は、カフェレストランやメガネ屋や靴修理屋よりも前に、真っ先に狙われたのだった。

テリエさんの店は、この場所では特に「場違い」に思える。多くの小商店主と違って、彼女は店を継いだわけではない。店をもったのは遅く、五十代になってからで、商売とは関係のない別の仕事（事務職）を二つやった後のことだった。店の破壊は彼女にとって——部分的には自分の経験不足が原因である——挫折であったが、それは辛抱強く組み立ててきた社会的上昇計画の挫折でもあるだけに、余計につらく感じられている。

実は、こうした店を開いたのは偶然の産物ではなかった。商売の経験があればふつうは確かめる裏付け（特に、商売が経済的に成り立つかどうかの評価）が揃っていたわけではなかったが、テリエさんにはスポーツへの強いあこがれがあった。自分は「グラウンドで」育てられたと言う。母はバスケットボールの選手、父はコーチ、兄は体育教師。しかし、自身はスポーツを仕事にすることができなかった。当時、彼女の生まれ育った環境では、女の子は男の子ほど進学を後押ししてもらえなかった（「母親から言われてましたよ、あんたはね、結婚するんだよ、ご亭主が面倒見てくれる……」）。「何でもコンピューター化された今では存在しなくなった仕事」、キーパンチャー・簿記の職業訓練を受けたが、子どもには娘にも息子にも、スポーツを仕事にするよう励ました（息子はスポーツインストラクターで、競技をやって「コーチの道」を目指している。娘は体育を教える勉強をしており、自分の種目で全国大会で優勝したことがすでにある）。それで転身するとき、スポーツ界についての知識とスポーツ好きを商売に活用できると考えたのだった。

最初に勤めたのは小さなランジェリーメーカーで、会社の破産申請の時に経営上の理由によって解雇され、このときも転職を余儀なくされた。最終閉鎖の前二年間、会社は社員によって職場占拠され、この運動で重要な役割を担っていた彼女は、社員を支持していた自治体と接点をもった。闘争心の持ち主である彼女は、市議会選挙のとき、「候補者名簿」に名を連ねる。このような日々の中で、彼女は「仕事と家庭のバランスの取り方がわからなかった」と言う。彼女が時間を割くことができず子どもたちは「工場で宿題をやっていた」し、特に、教師の夫のためにはほとんど時間を割くことができず、まもなく離婚した。市会議員に選出されると、市のスポーツ関係の担当になった。スポーツ洋品店を構えるとき、ようやく自分の経験と志向を活かし、長年の「闘争〔経験〕」を「資本として投資」できると考えたのだ。

店を壊されたのは理不尽だと彼女は強く感じている。議員時代には、スポーツ活動だけでなく、団地地区の住民――「隠された貧困」があるのを彼女は知っていた――の擁護にも力を尽くし、たとえば差し押さえに反対したり、当局に警告も発していた。今、大変な状況に直面しているにもかかわらず、面談中に、団地地区の住民は「とても貧しくて」、「若い人が将来の見通しをもてずに、（…）何かに取り組むことも結婚もできない、仕事があるかもわからない」、公共有用労働制度※も社会参入最低所得保障※も「家賃だって払えない」、と指摘するのを忘れない。でも同時に、「眠れなくなっていた」ことも認める。「人一倍がんばらなくちゃ」ならなかったなかで、ようやく一歩踏み出すための努力がすべてふいになったからだ。自分の身に起きたことと自らの政治的信念の板ばさみになって、「目の前で物を盗まれた（…）屈辱」がいっそう耐えがたい。そして、店を荒らし、火をつけた若者たちがすぐ釈放されたという事実も耐えがたい。「翌日にはもう見かけました……釈放されて。腹立たしいですよ。疲れるし（…）危いってこともあって。ショーウィンドウまでわざわざからかいに来たんですから。もしかしたら……［言い淀む］つまり、何と言うか……仕返しされたかもしれなかった、逮捕されたのは私のせいだって。（…）無力感がありますね」。

それでも、憎しみや恨みに押し流されることなく、自らの政治的信念に従った姿勢を失わない。たとえば、初年度、店の従業員を雇う給料が出せず、「本当に頼み込まれて」、研修生を一人雇うことになったが、彼女自身は「そういうやり方には反対なんです。安上がりの労働力ということだから」。研修につけられる様々な名前には「苦笑」せざるを得ない。「なんとかかんとか新計画とか新規……とか。終わっても、ろくな仕事がない」。受け入れた研修生との関係の中で、こうしたことをこれまでになく強く感じた。「何一つやってもらうこともできなくて……［研修制度に］反対なんですから。私だってもとをたどればと思うとね……頭が痛くなりました」。

暴力は（「ありとあらゆる社会問題を一つの町に集めておいて、おまけに、それが住宅問題を解決するためだって言うんですからね！」）、社会的、もっと言えば政治的要因に帰せられるべきであり、個人の人々、まして人々の本性に帰せられるべきではないと彼女は今も考えている。恵まれない状況にいる人に自己責任を押し付けることを拒み、学校と労働市場を活動家の目で分析しながら、自分の身に起きたことを、理解し、それどころか、受け入れさえする方法を模索している。

# 女性商店主

〈聞き手〉ガブリエル・バラーズ

## 「店は……もうなかった」

——前にお店をもったことはなかったのですね。

**テリエさん**　いえ、全然。まったく。それに、この店は一人で作ったの。お話ししませんけど……ほんとに物騒な地区で、どんな大変なことがあったか。これはお話しすることがたくさんあると思いますよ。一年半はやったんですけど、八九年の五月に開店しましたから、それで〔ヴォー＝アン＝ヴランの暴動が発生した〕※九〇年の十月に、店は……もうなかった。全部もっていかれて……。荒らされて放火された店の中にうちも入ってて。うちが一番最初にやられたの。

——……スポーツのシンボル、そうでしたよね、欲しい商品のシンボルだったのですね……。

**テリエさん**　……ええ、うちの商品は若い子に大人気で、で……万引きしようとする子がひっきりなしにいてね。のどから手が出るほどほしかったのね。もともと、この辺の若い子はスポーツウェアを着てる子がすごく多くて。今は、ふつうの普段着っていうんですか、そういうの、もうほとんどないでしょう。今はジーンズかジャージにスニーカー。そう。今はそれが流行りで……。それに、その上、そういう商品は高くてね、若い子には全然手が届かない、それで……。

——並んでいるものと……それから若者たちの買えるも

のとの間に、ギャップがあった、それで、お店がいわば……。

**テリエさん**　そう、挑発みたいに思われて、そういう商品に手が出ないから……三回……家宅侵入された盗難が二回あってね……一度は屋根から、二度目は壁から入られて、三度目に捕まって……。その後……だって火炎瓶を投げ込まれたこともあったのよ……そんなこと見たことなかったのに……。

――でも一年の間に、ですよね？

**テリエさん**　そうです、一年。一年半。火炎瓶なんて、前はそんなこと一度もなかった、ここではそんなことはなかったの。盗んだデビットカードを使って、支払いが止められて、警察沙汰になった。その後、仕返し。あの年はほんとにとっても大変だった。それで私もやられっぱなしっていう性格じゃない、あきらめる方じゃないから、そう……引き下がらなかった。でもこれも言っておかなきゃならないけど、やっぱり、それでも、支えてくれる人たちもずいぶんいたんですよ、お客さんがいて、ありがたいことに、不良グループだけっていうわけじゃないから、とってもいいお客さんで。それに、その人たちはこの町に来たときからよく知っていたってこともありました。でも、もしかしたらそれが原因ってことがあったのかもしれない……。私もときどき、それでもちょっと気持ちの浮き沈みはありましたが、それにしても、こんな目に逢うなんてあんまり、あんまりです。

## もっと早く対処すべきだった

――つまり、経営の条件が特に厳しかったということなのですね。でもお店を出そうと決めたとき、ご存じだった……この地域をよくご存じだったのですね？

**テリエさん**　ええ、知っていましたけど、それにしても、ここまでとは思わなかった。だから全然思っていなかった……こんなに大変とは。この暴動の前に、やっぱり、ちょっとしたこと……それまでなかったことがあって、麻薬をやってる人がすごく大勢やってきた。私は警察に知らせたし、議員にも知らせたし、みんな知ってたんです。それなのに何の対応もされなかったんですよ。何か起こるだろうと言ってあったんですよ。商売って街中の話がひびきあって、いろんなことがわかるの。それに、やっぱり……ときどき話しに来たり、会いに来たりする若い子もいて、私はやっぱり……いくらか人間関係ができていて。その子たちと、グラウンドで知り合いになっていたから。だからやっぱり話もしやすかったのね……。それに、小石、というか、敷石が建物の中に積まれていたのも知ってました……バリケードを作ってた（…）。やっぱり、よくわかりませんけど、やっぱり、もっと早く対処すべきだったのは確かです。予測できてたんだから。このことを知事とも話したんですけど、証拠がいるとかいうことで……。こういう若者に何かしなかったら、戦争になると私は言ってるんです。それに……私は地区の改修には賛成ですよ、もちろん……それは……建物をちょこっと塗装するためとかじゃなくて、問題を解決するためなんて言ってるけど、それは違う。問題は残るんです。第一、この地区は、ほんとに、住みやすくなり始めてたの。そしたら何が起こったか。こんなことにまでなるとは全然思いもよらなかった。

［…］

――全部の店に被害が及んだのですか……。

**テリエさん**　ええ、そうです……。そう、火事があったから被害が及んだんです……。でも、特に狙われたのは、カフェレストランで――まずそこの瓶を使って火炎瓶を作った、お酒の瓶で――、それからうちのスポーツ用品店も、もちろん。メガネの店もあって、ごっそり盗まれた、メガネとか、それからタバコ屋。靴もありました。それから、そう、スーパーも荒らされた……。それで結局、どの店も、火をつけられる前に……みんな荒らされて、商品を持っていかれた。私はね、社会福祉みたいなものをやったって言ってもいいの、あの子たちに頭のてっぺんから足の先まで、タダで服着せて靴履かせてやって。あれは見ものだったわ。後で、街中で売りに出てるのよ。みんなうちの品物だって知ってるのよ。むちゃくちゃよ。それから、地区では挑発っていう話も出てきた。うちは今もずっと営業してますから……商店用に提供されている場所が一軒あって。だから私はよく地区をあちこち動き回るでしょう、若い子たちがいて……挑発しに……。

――ということは、場所をまた確保できたということですか。

**テリエさん**　一時的な場所。すぐは無理だったから、理由があって。私はね、季節労働者みたいなもので、つまりスポーツ用品を注文するには六カ月前に取り掛からないとだめなの。ちょっとした注文なら、今すぐ、そうですね、今すぐできますけど。だから、今日の明日っていうふうにいきなり始めるのは無理だったんですよ。

［…］

［彼女は、賠償金を受け取るための保険会社関係の様々

な手続きと、責任の所在を明らかにするのに必要な一連の査定と再査定について説明する。同じ地区で店を再開しない限り、賠償金を受け取ることはできない。]

## 匿名電話

[電話が鳴る。テリエさんは、匿名電話から身を守るために留守番電話を取り付けたと話す。]

**――結局、私生活にも影響があったのですね。**

**テリエさん**　ええ、そもそも影響は、事件のすぐ後からあったんです。というのは、そう、もちろん商店主自衛会の代表として、そう、テレビで話すことになったりして。それに、若い子たちに何かしないといけないという話も、事件の前からしてましたし。でも、それは自分の意思でやったところもあるんですよ、断固としたところを少しは見せないといけないときもあるの。ちょっと甘やかしすぎのところがあって、それは、もしもっと前に……だって事件はあれで終わりじゃなかった、続いてたんですよ。車が盗まれたり、地区で挑発があって、あちこちで武器を手にして、まだ問題が続いてます（…）。うちの地区で話をすると、銃の話を聞かないことはほんとに少ない……。そうなのよ、ぴりぴりしてる。

**――だれがですか？　若者たちですか、住民ですか。**

**テリエさん**　いろんな人たちです。

**――店を持っている人たちですか……。**

**テリエさん**　全部の層。店を持っている人たちもいるし、地区の住民もいます。つい最近も、発砲があった。誰かの車が盗まれそうになって。でも今に何か悪いことが起きそうで……。もう慢性的になってるんです。市の施設が盗みに入られたり。それで、よくわからないけど、その上、そう、見回り担当の警官で、ちょっと年配の人たちと話をする機会がありましたけど……仕事をどうやってやっていいかわからなくなってるのね。暴言を浴びせられるけれど、介入しないよう命令されているから……挑発しないようにっていうことで、やられっぱなし。それで、どこまでやられっぱなしにするか、問題はそこですけど。だって今、ほんとに気楽に警官に向かって暴言を吐くでしょう。警官のほうが何も言ったりしないから……。

## ああいうきれいなものを並べられても手に入れることができない

**テリエさん**　だから、私は店でも荒れた地区でも孤立無援だったとお話ししたんです……立ち向かって、監視して、そう、それに、お客さんですけど、店に来る若い子は、盗む機会をうかがってる……その上、悪口や暴言。けんか腰、ものすごくけんか腰で。暴言じゃないときだって……頼んだりする言い方じゃなくてね……。何でも自分たちに与えられて当然と思ってる。難しいのはそのことなの、あの子たちにとって……買えない、消費社会だからって、ああいうきれいなものを並べられても手に入れることができない。つい最近も、私の目の前で、あんな事件が起こる前だけど、うちに盗みにきた。前は、それでもこっそりやってて、盗もうとしたところを、そう、何人か捕まえたことがありましたけど。そのときは、陳列してあった靴が盗られて、片方しかなくなってた。で、私は気がつかなかった、だって一足じゃなく片方だけ持っていくなんてね！ 彼らは店を出て、また戻ってきて、それで今度は箱を漁った。陳列してあったのと同じ靴の片方を箱の中から探してた、〔陳列中だから〕ウィンドウの近くに置いてあったのに。このときもいろいろ言われて、「何じろじろ見てんだよ」とか、早い話、そういうこととか。そして、出て行くとき、一人が靴の片方を持って出ようとして、私はドアの前にいましたけど、押しのけられて。それで出て行った後、ウィンドウを見たら、彼がどうして必死になって片方を探していたのかわかった。ウィンドウの片方がもうなくなってて、そしてそれはとても……それでいつも警戒していなくちゃならないのね、いつも……いつも考えて……。

**――まったく休む間もなく？**

**テリエさん**　全然。全然。それで、夜ももちろん、眠れなくなってました。店に侵入されたことが二度あって、それが夜中の二時で、セキュリティ会社から、「すぐ店においでください。店中、破壊されています」って連絡が入るなんて、変な感じがしますよ。

**――共同のセキュリティ会社があるんですね……。**

**テリエさん**　ええ、うちに回線が入っていて。直接警察につながっている回線で、だから、現場に着いたとき、もう警察がいて、少年たちは……。

**――それは心配ですね……。**

**テリエさん**　ええ、もう気が休まらなくなっていました。店のことがずっと頭から離れなくて、そう、それにね、あの店が何でもできる魔法の杖だったとはとても言えない。収益がかなり低くて……それで結局その年は……。

**――もし他でやっていた場合よりも大変だったのですね。**

**テリエさん**　ええ、間違いなく。

## 隠された貧困なんですよ

**テリエさん** 一九六七年にうちがここに来たとき、この優先市街化区域※はまだ建設が進んでいなくて、空き地しかなかった。大都市から離れた空き地……。ほとんど湿地で、耳を澄ますと、覚えてますけど、トレーニングから帰ってくると、カエルの鳴き声がして、ほんとに田舎でした。でも今でも耕地もたくさんあって、農業者もたくさんいて、まだそういう地域が……一五〇ヘクタールで野菜が栽培されてます（…）。問題がいろいろあって、つまり優先市街化区域にありがちなことみんな、購買力がないし、失業してるし、それに経済危機があって、問題は片付かなかった。貧困は目につかないの。低家賃住宅の中とか、アパートの中に入らないとだめなんです。そういう人たちがどうやって暮らしているかを見ないと。私は議員だったから、機会があって、そういう……。

――いろいろな人の家に行く機会が？

**テリエさん** そうです。差し押さえに反対したりしました。住宅の中がどうなっているか見る必要があった。テーブルが一つと床にマットレスしかなかったり。以前知られていたスラム※とは、もう違うんです。隠されている、隠された貧困なんですよ。思い出します、見る機会があったんです、そう、テーブルが一つ、それも脚が一本折れてて、ぐらぐらする椅子と、それから、こんろ。缶詰がテーブルの上に乗ってて……。こういうことは目につかないの。スラムのことはみんな知ってましたけど、ここは建物があるし……。

――それに、もちろん、多くの人がほんとに安い給料で暮らしていて、そういう人が大半ですが、社会参入最低所得保障※とかそういうもので暮らしている人もいるのですね。

**テリエさん** 想像できます？ そんなこと。若い人たちは公共有用労働※制度を利用したらどうかと言われるわけだけど……その仕事でもらえるのは一月一九〇〇フラン。※最低所得保障は今、二千フランのはずです。これでどうしろって言うんです？ 家賃だって払えない。無理です。だから、確かに調査も要るし、改修も要るけれど、確かに……。でも取り組まなかったら、問題の根本に切り込まなかったら、お金をばらまくだけ。何も解決しない、絶対何も解決しない。こういう人たちの購買力がスズメの涙ほどもない限り、若い人が将来の見通しをもてない限り。これは大変なことなの……若い人にとって。想像できます？ 何かに取り組むことも結婚もできない、仕事があるかもわからない、そういうことは……。そんなのはユートピアみたいなもんだと言われましたよ、私が要望をしたとき、そう、今はみんなが働く権利とか、住宅の権利とか、そういうのを持っているって言っても、だれも耳を傾けようとしない。会社の閉鎖が続いてます。ご覧になりましたよね、ラジオをつければ、エールフランスとか、そのほかどこだったか、人数は知りませんが解雇があって、会社の閉鎖が続いてる。そんなとき、どうやって家族でまともな暮らしができるって言うんです？ 結局、お金の問題があるときには、必ず何もかもうまく行かなくなるし、状況が悪化する。それに、そう、学校も、内容や学習プログラムが、若い人が今、学校に期待していることに、きちんと対応しているかどうか……。そう、私は、うちの下の娘は、こう言います。「ママ。ママは勉強を続けろってお尻を叩くけど、私は職安〔公共職業安定所※〕に登録に行くわ」。それからこう言うんです。「一般教育課程※修了証を取るまでやってみるけど、その先のことは、それから考える」って。そう、娘は、大学で四年間過ごす気がない、仕事がないだろうってことがちゃんとわかってるから……。議員になったとき、若い人の仕事のことで頭が痛かった……。いつもいつも、何人若い人が私のところに来たことか。いくらでもいいからと自分を売り込んで、スタジアムの清掃でもいいからと。仕事、自治体の仕事を頼みに来て、スタジアムの警備や体育館の清掃で構わないからと言って、学歴があるのに、ひどい話。そういう若い人にそんな仕事しか提供できない。しかも、私は雇うことさえできなかった。だって、求人もそんなには……。

［…］

［彼女は、一種のオン・ザ・ジョブ・トレーニングだった自治体での経験について――「議員になるための学校はありませんから、ね」――、また「政治に関わった」ことで生じた居心地の悪さについて話す。「職探しは難しいかなと思ってますよ、何しろ私は赤インクの印つきだから」。］

## まったく五里霧中

――一時的な再開の後、いろいろなことが片付いたら、お店を、ほかのところに開く予定はおありですか。

**テリエさん** いえ、商売を続けるつもりはないんです。

［…］

――先のことについては、まだ……漠然としているということでしょうか。

**テリエさん** そうねえ！ 漠然となんてものじゃない、

漠然となんてものじゃないですよ。まったく五里霧中。

――もうお店はやらないということだけは決められたのですよね、賠償金のために必要に迫られて再開されたとしても。結局のところ、お店は御自分にとっての解決ではないというふうにお考えですか。たとえば議員の経験と比べて、それほどやりがいがあるわけではない、というような……。

**テリエさん** そうなんです。でもいつも同じこと、そう、当面は、その方面、つまり商売の方に向かってますけど、もう一度やることはないでしょう。でも、ほかに何も見つからなかったら……そのまま押し込められて、続けるしかない。もう選択の余地のあまりないような時期ですから……（…）大卒の学歴がなくて、人一倍がんばらなくちゃならなかったし……。教育も受けてこなかったから……。

――私の理解が間違っていなければですけれど、実は、どの局面でもがんばりどおしだったということなのですね。

**テリエさん** そのとおりです、ほんとうに。

一九九一年三月

# 悪評との戦い

ガブリエル・バラーズ

オシーヌさんはこの団地の最古参の住民の一人である。彼が住んでいる建物は、〔ヴォー＝アン＝ヴラン※の暴動の時〕放火された商店街の近くにあり、そのときには避難を強いられたが、その後、建物は塗装しなおされた。彼は七〇年代にここにやってきた。鉄道員の息子であった彼は、チュニジア国鉄の熟練労働者となり、機関士として一〇年間働いたが、フランスに移住してからは、トラック製造工場の生産ラインで、単能工の職につくしかなかった。機械組立工の職業適格証※を持ち、一年間製図の勉強もしていた彼は、当然、よりよい職種につけると期待していたが、それが実現しなかったので、会社を辞め、チュニジア人の友人の紹介で、ある化学工業会社で機械管理の職についた。彼が移民労働者のための寮を離れ、この団地に落ち着いたのはそのころである。

この団地に入居することは、当時の彼には奇跡のように思われた。それは知人――彼が参加していたサッカークラブの名誉会長――のおかげであったが、彼の人生もそれから変わることになる。結婚して、チュニジアで小学校教員をしていた妻を呼び寄せることができたからだ（その後、子どもが三人生まれ、同じ団地内の少し大きな住居に移った）。

八〇年代になると団地は荒廃する。以前と比べて、住民の出入りが頻繁になり、失業者も増えた。「問題を抱えた家庭」が入ってきて、彼らとともに麻薬が持ち込まれたことで、暴力事件と警察による監視が日常のことになった。オシーヌさんの妻は、子どもたちを暴力から守るために家から出さないようにしているという。「もっと静かな」ところへの転居を望んでいるが、夫はそれに反対している。団地の人々との連帯を裏切ることは、自分自身を裏切ることに等しい。だから懸命に、彼は団地の環境改善に取り組んでいる。オシーヌさんは辛抱強く住民を守ろうとしている。低家賃住宅運営会社※による団地の維持管理や諸請求をチェックし（面談のとき、彼は、電球や水道の過剰請求書など、こまごまとした書類を見せてくれた）、どんなことであれ、会社側と折衝する住民を助けようとしている（面談の最中にも、途方にくれて相談に来た近所の老婦人に、会社側とのもめ事にどう対処したらいいか、説明していた）。とりわけ団地のよいイメージを守るために、団地をゲットーとみなす最近広まっている論調と闘っている。自ら作成した〔暴動〕事件以後の新聞報道の切抜きを、彼は面談の時に見せてくれた。彼はそれらを丁寧に分析し、さらに、あるテレビ局とのやり取りの記録も大切に保存していた。それはテレビ報道における団地住民の扱い方について、彼が抗議したときのものである。面談の中で、彼がテレビ番組の制作責任者に宛てて書いた手紙と、それへの返答を読ませてくれた。つまり彼は、単なる請求書の決済、団地の修繕・更新、住民一人一人の生活状況、共産党の市長——彼は支持している——との関係、メディアへの対応など、様々な場面において、今や失われつつある労働者という存在の本来の姿を、人々に伝える役割を担っているのである。彼の活動は団地の管理・運営の問題を超えて、失われた市民精神を取り戻すためのものでもあるのは明らかだ。団地のなかでも最古参であること、労働者としてのこれまでの蓄積、そしてその無私な態度（運営会社が、もっとよい住居を提案して彼を「買収」しようとしたこともあった）のゆえに、彼はこの団地の模範的な活動家となっている。

彼はあらゆる方面で闘っている。団地では地域イメージの改善のために、仕事場では自らの尊厳のために（人種差別的態度を示した同僚と殴り合った後、すぐに職を辞したこともある）、私生活においては家族のために自分を犠牲にし、厳しいしつけと相互理解を維持しながら（妻は一部だけ面談に加わり、子どもたちも居間に現れて父親が話すのを、尊敬を込めて静かに注意深く聴いていた）、彼はいつも闘っているが、そうすることで彼が維持、ないし再建したいと願っているのは、つねに彼自身のイメージなのである。

団地住民の行ないを改めさせようという、強い意志に貫かれたこうした企てが目指すのは、彼が六〇年代の終わりころ、ある工業地帯で体験したような、連帯する労働者のイメージを再建することであり、また、それをとおして、フランスにおける移民のイメージを改善することである。彼に言わせれば、移民は決して人から非難されるようではいけないし、それどころか、模範的であることすら求められるのである。

# 低家賃住宅の住民

## 「ここのゲットーを作ったのは私らじゃない」

〈聞き手〉ガブリエル・バラーズ

――団地ができた当初から、住んでおられますよね。その頃の方たちとお互いよくご存じなのはそのためですね……。

**オシーヌさん（夫）** そうです。最初からいます。昔は雰囲気もよかった。（…）「困ったことがなんかあったら、遠慮なく言ってくれ」ってこと、おわかりでしょう。

――みんなが互いに一肌脱ぐという感じですか。

**夫** それ、それ。みんな、お互い助け合ってた。でもそれから、どうしてこんなことになったのか。まずフランス人が出て行くようになって、そしてアラブ人が入ってきた。私もアラブ人ですけどね。つまり私の民族ですよ、それが入ってきた。でも、この話はまたあとにしましょう。ゲットーって言われるでしょう、でもね、ここのゲットーを作ったのは私らじゃない。まず政府、それから県、この団地の運営会社、それから市役所なんかですよ。［共産党の］市長とも話したことがあるけど、あの市長じゃありません、市長がやったわけじゃない。むしろ運営会社が悪い。

――だんだんフランス人が出て行くようになったのですか。

**夫** ええ、そう、出ていくようになった。中には移民、アラブ人にも、よそに家を買う人がいたけど。はっきり言って、私だって、もしそのとき未来が見えていたら……、ですけどね、だれも未来のことはわからない。未来が見えて、明日死ぬってわかってたら、闘ったり仕事したり、あれしたりこれしたり、そんなのがなんになるんです。いや、わかりゃしないいんですよ。だから「あと五年ここにいたら、チュニジアに帰る」と思ってたんです。そうでなかったら、ほかの人らのように家を買ってましたよ。

――家を買ったってことは、出て行った人たちは、一戸建てとかマンションとか買ったんですか。

**夫** そう、庭付き一戸建て。そんなのを買ってどんどん出てった。で、空いたところに、私の同胞や、アジア人や、それからベトナム人が入ってきて、そのときからもう、……ちょっとなんか、すさんできた。もう昔のようなわけにはいかない。もう同じじゃない。

――前と同じような住民意識とか、連帯感がなくなってしまったんですかね。

**夫** 仲間意識は変わらなかったけど、一人一人が閉じこもるようになったね。つまりなにか困ったことがあっても、もうお互い立ち入らないほうがいいってことになってしまった。

［近所の老婦人が、住民代表のオシーヌさんに意見を聞きにやってきた。］

## 昔からの住民は出てってしまった

――住民が変わったとおっしゃいましたね……。

**夫** そりゃ、はっきり変わりましたよ。古くからの人はいなくなり、新しい人が入ってきた。なかなかすぐ友だちになるってわけにもいかない。まずは知り合いになる必要があるんだが（…）。新しい人が入居したら、こちらから話しかけようとしたもんです。でもだれとも話したがらない人たちもいました。それで、修繕工事が始まる前はほんとうに汚くて、七階、八階、九階から下にゴミ袋を投げ捨てるような人もいたんです。やめさせようとして、最初やんわりと言ったもんです。「すみませんけども、ここではみんなできれいにして、住みやすくしようとしているんです。ゴミ袋を入れるコンテナもあるし、お宅の階段の踊り場にも、捨てるところもついてますし。そこに捨ててもらえませんかね」ってね。でも……あちらは聞く耳を持たなかった。ちょうどそのころ修繕の工事も始まった。それで、近所の人が「住民委員会❖を作ろう」と言って来たんで、そうしようって私も答えたんです。

❖ 低家賃住宅の提供者に対して、住民の権利を擁護して交渉にあたる。委員会の代表は（水道料金を含む）管理費関連の文書を閲覧する権利があり、住宅の管理・運営、住居の状態、周辺環境等について、意見を述べることができる。

**――ああ、そうやって住民委員会ができたんですね。**

**夫**　ええ。というのも、運営会社の方は、私らをごまかして、好きなように金を取ろうとしましたからね。家族が多い家庭では、お湯と水道の超過料金で四千から五千フラン※になるのですよ。

**――当時の家賃はどれくらいですか。手ごろなものだったんですか。**

**夫**　昔は安かったですよ。それに家賃補助があったし、修繕工事の前なら月五七〇フランだった……。それが、今は管理費とかも入れると四千フランぐらいになった。運営会社は私らをとことん食い物にしてたんです。団地の三つの通りの照明灯の電球を年に五百個も使ったことにした。五百個ですよ、五百個。そんで、それだけ分の費用を私らにおしつけた。住民は九四世帯でした(…)。そのときには、「住民委員会を作るしかない」と思いましたよ。でも言っておきますけど、何も自分から面倒なことに首を突っ込みたかったわけじゃない。「ぜひ委員会を作ってください。賛成だし、お手伝いもしますから」って言ったんです。それで、住民に呼びかけて、全国住宅協会〔借家人の権利擁護のための全国組織〕の人にも来てもらって、けっこう人が集まりました。で、そんなことになるとはまったく予想していなかったけど、本当ですよ……。どういうことになったかというと、私が女の人を見送ろうと思ってちょっと席を外したとき、つまり私がいないときにみんなで相談して、「オシーヌさんも委員にしよう」となったんです。私が戻ったときには、「オシーヌさん、委員やってもらいますよ……」って言う。「いや、それは困る。それは困るよ。だって、こういう類いのことなんか知らないし、それにやってる時間もありません。必要なら協力はするけど、委員なんてできませんよ、やめてくださいよ……困りますよ!」でもみなさん意見を変えない。全国協会の人も、「この仕事ができるのはあんただけだ」なんて言うもんだから。

**オシーヌさん(妻)**　でもお金のことは、会社もけっこう支出してたのよ。だってよく壊されたもの。不良たちが放火したり……遊んでるときに電球を壊す子もいたし(…)。だから、確かにお金はかかったのよ。だましたとか、やっぱり言わない方がいいわよ。

**夫**　それは支出はあったろうが、あいつらはいつだって儲けてたんだよ……。

——家賃が上がったのはそのころからですか。

**夫**　ええ、家賃が上がったのは、個人別住宅手当〔↓住宅政策※〕が導入される前で、修繕工事が終わる前です。（…）みんなで署名運動をしましたよ。今言ったように、住民委員会もできましたからね。会長、副会長、事務局長、事務局次長、会計とか、そのころは全部で八人でした。いまは私のほかに二人しかいません。それでもけっこうやっていますけど。

——ほかの人たちはやめてしまったんですか……。

**夫**　そうですよ。とにかくやることが多すぎて、大変だったから。それに、住民同士で対立することだってあったし。だから、やりたい人だけでやりましょうと言ったんです。いやならやめてもらっていいと……。

——住民同士の対立というと、いつごろから……？

**夫**　新しい住民が入ってきて、その数がこれだけ増えてきたころからです。そのころ修繕工事も始まりました。運営会社の人間が私に会いに来た。徹底して直さねばならない住居もあったからです。私が仲介しました。会社は全部改修しました。会社の人間はね、こう言うんですよ、「オシーヌさん、お宅にも何かやらせてください。入り口とか、どうです」ってね。だから、「いや、うちはいいです。もっとひどいところがあるから、まずそっちをやってください。うちはこのままでいいから」って言ったんですよ。確かに少し穴が開いてたり、壊れているところもありましたけど、仕事から帰って、そんなのを見るのがほんとにいやなもんだから、自分で直してた。壁紙も、塗り替えも。会社がそんなことをやってくれるというんです。だから言ったんですよ。「うちはいいから、必要なことをみんなにやってくれ。ドアはこんなのにして、ガラスもしっかりしたのにして。カーペットは取り替えて、もっと別の……いやタイル張りがいい。でも平等にやってほしい。ほんとにどうしようもなくなってるとこがあるから、必要な人たちのところから改修してくれ。仕切り壁が倒れちゃってるとこだってある。そっちを直してくれ。うちはこれでいいから」ってね。それから、会社の仕事をきちんと監視しました。会社は住宅のドアを交換しました。政府と運営会社の間でそういう合意があったんです。会社は「安全」ドアをつけたんですけど、その価格を二三七五フランじゃなくて、四千フランにして私らに負担させようとした。

——なんですか、その安全ドアって？

**夫**　防犯用に強化した玄関のドアですよ（…）。黙ってられなかったので、出てって怒鳴りつけて、とことんやったんですよ。結局、会社は決定を取り下げました……（…）。あとで知ったんですけど、会社と県施設整備局※との間には密約があったんです。市長にも相談したし、全国住宅協会とも相談しました。「ねえ市長さん、私がどうこうしたってどうなるもんでもない。もうごめんですよ」って言ったんです。すると〔共産党の〕市長は私に、「何言ってんです、がんばってくださいよ。なんか問題があったら、私が後ろについていますから」と言うんです。市長さんがまた私に勇気をくれた。でもフランス人じゃないのが入ってくると、フランス人は出て行き始めました。さっきの〔訪ねてきた〕女性も、もうじき出ていくんです……。

**――そうですか。あの方もそうなんですね。でもあの方もここに住んでかなり長いでしょう、なにしろ八二年からだから……。**

**夫**　もう一人おばあちゃんがいて、たぶん八十七歳になるんだけど、この団地ができたころから住んでる。そう、確かめたかったら来てもらって、話してもらってもいいですよ。さっきも言いましたが、誰だって地上に生きるのは一回きりですから、いつも心がけているんですよ（…）、あのおばあちゃんはフランス人だけれども、アラブ人でも、ユダヤ人でも、同じことをします。前におばあちゃんが病気になったとき、娘や息子はいるんだけど、一人も会いに来ない。だから私が、毎朝仕事に出るまえにおばあちゃんのとこに会いに行ったんですよ。鍵を預けてくれたからね。朝ごはんを用意して、ベッドで食べさせて、薬の錠剤を飲ませて、また鍵を取ってドアを閉めて、女房に鍵を渡して仕事に行く。女房は朝の八時にまた見に行きます。おばあちゃん、今いますよ。だから、話が聞きたかったら、来てもらえますよ。おばあちゃんはいままでずっと……。

**――この団地ができたときからずっと一人で暮らしているんですか!……**

**夫**　ええ。というか、前はご主人もいたけど、亡くなってからは、かわいそうにずっと一人ぼっちです。だからね、さっきから言ってんですよ、今はあたしらがいるからいいけど、あすになって……もういなくなっちゃうかもしれない。でもね、あの人もおんなじこと言うと思いますよ、昔はお互い気心が知れてたってね、今の人たちは違う（…）。

## もう昔と同じじゃない

**――出て行く人たちは、さっきもおっしゃってましたけど、フランス人が多いんですね。先ほどいらした方もよそに家をみつけたのですね。今も引っ越そうとして**

いる人は多いのですか。

**夫**　ええ。引っ越そうとしてます、もう昔と同じじゃないですから。今はだれもみんな……自分のことしか考えない。というか、あくどいことをする奴が多すぎて、つまりね、そこいらへんを壊したり、汚したりしてるのがいて、それを目の前で見てるのに、誰も何とも言わないんですよ（…）。問題のある一家が入ってきて、いや、一家じゃない、二、三軒、そんなうちがあるんだが、そのおかげで九四軒の住民みんなの評判が悪い。黙ってられないから、なんとかしようとしました。で、そこの若い連中に会いにいきました。仕事から帰った後、ちょっとお説教をしに出かけた。「俺たちはな、お前たちのお父さん、お母さんと一緒で、お前たちが生まれたときからみんな知ってんだ。どうしてそんなことをやるんだ？　どうしてもやりたいんなら、やめろとは言わない、けどな、どっか遠くでやってくれよ。遠くでな」。夜中の一時や二時に、彼らはいたるところでクラクションを鳴らしてる。つるんで、クスリやってんですよ。

——どなたもみなさん困ってらっしゃいますか？

**夫**　もちろんですよ。誰にとっても迷惑です。もちろん、誰にとっても迷惑ですよ。いいですか、ここに住んでると思ってくださいね、それで、だれか友だちが来て、その友だちが家に帰ったら何て言うと思います。「あそこはアラブ人しかいないんだね」って言いますよ。何て言うと思います？　帰ったら——汚い言葉で、ごめんなさいよ——くそったれどもの落書きとかを見て、「アラブ人ってのは、まったくなんて奴らだ」って言うんですよ。

——つまりここにいる人たちみんなの評判が悪くなると？

**夫**　そうですよ。なぜなら訪ねてくる人は事情を知りませんからね（…）、それでみんな一緒くたにして、「アラブ人はみんな同じだ」と言いふらすんですよ。そりゃ、なんでもやってみましたよ。なんでもやりました。で、そのころ、どっちにしたって……ただ黙ってちゃいけないと思って、本腰で取り組むことにしたんです。親にも会いにいきましたよ。親が大事なんだって言いましたよ。「なんとかしてくださいよ、親が言わなかったらいったい誰が言うんですか」ってね。普通じゃないですよね。うちは息子が三人いるけど、なにか高価なものを持ちかえって来たら、「どこで手に入れたんだ」って問いただしますよ。でもそこの親たちは子どもに何も言わない。なんにもしようとしない。だから、「なんとかしてくださいよ。子どもがいるのなら、きちんとしつけてもらわないと。やりたい放題させちゃだめですよ。よく目を光らせて、よくしつけてくださいよ」って言ったんです。……親の中で一人、「でも、いまの若い者はいくら言っても聞かないから……」と言うのがいました。だからこう言い返したんです。「いや、それは違う。今も昔も関係ない。子どもに罪をかぶせてはいけない。子どものせいじゃない、親の罪ですよ。親だけの責任ですよ。だって初めに子どもをしっかりつかまえといて、だんだん大きくなったときに、緩めればいい、ちょっとずつ緩めればいい。初めにしっかりしつけておけば、子どもだってどんなふうに生きればいいかわかるんだ」ってね。こっちの話を聞いてくれる親もいたけど、「あんたに何の関係があるんだ、うちの問題だろ……」という親もいた。これですよ、ここに問題があるんですよ……なんといっても、私が言いたいのは、私らアラブ人がこのゲットーをつくったわけじゃない。ゲットーを作ったのは、私らじゃない、運営会社ですよ。県がこの団地の住居の何パーセントかを押さえてるからって、県に責任があると言うつもりじゃないんです。市もやっぱり何パーセントか押さえてますよね。会社が何を望んでいたかというと、ちゃんと金が入ってきてほしいってことだけなんですよ。故郷のチュニジアにいたころ、誰かに家を貸すんだったら、まずはその人を調べましたよ。適当に人を連れてくるなんてことはできない。まずは情報を得ないといけない。何度も会議でそう言いましたよ。「いいですか。人を入居させるのに反対じゃないんです。それどころか、私も労働者だからあの人たちと同じ状況にいる。できるだけ入居させてあげたい。でも最低限、どんな人かくらいは調べてください。そうでなくても、もう問題だらけなんですから、ここでは」(…)。フランス人がどっと出てゆく。で、代わりにあんたら誰を入れるんだ。アラブ人だ。だからこのゲットーをつくったのはあんたらだ。それなのに、あとになって「団地はゲットーだ」なんて言っている。これはゲットーじゃありませんよ。あんたら会社が自分の手で作り上げたものなんだ。アラブ人に罪を着せてはいけない。だってアラブ人は人に迷惑などかけずに暮らせるし、生きていけるから。こんなふうにしてしまったのはあんたら会社側だ。何か事件が起こると、「またアラブ人だ」なんて言う。だから、こう言ってるんですよ。「新聞も、何かほんのちょっとした事件でも、やったのはマグレブ※人だ、マグレブ人だと書きたてるのに、フランス人とかヨーロッパ人が事件を起こしたときにはなんともいわない」ってね。でも、フランスは、フランスはその……民主的な国だから、だれでも言いたいことを言える。でも私はある記者……というか、新聞と問題を起こしそうになったこともあるんです。こっちがずけずけ言うんで、いやだったんでしょうか……。

——新聞記者は話を聞こうとしなかったんですか？

**夫**　そうですよ。ちっとも聞こうとしなかったんですよ。それでもいつだってわれわれはがんばりますよ、団地住民の味方をしますよ。移民になんだかんだ難癖つける連中から、守りますよ。移民というのはですね、いいですか、移民というのはスペイン人でも、ポルトガル人でも、トルコ人でもなくて……。移民というのはマグレブ人、つまりチュニジア人、アルジェリア人、モロッコ人のことなんですよ！　つい最近のことだけど、地区懇談会〔自治体の都市政策への住民参加を促進する機関〕があって、そこで、フランス民主連合〔ジスカール・デスタン元大統領を支持する中道右派政党〕※の奴が、「そうです、移民たちは……」なんて言ってた。だから言ってやったんだ、「先生、いま移民と言われましたけど、その言葉を使う前に……今現在、移民って誰のことです。誰を指して移民と言ってるんですか」ってね。「いったい誰を指して移民と言っておられるのか、教えてもらえませんか」って聞いてやった。（…）もう少しで市長のまえでけんかになるところだった。最後に私はその男に言ってやった、「よろしいか、つぎに会議で話すときには言葉に気をつけてもらいますよ。もう二度と『移民』という言葉は使わないことだ」。会議が終わったときに、そいつは私のところにきて、「オシーヌさん、さきほどはどうも失礼を……」とか言うんで、「謝られることはありませんよ。お互い自由に議論しただけなんですから。議論が終われば、あんたとはもう何の関係もありません」って言ってやった。ああいう連中とは、何度も本気でけんかしたことがあるんですよ。

## 「移民」という言葉を聞くと、もう我慢できなくなるんです

——そうですか、何度もやりあってるんですか……。

**夫**　ええ、そうですよ。それにね、自分のことだからはっきり言えるけど、アルジェリア人だの、チュニジア人だの、モロッコ人だのって、ひとくくりで言うけど、みんなそれぞれ一人のアラブ人でしかないし、私のように一人の移民でしかない。どうしてみなさんはかつて私らを必要としたのか、あんた方フランス人はわれわれを故郷から引き離して、ここに連れてきた。フランスの再建を手伝い、再建が

終わったもんだから、もうお役ごめんってわけですか？　筋をとおしてくれなくちゃ困りますよ。〔面談者に向かって〕ごめんなさいね、気を悪くしないでくださいよ、思ってることをその通り言ってるだけなんです。私はいつもこんなです。でも、ただ、会議のときなんかに「移民」という言葉を聞くと、もう我慢できなくなるんです。あなたより私が何か余計に持ってるわけじゃないし、あなたのほうも私より何か余計に持ってるわけでもない。私ら、みな同じ人間でしょう。今みたいに大変な危機のときは、お互い助け合わなければいけないでしょう。金持ちは貧しい者を助け、貧しい者はもっと貧しい者を助ける、そうやって下に下に繰り返していかないと。〔彼は第三世界の状況と湾岸戦争※についていくつかのコメントをした。〕

――さっきご近所の方が相談にいらしたとき、ここの運営会社がオシーヌさんに提案したとおっしゃってましたね。別の住居を用意するから、引っ越してはどうかって。でも。引っ越しは望まれなかったのですか。

**夫**　ええ。望みませんでした。引っ越しは望みませんでした、だって、私は七二年からここにいるし、子どもたちもここで生まれて、またどこかでよそものとして暮らし始めるなんて……。

――そうですね。ほかに移るとなると、そこでまたゼロからやり直しですものね。

**妻**　自分としてはね、私は引っ越したいんですよ。

**夫**　そう。こいつは引っ越したいと言うけど、私はいやだ。

――どちらに引っ越されたいんですか。

**妻**　もっと静かなところ。そういうところに、ほんとに、もっと静かなところに行きたいって思います……。

――ここにいると落ち着きませんか。

**妻**　落ち着かないというわけじゃないけど、ごちゃ混ぜって感じがいやなんです。人種差別するんじゃないけど、ちょっと行き過ぎ、あんまりなんですよ……ずいぶん変わっちゃったんです。近所にいた人たちも……引っ越しちゃったし、もうなんか安心してられないんですよ。今年なんか、夏休みにチュニジアに行っている間に、外から壁を登って泥棒が入ろうとした（…）。

――安心していられませんね。

**妻**　安心できません。子どもたちは外に出ないんです。いつも家にいるようにしています。決して外に出ません。

**夫**　そうですよ。私だって、子どもらが変なのとつきあったりしたら困りますから。

――でも外で遊んだりはしないんですか。

**夫**　いや、外ですることだってありますけど、なんというか、〔フランスでは学校が休みとなる〕水曜日にみんなとスキーに行ったことなんかはあります。でも、勝手に外出できるようにすると、どうしても悪い友だちとつきあうことになりますから。

――それはそうですね。そんなことになってほしくないですよね。

**夫**　いや、自分なりにやってるだけですよ、つきあってほしくないとか、そんなんじゃなくて。しつけが必要だと思うから、やってるんです。一番大事なのはしつけなんです。子どもらには、「これとこれはやってはいけない。もし人からそんなことされても、やり返してはいけない……」ってしっかり言い聞かさなきゃいけません。そうすれば、子どもらもわかりますよ。子どもらを放っておいて、休みの間毎日ですよ、勝手に好きなところに行かせていたら、いったい最後にどうなりますか。どうなると思います？　そりゃあ、人の影響を受けますよ。ときどきは私だって、ちょっと外に出てみろって言っているんです。でも子どもの方で出て行かないと言います。出て行かないんですよ。だってね、別に欲しいものもないし、みんな自分で持ってるから。

**妻**　この間、〔息子の一人を指しながら〕この子がパソコンが欲しいと言うんで買ってやりました。

**夫**　そう、みんな自分で持ってる。

**妻**　〔微笑みながら〕どの子もみんな、自分のおもちゃ持ってるんです。

## 俺の人生でただ一つうまくやったって言えるのは、子どもらが学校でいい成績を取ってくれることだ

――お子さんはどの学校に通ってますか。

**妻**　いま中学に二人います。下は中一、上は中三〔↓教育制度※〕です。ここにいるのは下のほうです。この子が外に出るときは、家に帰るまでベランダから見てます。それか、学校に着くまで見てます。帰ってきたら（…）。

――中学を終えたらどうするつもりですか。

**妻**　もちろん進学させますよ。上の子はパイロットになりたいって言ってるし、どうなるかわからないけど。下のほうはまだわからないようです、今はとにかく勉強してます。

――中学を出たら高校に行きたいのですか。

**妻**　もちろんです。

**夫**　もちろん高校にやりますよ。同じチュニジア人ですが、けっこうよく勉強している子もいます。すぐ目の前の家の娘は、もう二年目だし……。

**妻**　大学のですよ。しかもストレートで二年生に進級できたんですから。

**夫**　そう二年目だね。別のチュニジア人のとこでは(…)、そこはもう大学の三年目になるな。

——そうですか、よく勉強しているんですね……。

**夫**　そう、よくやっています。よくやってますよ。

**妻**　あの子たちは、よく勉強してますよ。落ち着きがあるし……。チュニジア人はここに六、七家族いますが。

**夫**　私らチュニジア人はここにはあまりいない。六家族ですよ。だから仲よく付き合っていますよ。アルジェリア人はもっと多い。うまくやってますよ、あの人たちとも。でも、いつもちょっと警戒するようなところがあります。何というか……。

**妻**　性格が同じではないんです。人種差別じゃありませんよ……。差別じゃなくて、ただ同じではないという……。

[沈黙]

**夫**　もしうちの子がなんか悪いことをやって、それをあなたが見てたら、私のとこに来て言って欲しいと思います。私も、バカなことをやってる子どもがいたら、……その親に会って、言いますよ。でもそのときに、「うちの息子はぜったい悪くない」なんて言われたら、もう何とも言えませんよ。自分の子どもがどうしてるか、ちゃんと知っときたいんです、私は。自分の子どもが……そういうことなんですよ。……うちの子がだれと遊んでいるか、私は知ってますし、知っときたいんです。(…) 子どもらにはこう言ってます。「いいか、おまえがだれと付きあおうと知ったことじゃない。外でどうしてようと知ったことじゃないんだ。でも一度家の敷居をまたいだら、友だちも女の子も関係ない。どうせこっちは一人も知らないんだからな。外では友だちは選びなさい。おまえはもう大きいけど、人生で強みになることがそんなにはない。知れてる。だから友だちは選べ。後になって、もっと絞り込んでもいい」って。

[…]

私は今、働いてますが、倹約してます。妻もそうです。でも子どもらには何でも与えてます。与えてます。だから言ってるんですよ、「交換条件だよ、俺の人生でただ一つうまくやったって言えるのは、おまえらが学校でいい成績を取ってくれることだ。それだけだ。おまえたちに何かしてもらいたいわけじゃない。そんなことは思ってないよ。大きくなったら、俺のことを……ああ、いやいや、何かしてもらいたいわけじゃないんだ。大きくなったら、自分たちでやっていければそれでいい。将来は、俺のように家庭をもって、そんな具合でやってくれたら。何かをしてもらいたいわけじゃない。ただひとつ……なんとか学校でいい成績を取ってほしい」ってね。それから、「俺のことはどうでもいい。自分の年金でなんとかやってけるから。でもおまえたち、おまえたちはな、まだ若くて、この先いろいろあるだろう。自分の将来は、自分でなんとかしないといけない。なにしろ四〇年代や五〇年代とは、もう時代が違うんだから。もう違うんだから」とも言うんですよ。

［…］

問題なのは、ここであの事件が起きたときに、やったのがここの若者じゃなかったことですよ。市長を困らせてやろうっていう若い連中がいた（…）。あとで国民戦線※もいたのがわかった。あの極右ですよ。市長に嫌がらせするつもりだった。市長も気の毒に。そのときね、私はヨーロッパ人の男三人、ビデオカメラを持ってるのを見つけたんです。ちょっとそこの角のところからカメラ回してた。打ちこわしなんかがあったとき、まさにそのとき、男三人が、団地の若者をそそのかして、スーパーの焼き討ちに行かせるとこを見てるんです。私もすぐ近くにいたんですから間違いありません……。

**妻**　新聞記者はどうしたいかっていうと、びっくりさせる話がほしいんですよ。そんなの、あの人たちの仕事じゃないでしょう。

**夫**　あれはやらせだったんだ。やらせたのがいたんだ。

［隣に住む女性が訪ねてきて一時中断。子どもたちの夏休みと教育についての短い会話。］

**——お子さんたちが学校に入ってからは、もうチュニジアに戻って働くとか、考えませんでしたか。**

**夫**　ええ、考えませんでした。

**——今はフランスにいようと考えているんですね。**

**夫**　そうです。というのも、もう五十になるし、国に戻ってもう一度やり直すってわけにもいかないですし……。それに子どももいるし。独身だったころはどうにでもなったけど、今は責任がありますから。行くところまで行くしかない。つまり、自分を犠牲にするってことです。誰のためかというと、自分のためじゃなくて（…）、子どものためです。子どもらの面倒を見るのは私だけだから。政府は責任を取ってくれないし、まずは自分がしっかりしないと。

私自身がね。今は、子どもたちのためになにもかも犠牲にしてるんです。二人が大人になれば、おんなじことをしますよ。でもときどき食事の時なんかに、話が出ますよ。「いいか、おまえたちはな、俺が今してるような仕事をしちゃだめだ。わかってるだろうが、俺は人から命令されて働くしかない。朝起きてから夜帰るまで、人から命令されている。だから俺みたいに命令されるんじゃない人間になってくれ。おまえたちならできる。今からやるべきことをやりなさい。まだ時間はあるんだから」なんて言うんです。子どもらはよくわかってます。「おまえたちには、足りないものなんて、何もないだろう。俺の方はちょっと足りないこともあるが、今のおまえたちには何もない。何だって手に入るだろう。人から命令されないようになるんだ」って、そう子どもらには言ってます。

**――お子さんたちが、自分と同じような仕事につくことを望まないのですね。上から指示されるような……。**

**夫** そう、命令されるような。

［オシーヌさんはそれから、彼が働いている工場で起きた人種差別事件について語った。その事件のせいで、彼は一〇年来労働者として働いていた職場を離れ、今は派遣社員として働いている。おかげで、対立した同僚たちとつねに面と向かって仕事をしなくともよくなっている。派遣会社はオシーヌさんに別の町の就職口を提案している。］

**――ここにいる方がいいと思っているのですか。**

**夫** そうですよ。すっごくここの暮らしに慣れてますから。でもね、いいですか。人種差別する人たちは、フランスはフランス人のものだと言ってる。じゃあ私らはいったいなんなんです。前は、私ら、なんだったんですか。前は、フランス人と一緒に暮らしてました。同じとこに住んで、同じ学校に通い、ご近所でした。それに私個人は一度もフランスを捨てたり、フランスを否定したこともありません。フランスは私の第二の祖国です。おわかりでしょう。私はフランスに感謝しています。それに、あんなことを言う人たちとも、いつかこんなふうに面と向かって話し合えるようになるのを、本心から望んでいます。あの人たちは私より学があるかもしれないが、真正面から議論できますよ、自分の考えを相手にはっきり言えます。はっきり言えます。でもそんなこと、実現するのは大変むずかしいですがね。

［オシーヌさんはテレビの記者たちが団地住民への約束を破った不誠実を告発した。住民たちが参加に同意していたにもかかわらず、彼らは住民の話を取り入れずにルポを制作した。しかもそれだけでなく、最初は一時間の長さで

あったものを最終的には七分にまで短縮して、しかも高校生をテーマにした別の番組の最後に付け加えて放送したのだった。」

［…］

## 記者たちが郊外について言ってることは、なにもかも……

**夫**　若者のことを考えるのは当然ですよ。当然です。でも町全体、郊外全体のことを考えるべきなんです……。若者はまだ先があるんだから。でもその記者がわざわざ来てくれて、あちらから提案があったんで、私らも、ときにはほかの用事があっても何とか都合をつけて、記者と会うために集まったんです。でもそのあげくが、ご覧なさい……。だから記者をつかまえて、いまここで話しているような調子で、相手に何でも言いたいことを言ってやりました。「あんたは人に情報を与えるのが仕事だ。フランス全国、いやほとんど世界中があんたの言うことを聞いている。でもルポで何と言ったんだ。ここはベッドタウンだと。それで、ベッドタウンって何ですかと私が聞いたら、ゲットー・ベッドタウンだと……」。

――何ですかそれは？

**夫**　そう、私もまさに「何ですかそれは？」って聞いたんです。すると「ほかの同僚が言ってたんです」なんて言う。だから私は、「それは違う、いいですか、私があんたに会って話を聞いたときに、あなたの口から初めて聞いたんだ」って言ったんです。「あの事件があったときも、だれもまだそんなことは言わなかった。あんたが初めて口にしたんだ、このゲットー・ベッドタウンという言葉を」ってね。

――そんなことを言われたら町のイメージに悪いですね……。

**夫**　悪いですよ。でも私はこらえてこう言いました、「あんたが（…）ここで暮らしてみれば、そんな悪いイメージをもつはずはないんだ」。すると記者は、「いいえ、オシーヌさん、ほんとに人が言うのを聞いたんです……」と言うんで、私も、「こう言っちゃなんですけどね、あんたの言ってることは、嘘っぱちの虚偽情報です。あんたや、あんたの同僚は、真実を隠している。私だって知ってますよ。おもしろい番組をつくるには、ちょっと手を加えないといけないことぐらいは。話をおもしろおかしくするために、少しばかり誇張するんだ。あんたに恨みはないけど、あんたに命令してる奴は恨みますよ。あんなこと言われた日には」って言い返した。あの記者に同情はしている、ほんとですよ、でも、はっきり言って、あんなことを言ってからは、まったく信頼していません……。

――テレビで放送されたのが、悪い影響を与えたと思ってられるのですか。

**夫**　そりゃあそうですよ。あれはまったくの嘘っぱちなんだから。

――住民のみなさんは放送に出なかったんですか。

**夫**　出ませんでした、放送には出してもらえなかったんです。でも、住民が郊外について言ってることは、みんなほんとですよ。何が起こったか、みんなほんとのことを言ってるんです。間違いありません。そりゃあ、私じゃわからないこともあるだろうが、ほかの人には、もっとよく事情がわかってる人がいますよ。記者たちが郊外について言ってることは、なにもかも嘘っぱちですよ。

（…）事件のときに、うちの団地の若いのもいましたが、よそから来た連中のほうが多かった。何が起こってるのか見物に来てて、騒ぎに乗じてみんなして店になだれこんだ。それでなにもかも……。私は現場にいたんだけども、もしあなたがその日、そこで現場を見てたら……とても信じられないですよ、……まるで飢饉が来たかのようで、手当たりしだいかっさらって、手当たりしだいにかっさらっていましたから。連中、まるで……。

――……まるで何一つ持たない人のようだった……。

**夫**　そのとおり。スーパーは燃えてるのに、それなのに、連中は中に入って、カートに載せられるだけ載せて出てきた。タバコだの、ウイスキーでいっぱいにして。信じられないですよ。実際見てないと信じられない。そのあとで火が拡がり、子どもたちをみんな外に出るよう、避難させなきゃならなかった。全部の建物から外に避難させ、声をかけないといけなかった。

――危ないってわかっていなかったんですか、スーパーでそんなことしてた若い子たちは？

**夫**　大人もいましたよ。ニュースを聞いて駆けつけてきた家族づれも。さっき言ったように、「それが実際に起こったこと」なんです。ここぞとやってきましたよ。車で来て、車に積み込んで帰ってった。そのあとですよ、火がいたるところに拡がった。七番と八番の通りからみんな避難させなくてはならなかった。そっちの方向に風が吹いていたから。一人残らずみんな避難させました。みんな避難した、みんな、全家族が避難して建物には誰一人残っていなかった、一人もです。私が自分で上の階にも行って確かめたんです。もうそのときにはエレベーターは動かない、なんにも動かなかった。そのうえ、催涙弾の煙ですよ。機動隊が反対側にいて、つまりそっち側に人が集まっていて、機動隊が催涙弾を撃ったんです。まったく、私らには地獄のような午後でしたよ。夜になっても至るところでパンパン何か発射する音が聞こえた。でも、怖くなんかなかった。こういうときは私は、私はむしろ張り切る方なんです……でも、それでも……。医者もいなかったし、まるっきり何もなかった。放水車くらいは来てましたけどね。人が群がってるのを追い散らすのにね、放水銃です。しかしですね、いいですか、これはね、しくまれた事件ですよ。連中は何が何でも市長の足を引っ張りたかった。うちの市長は……けっこう仕事をしましたからね（…）。

——事件は国民戦線に好都合に働きましたか、それとも。

**夫**　いや、それはない、反対です……というのも、いつも私は強調してたんですが、次の日にもタバコ屋に火がつけられたでしょう、そのとき誰が街の警備の仕事をしたと思います？　この団地の若者ですよ。私はちゃんとこの目で見てるんです。うちの若い者が通りを通行止めにして、よそから車が入れないようにして、消防の手助けになったんです。警察の手助けにもなったんですよ。ここの若者が警備してたんです。前の日にスーパーを襲ったのはあの子らじゃありませんよ。新聞はどうして書かないんですか。あのときの記事は、みんなみんな取ってありますよ［彼は切抜きを見せてくれた］……。

——あなたが集めたんですか？

**夫**　そうです。新聞はほんとのことを書いてません。真実を書いてませんよ。見てくださいよ。どこにほんとのことがあるんですか。

一九九一年三月

## 団地住民からテレビ記者への公開質問状

私たちの団地をテーマとした十一月六日の放送のために会合がもたれました。その折、貴殿は私たち住民に対して、番組の目的と番組制作・放送に関する規則を示され、すべての条件が整わないかぎり放送はなされない旨、お話をされました。私たちは、この日のお話が示した枠組みに同意し、番組制作に参加する準備をしておりました。というのも、この放送は私たち住民に発言の機会を与え、私たちの町の再評価に寄与するものと考えられたからです。私たちは、意見とそのほかの指摘を貴殿にお伝えし、貴殿からは了承された旨、ご返答いただきました。一週間後、合意済みの規則に反する形で、私たちの何人かに対して貴殿から、貴殿立ち会いのもとで、ある家庭で行なわれる食事と議論に参加されたい旨、連絡が入りました。そのような申し入れは、その内容とともに、私たちにとってはまったく受け入れがたいものです。すると今度は、放送が中止になったことを知らされました。私たちはそのようなことが起きてもやむをえない場合があることは承知しており、そのことについて不満を述べるつもりはありません。しかし、高校生の運動をめぐる番組の最後に、ほんの少しの時間だけ私たちの団地に関する放送がなされるという話を聞いた時、私たちの驚きは、如何ばかりだったでしょう。なんという不誠実と私たちは怒りました。あれほど私たちと議論したのに、どうして住民も町の代表も登場しない七分ばかりの放送で、私たちの団地の問題を真剣に取り上げたことになるのでしょうか。加えて、土曜日の夜に時間を割いて貴殿と会って話をした私たちと、団地の若者たちは、その後、誰一人としてこの放送に関して貴殿から連絡をいただいておりません。私たちの発言がまったく取り上げられなかったということは、ひとえに私たちにたいする敬意の完全な欠如を示すものであります。こうした経験をとおして、私たちは、だまされたという感情を抱いております。私たちはこれ以上、貴殿への信頼を保つことはできません。今後、私たちの団地に関する番組が誠実なかたちで放送されることを私たちは強く希望しますが、放送に向けて貴殿のお力をお借りすることはありません。

地区会議および住民委員会代表

## 記者からの返答

特集担当の記者として、私はみなさまからお寄せいただいた書簡に大変心を動かされております。また、みなさまから、私どもの番組制作にあたって格別のご協力を賜りましたことを、あらためてお礼を申し上げます。遺憾ながら、私どもの意図に反して、討論の場を設けることは不可能となってしまいました。と申しますのも、新聞報道ですでにご承知とも存じますが、文化・コミュニケーション担当大臣のジャック・ラング氏が、みなさまの団地の方々と会談する予定となっていたにもかかわらず、私どもの二度目の取材日の当日になって、会談をキャンセルなさったからです。同時に、高校生の問題が重大事として浮上したため、私どもは番組をこの問題に向けることを決めさせていただきました。みなさま方の団地の問題につきましても、番組中に若干のスペースを確保させていただきました。また正確を期すために申し上げますが、番組には、みなさま方の団地の代表の方、三名が出演され、みなさま方の町や住民についての取材もなされております。まことに遺憾ながら。（…）

# 最後まで残る相違

パトリック・シャンパーニュ

低家賃住宅団地の管理人こそ、「問題のある」団地に暮らすほとんどの人たちの経験を、おそらく最も鋭利な形で語ることができる人たちだろう。これらの地区の日常を特徴づける、様々なもめごとや悲惨な事件（繰り返される窃盗に激高して、不良たちに発砲する住民や商店主、検問のさいに警察がおかす「失態」、商店の略奪など）に、まさに最初に直面する人たちだからだ。建物の維持管理を仕事とする管理人は、建物を破損するいたずらの跡をたえず修復・清掃するばかりでなく、ときには身体的な暴力にさらされることもあるし、自分の車や住居が報復の対象になることもある。同じ地区の公務員（教育施設の）指導員、教員、警察官、ソーシャルワーカーなど）と違って、管理人たちは、しばしば恐怖さえ感じるこの状況――面談した一人は「ストレス」という言葉を使った――からつかの間も離れることができない。というのも、彼らの職場は自分たちの生活の場でもあり、昼だろうと夜だろうと、いつでも住民からの訴えに対応しないといけないからだ。団地の住民にもまして、彼らは団地という自分の生活圏に縛られている。もっと静かな集合住宅団地への配転が唯一の希望ではあるけれど、ついぞかなえられることはない。

レイモン・Tは既婚の五十代で、仕事からくる消耗を見せている。七年前から低家賃住宅の管理人をしている彼は、仕事中いつも身に着けている青のオーバーオールのまま、同じように、グレーの作業着というふだんの服装をした妻（彼女もまた低家賃住宅公社の社員である）とともに、気さくに私を迎えてくれた。彼女はときどき話に加わり、夫の説明に同意したり、細かい点を補足してくれた。広いけれども少し暗い彼らの住居は、郊外の集合住宅団地の建物の二階にある。とりあえずヴィルヌーヴと仮称で呼んでおくこの団地は、七〇年代にあちこちに同じような形で建設されたものの一つだ。居間には簡素な家具、テーブル、椅子、戸棚がいっぱいに置いてある。ガラス扉のついた戸棚には、小さな置物や人形が所狭しと収まっている。それらはほとんどが買ったときの箱や袋に入ったままだ。壁にはプラスチック製の鹿の首が掛かり、台所の隅には大きな鳥かごがあって、そこに何羽となくいる小鳥たちのさえずりが聞こえてくる。その向こうには植物や花であふれた小さなベランダがある。

レイモン・Tが淡々と、ほとんど冷徹な客観性とでもいうものをみせながら、単に情報を提供しているだけだという態度でこの地区の日常を語ることができたのは、彼がいわば少しだけ部外者としてそこに住んでいたからである。というのも、彼はたまたま成り行きでそこにたどり着き、この大団地は彼にとって、仕事場以上のものではないからだ。週末そして夏の長期休暇ともなれば、車の後ろにキャンピングカーを付けて田舎にでかけるのが何よりの楽しみだ。そうやって、彼の言を借りれば、「自然」と「小鳥の声」、つまり自分の故郷の田園を思い出させてくれるものに戻ってゆくのだ。事実、彼はディジョン近くの小さな町の出身である。母親は看護師だった。父親は、「今みたいには学校に行か」なかったが、独学で「とてつもない知識」を身につけ、製材所の現場監督となった。レイモンは十三歳のときに、「何も身につけてない」まま、学校をやめた。自分で言うには、「学校にむいてなかった」からで、非常に年少のころから〔伐採した〕材木の運搬をして働き始めた（彼には、大工と結婚して地元で暮らす姉が一人いる。彼女は現在働いていないが、一時は清掃会社の現場主任をしていた）。

レイモンの妻も同じ地方の出身で、同じようにきわめて早い時期に学校をやめている。彼女の生まれた家はとても貧しく、両親は林業を営み、二人の兄弟がおり、一人は左官・塗装工、もう一人はとある古い城館で保守修繕係をやっている。

レイモンは二十五歳のときに、仕事があまりにつらく、給料も少ないのがいやになり、生まれ故郷を離れて近くの大都市に出た。九年間そこで大工として働いたが、大きな事故（足場の崩壊で数メートル転落した）のあと仕事を変えざるをえなくなった。中度の障がいが残ったために「もう少しきつくない」仕事を探していると、乳製品の戸別販売をしている知人――地元の人を「みんな知っていた」人――が今の管理人の仕事を見つけてくれた。彼は建物の維持管理（ガレージの修理、配管溶接部の補修、剝げたペンキの塗り替えなど）をしている。そして妻も、それまでは一度として働く必要はなかったのだが、今は内部（階段と踊り場）の清掃を担当している。管理会社からは無償で住宅が与えられ、二人で約一万フラン※の月給をもらっている。

レイモン・Tは、自分も長いあいだ苦労をし、この仕事につけて運がよかったと思っていることもあって、団地の若者に対しても比較的寛容で理解のある視線を向けている。彼らと少しばかり不幸を分け合っていると感じるからだ。それに対して、後続する面談で話してくれたヴィルヌーヴの二人の管理人の姿勢は、「理解がある」とはとてもいえない。彼らが、自分たちの生まれた団地地区で働いていることが、そのおもな理由である。そのことは、二人の話し方からも見て取れる。事態とあまり距離を置かない彼らの話し方からは非常に激しい憤りが露わになってくる。彼らはここを自分の家と感じ、「自分たち」の団地を「外国人」の侵入から守ろうとしているかのようだ。面談はティエリー・Cの住居で行なわれた。彼が、優先市街化区域※のなかでも特に荒廃しているこの地区の管理人になったのは、ほんの数カ月前のことでしかない。しかし彼はずっと以前からこの近くの、同じように作られた団地に住んでおり、自分の地元ともいえるこの地区の生活もよく知っている。公社の地区担当プロジェクト主任から私たちと面談するように頼まれたときに、彼は、やはり同地区で彼よりも少し前から管理人をしているクリスティアン・Tにも話に参加してくれるように頼んだ。ティエリーの妻のシルヴィーは、低家賃住宅公社に臨時に雇われ、住民の多数を占めるマグレブ※系やアフリカ出身の住民たちを助けて、現在進行中の改修計画のために書類作成をしているが、彼女もまた自発的にこの面談に参加してくれた。面談の対象者がこのようなメンバーで構成されていたので、三人のやりとりは面談というより、しだいにくだけたおしゃべりという形態に変化し、シルヴィーの視点が夫のそれとかなり異なっていたこともあって、しばしば非常に活気づいた。

ティエリーとクリスティアンは、二人とも同じような考えの持ち主で、よく似た反応を示す。彼らは庶民階級の出身で、兄弟姉妹も多く、家庭ではそれぞれ不幸や試練に見舞われている（一方は母親の早い死、他方は父親の労災）。彼らはそれぞれ必要に迫られて管理人となった。しかし自分たちの生まれ育ったこの団地と郊外を愛しており、そこから一度も離れたことはない。そして自分たちの仕事を面白いと思っている。一方にとっては、拘束の少ない仕事だからであり、他方にとっては、多くの人と出会える仕事だからである。「楽しい仕事ですよ。いろんな人と話せるし、いつも外でやれるからね。いろんな人と仲良くなれるし」。また、公社から住居を提供されるということが、収入を考えた場合に彼らにとって不可欠な利点となっている。これらの団地が、まさになんとか生きられるものであるかぎり、彼らはここで「のんびり」やっていけるはずなのである。要するに、彼らは過去と今の生活を通じて、この地域にこだわり、かつ縛られているゆえに、そこを襲う持続的な荒廃を耐え難いと感じているのである。

しかし、二人の話をとおして、彼らを分かつ細かい違いも現れてくる。庶民階級とはいえ、その異なった部分の出身である点に大体は帰される違いだが、その違いゆえに、二人の社会的な軌跡も同一ではない。背が低く、丸顔にぼさぼさの長髪、ちょっと太めのクリスティアンは、面談のときには三十五歳だったが、苦しい生活も経験している。団地の若者たちにきびしい批判もするが、自分の若いときと同じように不遇でどうしようもなくなっている彼らを少しは理解できる。黒い革ジャン、やはり黒の、着古して少し汚れたジャージのズボンという彼のいでたちも、かつての不良少年を髣髴とさせる。彼が育った家庭には子どもが五人いて、生活は楽ではなかった。母親は障がい児のための養護学校で「清掃管理」員として働いていた。道路作業員をしていた父親は、今七十歳になるが、盗難車による事故に巻き込まれて二〇年まえに仕事をやめた。家族の生活はこの悲劇によってすっかり狂ってしまった。母親は子どもの面倒を見られなくなり、また、動産のほとんどが裁判所によって差し押さえられたため、児童擁護機関の仲介で、クリスティアンは兄弟姉妹とともに里親の元（地元の何軒かの農家）に預けられた。その後、彼は、何の資格も得ることなく十六歳で学校を中退し、倉庫作業員として二年、そして、建設業の様々な仕事をやりながら十数年ほど働いた。それから全国成人職業訓練協会（ＡＦＰＡ）で研修を受け、土木機械運転士の資格をえる。資格を生かして職には就くが、一年後には会社が経営不振で倒産し、失業してしまった。家賃を払えなくなり、低家賃住宅公社は彼に管理人の職を提案した。いまだに独身であるが、家族との関係はきわめて悪く、助け合うというよりは、それぞれが厄介の原因となっている。年老いて体の不自由な両親の面倒を見ている彼は、二人の兄弟とうまくいっていない。塗装工で失業しているもう一人の兄弟、そしてアルデッシュ県で「レストランを兼ねた宿」を営む姉（「けっこう金回りがいい」と彼はいう）とは、ときたま会うだけだ。

ティエリーは三十八歳であるが、若者たちを哀れむどころか、彼らが抱えた問題はまず第一に彼ら自身の責任であるとして、クリスティアンよりもずっと厳しく容赦ない。彼は八人兄弟の長男で、やはり庶民階級の出身である。一家は母親の早すぎる死によって大きな打撃を受けた。父親のしつけで身に着けた一種の道徳的厳格さのおかげで、なんとか社会的な転落は免れたが、その厳格さは、今の彼の話し方や身のこなしにまで垣間見える。

痩身で、短い髪をきちんと整え、口ひげをきれいに刈り揃え、パリッとしたジーンズとトレーナーをスポーティに着こなしている。長距離トラックの運転手であった父は、妻に死なれて以来、「子どもらをいいところに押し込む」ために必死に働いたと彼は言う。三人の妹は、服飾関係の職業適格証※を得たあと、おもに結婚のおかげで、なんとか苦境を脱することに成功した。一人はベジエ〔南仏地中海沿いの都市〕でレストランを経営し、もう一人はギャラリー・ラファイエット〔パリのデパート〕に服のブティックを出し、もう一人は製薬会社の研究所で実験助手をしている。男の子たちの方は、それほど問題なく成長したわけではなかった。四人の弟たちは小さいころから、見習いとして近隣の商店（パン屋、肉屋）で働かされたが、兵役を終えると、あまり好きではなかったこれらの仕事を離れ、父のようにトラック運転手や、倉庫作業員になっている。ティエリーは非常に早く、十五歳のときに学校を中退し、父が働いていた会社に倉庫作業員として勤めだした。あまりに疲れるこの仕事をすぐに辞め、いくつもの仕事を転々としたあと、彼もまた長距離トラックの運転手となり、約一〇年間勤めた。三十五歳のときに、「仕事時間が不規則なのがいやになって」、スタジアムの管理人になった。より広い住居を求めていたときに、低家賃住宅公社は、彼が現在住んでいる住居の提供と合わせて、この困難な地区の管理人の仕事を提案したのである。結婚してから一〇年以上たち、いまでは学齢期の子どもが二人いる。妻のシルヴィーとはダンスパーティで知り合った。彼女は彼よりも少しだけ上の階層の出である。小学校の教員をしている兄と、父親と同じくラグビーのコーチをしている弟がいる。彼女は会計の職業適格証を持っていたが、そのあと社会人教育で情報処理の資格も手に入れた。しかしそれを生かした仕事につくことはできないでいる。いまは「ある仕事ならなんでも」引き受け、いくつかの高校でパートタイムの清掃員もしている。

ティエリーは、自分の行動に非常に厳しい道徳的規律を課すことで、何とか困難を切り抜けてきた。彼にとってそれこそが社会的な転落から身を護る唯一の防壁だった。おそらくそのせいで、彼は団地の若者たちの行動に激しく反発し、かつ、自分を抑えていたことからくるいたしかたのない憤懣から、今度は彼らに対して抑圧的になってしまう。そんな彼が、「自分の」団地で、大部分はマグレブ系の悪ガキ連中がわがもの顔にふるまうのを黙って見過ごすことなどできるわけがない。なぜもっと厳格な措置（機動隊による地区の制圧）を取らないのか。子どものころ、同じような混乱があったときには、彼自身も機動隊から手荒な扱いを受けたし、それが効果を発揮したではないか。シルヴィーは、母として、地区の子どもたちにより寛容な視線を向けており、そのうえ、夫ほど厳しいしつけを受けてきたわけではない。彼女も確かに容易ではないと認めるけれども、若者との対話や議論の大切さを訴える。抑圧よりも、若者たちの立場に立って考える努力をして、彼らを説得するほうが有効と考える。彼女は夫にこう言う。「でも、あの子たちの身にもなってあげなさいよ。自分たちには、どうせなんにもないってことがわかってるのよ。だから暴力に訴える。それしか方法がないのよ。それも相手に痛い思いをさせる暴力じゃなくて、訴えるための暴力よ。いいか、俺らはここにいるぞ、なめるなよって、そういうことが言いたいのよ」。このようなシルヴィーの態度は、その社会的特徴（とりわけ彼女の比較的豊かな文化資本）に負うところが大きい（彼女の社会的特徴はソーシャル・ワークに従事する人々と共通したところもある）。しかし、同時にそれは「左翼」活動家としての彼女の過去からもきている（かつて彼女は「キリスト教青年労働者連盟〔カトリック信仰に基づく若年労働者の社会改革運動〕」、そして一時期は「共産党青年部」に所属していた）。とはいえ、今は彼女にも戸惑いが現れている。闘うための指針も確信も失ってしまった。経済危機のせいで、自分の受けた教育にふさわしい、自分の希望にそった職業につくことができず、また共産主義が現実としても夢としても崩壊してしまった事実も大きく作用して、彼女は政治というものを完全に拒絶している。彼女もまた、方向性を失ったあげく、やはり道徳を盾にとるしかない。あらゆる政党は彼女に嫌悪を催させる。それは政治家たちが「裏でごちゃごちゃ」やりながら、「みんなに説教を垂れ」たがるからである。

二人の管理人は、彼らのかかえる矛盾まで含めてかなり典型的である。これらの団地のほとんどの住民と同様に、彼らも好んでここにいるわけではない。経済的な必要あるいは行政上の差配によってここにいるのである。彼らはよそに行くことができないし、それを望んでもいない。何かというと敵対関係や、集団的没落や、公的扶助への依存が生じるこういう地域に、彼らは留まるしかない。これまでの社会的な軌跡から、若者たちの、ときとして壊滅的な被害をもたらす暴力的な反乱を理解することはもちろん、受け入れることもまずできない。庶民階級の出身である彼らは、それよりも下に落ちないために、厳格で、暴力的でさえあったしつけを受け、希望と欲求をしばしば仮借なく縮小し、要するに、生きのびるため、あるいは苦難から抜け出るために、大変な努力を強いられてきたのだった。そして、根本的に道徳的観点からこれらの若者に判断を下すことしかできないので、「甘やかしすぎなんだよ」、「まっすぐ歩こうとしない奴らは、きちんとさせなきゃ、それだけだ」などとしか言うことができない。彼らにとっては、失業はさぼるための口実にすぎない。「どんな仕事でもすぐ疲れちまう、でも盗みをやるときは別［疲れない］……」、「ちゃんと働く気があるんなら、仕事はみつかるよ」などと言う。そして盗みも、人に寄生する生活を続けるためには必要なことなのだ。「奴らは仕事をしないで略奪で生活している」。若者たちの消費欲は、ついこの間、自分たちが持っていた消費欲や、現在でも抑制せざるを得ない消費欲と比較して、度を越しているように思われる。「連中は我慢することをしらない。何でも欲しい。つねに満足できない」。「奴らは、『あれも欲しい、これも欲しい』って言うだけだ」。公共物の「破壊」と薬物についても、両親の責任放棄が一番の問題であるという。「ここのガキはほんとになんでもかんでもやりたい放題、手がつけられない。親もなんにも言わない」。

しかし、自らも同じ困難に耐えてきた彼らは、このような状況の真の原因を知らないわけではない。失業が若者たちに、おそらくは彼らのときよりもずっと厳しくのしかかっていることを、彼らは知っている。若者たちの逸脱行動が、外国への移住——特にこうした集合住宅団地への移民の集中——と、それによって引き起こされるアノミー（無規律状態）に原因があり、それがこれらの家族における父親の権威の失墜をもたらしていることも進んで認める。さらには、テレビや町中にあふれる広告、また（法的に義務付けられることで）いたるところに設置され、これらの恵まれない地区のただ中にまで作られるようになった巨大スーパーが、若者の消費欲をすっかり変えてしまっていることも知っている。しかし、管理人たちは、そうした事実をあまり知りたくないかのようにみえる。おそらくあまりに理解してしまうと、道徳的規範から見て受け入れられない若者たちの振る舞いを、許さざるをえなくなるのを恐れているのであろう。かくして彼らの一人は、東欧からのスポーツ選手たちがこの地方を訪れたときのことに言及しながら、主催者が選手たちを都会のデパートに連れていったことを嘆いてみせる。そんなことをしたら、〔消費財が豊富でない国から来た〕この選手たちに、満たされていない欲求を思い起こさせることになりかねないではないか。しかしそう言いながらも、自分たちの団地のスーパーで若者が万引きしたり、あるいは略奪さえするのも、ほとんど同様の論理に従っていることには目を閉ざしている。

これら「貧しい白人」たちの団地の若者に対する拒絶反応は、「人種差別」と言ってしまうのはあまりに単純すぎるが、面談をとおして明らかになるように、彼ら自身による留保にもかかわらず、きわめて強い。彼らは聞く者にショックを与えかねない、あまりにきわどい言葉を避けるために、文を最後まで言い切らないことがよくあった。「彼らはここには同化できないのですよ、わかりますか。彼らは……」、「そういうのはいくらでもいますよ。だって奴らはまるで……」、「政府はどうしてあのような……」など。生活環境を耐えがたいと感じればよそに出てゆくことができる、より裕福な社会階級の人々とは違って、こういう「下層の白人」は、留まることを余儀なくされ、それゆえにますます激しく反発するのである。彼らは、大体が自分たちよりあとからやってきた連中から挑発されているかのように感じており、連中の示す攻撃的な態度やあらゆるものの密売行為に、何も言わずに耐えなくてはならないのが、もはや我慢できなくなっている。住民のうちで「最良の人たち、一番いい人たち」が出て行くのを、彼らは怒りを抑えながら見ている（「本当のフランス人はみんな出て行ったよ」）。二人とも、団地の若者たちを助けようと、ときには誠実に努力することもあるのだが、彼らの逸脱行動の根源にある不公正感を本当に理解することはできない。これらの若者が、逆説的ながら自分たちを、先祖代々のフランス人より以上にフランス人であると感じていることを、彼らが想像することなどできるわけがない。三〇年前にフランスにやってきた前世代の移民は、悲惨な生活に苦しみながらも自分たちの立場をわきまえ、何も要求することなく、自分たちを受け入れてくれた国に対して常に感謝の念を持ち続けた。それに反して彼らの子どもたちは、フランスで生まれ育ったがゆえにフランス人とみなされることを望んでおり（「彼らに何かしてあげてもありがとうとも言わない」と管理人の一人は驚いている）、それだけに、社会的に疎外されることをいっそう受け入れることができない。

自分たちの立場をわきまえることができないばかりか、どこにいてもそこを自分の〔本来の〕居場所とみなしてしまうこういう「外国人」に対して、強硬策をもとめ、彼らの追放を訴える、すべての政治的議論が持つ誘惑は、労働者や小商店主たち（管理人たちと同様、小さな非行行為にさらされるのはまさに彼らだ）に非常に強く作用し、それを否定する言葉のなかにさえ透けて見えるくらいだが（「私は独裁政治には反対だ。でもよい模範は示さねばならない」）、おそらくここにこそ、その誘惑が功を奏する基盤がある。

# 低家賃住宅の管理人

## 「ル・ペンに投票して、少しはあの連中をビビらせてやろうかしら」

〈聞き手〉パトリック・シャンパーニュ

――いつからここに住んでるんですか……。

**クリスティアン**　俺は、ここ、ヴィルヌーヴの生まれ、五六年生まれだ。それからずっとヴィルヌーヴで暮らしてる。そりゃあ、外に出ていたときもあるけど……。

――この団地が建設されたのはいつですか。

**クリスティアン**　そうね、二〇年以上たつ建物もいくつかあるね、ここには。建設が始まったのは、確か六四年じゃないか。あのころはアルジェリアからピエ＝ノワール※の連中が戻ってきただろう、そのために建てたんだ。最初にこの地方に来たころはみんなテント暮らしだったたから。連中の住むところがなかったんで、この辺のあちこちに低家賃住宅が造られた。まだ小さかったけど、覚えているよ。だって最初に建ったのは、この辺の建物だったから。この辺の建物全部、そのころ。知ってるかな、鉄道のレールを使って建てたんだ、床を作ったら〔そこに〕レールを敷いて、壁をどんどん流す、だから手っ取り早くいった。それはそうと、あのころはピエ＝ノワールの連中しかいなかったから、ここでも近所付き合いはとてもよかった。でもその後は……（…）。ちゃんとした連中はここに嫌気がさして出て行ってしまったから。どんなにして暮らしていけっていうんだい、こんなにめいっぱい詰め込まれて。この上の階もここと同じ間取りで、三つ寝室があるが、連中は、子どもが九人……全部で一一人で住んでいる。さらにその上は、一二人。ここのガキはほんとになんでもかんでもやりたい放題、やりたい放題で手がつけられない。親もなんにも言わない。地下に物置があるけど、そこで奴らが盗んだバイクを取引している。いつもやってる、言ったってやめやしない。改造なんかもしてる、午前二時くらいまでやってる。それで、外に出て、オイル交換なんかするもんだから、通りはあっちこっちオイルだらけで、きったねえもんだ。ときには夜の十時や十一時ごろまで外で走らせてる。(…)初めのころはここもよかったよ。こんなに建物ばっかりじゃなかったし、まわりもこんなんじゃなかった。子どももこんなにいなかった。それに……なんというか、これほどめちゃくちゃじゃなかったんだよ……。それに、暮らしもずいぶん変わっちまった。いつのころだか、空き部屋は埋めなきゃいけないっていうんで、だれかれかまわず入居させた。(…)アルジェリア人の家族もいて、ピエ＝ノワールの連中と同じ頃に来たんですよ、でも、こっちの方は一度住み始めたらもう引っ越さなかった、ずっといますよ。でも人に迷惑をかけたのはこういう家族じゃない。県が持ってる空き部屋や、市が持ってる空き部屋もあって、で……、いや、これは言っておかなきゃならないけど、県はそこに……勝手に厄介な連中を押し込んだ。どこかの公共住宅にいたけど、ほんとに困った奴らで、そっから追い出されてここに来たってわけだ。

**ティエリー**　そう。クリスティアンが今言ったように、どいつもこいつもいてほしくない奴らだった。でも、奴らのことでいったい誰が責任とるかっていうと、俺たちヴィルヌーヴなんだ！［低家賃住宅公社の］本部のほうでも、団地の状態が悪くなって、空き部屋が増えているのは知ってたし、ちゃんと家賃も取りたかったんで、とにかくヴィルヌーヴに人を呼びこもうって話になったんだ。それで入ってきたうちのガキどもが大きくなって、今やみんなやたらと悪さをしてるってわけだ。

**――そういう人たちはどういう人たちなんですか。仕事はしているのですか。**

**ティエリー**　たいていは働いている。というか、親はたいてい働いてる……。おやじは、まあいればの話だが、もう五十三か四になってるだろう、ずっと働いてきて、そろそろ退職するってとこだ。女房は外ではぜったいに仕事しない。子どもらは、もういいかげんガキじゃないのに失業して、仕事がみつからない。いったい何をやっているかって？車を盗み、空き巣を狙い、それからあれ、ヤクをやってる。

それと、忘れちゃならないのは、今じゃ、連中はどこの地区でもみんな知りあいで、どこかに集まるってことになるとすぐできる、やめさせる手立てなんかない。

――いつ頃から悪くなってきたんですか。

**クリスティアン**　ああ、そりゃあ、八一年からだよ、ここでは。もうひどいもんで、夜も眠れない。五分に一台の車が盗まれる……。銃の発砲もあったし、盗んだ車でガレージに突っ込んだり、あっちこっちの通りで暴走するし……。十三歳くらいの奴がＢＭＷを運転してるんだ、中に誰もいないかと思うと、髪の毛だけが見える。そんなんで、バカばかりやってる。当時は警察もお手上げで、呼んでも来てくれない。だからやりたい放題で、とことん荒れてたね。

## 少しでもまともな連中は みんな出てっちゃったよ

**ティエリー**　ヴィルヌーヴはいい加減すぎるよ。俺なんか、〔ヴィルヌーヴに隣接する〕Ｍ市に三年間ほどいたけど、あそこで似たようなことになったときには、Ｍ市では機動隊を入れた。けっこう長く、六カ月くらいいたよ。短機関銃をもって、戦闘服に、編み上げ靴で、無線機を背負って、昼も夜もずっといたから、街はすっかり静かになった……ヴィルヌーヴでは連中はやりたい放題、やりたい放題だ。今みたいに、〔湾岸戦争で〕※緊張しているときなんかは特にひどい。またやってやるとか、もっとむちゃくちゃにしてやるとか言ってるよ。

**クリスティアン**　そんなことをするのはあの連中だけだよ。俺は、人種差別みたいなこと、自分としては言いたくないけど、これほどになるとね……。

**ティエリー**　〔皮肉な調子で〕奴らは「ブール〔フランス生まれのアラブ人移民二世〕世代」ってやつだよ！

**クリスティアン**　そう、それだ！　まあ、アラブだけじゃなくって、フランス人も、フランスの若いのも混じってるけど。連中は一緒になって、人にいやがらせをして満足してる……。夜中の二時に住民から電話で起こされ、道に出ると、一人残らず酔っぱらった若いのが四〇人もいて、好き勝手言われたことが二度もあった。これからは、電話が来ても、もうまっぴらだよ！

――そういう若者は何歳くらいですか。

**ティエリー**　十八歳とか、二十歳の間くらいだろう。

**クリスティアン**　いや、もっと年上のもいる……。ちょっとあのな、いいか？　俺個人の意見だけどね、どうして親は子どもを一晩中に外に出しとくんだ、どうしてもわからん、だって、せいぜい十四、五歳の子どもだよ。夜になると、道路に出てきて、何人かでつるんで、バイクに乗って町に行って、バイクを盗んで帰ってくる。そんなこと、あいつら平気でやってる。警察を呼んでも、ヴィルヌーヴの警察は何もしない、がっかりさせられるけど本当だよ。「今日はもう出動できない」とか言ってね。警察も、若いのが怖いから来たくないんだ。怖くて動けない、そういうことだよ。(…)

**ティエリー**　そうだよ、来なくたってしかたないよ、荒れてるから……。ほんとに荒れてるから……。

**クリスティアン**　うちには塗装工がいるだろう、若いのが一人来てペンキを塗っていった。あっちこっちの入り口ホールをみんな塗りなおしてきれいにした。ほんとによくなったんだ、郵便受けもみんなきれいな新品にしたしな。ところが、また奴らが来て、みんな台無しにしちまった!　また汚くして、みんなぶち壊してしまった!　汚くて、ぼこぼこになってるほうが好きなんだよ、あいつら。だから、こっちが仕事して、業者を呼んで直したり、きれいにすると翌日にはまたやられる。月曜の朝にドアに電動ストライクや電気錠を取り付けたら、火曜の夜にはそれが丸ごと取り外されている。全部壊される。

**ティエリー**　ああいう奴らは何とかしないといけないと思うよ。そりゃあ、Cさん［ヴィルヌーヴの市長］が、「問題のある家庭のために公共住宅を建設する」とか言っているのは、大変けっこうですよ、でもどこに建てるっていうんだ。畑の真ん中に、高層アパートをまたいくつも建てて、そこに連中を押し込むっていうのか。そんなことしたってしょうがないだろう。それより、ほんとうにいてほしくない家族なんだから、ヴィルヌーヴから遠いところに土地を見つけて、そこに行ってもらって、あとは連中だけでやらせればいい……。こんなことをいうのはいやだけど、それが最良の方法だよ。なんてったって、一八年も二〇年もここにいる家族がいて、住宅公社のいいお客さんだろう、そういう人たちが「もうたくさん。こんなにひどくなるなんて。郵便受けを取り替えてもすぐに壊されるんだから」と言ってる……。ドアを防犯用のにしたってだめ、防犯用だってすぐ壊されて、家の中のものがみんな取られちまう。ベランダなんかあると、夜、そっから入り込んで、家の人が寝ててもおかまいなし、テレビなんかが盗まれる。まったくいつだって、同じ連中だ。(…)ああいう連中をどうしようってんだ!　それに車のことだってあるぞ……。だから、ヴィルヌーヴに住むんだったら、玄関のドアは防犯用の頑丈なやつにして、窓には鉄格子をはめて、車は古い汚い奴にしとかないと……信じられないだろう、こんなの！

**クリスティアン**　車を止めて、ちょっと自宅に戻ってまた降りてくると、窓ガラスが割られて、カーステレオが盗まれてる。これじゃやってられないよ。理解できないよ、俺には。どうしてこんなことが……。［少しおどけた小さい女性的な声をわざと出して］「見逃してあげて。不幸な若者たちなんだから。したいようにさせてあげて」なんてこと、もう言ってられないだろう。そのうち、うちの地区〔優先市街化区域〕※の住民にはマグレブ※の連中しか残っていないってなことになるんだ。だってあいつら、夜中の三時ごろまで通りで出てだべってる。酒を飲んで、タバコを吸って、マリファナをやっている。それで、飲んだり吸ったり同時にやるもんだから、へべれけになってる。外に出て、なんか奴らに言ったら大変だよ。さんざん口ぎたなく、思う存分に悪口を言われる。そして朝になって仕事に行こうってときに、タイヤがパンクしていたり、フロントグラスが割られたりしてる。何でもぶっ壊しやがるんだよ。でも、奴らには何も言わないほうがいい、やりたいようにさせておくしかないんだ。俺たち管理人も、仲間で議論はするけど、「連中がみんな壊してしまうんだから直したって無駄だよ。俺はもう直さないよ」なんて言ってる。

［…］

## あまりにほったらかしなんだ

――若者とはどんな接触があるんですか？　どんなやりとりがあるんですか。

**クリスティアン**　なんの接触もないですよ。何もない。その必要もない。奴らからみたら俺たちは密告者だし、根性の腐った野郎で、なんだかんだ好き勝手に言われることになる。話し合ってみるまでもないね。そりゃ俺だって、話し合ったこともあるんだ。でも、奴らが言うことときたら、「集まる場所がほしい。自由に使えるホールがほしい。あったらもうどっかを壊すようなことはしない。あれもしない、これもしない」なんてことだけだ（…）。団地の更新とか修復をやるときには、どっかの地区の若いのを企業で使ってもらえればいいんじゃないか。なにしろ若い者はごろごろいるんだし、連中だって、「塗装会社とか電気会社で使ってもらえたら、やりますよ。よその連中にこの地区に入らせるようなことはさせないっすよ」って言ってるから。だって、あいつらいつもこんなこと言ってくるんだ、「階段のペンキの塗り替えとか、ほかの仕事に俺らも参加させてもらったら、あちこちぶっ壊すなんてもうなくなりますよ」ってね。

**ティエリー**　いや、そうは思わないね。

**クリスティアン**　でも、奴らがそう言っているんだ。

**ティエリー**　だっていまおまえが言ったように、「よその連中がこの地区に入ってこれなくする」って言うんだろう。で、そのよその奴らってのは、いったい何しに来るんだい？　言ってやろうか？　よその奴らってのは、はっきり言ってよ、この地区の連中の代わりに俺たちに厄介かけに来るんだよ。そいつらに言わせたら、「どうして俺らには何もやらせてくれないんだ」ってわけだ。公社がなにかやろうとしたときに、そいつらが参加できないんじゃだめだ。だれでもみんな何かやらないといけない。やらない奴を作っちゃだめなんだ。さもないと賛成と反対に分かれてしまう。［彼はそこで、団地の若者のために作られた施設がどのようにして荒らされ、閉鎖を余儀なくされかを語った。］「俺らは仕事がないじゃねえか。誰も俺たちに仕事をくれねえ」なんて奴ら、言ってるが、いったい奴らにどんな仕事をやらせたらいいんだ。自分たちの施設をちゃんとしておくこともできなかったじゃないか。何でも盗むし、ホールを使わせれば一週間でめちゃくちゃにしてしまう。何もかも壊しちまったじゃないか。ガラスの落書きをペンキ職人が来てきれいに消せば、すぐにまた落書きをしやがる。ほんとに気の毒だよ。そいつは寒いなか、凍えながら刷毛を使って仕事してたのに、一週間たったらまためちゃくちゃ落書きされてるんだから。それに奴らのために、一つ一つ建物の裏にパレ・デ・コングレ〔パリ一七区の文化・商業総合施設〕を建てるわけにはいかないだろう！　冗談じゃないぞ。俺なんか、高速のわきに大きな団地があるだろう、あそこの低家賃住宅に二五年住んでいた。そこに来たのは六つのときで、一六年いた、一六年だ。そこで何度かやった一番悪いことといったら、建物のガラスを割ったことくらいだよ。玄関ホールがガラス張りで、芝生でサッカーをやると、ボールが逸れて、ガシャン！　でも、だいじょうぶ、弁償したよ。よく覚えている。大きなガラスで、五〇フラン※くらいだったけど払った。俺たちはな、これが欲しいあれが欲しいとかなんとか言って、手当たり次第に盗みに入るようなまねは、絶対にしなかった。冗談じゃないぜ……。いまのヴィルヌーヴは、あまりにいい加減なんだ。あまりにほったらかしなんだ。そこが問題なんだよ。（…）いまの若い者には、一生働かないような奴もいる。なぜって盗むほうがよっぽど楽だからさ！　車を盗んで、そいつを解体する。仕事するよりは、盗むほうが簡単さ。強盗やって金を巻き上げる。二カ月とか一年とか、刑務所に入っても、出てくれば一、二週間だけは静かにして、で、また始める。前の仲間とまたつるんで、またやりだして、それで全部おじゃんになる。

**クリスティアン**　それどころか、刑務所に行くのはかっこいいと思ってる……年上の連中が年下の奴らにそう思うように仕向けてるんだ。小さいのが年上にまじっておなじことやってるのを見ると、ほんとがっかりさせられるよ。

**ティエリー**　このままだと、ほんとにどうしようもないね、この先ずっとだ。永久にめちゃくちゃなままだ。ひどいことがあまりに多いんで、もう新聞も何も書かないし。警察がM市で一斉検挙したときなんかは、「まるで戦争だ」って言われたもんだ。ほんとにそうだった、俺もやられたんだ。機動隊につかまって、あのころは髪がちぢれっ毛だったもんだから、「糞ったれアラブ野郎め！」と言われてとっちめられた。車に両手をつかされて服も探られた。でも、警察がそんだけのことをやった甲斐はあったんだよ。(…)

## あいつらにちょっとでもなんか言うと、すぐ人種差別だと言われる！

**クリスティアン**　(…)でもな、わかんないけど、うちの公団の方にもちょっと足りないところがあるんじゃないか。なんかの対策を取らないといけないのに、何もやってないだろう。それと市のほうもなんかしないといけない。市長はさ、ここだって同じ市なんだから、無視してほしくないよな。本気で取り組んでもらわないとな。(…)あいつら[団地の若者たち]にちょっとでもなんか言うと、すぐ人種差別だと言われる！　おかしいぜ、そんなの、俺なんか、チュニジア人とかアルジェリア人の友だちもいるんだから……。

**ティエリー**　俺もだよ。

**クリスティアン**　いい友だちだよ。でも若い者に一度言ったことがあるんだよ、「俺はな、バカ野郎が相手なら、人種差別もしてやるんだ」ってな。俺はな、わけもなく、ただぶっ壊したりするってのは納得できないんだ。人が嫌がるから、わざとやるんだ！　黙って仕事をしてりゃ、いいんだよ。仕事をくれないって言うけど、でも、そりゃあ、仕事にありついたらすぐに盗みをやるからだよ。社長のほうだってよ、泥棒を雇っておけるかい。工業地帯であった話だけど、［ある工場主が］アラブの若いのを一人雇って信用してたんだけど、一週間もたたないうちに秘書をとっ捕まえて、顔を二発ぶん殴って金庫を盗んだ。警察が野郎を捕まえた……そしたらそいつ、散弾ピストルを警官に向けてぶっ放した。でもなんだかんだ、結局はとり押さえられて、こっぴどく焼き入れられた。そしたらそこに、ほかの奴らがみんな出てきて、「やっちまえ、警察野郎ども、差別しやがって！」と言って襲いかかったんだ。

［…］

**クリスティアン**　公社に雇われている管理人を何人か知ってるけど、みんな脅されてるよ。

**ティエリー**　俺だってそうだよ……。

**クリスティアン**　もろに自分の家に放火された管理人も二人知ってる……。

**ティエリー**　俺だって脅されたよ。二人して俺んとこにきやがって、「駐車場でこそこそ嗅ぎまわるんじゃねえよ」なんて言いやがったから、「別に嗅ぎまわってなんかいねえよ、仕事してるだけじゃねえか。おまえらこそあそこで何やってんだ、俺は仕事をする、やれって言われたことをやってるだけだ」ってこっちは言っといた。するとあとでまたやってきて、「嗅ぎまわんのやめないと、てめえに一発撃ち込んでやるぞ」って、本当にそう言ったんだ！　うちの息子に手を出した奴もいる。二年前、ここで働き始めたばっかりのころよ！　息子は九歳でその野郎は二十歳だった。そいつを捕まえて、言ってやったよ。「［息子の髪の毛を引っ張るのは］いいか、これが最初で最後だぞ。これからは、一人ぼっちで、大勢仲間と一緒でないときには気をつけるんだな。お前が一人の時にふん捕まえてやるからな」ってそいつに言ってやったんだ。なんか口の中もごもご言うだけで、野郎、しゃべれねえんだ。ただ下向いて、足元をじっと見てたよ。

**クリスティアン**　奴らがいっぱい集まるのはいつも夜だ。少なくともたっぷり五〇人くらいは集まる……それで、一晩中そこにいるんだぜ。先週みたいに天気がいいときなんかは、こっちが仕事に出るころに、奴ら、寝に帰る。一晩中バカ騒ぎをやっている。一晩中、「サダム・フセイン万歳！だれだか万歳！」だよ。あとはバイクを吹かして……。うるさいったらない。しかも一晩中なんだから。だからみんな「もうたまらない。警察を呼んでくれ」と言ってくる。午前二時に、警察に電話して、「ちょっと、どうにかやめさせてくださいよ。奴ら、ほんとに狂ってますよ」って言う。それに奴らのためには集会所まで作ってやったんだ。でも奴らは外に出て朝までわめいてる。こっちは眠れないまま夜も明けて、もう起きて仕事に行かなきゃいけない。たまらないですよ。ひどいもんだ。こんなんじゃとても生きていけない。だから俺だって言いたくもなる……。

## 住民の人らに「引っ越しちゃだめですよ」って言うんだよ

**ティエリー**　それで何か言おうものなら、仕返しに車をやられる。

**クリスティアン**　タイヤをパンクさせたり。

**ティエリー**　車に仕返しばっかりするから、しまいにはみんなうんざりして……［口笛を吹く］。それで、よそに住めるところを見つけるとすぐ引っ越してしまう。「管理人さん、よそに家を見つけて引っ越しますよ。どうもお世話になりました」ってね。

**クリスティアン**　だから俺は、住民の人らに「引っ越しちゃだめですよ、ここにいて下さい。家にいて下さいよ。だってみなさんがいなくなったら、奴ら、よけいに喜ぶんだから」って言うんだよ。でもそんなことしてもだめだ、俺はいつも言ってた、「この建物にはいい住民の方たちもいるのに、このままじゃみんないなくなってしまいますよ。それで空き家になると、どうすると思います。また、ああいう一家を入れてくる！　みんな引っ越してしまえばすぐそうなりますよ。連中しかいなくなってしまいますよ」ってね。仕事で疲れてるんじゃなくて、ストレスでくたくたになるときだってある。

**ティエリー**　そう、そう。ほんとにストレスがたまる。トラックの運転手をしてたころは、一三時間や一四時間運転してたけど、これほど疲れることはなかった……。

**クリスティアン**　神経がまいるんだ。

**ティエリー**　脅されてるからね。仕事をやろうとすると、脅されるから。

## 「ブール世代」ってやつよ

［…］

**ティエリー**　俺にはぜんぜんわからん。機動隊の導入しか手がないことはわかっているだろうに、お偉いさんたち、機動隊には反対なんだ。機動隊が来てみろ、なんせ軍隊みたいな連発銃を持っているから、だれだって逮捕できるし、遠慮もしないし、恐いものなんかも何にもない。なんにも恐くないし、雲行きがあやしくなったら警棒をだして、ぼかすか殴ればいい。あのガキの奴らに必要なのはそれだよ。ムショなんかじゃなくて、ときどきみっちりたたきのめして焼き入れてやることだ。ムショに入れるよりよほどおとなしくなるよ。だって一カ月や二カ月入って出てくるだろう、奴らみんな自分がゴッドファーザーになったと思ってやがる。(…)「ブール世代」ってやつよ！　あの連中が何をしてほしいんだか、俺にはわからん、はっきり言って。連中と話したときに、言ったことがあるんだ。「でも、ブドウ収穫のバイトにいったらいいじゃないか。いい金になるし、楽しいじゃないか」。［おどけた小声で］「そんな、とんでもないっすよ。二日やったら腰が痛くて逃げ出しましたよ」。モロッコ人の若いのなんか、背は一九〇センチもあって、まるでクマみたいにごっついのに、「あれは大変っすよ。二日もやったら腰が立ちません」だって。こんな奴らをどうやって働かせろってんですか。たった二日のブドウ収穫で疲れちまうような奴らですよ。

**クリスティアン**　［同じようにからかうような調子で］そう、その通り、どんな仕事でもすぐに疲れちまう、でも盗みやるときは別……。

**ティエリー**　それに、あまりにも……、女房の母親の友だちがボジョレー地方［フランス南東部、ワインの産地として知られる］でブドウ畑を持ってるんだが、「あいつらはもう雇わない、盗みが多すぎる、盗みが多くてたまらん」って言ってた。今じゃ、［マグレブ以外の］外国人かフランス人を雇うらしい。あの辺ではブドウ収穫をやる外国人はたくさんいるから。でもいったい、奴ら、どうしたいっていうのか、俺にはわからん。仕事がみつからなくて困ってるのもいるだろうな、たぶん。誰もかれもおんなじように見られちゃうからな。

——どうしたらいいんでしょうかね。なにかいい考えはありますか。

**ティエリー**　そんな、考えって言われてもね。まず警察がしっかりしてくれなきゃね。

**クリスティアン**　どうすればいいのか、俺はわからんな。

**ティエリー**　私らは自分の仕事をするさ。みんな自分の仕事をやればそれでいいのさ。

——もしあの若者たちの問題さえなければ、いまの仕事に満足ですか。

**ティエリー**　もちろんだよ！

**クリスティアン**　そうね。けっこう楽しい仕事だよ。

**ティエリー**　けっこうおもしろい。楽しい仕事ですよ。前からちょっと外でやる仕事とか、トラックの運転のような一人でやれる仕事には慣れてたからね。いろんな人と話せるし、いつも外でやれるからね。

**クリスティアン**　そうだな、そこがいいところだな。いろんな人と仲良くなれるし。あいつらの家族とはごめんだけどな。

**ティエリー**　何もしなければ、このままだよ。ヴィルヌーヴはこのまま、ずっとこのままだよ。ほんとに何にもしないなら、いずれゲットーになる。

**――お二人は、転勤は考えたことはありますか。それともここにいたいですか。**

**ティエリー**　俺はね、正直言って移りたいとは思わない。いつもここで暮らしてきたし、たくさん人を知っているから。

**クリスティアン**　おまえが出て行くことはないよ！（…）あいつら、家族手当※だの、なんだのもらってるくせに、ちゃんと家賃を払ってねえだろう、そんなのみんな知ってる。だからさ、俺に言わせりゃ、もうずっとまえに奴らを追い出しておくべきだったんだよ。家賃も払わない奴らが、人に迷惑までかけてんだからよ。

**ティエリー**　そうだ。追い出すんだ。でも誰もやろうとしない！　ヴィルヌーヴだけだよ、あいつらを抱え込んでるのは。そこんとこも問題だよな。どうしていつもヴィルヌーヴなんだよ。どうしてよそじゃ引き受けないんだ。ここにかき集めるんじゃなくて、回りのいろんなところにちょっとずつ分けて置いとけば、いいじゃねえか。さもなきゃ、奴ら用に公共住宅を建ててやればいい、もちろん、うちらの団地の外にね。市長さんもそんなこと、言ってたよ。奴らは外に住まわせるべきなんだよ。奴らをみんな一緒に一カ所に押し込めるなんて、あんまり感心しないけど、そのぐらいのことしなきゃ、どうにもなんないだろう。

**――市議会は政治的にはどんな感じなんですか。**

**クリスティアン**　ヴィルヌーヴ市はかなり前から共産党が握ってる。言っときますけどね、自分としては連中を差別するようなことはしたくないんですよ、けどね、市役所に行ってごらんなさいよ。誰がいると思います？　市役所で働いているのはみんなマグレブ出の連中ですよ。なんでもいいから市役所で働かせてくれって言っても、だめ。俺らにはぜんぜん何にもない。

**ティエリー**　そうよ、連中は市長の票田だからさ。

**クリスティアン**　奴らには何でもある。俺たちはだめ。病気になったとか、そんなことで、仕事がなくて何かお願いしに行く、それとか、歯医者にかかるから費用を出してほしいと、たのみに行く、すると答えは「できません」とくる。歯が痛くて、頬っぺたがこんなにはれ上がっててもね。奴らはなんかこのくらいの小っちゃな〔カードみたいな〕やつを持ってて、それですぐに病院にも行かせてもらえる。だからヴィルヌーヴで医療費とか、めんどうみてもらいたいなら、仕事やめて泥棒やってるに限る。そうすればなんにでも権利がある！

**ティエリー**　みんなそう言ってますよ。日焼けして、ちょっと靴ずみでも顔に塗れば、奴らみたいになって、何でもしてもらえるって。冗談じゃなく、ほんとに！

## まだ若くて、人種差別ってわけじゃないが、かなり強硬派だった

――政治で何か変わると思いますか。

**ティエリー**　ヴィルヌーヴに限って言うなら、もし共産党でなくなったら、もしかしたら変わるかもしれないな。前にある候補が立ったけど、運悪く負けちまった。医者で、共和国連合※から出たんだけど、まだ若くて、人種差別ってわけじゃないが、かなり強硬派だった。つまりあいつらのためだけにやってちゃいけない、ほかの人たちのことも考えないといけない、って言ったんだ。あのしょうもない福祉センターがあるだろ、あんなもんは「私が市長になったら閉鎖する」と言った。というか、単に閉めておしまいってことじゃなくて、「高齢者や困っている人たちのものにする」と言ったんだ。〔移民の〕連中のためには何もされてないと言うかわりに、連中のためにだけ何かしているのが現状だ、と言ったんだ。奴らはほんのちょっとどっか痛むだけで病院に入れてもらえる、金もぜんぜん払わない。やりすぎなんだよ。（…）ヴィルヌーヴの政治はよくないですよ。このまま行ったら、ヴィルヌーヴには移民しかいなくなるってこと。そういうことなんだよ。誰もいなくなってから驚いたってもう遅い。あとでみんなを戻ってこさせるのは大変だよ。

［…］

――お二人は普通の住民よりも少しよけいに嫌な思いをしているんじゃありませんか。

**ティエリー**　そりゃあもう、間違いなく、嫌な思いをしてますよ。

――公社は、管理人を集めて会議とかするのですか。

**ティエリー**　そりゃ、ありますよ。原則、公社の責任者も出てくる会議が。いろんな問題、全部話し合いますよ。

――一番話題になる問題は何ですか。

**ティエリー**　なんてったって、施設へのいたずらや破壊行為とか、そんなことですよ。問題はぜんぜん片付いていません。いつも同じ問題ですよ。修繕の予算はあるんですが。直しても無駄だと思うこともある。(…)直すと壊され、直すと壊され、その繰り返しなんだから。年中同じことやってんですよ。

**クリスティアン**　あいつらに負けないやり方なんかありませんよ。最新の装置なんか持ってきてもどうにもならない。

**ティエリー**　そう、なにをやってもだめ。

[…]

**――ル・ペン**[※]**の言ってることに賛成したくなる人も、けっこういるんでしょうね。**

**ティエリー**　それはどうかな、よくわからんな。でも、俺はちょっと楽しみにしてる。これからどうなるか見てみたいんだよ。だって奴ら、俺たちが差別する、フランス人は人種差別するって言ってるんだからね……。

**クリスティアン**　そんなことねえよ。むちゃくちゃなこと言いやがって、そんなことねえよ。

**ティエリー**　だからよ、俺も言ってるんだよ、人種差別するようなフランス人だったら、ヴィルヌーヴなんかで暮らすもんか。奴らが俺のこと差別するとか言いやがったら、こう言ってやる、「いい加減なことを言うんじゃねえよ。人種差別する奴がどうしてこんな地区で管理人なんかやるかよ。どこかよそで仕事するよ。またトラック運転手やってるよ」ってね。人種差別の雰囲気をかきたててるのは連中のほうだよ。だからこのつぎの選挙がどうなるか、そりゃ、楽しみにしてるよ。そう思ってる奴はけっこういる。「もう知ったこっちゃねえ。ル・ペンの野郎がどういう奴かなんて、どうだっていいんだよ。俺はル・ペンに入れるね」なんて言ってるのがそこそこいるしな。「誰も何もしない。市長も何もしない。警察も何もしない。誰も何もしない、だったらル・ペンに入れてやる。奴ならなんかやってくれるよ」なんて言ってるの、よく聞く、よく聞くよ。

**クリスティアン**　一年だけあいつの好きなように政治をやらせてみたらいい。一年だけでいいから……。［彼はさらに麻薬とその被害について語った。］

**ティエリー**　ヤクが出回ってる限り、ずっとめちゃくちゃなままだってことよ。ヤクってのはほんとどうしようもない、とんでもない害悪をまき散らすんだ……。

**クリスティアン**　それで金儲けしている奴がいるからな。何もしなくても稼げるんだから……。

［このあと二人は、売人が麻薬を隠すいろいろな場所――エレベーターの内壁の裏や照明カバーの中など――をどうやって見つけたかを語った。さらにそれらを見つけて警察に通報しようとしたとき、どのような脅迫を受けたかということも語った。］

## あの子らはもうほんとうにいやになっているし、何の未来もないのよ

［ティエリーの妻シルヴィーが娘とともに帰宅した。私は彼女に面談の趣旨を手短かに説明した。］

**シルヴィー**　私はこの下で若い人らと一時間以上も話したことがあるけど、あの子らはもうほんとうにいやになっているし、何の未来もないのよ。誰も何もしてくれないし、……もうどうにもならないと思っている。雇う側が差別するからね。まあ、雇う側もうんざりしてるのも事実だけど。

**ティエリー**　でも、そんな簡単に片づく話じゃねえだろう……。

**シルヴィー**　ええ、わかってる。でも要するに、なんていうか、どんどん深みにはまってくのよ……。

**クリスティアン**　それこそ今言ってたことだよ。いい奴が、悪い奴の割を食うってこと……。

**シルヴィー**　いい子たちもいるのよ、とってもいい子だっている。

**ティエリー**　そうかもしれんけど、悪い奴らもごまんといるじゃないか。

**シルヴィー**　自分とこの子どもが、目の前でかっぱらいをやっているのに、親はなんにも言わない。四つとか五つとか、ほんの小さいころからやってるから、子どもらもそれで当たり前になってるのよ。お金出して買うなんて思いもよらない。だから……これはあの子たちの、できあがった気質の問題なのよ。自分で自分がわかってない。なんか施設とか、居場所になるとこを作ってやっても、みんなめちゃくちゃにしてしまう。なんか生きづらさっていうか、そんなもんがあって、でもこれはうちみたいな優先市街化区域だけの問題じゃないわよ。あたし、ジャン・ゼー高校で働いていたけど、このあたりじゃ二番目にいい高校で生徒たちもほんとにエリートで、いいとこの子なのに、話し方はまるでヴィルヌーヴと同じ。同じことば遣いよ。先生に対する態度もおんなじよ。驚いたわ。まったく先生に敬意を払わない……ひどいもんよ。だから、何もここだけのことじゃなくって……。

**ティエリー**　当たり前だろ、どうせ奴らは誰にも敬意な

んか払わない。相手が先生だろうと同じことだ。

**シルヴィー** どうすればよくなるのかわからない……ガンみたいなもんね、どうすればうまく取り除くことができるのか。だって……向こうも警戒するから、話し合おうと思ってもできないのよ。この前なんか話そうとしたら、「なんだよ、そんなこと言って、何たくらんでんだよ」って言うのよ。「話が聞きたいから話してるだけよ。なんにもたくらんでなんかいないわよ」って言ったけど、まあ、なにかポジティブな結果がでれば、個人的にはちょっといい気分にはなれるかもね。

**クリスティアン** ［けげんそうに］奴ら、あんたがいったい何をたくらんでるっていうんだ？

**シルヴィー** あの子らはね、いつだってだまされるんじゃないかと疑っているのよ。はめられるんじゃないかって……。

**ティエリー** おい、おい、だましているのはいつも奴らのほうだろうが！ 盗みをやめて建物にいたずらをしなければ、それでいいんだよ……。

**シルヴィー** でもね、あたしはいつもあの子たちに、あんたたちこそフランスだって言ってるのよ。あの子たちこそ、明日を担うのは若者なのよ、そう思わなくっちゃ。あの子らがこれからフランスをつくっていくって……でもちょっと怖くなるわよね、でしょう……。ヴィルヌーヴでは活動室とかなんとか、いろいろ若者のために施設を作ったってことになってるけど、そんなのはみんなみせかけよ。ごまかしよ。だって当の若者はそういう施設をぜんぜん使うこともできないんだから。

**ティエリー** 奴らはいつも「あれもほしい。これもほしい」って言うだけだ。でも、ほしいものをやったからって、盗みをやめるわけじゃない。

**シルヴィー** でも話してみるのはいいことよ。そう思える子もなかにはいる……。たとえ聞いてない相手に向かって独り言言ってるように思えてもね。それでもね、ちょっとした話とか、ちょっとした一言とか、必ずそういうのが伝わるもんだと、そんな感じがしてるんだけど……。

**ティエリー** ［強い疑いを示しながら］そんな感じがするって、そんなのはおまえだけだよ。そうだろう。連中のために部屋を用意して、いすやテーブルなんかの家具も持ってくるし、内装も塗りかえてやったのに、一週間でめちゃめちゃだ。活動室はそれで閉鎖になったんだぞ。

**シルヴィー** ［なんとか若者たちを弁護しようとして］でもなにか事情があったはずよ……。

**ティエリー**　［憤然と］ああ、そりゃあ、いつだってなんか事情はあるだろうよ。いつだってなんかうまくいかないことがあるってわけだ。いつだってな。

――家庭では親は何もできないんでしょうか。

**シルヴィー**　そう言ってましたね。ある子なんか、よくわかんないけど、義理のお母さんとの関係かなんかで問題があったのね。「ちゃんと話し合えばいいじゃない？　話せば何とかなるわよ」って言ったら、「話すなんてそんな、本気かよ、おやじとは一言も話さない。おやじがなんか言うときは俺をぶん殴るときだけだ」だって。

**クリスティアン**　俺の知ってるんでは、車をくれないってんで、おやじをひっぱたいた奴がいる。

**シルヴィー**　その子が言うんだけど、「俺たちがどんだけきったねえぼろ家に住んでるか知ってたら、俺たちにどうこう言う気にはならないぜ」ってね。「家ん中はゴキブリだらけ。中も汚いし外も汚い。自分にも汚さがくっついてる気がする」って。あんたらは家に帰ると、窓から外の通りなんか眺めてるだろ、俺は逆に家に帰るとがっかりする。あんまり汚いとこだから、きれいにして大事に使う気にもならないって……。あたしらみたいな暮らしだったら、家も大事にするけど、ちょっと道端で生きてるような若い人らは、ちゃんと安定した生活を送る気にならないのよ。親たちの生活を見てるし、一〇人、一二人、一五人で一部屋に暮らしているんだから。自分だけの場所なんてどこにもない。すごく小さいときから、自分の場所がなくって……。

**ティエリー**　おい、ちょっと待てよ、そんな話じゃねえだろう。

**シルヴィー**　でも大切よ。どんなに小さい子でも、自分の場所がないといけないわ。

**ティエリー**　［憤然として］何言ってんだ、いいか、俺んちだって一〇人いたんだ。４ＤＫに一〇人で住んでた。だからっておかしくなるのもいなかったし、街中あちこちぶっ壊すような奴もいなかった。

**シルヴィー**　あんたは運がよかったのよ、それでここまで自分の道を見つけてうまくやってこられた。それに、今は昔とは違うでしょう。バイトとかでも、仕事がおもしろくなかったら、その日限りでやめることだってできた。次の日にはまた別の仕事が見つかったしね。でもいまは仕事がないよ、何もないのよ。ましてアラブ人だったら、仕事なんかなんにもないのよ。

**ティエリー**　だからって、なんなんだよ？

**シルヴィー**　知らないわよ……。

**ティエリー**　クスリをやめればいいんだよ……［先ほど話に出たことを引き合いに出して］。それにブドウ収穫のバイトだってあるじゃないか。どうしてやろうとしないんだよ。

**シルヴィー**　あっち［ブドウ農家］が雇わないからよ！

**ティエリー**　あっちが雇わないって、その通りだよ。あっちの人の話を聞いたこともある……で、どうして雇わない？

**シルヴィー**　知らないわよ。

**ティエリー**　奴らが盗みをするからだろうが……。

**シルヴィー**　でも、あの子たちの身にもなってあげなさいよ。自分たちには、どうせなんにもないってことがわかってるのよ。だから暴力に訴える。それしか方法がないのよ。でも相手を傷つける暴力じゃなくて、訴えるための暴力よ。いいか、俺らはここにいるぞ、なめるなよ、俺らだって集まればどんなことになるか、よく見とけよって、そういうことが言いたいのよ。（…）やっぱりね、なんて言っても親が問題っていうか、そう思うの……。なんどか学校で集会をやったわ……先生がマグレブ人の男に殴られた。その男の弟を先生がこらしめたんで、仕返しにめった打ちにされたのよ。別の先生は叱るときに子どもをたたいた。そしたらそこの母親が来て、先生の肋骨を二本へし折った。なにせ棒で殴ったんだから。この家は一家総出で口出ししてきた、それで学校で集会がもたれた。でもこの集会に誰がきたと思う？　その年の初めに集まったのと同じ人たちだけ。生徒が三百人いるのにいつも同じ二〇人の親よ。大体はね、子どもには問題はないのよ！　先生方は大変だわ。先生方はこの仕事が好きなのよ。あたしは尊敬している。どんなことがあっても、転勤したいなんて言わない人たちよ（…）。ここで働いている先生方はね、すごくいい仕事をしてる。どんなに成果が上がったか、見たことある？

［…］

――みなさんにとって、問題を解決するには何がありますか。今の市長を支えることですか。それとも、たとえば国民戦線※を支持するとか、ショック療法がいりますか。

**シルヴィー**　あたしはおしゃべりが好きだから、いろんな人がたくさんそんなこと言ってるのを聞いてます。国民戦線は、けっこうな数、当選しそうよ。大躍進よ、大躍進。でもあたしは自分では、今の市長を支持しなきゃいけないと思ってる。今までにやったことも、今やってることも……みんなすばらしいじゃない。

**クリスティアン**　［納得できない様子で］そりゃ、そうだけど、でも、すばらしいって言ってもよ……。俺から見たら、市長の一派が何をやりたいんだ、いまいちわからんな。結局、何をどうしようってのか。

**シルヴィー**　あたしはね、若い子たちにこう言ってるのよ。あんたらは壊すこと、破壊することしか考えないで、建設するってこと、考えてないでしょう。（…）みんなで集まって考えなさい。若者みんなで集まって、ほんとうにしてほしいことを文書にまとめなさいって。そして必要なら、誰か代表を選んで、責任者にしなさいって。でも、だれも自分のやることとの責任を取ろうとはしない。自分たちの価値に信頼をおいてないのよ。

**クリスティアン**　例の話し合いから、まだそれほどたってないよね。連中は市長に会いにいって要求したんだ、体育館を使わせろって。知ってるだろう？　市長さんはいい人だから、奴らに体育館の鍵を渡した。二週間はどうってことなかったんだが、ある晩、市長が奴らの様子を見に体育館に来た。するとどうだ。奴ら、みんなヤクやってふらふらで、そこいらじゅうに酒の瓶が転がってる。しかも体育館のまんなかで夏至祭の焚き火もしていた。だから市長も、「もう鍵は返してもらう。これでもうおしまいだ」と言ったんだよ。

［…］

**ティエリー**　市長さん、俺にも言ってたよ。市の施設の部屋をしばらく連中に開放してやったけど、それがどんなものになったか、とても聞かせられないって。ほんとにゴミ溜めだって。そしたら、あとになって、奴ら、「差別じゃねえか。部屋を使わせてほしいのにどうして使わせねえんだ！」って騒いだ。いつも同じことだよ。へえ、失業してんのかい、そうかい、それがどうした、だからどうしろってんだ。

**シルヴィー**　あたしも失業してたこと、あったじゃない。

**クリスティアン**　でも、これは確かだ、ちゃんと働く気があるんなら、仕事はみつかるよ。

**シルヴィー**　いいえ、そうとも限らないわよ。あの若い子たちは何の資格もないんだから。

**ティエリー**　おい、寝ぼけたこと言うなよ。あいつ、なんといったっけ。アブデルか。奴なんか、ちゃんと仕事を見つけたじゃねえか。フランス国籍を取ろうってんで、がむしゃらにやったんだ。せっせと働いて。あいつだって本当はうんざりしてたよ、だろう？　団地じゅうの通路の壁を塗りなおして、落書きを消したんだ。一生懸命やってたよ。でも、一週間でまたもとの木阿弥だ。で、奴はまたペンキのバケツを持って出かけていく。奴だって、あいつらの一人なんだよ。アブデルのような奴もいるんだぜ。だからあんまり調子のいいこと言っちゃだめだ。

**シルヴィー**　そうね。やっぱり力で押さえつけることも必要ね……。どうしてもそうしなきゃならないときもあるわ。

**ティエリー**　いまさら言われるまでもねえ。だから言ってるだろ、甘やかしすぎなんだよ！

## 貧乏でないような小細工をしたって、むだだもの

**ティエリー**　（…）政府がなんか手を打たねえと……。

**シルヴィー**　どうしていつも政府なのよ？　政府ばっかりじゃないでしょう。

**ティエリー**　でも、なんかの予算を出すとか、出さないとか決めるのは政府だろう……。

**シルヴィー**　それはそうだけど。でもお金の問題だけじゃないのよ。あの子たちの身についた気質の問題なのよ。それを変えなくては。

**クリスティアン**　「身についた気質」って……ああそうだ！　まずはじめに、やたらバカやる気質ってのがあるな……。

**シルヴィー**　……だってもう、何したって一からはやり直せないし、なんだかんだ貧乏でないような小細工をしたって、むだだもの。問題はいつもそこなのよ、見えるところだけ作りかえても、問題は変わらないのよ。

**ティエリー**　［非常にいらだって］だったら、奴らをもと来たところに送り返すしかないじゃないか。むちゃくちゃな話だけど、しかたないだろう。

**シルヴィー**　［冷静さを保って］いいえ、話し合わなくちゃ。話し合わなきゃだめ。いつだって人のいうことに耳を傾けて、聞いてあげなくちゃ。あきらめちゃだめ。ちょっとお説教ぽいけど、そうなのよ。何度でも話して、話して、話し合わなくては。

**ティエリー**　なあ、いいか、おまえがなんか話したら、連中、したり顔で聞いてるかもしれないけど、陰に回れば、そんなことどうでもいいんだ。お前の言ってることなんか知ったことじゃねえんだよ。

**シルヴィー**　そうよ。でもそれでいいのよ。最初はそうでも、後でだんだん頭の中に入っていくのよ。そういうも

んよ。金では何も解決しないのよ。何の解決にもならない。

**ティエリー**　へえ、そうかよ。でもどうして管理人の俺たちがやらなきゃいけないんだ。おまわりの奴らだって、「話し合ってくれ。もっとよく話し合ってくれ」なんて言ってくる。でも俺たちはただの建物の管理人だろう……。

**シルヴィー**　そう、でも、あんたは一家の父親でもあるのよ。

**ティエリー**　俺にどうしろっていうんだよ。あいつらが俺たちのことをどう思っているのか知ってるのか。

**シルヴィー**　そんなことはどうでもいいのよ。あっちがどう思っていようと。

**ティエリー**　奴らに「こんにちは」って声をかけても応えもしない。

**シルヴィー**　そうよ、失礼な連中よ……でも、だからって力ずくでどうこうするのが管理人の役目じゃないわよ。それに……。

**ティエリー**　その通りだよ。でも、まさにそこだろう。俺だって、奴らが陰でどんなことやってようと、盗んだバイクを売りさばいてようと、知ったこっちゃない。でも、夜中の二時までバイクの修理なんかやってられちゃ……こっちは「そんなことはするなよ」と言うだろう。奴らからしたら、それでもう力ずくで押さえつけることになるんだ！　すると、人種差別野郎め、間抜け野郎め、とかなんとか言われて、てめー、うっせんだよ、家に帰ってくそして寝ろ！ってことになる。こんなこと言われて、どうすりゃいいんだ？　どうすりゃいいって、だれが教えてくれるんだ？

――簡単ではないですね。よほど忍耐がいりますね。

**シルヴィー**　精神分析のようなものよ。人によっては何年も続けないといけない。でも突然こだわりが取れてなにもかも表に出てくる、そんな具合よ。

**ティエリー**　一人残らず全員と話し合うなんてできるわけない、しかも何年もなんか。

**シルヴィー**　それはむりよ。あたしが言いたいのは、いつだって機会をみつけてあの子らと話そうとしているってことよ。なんとか話ができるところまでもっていく。このまえだって、あたしのこと、あんたも知ってるでしょう、あんな感じでからかい始めたもんだから、こっちも言い返して、それから一時間以上も話した。そりゃあ、ときどきは「話すことなんかねーんだよ」なんて食ってかかる子もいたけど、べつの子が止めたわ。あの子たちもね、すごく話はしたがっているのよ。話し合うのは好きなのよ。すぐにどうこうなるってわけじゃなくても、ただちゃんと聞いてくれる人がいればなんとか……。

**ティエリー**　しかし、やっぱり大変だぜ、そんなことするのは。

**シルヴィー**　そりゃ、どうしようもないバカは、ちょっとはどこにだっているでしょうけど……。

**ティエリー**　いや、ちょっとじゃない、ヴィルヌーヴにはごまんといる。

**シルヴィー**　人が集中して住んでるから、そりゃけっこういるかもね［笑］、どうしたってよそよりも多くなるって……。

**クリスティアン**　……どうしようもないバカどもがな……。

**シルヴィー**　思いきって、ほんとに小さいころから面倒をみるべきかもね。まだなんとかなりそうな子とか、ごく小さい子とか、ちゃんとした若者とか。それで、ほかのどうしようもないバカ野郎は、しょうがないから放っておくしかない。いずれ警察に捕まって、あとはお決まりのことになる……。

［…］

**ティエリー**　俺の弟は人種差別する奴だけど、ヴィルヌーヴに住んだことは一度もないね。

**シルヴィー**　あの人の人種差別は生まれつきね。理由なんかなく、ただ差別する。

**ティエリー**　それに、誰に対しても差別する。キャンプにいくと、イギリス人でもドイツ人でも差別する。でもアラブ人が極めつけだな。だから絶対にヴィルヌーヴには住まないんだ。

**シルヴィー**　そうよね。でもあたしは、ある意味、ヴィルヌーヴに住むことに満足してる。だって子どもたちが、どんな人種の子ともつきあってるでしょう、だから、子どもたちにはそんなものはないのよ……、簡単なことよ。

**ティエリー**　だから、うちは子どもらに人種差別を仕込んで育ててないってことだよ。弟のとこなんか、それやってる。まだ四つか五つくらいで、幼稚園にいっている女の子がいるだろう、その子に「アラブ人はくそだ」なんていつも言ってるんだから。

**シルヴィー**　先《さき》行って、ただじゃすまないわよ、あの子。幼稚園からそれなんだから。グランド・ゼコール※にいったときに、どうするつもりよ。

## いまはもうぜんぜん関係ありません

――何か、団体で活動してますか。

**シルヴィー**　ずっとまえだけど、キリスト教青年労働者連盟に入ったことがあります。現場のグループを任されたりして、けっこうやってましたよ。でも、だんだん自分に合わなくなって……。そうなのよ。もう自分をかけられるものが一つもなくなってしまって。政治の面でもなんだかちょっと……。

――どうしていいかわからない、ということですか。

**シルヴィー**　そう、どうしていいかわからない。共産党の青年部にいたこともあります。でも同じことだったわね！　党の学校にも行ったけど、いまはもうぜんぜん関係ありません。自分の考えに合ってる政党はありません。まるっきりなし。もうよくわかんないんですよ。ル・ペンに投票して、少しはあの連中をビビらせてやろうかしら、なんて思っている自分に気づいて、びっくりすることもあるくらい。もちろん自分じゃそんなことはしないけど。でもどこかに……、だから、どうしていいかよくわからない。それに、党の連中は一人のこらずほんとにうんざりです。みんなが政党ってものに期待しているのと、ぜんぜんかけ離れてると思うんです。裏でごちゃごちゃ、どんな汚いことやってるのかわかったものじゃない。それなのに、みんなに説教を垂れたがる。［政治家たちはたえず］裏でなんか汚いことやってますよ。でしょう。数十億って金を動かして、ヒラの党員のことなんかどうでもいいんですよ。それに、共産党ほど閉鎖的な政党はないですよ。まあ、新しい人たち［改革派］が出て、いまは少し違うかもしれないけど、でもやっぱり、下っ端は何も言えない。「党の方針」、それでおしまい。集会はいつもそんな調子。「そんな。もっと議論できるでしょう。いったい何のための集会なのよ。党費払わせといて、これでおしまい？」って、あたし言ってましたよ。パリにある党の本部を見てごらんなさいよ……信じられないわよ！

一九九一年三月

# 「バッサリ却下」

ガブリエル・バラーズ

保険代理業を営むモリース・D氏は、まるで職人のように働いている。土曜日も含めて週六〇時間、妻とともに、事務員もおかずに働いている彼は、町の有力者としての自分の地位が危いと感じている。至るところ、凋落の兆しが見える。この仕事についてからもう二五年になるが、働けば働くほど、儲けは少なくなっている。彼は〔北西部の〕マイエンヌ県からロワレ県〔オルレアンを中心とする中部の県〕に「移民」した農家の息子だが、一六人兄弟の八番目で、初等教育修了証※〔小学校卒業資格〕しかもっていなくても、能力しだいできっと出世できると信じていた。「中卒資格もバカロレア※（高卒資格）もなんにもない」多くの企業家のように、また彼が「賞賛」している首相〔ピエール・ベレゴヴォワ→社会党政権※〕のように、あるいはまた、同じ頃に仕事を始めて今は「自家用飛行機を自分で操縦している」同業の友人のように、彼もまたまじめな気持ちと努力こそが、人生を成功に導く唯一のものだと信じていた。そのうえ、彼は自分の家族の経歴を誇りに思っている。「失業者も最低賃金※労働者もいない、そういうのがなんだかわからない」者ばかりだからだ。しかしこの家族の伝統が断ち切られようとしている。いくつもの兆候から、モリース・D氏は、彼のような「学歴のない者」には、もはや「この地上に生きる場はない」と感じざるをえないのだ。彼自身、もう長期休暇を取る余裕もないが、とりわけ、彼の住む人口七千人あまりの小さな町の若年失業率の高さが、三人の子どもの将来について彼を不安にさせている。学業がはかばかしくなかったので、彼は子どもたちを私立に入れた。長男はバカロレア受験に失敗して、いま職業教育修了証※を取ろうとしている。子どもたちが自分と同じくらいの地位にさえ到達できないのではないかと、彼は心配なのである。

社会的正統性を獲得する手助けとなる学歴上の正統性を欠くゆえに、彼は全精力を傾けて市政に入り込み、政治活動や団体活動に取り組んでいる。そうすることで、社会的ゲームを支配する（学歴という）規則を転倒し、無効にしようと試みているのだ。彼の目には、私たち面談者は国民教育省側の人間であり、それゆえ、彼の話は、独学して自分の力だけでのし上がった者の価値を強調するものとなった。国家も外国人労働者もいっしょくたに、彼の不平の矛先を向けられる。何よりまず、彼の批判をまぬかれる〔社会職業分類上の※〕階層などない。つまり、「自分を地上の神様と思っている」管理職、「公務員そのもののように行動をする」〔医者・弁護士などの〕自由業、「机に貼りついているだけの」公務員、そして、決して自分のお客になってほしいとは思わない外国人労働者。彼にとって政治家は「哀れな繰り人形」でしかなく、組合は「なんでも反対屋」であり、社会保障組織と国民教育省は「二つの足かせ」、法律はすべて「ざる法」なのである。

モリース・D氏は共和国連合※の党員であるが、市役所の役職にもついていた。二人の市長のもとで助役をやりながらも、いつも「一七八九年のような大革命を夢見ていた」。彼は民衆主義者《ポピュリスト》で、〔合法的な司法手続きによらずに決定を下す〕正義の直接的実現を信奉し、市役所では社会福祉関係の書類を「一手に引き受け」、モロッコ系住民から福祉サービスを受ける権利を取り上げた。彼にとって「福祉」とは、複雑かついい加減なからくりのなかに、横領されて消えていく無駄金でしかない。しかしそれでも「さじを投げる」のを拒み、問題の解決を図ろうとした。すなわち、失業者を仕事に復帰させるために任意団体を設立し、「怠け者」の若者の「尻に蹴りを入れる」

ことにしたのである。地方政治は偽善的な人道主義を掲げるむだ話にはまり込んで、みたところもはや動けなくなっている。彼が闘うのはそういう地方政治だし、とりわけ、彼が本領を発揮して、実力を示すのをさまたげている法律なのだ。都市郊外とは違って、小さな自治体の行政は、政治的な方針に基づいた運営が許されるべきだと、彼は最終的に考えている。政治的な方針の介入は必要であるし、意義もあり、一般化されるべきなのだ。彼がよい例としてあげるのは、ある社会参入最低所得保障※受給者のケースである。この男性は、彼の表現を借りれば、「二千フラン※の小遣い」を給付されていたが、彼はこの人を全国成人職業訓練協会に登録させたのち、ある小さな工場に押し込んだ。そこの社長には、「もし遅刻したら、私に電話ください。朝になったら、私がベッドから引きずり出しますよ」と言って、男性の保証人にもなったのである。

面談はあるレストランで、日曜日の午前中に行なわれた。モリース・D氏はいつも仕事中だからである。長身で、いかり肩。まるで演説でもしているかのように、決然とした身振りを交えながら力強い声で語る。その様子から、彼がまさに闘士であり、周囲のいいかげんな連中と決裂することも厭わない人間であることが知れる。きちんとしたダークスーツに身を包み、ネクタイを締め、やや態度が固いので、まるで今にも政治宣言でも出しそうに見える。あらかじめ言うべきことを考えてきており、こちらの質問も終わらないうちから話し始め、「私はこう言いたいんです」、「思い切って言いますがね」、「いいですか、こういうことなんです」などという言い回しを話のあちこちに織り交ぜた。面談の間ずっと彼は、私ではないもう一人の男性面談者の方を向いて話していた。自分の言葉に込められた「本気」を男性面談者にだけ向けることで、この面談者のかなたにいる政治の「上層部」に向かって、自分の言葉を発しているように思っていたのかもしれない。

# 市会議員

〈聞き手〉ガブリエル・バラーズ
ジャン・バラン

［…］

**モリース**　あのころ私は、そういうわけで市の福祉担当助役をしていたんです。というより、自分で福祉担当助役と名乗ったと言うべきかもしれない。というのも、それまでも福祉担当の助役はいたんですが、手当てを受け取って、それでおしまい、後は何もしていませんでしたから。でも私は、社会福祉事務所の副所長もしていたので、これから本気で取り組むことにして、こう言ったんです。「さあ、これから福祉関係の全体を見直しますよ。誰もやろうとしないし、ああだこうだ言うだけで、誰も怖くて手を出せないから」と。

受けはよくなかったね。右の政治家が、左の政策をやってるから。どいつもこいつも、くそバカの左の政治家みたいにね、おっと失礼しました、でも、現にそうなんだからしかたない。私は、福祉の金は、書類をよく調べた上でなきゃ支出してはいけない、と言いました。ほしいだけ差し上げますよ、っていう態度で、軽率に福祉の仕事をするわけにはいきませんよ。集会でおためごかしの演説をして、「それっ」て言って、金をまくのもおかしい。自分では収穫がみこめないとこに種はまかない主義ですが、福祉は収穫があるとは限らないし、それどころか、ご存じのように福祉には決して収益性がありません。でも、必要なものなんです。

だから私は、すべての申請書類を一つ一つ検討するよう市長に進言して、福祉事務所に登録済みの人、全員と面接することを要求しました。対象者は町全体で四九〇件あり、私は水曜日の朝から晩まで、そして日曜日の午前中も書類を見るのに当ててました。「俺は最後の一枚まで見てやるぞ」

と言ったんですが、ジャン＝ポールにやめさせられました。やっこさん、市長はおまえじゃなくて俺なんだと言って私にその作業をやめさせたんです。次の市長もそれを禁じました。でも私は、「ぜひ呼び出してもらいたい人がいるから、市長の同意が必要なんです。私があっちに出向きたくない、どんな目に遭うかわかりませんからね」と言って、ようやく説き伏せました。私が出頭を依頼する丁寧な手紙を書き、市長がそれに手を入れました。でも、手を入れようが何しようが、そんなこと、どうでもよかった。私は心のなかで、「同意した以上はもうこっちのもんだ。後でしまったと思うだろうが、これからはこっちのやりたいようにやらせてもらうさ。すぐにだって始められるんだから」と思ってたんです。こうして、低家賃住宅※団地所管の警察署で、そういう家族を呼び出し始めました。後で市長のアンリは、「おまえ、俺をだましたな！」と言ってましたけどね、そりゃそうですよ。私は一件一件書類を調べて、呼び出しに応じなかった者の分は脇に置いて、二度目の召喚状を送りました。それでもまだ来なかった者がいて、三度目の召喚状を出しました。けど、それが最後で、それで来なければ、バッサリ切りました。嘘じゃありませんよ、半分は出頭してきませんでした。バッサリ却下です！

連中が市役所に現れたときには、私が職員と一緒に窓口の後ろにいて、職員とはあらかじめ決めておいたんです。〔給付申請のための〕黄色の用紙は、特定の日の何時から何時までの間にしか渡さないことにしておきました。そりゃあ、市長は歯軋りしたでしょうね、間違いありませんよ。こんな感じで、窓口には私がいることにした。今までは、女性職員がいて、連中、さんざん暴言を吐いたり、襟首をつかんだりしてたんです。そんなのはもうおしまい、冗談じゃない、論外ですよ！　連中、窓口にいる私を見て、どうしようか、ちょっと困ってるみたいでしたよ。話をしに行くか、このまま帰るか、ってね。それにね、こっちが連中を知ってるんですよ。だからこっちから声をかけた。「おやベルカセム〔北アフリカのイスラム系の名前〕じゃないか、どうした？　こっちに来いよ。どうしてこの間の説明会に来なかったんだ。どうして私のとこに来なかった。どうして申請の話をしに来なかったんだ。そら、せっかくだから、こっちの部屋に入りなよ、助役室だよ。さあ始めるぞ、姓は、名前は、住所は？」こうして連中をみっちり絞り上げ、九二件だけ給付を認めたんです。

**――ほかの人はみんな却下されたのですか？**

**モリース**　そう却下。もう福祉事務所に来ても、どうすることもできませんよ。だいたいおかしくないですか、毎日、市場でなんか売ってる男が、平気で福祉事務所なんかに来て、医療費をタダにしてもらったり、卵だの牛乳だのもらっていく。おかしいですよ！　外国人だからって、こんなこと言っているんじゃありませんよ。ここで居心地が悪いなら、国に帰る船は毎日出てますからね。わざとフランス人より外国人に厳しくしてるわけじゃない。もし私があんたらのところにいれば、あんたらだってフランス人の方に厳しくするだろうってことですよ。

［…］

**——団体を立ち上げたんですね。**

**モリース**　ええ。仕事と連帯をとおして失業者を助ける会です。このごろは、誰もかれもがぎりぎりのところに追い込まれてますから、何から何まで全部、最初から自分の頭で考え出したわけじゃあないんですよ。助役に選ばれ、福祉担当として働くなかで、そんなことも考えなきゃならなくなったんです。私の悪い癖で、何かをやるとなると、行くところまで行くか、何もやらないか、どっちかなんですよ。中間はなし、何のことかわからない。だから今の市長ともぶつかってしまった。もし助役を続けていたら、最後はあの男ととことんやりあうことになったかもしれない、あの男とはあんまり気が合わなかったしね。それに何もしないのに助役でいるのはどうしても我慢できないし、助役が手当てだけもらって、お定まりの仕事をして上のご機嫌ばかり取ってるなんて、許せませんよ。だから、辞めました。（…）それで、こういう団体をつくることになったんです。福祉事務所にいたころから考えはあったんです。それに、申請にきた人たちと話したときにも、気がついたんです。「仕事がほしいのに、仕事がない。もう探すのもいやになってしまった」という声をよく聞きました。彼らは仕事を頼みにいって断られるのに、ほとほと嫌気がさしていた。同じ工場を、五度も、六度も、一〇度も、二〇度も訪ねて、そのたびに、仕事はありませんと言われて帰ってくる。でも翌日にべつの人間が行くと、その場で採用されたりする。そんなことを聞いたら、ほんとに嫌になりますよ。断られたのがアラブ人で、採用されたのがフランス人なら、差別じゃないか！ってことになる。金歯がなかったから、髪を短く刈りあげていたから差別されたとか、あることないこと何でも言うんですよ。どうすればいいか、私には解決策があった。問題は、雇用者はすぐに誰かを必要としていたのに、前日の若者では採用してもらえなかったってことですよ。それなら、職を探している若者たちの就労期間を把握して、調整してみる必要もあるのではないかと。私は二年間いろいろやってみました。経験も何もなかったし、法律も知らなかったんですから。いろんな会社のバイト仕事を管理する団体の設立なんて。

［…］

一九九〇年十二月

# 第II部　場所の作用

今日、「問題をかかえた郊外」とか「ゲットー」とかについて語ることによってほとんど自動的に呼び起こされるのは、「現実」ではなく――我先に語りたがる者こそ、実は「現実」についてほとんど何も知らないのだから――、空想である。こうした空想は、煽情的な報道や、政治的プロパガンダないし噂話がまき散らすのと同類の、まったく無節操にくり出される言葉や画（映）像が引き起こす情動的な経験から生じている。しかしながら、既成観念とありきたりの言説から脱するには、しばしば信じられているのとは逆に、そこで何が起きているか「行って見てみる」だけでは十分ではない。というのも、この場合のように、直接現実に立ち向かうことが、リスクとさえ言える何らかの困難なしには（したがって何らかの功績なしには）成しとげられない時ほど、経験主義的な幻想が強力になることは、おそらくないからだ。しかしながら〔そうした幻想に反して〕、すべての点からみて、現場で生きられ、観察されることの本質、すなわち、真に驚くべき事実や劇的な経験の根源はまったく別のところにある、と考えざるを得ない。このことをよくわからせてくれるのに、アメリカのゲットー以上によい例はない。この打ちすてられた場所は、根本的に欠如、本質的には国家の欠如、そしてその結果として警察、学校、保健機関、市民団体などの欠如で定義される。

　したがって、ここでは、常にもまして通念（ドクサ）に逆らう＝逆説的な思考を展開する必要があるが、そうした思考は、常識と善良な感情の双方に衝突して、〔左右〕どちらの陣営の良識派の目にも、「世の顰蹙を買う」欲望にかられた偏見か、あるいは底辺の人々の困窮に対する耐えがたい無関心と映りかねないだろう。見せかけだけの正しさや、場所に関する実体主義的思考に刻み込まれた間違いをまぬがれるには、社会空間の構造と物理空間の構造との関係について、厳密な分析をする以外に方法はない。

## 物理空間と社会空間

身体として（そして生物学的個体として）、人間は物と同じようにどこかの場所に位置づけられ（人間には、同時に複数の場所にいることができるような遍在性がない）、そして一定の場所を占める。場所とは絶対的には物理空間の一点と定義づけられ、そこに行為者ないし物が位置づけられ、「場所を取り」、存在する。すなわち、場所とは〔物理的な〕位置づけであるか、あるいは関係論的な観点から、位置、すなわち序列の中の地位であるかである。占められた一定の場所とは、個人や一個の物が物理空間で占有する広がり、面積や体積と定義される。すなわち、人や物の大きさ、あるいは、より適切には（車や家具について言われることがあるように）それらの容積のことである。

社会空間（あるいは、〔諸々の〕界※と言った方がいいかもしれない）との関係をとおして、そしてその内部で構築される社会的行為者は、行為者によって自分のために使われ、したがってその所有物となる限りでの物とともに、社会空間の一つの場所に位置づけられる。そうした場所はほかの場所との相対的位置関係（上にある、下にある、間にある、など）と、両者の間の距離をとおして特徴づけることができる。物理空間が、諸部分の相互的外在性として定義できるように、社会空間は、それを構成する諸位置の相互的排除（あるいは卓越化）として定義される。すなわち、諸社会的位置の並置構造として定義される。❖

❖ ブルデューの社会空間の定義については、『パスカル的省察』（加藤晴久訳、藤原書店、二〇〇九年）二二九―二三一頁を参照のこと。

社会空間の構造は、このようにして、非常に多様な文脈において空間的な対立という形で顕在化する。人が住みついた空間（つまり〔人間の生活に〕適合した空間）は、社会空間を、いわば自然発生的に象徴化する機能をもつのである。位階化された社会にあっては、位階化されていない空間はないし、また、社会的な位階と距離とを表現しない空間もない。こうした位階と距離は、社会的現実が自然界に継続的に刻み込まれることから生じる自然化作用によって（多少とも）変形され、またとりわけ隠蔽された形で表現される。かくして、歴史に由来する論理にそって生成された差異が、物事の自然から生じたようにみえるようになる（「自然に存在する境界（自然国境）」という考え方を思い浮かべるだけでよくわかるだろう）。たとえば、このことは、性別に基づく社会的差異が空間的に投影されているもの（教会、学校、公共の場所、さらに住居においてさえみられるもの）すべてについて言える。

実際のところ、社会空間が物理空間に引き写される、そのあり方には、常に多少ともぼかしが入っている。すなわち、様々な種類の資本の所有がもたらす空間に対する権力は、人間の生活圏となった物理空間において、行為者の分布を示す空間構造と、民間または公共の財ないしサービスの分布を示す空間構造との間にある一定の関係という形で顕在化する。行為者の社会空間内での位置は、物理空間で行為者が位置づけられる場所において現れる（「宿無し」とか「ホームレス」とか言われる人々は、ほとんど社会的に存在していない）。またそれは、行為者が一時的に取る場所（たとえば来賓席とか、儀礼の決まりで与えられる場所）や、とりわけ恒常的に取る場所（居所や職場の所在地）が、ほかの行為者が取る場所に対して相対的に占める位置をとおして表現される。それはまた、空間内で行為者がその所有物（家、マンション、事務所、耕作・開発・建設のための用地）をとおして（法的に）占める場所によっても表現される。これらの所有物は、多少とも場所ふさぎなもの、つまり、しばしば「空間消費」的、と言われる性格を持っている（多少ともこれ見よがしに、空間の使用を見せつけるのは、権力のあからさまな誇示のとっておきの方法の一つである）。社会空間の諸構造が持つ慣性の一部は、こうした構造が物理空間に刻み込まれ、めんどうな移植作業なしには変更することができないという事実に由来する。それはすなわち、物を移転することであり、そして人々を根こぎにし、追放することであり、それ自体、極度に困難でコストの高い社会的変化を前提としている。

物化された（すなわち、物理的に実現、つまり客観化された）社会空間は、かくして、物理空間における、様々な種類の財とサービス、そしてまた個人行為者と集団の分布として現れる。これらの行為者と集団は（変わらない一定の場所と結びついた身体として）物理的に位置づけられ、かつ、多少とも重要なこれらの財とサービスを自分のために利用する機会――所持する資本と、それ自体も資本に依存するこれらの財への物理的距離に応じて異なる機会――を与えられている。物化された社会空間の個々の領域の価値が定義されるのは、空間内での行為者の分布と財の分布との関係においてなのである。

異なったいくつもの界、あるいは、こう言ったほうがよければ、異なったいくつもの物理的に客観化された社会空間は、少なくとも大まかには、相互に重なり合う傾向がある。その結果として、最も貴重な財とその所有者が物理空間の一定の場所に集中することになり（〔ニューヨークの〕五番街、〔パリの〕フォブール・サントノレ通り）、そうした場所は、最も困窮した人々がおもに、あるいはそうした人々だけが集まる場所（貧しい郊外、ゲットー）と、あらゆる面で対立することになる。プラスの価値を持つ属性、あるいはマイナスの価値を持つ属性（負の烙印《スティグマ》）が極度に集中しているこうした場所は、分析者には落とし穴となる。それらの場所をあるがままに受け入れてしまうと、本質的なものを見のがすことになってしまうからだ。たとえば、〔ニューヨークの〕マディソン街と同様に、フォブール・サントノレ通りにも、画商、古美術商、高級仕立て服《オートクチュール》の店舗、注文靴業者、画家、室内装飾家などが集中しているが、これら一群の商売はそれぞれの界で上位にある位置（したがって、お互いに相同的な位置）を占めるという共通点を持ち、それらの最も特徴的な性格は、同じ界でより下位の位置を占め、物理空間の別の領域で営業する商売との関係をとおして初めて理解できる。たとえば、フォブール・サントノレ通りの室内装飾家は（まず、その高級な職業名、さらにまたすべての属性、つまり提供する商品の性格・品質・価格、顧客の社会的地位、等々によって）、フォブール・サンタントワヌ通り〔パリ西部の伝統的庶民階級地区にある〕で営業する家具職人と呼ばれる者たちと対立するが、それはヘアドレッサーと単なる美容師、注文靴業者と靴屋、等々の対立と同じである。こうした対立は、まさに卓越化の象徴体系の中で成立する。そこでは、「製作物《クリエーション》」と「製作者《クリエーター》」の唯一性が示され、由緒と伝統、そして、創立者の高貴さと、常に品のある名称、しばしば英語から借用した別称で呼ばれるその活動の高貴さが語られるのだ。

同様にして、首都《キャピタル》とは、語呂合わせではないが、少なくともフランスでは資本《キャピタル》の場所である。すなわち、すべての界のプラス価値の極と、そういう支配的位置を占める行為者の大部分が集積する物理空間である。したがって、首都は地方（および「地方人」）との関係をとおしてしか、的確に思考されることができない。地方とは、資本と首都との（相対的なものであるとはいえ）欠如以外の何物でもないからである。

物理空間に客観化された大規模な対立（たとえば首都／地方）は、人々の精神や言語の中で、ものの見かた《ヴィジョン》と分割《ディヴィジョン》のしかたの原理を構成する諸々の対立という形を取って、すなわち、知覚と評価のカテゴリー、つまり精神構造のカテゴリー（パリ人／地方人、すてき／ださい、等々）として再生産される傾向がある。たとえば、（劇場の）観客および（画廊で）展示される画家の特徴に関する統計分析や分布図が明らかにする〔セーヌ川〕「左岸」と「右岸」との対立は、潜在的な観衆ばかりでなく、劇作家や画家、そして批評家の精神にも、一つの対立の形で現前しており、探求的芸術と「ブルジョア」芸術（ブールバール演劇〔商業演劇〕）を対立させる知覚と評価のカテゴリーとして機能している。

より一般的には、〔人間の活動に〕適合させられた物理空間の構造が発する、声にならない命令と無言の警告は、社会構造が段階的に精神構造と選好の体系に変換される過程で働く媒介の一つとなる。より正確にはこうも言える。社会秩序の構造を、そうとは知らずに取り込むのは、おそらくかなりの部分、そこにこそ社会的距離がはっきりと表れる空間的距離の経験——いつ果てるともなく、何度となく繰り返される経験——をとおしてのことだ。それはまた、より具体的には、社会的に性格づけられた身体の移動と動きをとおしてのことでもある。そして身体のそのような移動と動きは、空間構造に変換されて（それゆえ）自然化された社会構造によって、上昇または下降（「パリにのぼる」）、入場（包摂、在籍者による新入者選出、養子）または退出（排除、追放、破門）、つまり価値の高い中心的な場所に対する接近または隔絶として、社会的に組織化され、性格づけられるのである。ここで念頭にあるのは、たとえば、大きさや高さ（記念碑、ひな壇や演壇）が要求する改まった物腰の態度や、さらに彫刻や絵画の堂々と正面を向くポーズ、また、よりとらえるのが難しいが、空間の単純な社会的呼称にすぎないもの（貴賓席、上座など）と、空間の部分の便宜的な位階化（上部／下部、上半身／下半身、表舞台／裏舞台、正面／裏部屋、右側／左側など）のすべてが、無言のうちに押しつけてくる尊敬と畏敬に満ちた行動のあれこれのことである。

社会空間が、空間の構造と精神の構造——後者は、部分的には空間の構造の同化の産物である——の両方に刻み込まれていること、そうした事実ゆえに、空間とは、象徴暴力という見えない暴力の形を取って、おそらく最も捉えにくい形で権力が自らを確立し、作用する場所の一つだ。建築物が作り出す諸々の空間は、宮廷社会のエチケット❖と同じ確実さで、その無言の命令を直接身体に向けて下し、隔絶に基づく、あるいはこう言った方がよければ、〔本来性からの離反を〕恭しく離れてという意味で理解すれば、〔場違いな〕存在の非本来性に基づく、畏敬や尊敬を、身体から引き出すのである。こうした空間は、まさにその不可視性（〔中世の政治的儀礼の研究で知られる〕シュラム以後の歴史家によくあるように、王笏と王冠という、象徴権力の最も目を引く標識にとらわれる場合には、分析者自身にとっても不可視となる）ゆえに、おそらく権力の象徴体系と象徴権力のきわめて現実的な作用の主要な構成要素となっているのである。

❖ノルベルト・エリアスは『文明化の過程』で、マナーやエチケットが宮廷社会を通じて人間の行動を縛る大きな圧力（外的束縛）として作用する過程を論じている。宮廷社会におけるこのような束縛の発生は、個人の感情・欲望・衝動が、現代の産業社会や官僚機構の心理的必要条件である、いわゆる「合理性」に取って代わられる過程として位置づけられる。

## 空間の専有をめぐる闘争

空間、より正確には、物化された社会空間の諸々の場所や、〔占められた〕場とそれらがもたらす利益とは、（異なったいろいろな界の内部で）闘争の対象となる。空間がもたらす利益は、位置づけから得られる利益という形をとることもあるが、これ自体二つの種類に分けて分析することができる。すなわち、希少かつ好ましい行為者や財（教育・文化・医療施設など）の近くに位置しているという事実と結びついた有利な地代（位置の差額地代と言われるもの）と、さらに位置または序列の利益（威信のある住所によって保証される利益など）だが、後者は、〔ほかの人にはない〕一つの卓越した特性の独占的所有に付随する差異化がもたらす象徴的利益の特殊事例である（物理的な隔たりというものが、空間的な数値ばかりでなく、むしろ時間的な数値でよりよく計測されるのは、公共の、もしくは私的な交通手段の利用可能性に応じて、移動に要する時間が変化するからだが、してみると、様々な形態の資本が空間を支配する権力は、同時に時間を支配する権力でもあるのだ）。空間がもたらす利益は、場所の占有（もしくは占拠）から来る利益という形をとることもある。物理空間（広大な庭園や広々としたマンションなど）の所有は、あらゆる望ましくない闖入に対して距離をとり、排除する手段となりうるからだ（イギリスの邸宅の「のどかな眺望」とはこのことだ。レイモンド・ウィリアムズが『田舎と都会』で指摘するように、これが田舎と〔その土地の〕農民を風景に変えてしまい、地主の興趣に供したり、不動産広告の言う「見晴らしのいい眺め」にしてしまうのだ）。

空間を支配する能力は、空間に配置されている（公共あるいは私有の）希少な財を（物質的あるいは象徴的に）わが物とする能力であるからこそ、所有する資本に依存する。資本のおかげで好ましくない人物や物を遠ざけ、同時に（特に所持する資本の豊かさゆえに）望ましい人物と物の近くにいることができる。こうすることで、望ましいものをわが物とするために必要となるコスト（特に時間）を最小限にとどめることができる。物理空間における近接性は、社会関係資本の集積を容易にして促進することで、社会空間における近接性があらゆる効力を発揮するのを可能にする。より正確を期せば、それは、行きつけの場所によく行くという事実が保証する、偶然にして同時に予想されもする出会いから、途切れなく利益を引き出すということだ（資本の所有は、このほかにも、交通・通信手段の経済的かつ象徴的支配のおかげで可能となる、ほとんど遍在性とでも言えるものさえ保証する。これはまた、代理人指名、すなわち仲介者をとおして遠くからでもそこに存在し行為する能力によって、しばしば効力を倍加させる）。

反対に、資本を欠いた者たちは、最高度に社会的に希少性の高い財から、物理的ないしは象徴的に遠ざけられ、そうして最高度にいとわしく、希少性が最も低い人や財の傍らにとどまることを余儀なくされる。資本の欠如は有限性の経験を先鋭化する。つまり、人を一つの場所に縛りつけるのだ[1]。

空間を自分のものにするための闘争は、個人的な形をとることもある。一個人の生涯または数世代を介した空間移動——たとえば、首都・地方間の行き来や、首都の位階化された空間内部での住所の継起的な変遷——は、こうした個人的闘争の過程でえられた成功や失敗を示すよい指標となる。それはまた、より広い意味で、すべての社会的軌跡の指標ともなるものだ（ただし、以下の点を考慮に入れる限りでのことだ。すなわち、たとえば若い上級管理職と年長の中間管理職というように、年齢と社会的軌跡の両方の点で異なる行為者が、一定期間、同じ職位につくことがあるのと同様、こうした異なった行為者が、これも当然一時的に、隣同士の住所に住んでいるということもあり得るのだ）。

この闘争における成功は、（いろいろな種類をとる）〔個々人の〕保有資本にかかっている。ある特定の住居に住む住民の違いに応じて、その住居に結びついた物質的・文化的な財とサービスを自分のために利用できる平均的確率も変化するが、それを決定するのは、それぞれの住民が保持している、〔財やサービスを〕自分のものにする能力である（その能力には物質的なもの――金銭・私的交通手段――と文化的なものがある）。ある住居に物理的に居住していても、本来的な意味でそこに住んでいるとは言えないことがある。暗黙のうちに要求される資源、まずもって、ある種のハビトゥス※を持ち合わせないときである。

住居がハビトゥスの形成に寄与するのと同様、ハビトゥスも、そのハビトゥスにそった住居の――適切な、あるいはそうでないこともある――社会的な使用をとおして、住居の形成に寄与する。社会空間内で遠く離れている行為者を〔物理〕空間内で接近させれば、それだけで社会的な接近が促されるという信念には、したがって、疑いを差しはさまざるを得ない。実際には、社会的に離れている人々どうしの空間的接近は、雑居状態として体験され、それ以上に耐えがたいことはないのである。

場所の正当な占有が、〔占有者に対して〕前提する属性にはいろいろあるが、それらすべてのうちで、決して瑣末なものとは言えない属性として、その場所の長期的な占有と、正当な占有者たちによる〔その場所への〕切れ目ない出入りによってのみ獲得される属性がある。言うまでもなく、そうした属性とは、人との関係ないし結びつき（とりわけ幼年時代と青年時代の友人という特権化された結びつき）からなる社会関係資本とか、あるいは、身のこなしや発音（なまり）などのような、文化的かつ言語的な資本のきわめてとらえにくい諸側面すべてにあてはまる。これらは、出生地というもの（そしてそれに準じて、居住地というもの）がもつ重みに、その根拠を付与する特徴である。

ある場所にあえて入り込む者たちが、自分が場違いなところにいる、と感じないで済むためには、その場所が無言で占有者たちに要求する条件を満たさなければならない。それはある種の文化資本の所有でありうる。そういう資本がないと、名目的にはみんなのものと言われる公共財を、現実に自分のために利用すること、あるいはそうしようと意図すること自体が阻まれるかもしれない。当然のことながら、美術館（博物館）のことが思い浮かぶが、それよりも、普通に考えて誰にも必要だと思われるサービス、たとえば、医療や司法機関によるサービスについても同じことが言える。パリは、経済資本だけでなく、文化資本や、社会関係資本の首都でもある（国立近代美術館という施設を使いこなすには、ただ〔この美術館が立地している〕パリ・ポンピドゥーセンターの建物に入っていくだけでは十分ではない、ということだ）。というのも、ある種の空間、特に最も閉鎖的で、最も「選り抜き」の空間では経済資本や文化資本だけではなく、社会関係資本をも求められるからだ。こうした空間から、人は社会関係資本とともに、象徴資本をも手に入れることができるが、それは、大多数とは異なっているがゆえに、人と同じではないという点で共通する人や物が継続的に（上品な街区や豪華な住居に）集合することから生まれる社交クラブ作用をとおしてのことだ。つまり、これらの空間が（定員制限という形を取って）形式的に、あるいは（招かれざる者は必ず排除感を味わい、所属から来る利益のいくつかを奪われることになることから）事実上、望ましい属性すべてを見せられない者、あるいは望ましくない属性を（一つでも）見せる者は誰でも排除するという限りでのことだ。

上品な街区とは、望ましくない人間の積極的排除によって成立する社交クラブよろしく、住民全員によって蓄積された資本と同様の性質を、住民の一人一人が分け持つことを可能にし、それによって、住民を象徴的に聖別している。それとは反対に、汚名の烙印を押された街区は、そこに住む者たちを象徴的に毀損するし、住民の方もお返しに自分の街区を象徴的に毀損する。なぜなら、種々の社会的ゲームに参入するために必要な切り札を何一つ持たない彼らには、全員に共通して課された追放以外に、共有するものがないからだ。剝奪されているという点で均一な住民を、一つ場所に集めるということはまた、結果として、文化と文化的実践の面でとりわけ顕著にみられる剝奪を倍加させる。というのも、学級、学校、あるいは団地という範囲で、最も貧窮した者たち、すなわち「正常な」生活を構成する諸要件から最もかけ離れた者たちが加える圧力が、下方へ引きずりおろす、つまり底辺へと平準化する力となって作用し、ほかの場所への逃避（それとて資源の欠如によって、実にしばしば禁じられてしまう）以外にいかなる解決策もない状態に、住民を追い込むのだ。

空間をめぐる闘争はより集合的な形態をとることもある。国家レベルでは住宅政策※をめぐって、地方自治体レベルでは公共住宅の建設と配分、あるいは建設すべき公共施設に関する選択をめぐってそうした闘争は展開される。最も決定的な意味を持つ闘争は、国家の政治方針をめぐる最終的な戦いになる。国家には、土地、住宅の市場はむろんのこと、かなりの部分まで労働や学校の市場をも左右する力があり、それをとおして空間に対する強大な権力を保持している。したがって、住宅政策がこれまで形成されてきたのは、高度な権限を持つ国家官僚たち（その内部にも分裂がある）と、不動産融資の売り上げに直接の関心を持つ金融グループの構成員（機関）、さらに地方自治体と公共機関の代表者たちとの間の対立と協議をとおしてのことだった。そしてこの住宅政策が、税制や特に建設補助金をとおして、まさに空間の政治的構築というべきものを実行してきたのだ。すなわち、空間を基盤とした均一な住民集団の構築を推進した限りにおいて、この住宅政策こそが、荒廃した大団地や国家に見放された巨大な集合住宅地区で、現在、直接観察される事態について、大いに責任があるのである。

ピエール・ブルデュー

## 原注

（1）したがって、フランスの各県ごとに存在している統計データで、経済・文化資本、さらには社会関係資本の指標、および県の範囲で利用可能な財とサービスに関する指標の両方を全部集めて検討すれば、以下のことを示すことができる。すなわち、しばしば地理的決定要因の作用に帰される地域間の差異は、大部分、資本の差異と関係づけられるということであり、それが歴史的に一定しているのは、歴史をとおして切れ目なく働いた循環的強化作用のせいなのである（住居と文化に関する場合特にそうだが、人が野心《アスピレーション》を抱くかどうかは、それを満足させる客観的な可能性が提供されるかどうかに大きく依存している、という理由によるところが大きい）。諸現象の観察をとおして、一見、物理空間と関係づけられるように見えながら、実は経済・社会的差異を反映している現象を突き止め、その影響の程度を計測した後においてのみ、初めて、純然たる物理空間内の近接と隔たりの作用そのものに帰せられるべき、最終的に還元不可能な要素を見つけ出すことも期待できるであろう。たとえば、直接に知覚された現在と、それと同時に、目に見え感じ取れる空間――（すぐ近所同士のように）自分の周囲に存在する物や行為者がそれらを形成している――とに与えられた、人間学的に特別な地位に由来する遮蔽作用が、そうしたものであり、こうした遮蔽作用は、たとえば、物理空間内の近接性に由来する敵意（たとえば近所同士の争い）が、国内的・国際的な社会空間の内部で〔自分たちが〕占める位置に結びついた〔お互いの〕一体性を隠してしまうことや、あるいはまた、局所的社会空間（たとえば、村）で〔自分たちが〕占める位置に特有な視点からは不可避となる考え方が、国家規模の社会空間内で〔自分たちが〕占める位置の理解を不可能にしてしまうことなどにおいてみられるのである。

# アメリカという逆ユートピアから

ロイック・ヴァカン

〔フランスの〕一九八〇年代は、単に、都市における不平等の拡大、外国人嫌悪の先鋭化、そして低階層の人々が住む「郊外」〔→郊外問題※〕での若者による抗議行動の高まりだけでなく[1]、「ゲットー化」という主題をめぐる新種の言説の急増によっても特徴づけられるが、それは、アメリカの都市とフランスの都市それぞれの貧困地区が、突然、同一視されるようになったことを示唆している。「ゲットー」という主題設定は、大西洋を越えて輸入された定番のイメージ（シカゴ、〔ニューヨークの〕ブロンクスやハーレム）に彩られつつ、都市に関して広くかわされた議論の常識となっていった。

多分に妄想を含んだこうした言説[2]は、有害な結果をもたらしたということを除けば、ほとんど検討に値しない。衝撃的であると同時に意味合いが曖昧な「米国産」のエキゾチックなイメージを利用して、巧みに感情をあおり、何かにつけて「アメリカ症候群」の脅威を過度にちらつかせることをとおして、〔こうした言説を生産する〕不幸の預言者たちは、フランスにおける労働者階級の解体について、また、自分たちの階級の再生産と集合的代表〔＝集合表象❖〕を確保する〔組合などの〕伝統的手段が、労働市場と政治世界の近年の変容によって陳腐化したことから生じた人々の深刻な精神的混乱について、その真の原因の厳密な分析を阻む障壁を作り出した。さらには、彼らは、――意図したわけではないものの――循環的に強化される汚名の烙印《スティグマ》の連鎖を招来させ、低階層の人々が住む大規模な集合住宅団地を、社会的劣悪環境と、通常の市民身分からの脱落を意味する呪われた土地にしてしまった。そうやって彼らは、集合住宅団地に住む人々が社会的・経済的排除に加えて耐えねばならない象徴的支配の重圧を倍加させたのである。(3)

❖ フランスの社会学者エミール・デュルケームの用語。神話、民話、(諸領域の)思想・知識、偏見など、一つの社会集団の中で、個人に外在して客観的に確認され、かつ諸個人に内面化されている、すべての象徴、認識の働き。

そして最後に、逆説的なことだが、「ゲットー」という主題設定は、大西洋を隔てた両国の、慎重な検討を経た比較から得られる教訓を不明瞭なものにしてしまった。この場合の比較とは、構造的にも歴史的経緯や動態の点でも大きく異なっている二つの社会空間であるフランスの都市近郊とアメリカのゲットーとの間に、類似性とか、収斂点とかを探し求めることではない。(4) フランスの「郊外」とアメリカのゲットーとを歴史的、社会学的に比較すると、確かに両者は、それぞれの国の序列づけにおいて、都市空間の等級の最下位に位置する社会的掃きだめ地帯となっているという共通点を持ってはいるが、両者は、住民の社会階層的構成、制度的組織、大都市システム内での機能、そしてとりわけ、そもそもそうした地帯を発生させた隔離と集中の原理と現実的な仕組みの点で異なっているのも事実である。単純化して一言でいえば、アメリカではまず第一に、数百年にわたって国家と国民的イデオロギーによって容認されるか、あるいは強化されてきた人種区分に基づいて排除が行なわれるのに対して、フランスではおもに、公共政策によって部分的に緩和されはしたものの、依然として存在する階層区分に基づく基準によって排除が行なわれるのだ。その結果、都市空間内の人種隔離地帯に他ならないアメリカの巨大ゲットーとは反対に、フランスの荒廃した「郊外」は、国家承認済みの社会的人種二分割に支えられた均質な社会集団ではなく、したがって、制度的な独立性も社会的分業の発展もなく、それらに基づく一体化した文化的独自性もない。

しかしながら、アメリカの「ゲットーの闇」❖を一種の社会学的な見取図として利用することは大変有益だ。それによって、フランスの貧窮地区で、今はまだくすぶった状態にある二極化過程の先鋭化が、最終的にどのような結果をもたらすか、現実に沿った見通しを持つことができるだろう。〔フランスの現実を映し出す〕拡大鏡と変形鏡が一体となった鏡のように、アメリカのゲットーは、国家がその第一の務めを果たさなくなった時に展開してゆく可能性がある社会関係の様相を私たちに見せてくれる。その務めとは、複合した都市で社会的機能が維持されるために必要不可欠な組織的インフラを維持するという務めである。公共機関を一貫して衰退させる政策を実行することで、国家は社会の一部を全面的に切り捨て、特に経済や文化や政治にかかわる資源を持たず、市民としての実質的な活動を文字通り全面的に国家に依存している人々を、市場の力と自助努力の論理に委ねてしまったのである。(5)

❖ ケネス・B・クラークの古典的著作のタイトル。邦訳『アメリカ黒人の叫び——ダーク・ゲットー』今野敏彦訳、明石書店、一九九四年。

アメリカの黒人ゲットーは、一九五〇年代の最も活気のあった時期以後、急激かつ全面的な荒廃化にさらされてきた。こうした変化は、住民のたえざる流出や、建造物や住環境の急速な劣化に見て取ることができる。それはまた、失業や凶悪犯罪、さらには、病的徴候および病因となる行動（アルコール依存、麻薬中毒、自殺、心臓・血管疾患、精神疾患）の急上昇にも表れている。これらはどれも深刻な生活苦や、集団的ないし個人的な失意と結びついているものだ。そのうえ、こうした、言わば内部における追放を受けざるを得ない人々を管理するために、都市当局はしだいに大きくなるコストを負担しなければならず、その一方で、税収は、白人家庭や裕福な世帯が中心部から離れた住宅地に退避したために、常に減少の一途をたどった。

この問題をめぐる最近の論争は、学問的なものでも政治的なものでも、都市内部の隔離地区（inner city）の止まらない荒廃の主要な原因として、代わる代わる次のような論点を強調した。すなわち、人種差別、「貧困の文化❖」つまり、黒人下層プロレタリアに想定された道徳的退廃、社会的扶助プログラムのいわゆる逆効果と想定されるもの、そして最後に、黒人中間層の流出と製造業の撤退である。しかしながら、非難の的となっている社会的解体過程が、いっそう深刻化し、かつ自動的に反復されるという点をよりよく理解するには、一九六〇年以来アメリカという国家によって行なわれてきた、これらの都市地区に対する計画的な放棄政策を考慮する必要がある。アメリカ政府による都市・社会問題からの撤退政策は、公的機関が機能するのに必要な公的施策を切り崩し、住民支援のための予算をばっさりと削減して[6]、ゲットーを徹底的に破壊し、まごうことなき苦難の地に変えてしまった。

❖ 貧困者に特有の文化が存在するために、貧困が世代間を通じて受け継がれてゆくという考え方。人類学者オスカー・ルイスが『貧困の文化――メキシコの〝五つの家族〟』（新潮社、一九五九年）で用いた概念。

ロドニー・キング事件❖で告発された白人警官の無罪評決を受けて、一九九二年五月にロスアンゼルスで燃え上がった怒りの爆発は、メディアの注目を集めたが、それによって日々の生活の中にある音を立てない暴動が覆い隠されてはならない。黒人ゲットーは、そのために身の安全と生存をかけた絶え間ない戦場となっているのである。大規模な騒乱のように人の関心をひきつけたりはしないが、この無音の暴動も破壊的であることにはまったく変わりはない。フランスにおいて、郊外の集合住宅団地で広がりつつある治安への不安は、おもに青少年による軽度の非行行為から発しているが、アメリカのゲットーにのしかかる緊迫感のほうは、殺人、強姦、襲撃の危険がいつ訪れるともしれないという現実にその根を持っているのである。

❖ ロドニー・キングは一九九一年三月にロスアンゼルス警察による暴行を受けた。一部始終をとらえた動画が世界中で放送され、警察による人種差別的暴力に対する抗議の声が起こったが、当事者の警官は翌九二年四月に無罪放免された。それをきっかけにしてロスアンゼルスでは大規模な人種暴動が発生した。

人口三百万人のシカゴ市を含むクック郡の刑事裁判所に属する三二人の判事は、一九八八年に五万六二〇四件の告訴を受け付けたが、そのうち三六四七件は重度の傷害、八四一九件は強姦、一五八四件は強盗、二五六九件は「武器使用による暴力行為」、二〇〇九件は殺人であった。これらの犯罪のほとんどはゲットーの黒人地区で犯されている。犯行を犯したのはそこの住民だが、被害にあったのもまた、まさにそこの住民なのだ。黒人ギャング団「ブラック・ディサイプルズ」の元リーダーは、自分が住んでいる建物の出入りの際に、どうしてあたりを注意深く見回すのかと、私が尋ねたとき、こう答えた。「この辺じゃな、いつだって用心してなきゃいけねえ。絶対に油断しちゃだめだ。どうしてかわかるか。ここじゃな、弱肉強食なんだよ。食うか、食われるかだ。俺はもうずっと前に決めてる。食われやしねえ、絶対に、誰にも。そんで、お前、お前はどっちにすんだよ」。

実際のところ、ギャング団が群がりあふれている、〔シカゴ〕サウスサイドの団地では、襲撃や銃撃はごく当たり前になっており、母親は幼い子どもに、流れ弾を避けるために地面に伏せるのを教えたり、彼らに生命保険をかけ、わずかな収入から月々の保険料を払うほどになっている。夏の数カ月の間、週末ごとに五～六件の殺人が起こることも珍しくなく、走行中の車から銃を撃ち込むという事例にも事欠かない。確かに、ピストルを手に入れるのは別に難しいことではなく、そこいらの道端で、「きれいな」ものなら三百ドル、〔犯罪に〕使用済みのものならその半額という「公式」価格で当たり前に売られている。「ここは、まあ見捨てられたようなもんだ」と、シカゴ南部のゲットーの中心部であるウェントワース警察の介入部隊の警官は言っていた。その言葉通り、この地区では平均で重大犯罪二七七件に対して一人の警官しかおらず、この数は白人富裕層地区であるニアノースサイドの六分の一でしかない。こちらの地区には有名なゴールドコースト区もあり、そこでは過剰なほどに豊富な人員を抱えた民間警察による身辺警備の恩恵も受けている。ウェントワースの警察官は、仕事時間の初めから終わりまで、途切れることなく緊急通報に答えている。それでも、捜査員がすべて出払っているために、放置されることになってしまう事件も数多い(7)。

こうした慢性的な暴力のせいで、ゲットーの住民はきびしく外出を制限しなければならず、また、出かける場合は、街路にいる時間を最小限にし、できるだけ公共交通や公共の場所を避けるように移動経路を考える必要がある。家に閉じこもっていれば安全というわけでもない。先ほどと同じウェントワースの警官はこう言う。「火事があっても、家の外に出ることができない。それくらい扉のかんぬきや窓格子で中から防護している。それに、こわくて外に出れないんだ」。学校でさえ、校舎の入り口に金属探知機を設置し、身体検査を実施しても、生徒や教員の身の安全を保障することができないありさまだ。地元の新聞の一面には、学校の近くで、同じ学校の生徒に撃たれたり刺されたりして死んだ生徒の記事が定期的に載る。そんなことがあっても、政治的には、単に形だけの遺憾の意が表明されるだけである。ゲットーでは、生きて学業を終えられるように子どもを南部諸州や近隣の町の親戚にあずける家族が少なくない。

したがって一人一人が常に自力で、自分と家族とを守るつもりでいなければならない。というのも、警察は、それ自身の暴力的な手法のために恐れられているばかりでなく、よく知られているように、通報者をギャング団の復讐――通報者自身やその家族がターゲットとなる――から守ることができないからだ。刑務所があふれるほど満杯で空きがなく、多くの犯罪者や軽犯罪者は捕まるとすぐ釈放されざるを得ない、という現実では、こうした復讐は、よりいっそう恐れなければならないものとなる。クック郡の刑務所では、一九二九年に建てられた一二〇〇人収容の老朽施設に、現状では八千人近くが拘束され、そのうちおよそ千人はじかに床に置かれたマットレスの上で寝なくてはならない。刑務所当局は収容能力不足を理由に、一九八八年だけで二万五〇〇〇人の被疑者を釈放しなければならなかった。このような条件下では、ゲットーの住民が法の番人に通報するのをためらうのも、無理からぬことだと容易に理解できよう。ラップグループ、パブリック・エネミーの"911 Is A Joke（「九一一番・警察緊急通報なんてアホらしい」）"という曲の通りだ。

この慢性的な犯罪の多発は、ゲットーの内部から公共空間をほとんど消滅させ、また、地域経済の悪化とも密接に関連している。百あまりのアメリカ主要都市を揺るがした人種暴動の原因を突き止めようと、ジョンソン大統領によって組織されたカーナー委員会が、一九六八年に出した報告書には、すでに不安げにこう強調しているところがある。「わが国の大都市における隔離地区では、ほとんどどこでも私的資本の撤退がすでにかなりの程度に達している」(8)。二〇年後の今、こうした資本撤退のプロセスは完了した。投資も国による奨励策も底をつき、産業再編によって肉体労働者向けの雇用が無数に失われたために、ゲットーにおける商業活動は事実上ほとんどすべて停止してしまった。戦後のシカゴで最も繁栄した商店街の一つであったウッドローン地区の六三番街の衰退がこのことをよく示している。今やそこは、廃墟となった建物や、ゴミが捨てられた空き地や、日の当たらない高架下にある、土台だけ残して焼け落ちた商店の陰うつな並びに過ぎない。一九五〇年、ウッドローンには七百の工業・商業施設があり、空き家や売地はただの一件もなかった。あまりにも商売が繁盛したので、この街路は大げさに「奇跡の一マイル」と呼ばれた。今日、奇跡とは、生き残った百軒そこそこの商店にとって、いまだに破産をまぬかれていることだ。

サービス経済への移行にともなって、大都市では社会職業的階層構成がしだいに複雑化していったのに対して、シカゴのゲットーにおける社会構造は、失業と不安定雇用が絶え間なく深刻化したせいで、よりいっそう均質になっていった。一九五〇年にはサウスサイドの成人住民の半数以上が給与生活者で、ゲットーの就業率はシカゴ全体と比べてほとんどひけを取るものではなかった。一九八〇年には成人四人のうち三人が仕事についていない。

三〇年の間に労働者の数は三万五八〇〇人から五千人未満に激減したし、ホワイトカラー層（販売・事務職、管理職、中間職、自由業の職種〔↓社会職業分類※〕）も、一万五三〇〇人超から七四〇〇人未満へと半減したが、その一方で、同時期に黒人の中間層はシカゴ都市圏において五倍に増加している。ブラックベルト地帯〔サウスサイドの黒人居住区〕の中心部では、今日、一〇人のうち六人の住民が社会保障によって何とか生活を維持し、一〇人のうち四人が扶助を受けた家庭で育ってきている。

収入源となる労働市場も崩壊し、社会的扶助も明らかに不十分である状況に置かれたゲットーの住民たちは、生き延びるためにはしばしば街頭のインフォーマルセクター経済にたよるほかない。特に、その中でも一番活気のある部門、すなわち麻薬取引にである。都市内部の隔離地区で麻薬の流通を握っている三つの強力なギャング団、すなわちヴァイスローズ（Vice Lords）、ディサイプルズ（Disciples）およびエル・ルークンズ（El Rukns）がクラック〔コカインを原料にした安価な麻薬〕やその派生品の取引に手を出して以来、シカゴにおけるコカインの価格はキロ当たり五万五〇〇〇ドルから一万七〇〇〇ドルに暴落した。その結果、誰でもたった一〇ドルでこの白い粉の小袋を買えるようになった。顧客が大衆化するにつれて、麻薬取引はれっきとした一つの産業となり、その取引高は毎年数億ドルに達するまでになった。入念に仕上げられた社会的分業の成果とも言えるが、この産業は今日、学校と合法的な経済活動からしめ出されたゲットーの若者たちのおもな就業先となっている。リスクは確かに高いが、この仕事には若い時（十歳前からも可能）からつくことができ、就業の条件もなきに等しいし、就労時間帯も自由、それに弱り切った給与労働の産業部門に比べて、報酬も大変に魅力的だ。

麻薬取引に代表されるこうした形の「略奪資本主義」（ウェーバー）の強力な成長が、ゲットーを覆う暴力の蔓延の主要な原因の一つである。麻薬消費者の側からみると、窃盗や路上での犯罪行為こそ、麻薬中毒者にとって日々のクスリ代を確保する確かに一番手っ取り早い方法である。麻薬販売者にとっては、定期的に物理的暴力に訴えることは、この種の商売では不可欠な条件であり、経営・取引管理の手段としてどんな売買人も採用する方法である。さもなければ、商売敵に消されてしまうだろう。(9) いずれにしても、麻薬取引のすさまじい拡張は、ゲットー経済の第三世界化とでもいうべきものの一番目立った兆候であるにすぎない。こうした傾向をはっきりと示す事実がほかにもある。すなわち、違法な製品の自家製造や日雇い仕事が当たり前になっていること、「職業」とも言えない下層プロレタリア的な仕事（クズ屋、露天商、空き缶集め、路上の新聞販売、車の監視、荷物運び）の増加、スエットショップ（搾取工場）や内職・出来高払い仕事の復活、そして、売血、売春、高利貸、食料配給券（フードスタンプ）や公的医療保険証の売買といった違法になりかねない商取引のことである。

ゲットーにおける商業活動の衰退と生活状況の全般的な悪化があまりにひどいレベルにまで達したので、公共財の提供、治安、住宅、健康、教育、司法といった最小限の機能も、行政はもはや果たすことができなくなった。それどころか、もっとひどいことになった。利用者として、もはや実質的にはのけ者にされた黒人最貧層しかいなくなった公共サービスは、ひるがえって、こうした人々を監視する警察機能を担うようになったのだ。すなわち、こうした人々を、彼らに与えられた荒廃した隔離地の内部に押し込めておく機能を、今や持つようになったのである。公共サービスはその利用者にのしかかっている不平等の重みを和らげるどころか、彼らの孤立と汚名をかえって強化する方向に作用し、その結果、まさに社会からゲットーを分離することになってしまった。貧困との戦いの武器であった公権力は、貧困者を敵とする戦争の兵器になってしまったのだ。

国家は、国土のこのような一部分を統制することができなくなり、自らが管理すべき制度を運営することが難しくなってきた。公共住宅政策もその一つだ。市内の公共住宅（その大部分がゲットーの中にある）を管理するシカゴ市住宅局は、管理下にある居住可能なアパートのリストを作ることもできない。公共住宅には、公式には二〇万人が居住しているが、そのほかに六万から一〇万人が無許可で違法に居座っているのを住宅局も認めている。だがその一方で、入居待ちの家族が六万世帯もあるのである。非公式の居住者が、賃貸契約を交わしている者の二倍にまで達する団地もいくつかある。一九八九年には、住宅局の新任の局長が、サウスサイドの住宅団地の「大掃除」という野心的な計画を立て、不法占拠者とギャングとを一掃しようとした。しかし、極秘であったはずの「一斉検挙」の情報は漏れ、新局長は何度も殺害の脅しをかけられた末に、計画を放棄した。

市の社会福祉事業の方は、危険だという理由でゲットーの中心部から撤退した。ウェントワース地区に配属された女性のソーシャルワーカーたちは自分の「顧客」（利用者）の住居訪問を拒否し、そのかわりに六カ月に一度、市の中心部にある事務所に呼び出すだけでいいことにしている。社会扶助給付の小切手は郵送されることはなく、宛名人に「両替所（ゲットーの中で行政の経理や事務を代行する民間施設）」をとおして直接手渡される。郵便受けを壊す窃盗行為や、生活保護証（カード）の売買を避けるためである。いずれにしても、社会福祉当局は困窮した家族に援助の手を差し伸べるよりも、支給対象者を最小限にとどめて社会保障費の支出を削減することを目指している。多数派である白人有権者から見れば、そうした支出の増大は許されないものだからだ。その証拠に、シカゴ市の公的支援局は、細かいチェックを増やして事務手続きをより複雑にしている。また、隠れた不正受給者を「摘発」するために、生活保護対象者をスパイする人間を雇うのに予算を使っている。すなわち、匿名の告発を受け付けるために無料通話番号があり、密告を奨励する新聞広告も出る。日常の行動を監視する通報者に報酬が支払われ、疑わしい者の家には予告なしに監査が入る。要するに、支給対象者の数を減らすためには何をしてもいいのだ。その結果、ゲットーの住民は、社会福祉サービスをＫＧＢ〔旧ソ連の秘密警察〕にたとえるまでになっている。

しかしながら、都市内部の隔離地区における公共部門のひどい弱体化を何よりもよく象徴しているのは学校である。難破船から逃げるように、白人および中・上層階級が見捨てたシカゴの学校は、言わば〔先住民居留地と同じような〕「学校居留地」となっており、ほかに行くところないゲットーの子どもたちがそこに押し込められているのである。生徒たちはおもに黒人とヒスパニック系の家庭の子ども（八五パーセント）で、公的な貧困ラインを下回る収入で生活している（七〇パーセント）。（進級試験がないにもかかわらず）中等教育を落第なしで終える生徒はやっと四分の一程度に過ぎない。ほとんど全員が職業課程に進路指導されるが、そのどれもが将来につながらない。学力レベルは大変低く、マーティン・ルーサー・キング高校を「卒業」した生徒でも、一つの文を初めから終わりまで書くことも、基本的な分数の計算もできない。シカゴの教育当局は郊外の裕福な衛星都市にある公立学校と比べて、生徒一人当たり半分の予算しか使っていない。だから慢性的な教員・教室・設備の不足が起こり、ゲットーの学校はそんな中で格闘している。過去五代のシカゴ市長のうち、自分の子どもを公立高校に行かせたのは誰もいない。教育長もそうだし、教員の過半数もそうだ。ある市会議員がこっそりこう言うとおりだ、「子どもを公立校に行かせるなんて、正気じゃないね」[10]。

公的機関の撤退は、最終的にはゲットーからあらゆる組織が消滅する事態をもたらした。公的機関に依存していた地元の制度や私的な組織が徐々に消えゆく運命となったからだ。ウェストサイドにあるこの陰うつな地区もそんな風になっていた。六万一〇〇〇人もの人口を抱え、その半数が、連邦が定義した貧困ライン以下で生活しているこの地区を、ある住民の女性は「ブラックホール」に例えた。「この女性はなくて困っているものをすぐに並べ立てた。銀行がない。あるのは『両替所』だけで、生活保護の小切手を現金化するときに、最高八ドルにもなる手数料を取る。公共図書館がない。映画館がない。スケートリンクがない。ボーリング場がない。だから、地区の若者の楽しむ場がない。体の悪い人のためにも、診療所は二つしかないし（…）、二つとも破産寸前で、一九八九年には閉鎖される。そんなことの一方で、乳児死亡率は、チリ、コスタリカ、キューバ、トルコといった多くの第三世界の国々を上回っている。そして、麻薬中毒が蔓延しつつあるのに、中毒者を更生させる施設もない」[11]。

ゲットーのこの辺りでは公共サービスの機能不全があまりにもひどかったので、一九八二年にそこを訪れたマザー・テレサは自分の修道会の尼僧二人をヘンリー・ホーナー団地に派遣して、そこで住居のない女性と子どもの保護施設、託児所、そして炊き出しを組織させた。要するに、アメリカ政府の市街地放棄政策が、社会統合の基盤とされている公的機関を、ゲットーでは隔離政策の手段の地位に落としてしまったのだ。そしてゲットー内部でまだ存続している国家の働きは、そもそもゲットーを生み出した排除をかえって強化する方向に働いている。

フランスはアメリカではない。荒れた郊外の団地は、アメリカで語られているような意味ではゲットーではない。フランス国内の労働者地区の解体は、それ自体の歴史や〔アメリカとは〕非常に異なった国家制度の枠組みが生み出す制約にそって、独自の論理に従う。差別、暴力、貧困、社会的孤立は、アメリカの隔離地区と同程度の強度と広がりを持つまでにはまったく至っていない。とはいえ、構造とレベルの点ではっきりと異なっている点を別にすれば、フランスにおけるここ一〇年の不平等拡大の傾向は、最終的にアメリカに似た状況を作り出す条件を整えつつあるともいえる。テクノクラート特有の近視眼と短期的な財政健全性への魅入られたような執着のために、公共部門の削減と社会関係の漸進的な「商業化」という、右であれ左であれ、フランスのエリート指導層が七〇年代の半ばからとってきた新自由主義政策を今後も推し進めるなら、最悪の事態を避けることができないかもしれない。遠く離れた国の恐るべき逆ユートピア[12]が、私たちの現実になるという事態である。

**原注**

（1）Adjil Jazouli, *Les années banlieue*, Paris. Seuil, 1992. 参照。

（2）「ゲットー」という概念は通俗化されるや、劇的効果を狙うために漠然と定義されたありとあらゆる集団に適用されるようになった。「学生ゲットー」「高齢者ゲットー」「同性愛ゲットー」等々である（Hervé Vieillard-Baron, “Le ghetto: approches conceptuelles et représentations communes,” *Annales de la recherche urbaine*. 49, 1991, p. 13-22 参照）。

（3）以下の文献を参照のこと。Loic J. D. Wacquant, “Urban Outcasts: Stigma and Division in the Black American Ghetto and the French Urban Periphery,” *International Journal of Urban and Regional Research*, numéro spécial sur les nouvelles pauvretés, 1993 および Christian Bachmann et Luc Basier, *Mise en images d'une banlieue ordinaire*, Paris, Syros, 1989.

（4）この点に関するより詳細な分析は、以下の文献を参照のこと。Loic J. D. Wacquant, “Pour en finir avec le mythe des ‘cités-ghettos’: les différences entre la France et les Etats-Unis,” *Annales de la recherche urbaine*, 52, 1992, p. 20-30 および同筆者による “Banlieues françaises et ghetto noir américain; éléments de comparaison sociologique,” in Michel Wieviorka (ed.), *Racisme et modernité*, Paris, Editions La Découvene, 1993, p. 265-279.

（5）すなわち、最も力のあるものが最も利益を得るという露骨な力関係に委ねてしまったということである。経済社会学の最先端の成果が示しているように、市場というのは社会的な虚構だが、それはまた特定の人々の利益になるように作られた虚構であり、みなが同じようにその利益にあずかれるわけではないのに、市場がもたらす経済的・社会的帰結のほうは、〔虚構などではなく〕まったく現実のものなのである。

（6）以下の文献を参照のこと。Fred Black, Richard A. Cloward, Barbara Ehrenreich & Frances Fox Piven, *The Means Season: The Attack on the Welfare State*, New York, Pantheon, 1987 および Michael B. Katz, *The Undeserving Poor: From the War on Poverty to the War on Welfare*, New York, Random, 1989.

（7）一九九一年一月二日付、『シカゴ・トリビューン』紙 “849 Homicides Place 1990 in a Sad Record Book” 参照。

（8）*The Kerner Report: The 1968 Report of the National Advisory Commission on Civil Disorder*, New York, Pantheon, 1989, (1st ed. 1968), p. 399.

（9）以下の文献を参照のこと。A. Hamid, “The Polilical Economy of Crack-Related Violence,” *Contemporary Drug Problems*, 17, 1989, p. 31-78.

（10）Jonathan Kozol, *Savage Inequalities: Children in America's School*, New York, Crown Books, 1991, p. 53 参照。

（11）Alex Kotlowitz, *There Are No Children Here*, New York, Doubleday, 1991, p. 12 参照。

（12）以下の優れた著作では、二極分解したアメリカのメガロポリスが行き着いた、この「逆ユートピア」についての印象的な描写がみられる。Mike Davis, *City of Quartz: Excavating the Future in Los Angeles*, Verso, 1990, new ed., 2006.〔『要塞都市LA』村山敏勝・日比野啓訳、青土社、二〇〇一年、増補新版二〇〇八年〕

# ゲットーの「ヤバいとこ《ザ・ゾーン》」

ロイック・ヴァカン

リッキーと知り合いになったのは、彼の兄の紹介だった。兄の方には、シカゴでプロボクサーという仕事について調査していたとき、黒人ゲットーのど真ん中にあるボクシングジムで出会っていた。ひときわ荒廃した建物が林立する公営団地の端にそのジムはあった。「弟もプロでやってたんだ、今度、カムバックすんだよ。話、聞いといたらどうだ」と、兄のネッドは言った。何日かしてリッキーは確かにやって来た。こちらの調査の目的を聞くと、面談に応じると言ってくれたが、約束の日になるといつも直前に消えてしまうし、何日間も音信不通になることもあった。ボクシングジムでの約束を何度もすっぽかされたあげく、やっと一九九一年八月にリッキーと面談することができた。彼はその前に私が「信用できる」かどうか、あらかじめ確認しておきたかったのだ。

彼の兄とは、それ以前にすでに面談をしていた。ラグビー選手ばりの屈強な体格をした兄は、あちこちでアルバイトをしながら毎日のようにジムに通いつめていた。したがって、私はリッキーの家庭の様子を細かなことまで知っていた。彼の元コーチからは、五年間の中断の後で再度リングに上りたいという彼の漠然とした思いにはまず希望がない、ということも聞いていた。もっとも、誰もが絶対に可能だと信じているふりをしていたのだが。

私はまた、地区のほかの情報提供者から、リッキーの裏世界での活動についても貴重な情報を得ていた。特に、リッキーが「プロの稼ぎ屋《ハスラー》（hustler）」だということだ。この言葉はフランス語にはうまく翻訳できない。フランス語には直接対応する意味的——そして社会的——領域がない単語だからだ。とりあえず、おおよそ次のような概念と関係づけてとらえることができる。すなわち、手っ取り早く金を手に入れるために、巧妙なやりくり、裏工作、詐欺、騙り、そしてはったりを用いた犯罪行為を行なうことだ。

〔稼ぎ屋《ハスラー》の稼ぎ行為を表す〕動詞hustleは、特有の象徴資本を活用する必要がある点で共通した一群の活動を指す。その象徴資本とは、手っ取り早く金銭を手に入れるために、必要に応じて暴力に機知や魅惑を加味して他人をだまし、思い通りに動かす能力のことだ。こうした活動は一つの連続体をなしている。[1] 密造酒の製造・販売（特にゲットー内の違法な賭博場である「アフターアワー・クラブ（after-hour club）」で流通する）、盗品の売買、違法な賭け事や賭博行為（トランプ賭博、サイコロ賭博、賭けビリヤード）、「ポリシー（policy）」とか「ナンバー・ゲーム（number game）」の名で知られている〔三桁の数字を選んで賭ける〕非合法のロト、などという比較的無害でおとなしいものから、様々な窃盗行為、車上荒らしや万引き、空き巣、〔駐車中の車の〕部品窃盗、無人住居からのレンガ・配管・窓枠・ドア枠などの「回収」、語り草にもなっているありとあらゆる種類の詐欺行為という軽犯罪となるものや、あるいは、売春斡旋、（特定区域の商店に対する）放火予告による恐喝、ゆすり、麻薬取引、（mugging（強盗）とかstick-up（ピストル強盗）と言われる）暴力的強奪、さらにはゲットーの一部ではその価格が公然と知られている殺人請負などという、露骨な犯罪行為にまで至るのである。

　上の定義は漠然としているように見えるだろうが、それは稼ぎ人《ハスラー》というのが、とらえどころない者たちで、その現実の姿をつかまえるのが難しいからだ。それというのも、まさに彼らの「商売」は、多くの場合、起こっていることにこっそりと割り込んだり、見かけ倒しの関係を築いたりして、自分の取り分をなんだかんだとかすめ取ることで成立するからだ。それに加えて、稼ぎ人たちが強制や暴力的な威嚇よりも誘惑という手段を好み、「クールに事を運ぶ」ことを露骨な力の行使（こちらの方は、ゲットーで「ゴリラ」と呼ばれる別の社会類型に属することになる）に優先させるとしても、場合によっては稼ぎ人たちも、自分のメンツや身を守るために、しばしば暴力を振るわなければならない、ということもある。ゲットーにいるほかの「社会の捕食者」から稼ぎ人を分かつ境界は、まったくはっきりしたものではない。

稼ぎ人たちの「稼ぎ」の世界はすべての面で給与労働の世界に対立する。少なくとも理論的には、給与労働は合法と認められる（「まともな」）ものであり、正式に統御され、法によって記録され、承認されている。それこそが雇用契約と給与明細が保証していることだ。〔「稼ぎ」の方は〕不正かつ違法で、摘発され糾弾されることだが（当事者自らもよく自分の行為を糾弾する。未遂に終わった車上荒らしの際に足首に銃弾を二発食らった話をしながら、「自分のやったことのツケは自分で払うもんだ」とリッキーは教訓めいたことを言った）、そんなことがあるのを誰もが知っており、また誰もがそれをしかたがないと思っている。そんなことは珍しくもないことだし、避けられないことでもあるからだ。生きていかなくてはならないし、家族を養わなければならないのだ。みんなが必要なものを欠き、仕事や福祉から得られる収入は慢性的に不足しているから、ゲットーの住民は誰でも、いつか必要なときには何らかの稼ぎ行為にたよらざるを得ないのだ[2]。

リッキーは、いわゆる自分の仕事にふさわしい外見と服装をしていた。とても背が高く、身のこなしは自由自在で、長く細い両足の上に胸板の広い上半身がのっている。イミテーションのバックスキンで、あちこちにポケットがあり、ベージュ色の革の肩バンドがついた、暗緑色のつなぎの服を着ていた。服のすそは、輝くばかりに白さが際立つブランド物のスポーツシューズの上にかかって、軽快で猫のような足取りを際立たせていたが、同時にその服は腹の出っ張りをうまく隠していた。昔の体形を取りもどすには一五キロ以上の減量が必要なのだ。サングラスの表面にはあたりの光景が映って小さな目を隠し、その上には赤褐色の広い額があった。黒く細い口ひげが、あごからも少し垂れ下がり、おかげで彼は、慎重に熟考する人のようにみえ、また自分でもそんなイメージを作り出そうとしていた。漆黒の髪を後頭部の高いところまで剃り上げ、入念に整えた上に、反対向きにかぶってつばがうなじにかかる緑の野球帽をかぶっていた。話術の巧みさに特別の価値を認めるゲットーでは「口の立つ奴」という資質を高く評価する。[3] 彼のそういう評判は聞いていたが、私は彼の多弁な話しぶりはもとより、むしろそれ以上に、その控えめで、慎み深いとさえ言えるような口調に驚かされた。そんな調子で、彼は自分の住んでいる地区、子ども時代の友人、希望と失望、そして彼の言い方を借りれば「なんとかもう一日しのぐ」ために常に繰り返される戦いについて語るのだった。彼は自分を包囲する壊れて狂った世界に対して、ほとんど臨床的とも言うべき視点を持っていた。見栄を張ったり、大げさに誇張することもなく、美化することも醜悪化することもなかった。その世界を自分のものと認めて引き受けようというのではないが、かといって、また否認もしなかった。ただ単にそこにいるということ、自分が生きるのはそこだし、どうしようもないのだ。自分はそこにいるように定められているという意識ゆえに、彼には悲痛な明晰さがあった。だから、自分を憐れむようなことには意味がないことをよく知っていたのだ。

シカゴで生まれたリッキーは、一一人いる子どもの七番目で、末息子だった。以来ずっと、危険だと国中で評判になっているサウスサイドの公共住宅の大団地に住んできた（「ニュースで出てくんのはいつもこの辺だよ」）。母親はテネシー州から一九五六年にやってきた。数多くの黒人が南部諸州からシカゴに大移動した時代が終わろうとしていた時だ。教育といっては、小学校卒業資格しかなかった母親は、家政婦の仕事（ゲットー内のいろいろなバーやキャバレーに雇われたが、それ以前には紙皿を作る工場で一定期間働いたこともあった）と、やっと食べていけるだけの公的扶助との間を行き来しながら、一人でリッキーを育てた。まだ小さかった頃に亡くなった父親についてはほとんど何も覚えていない。ただ、父親が「あっちこっちの工場でいろんな仕事を」いつもあくせくやっていて、どれもうまくいかなかった、ということだけは知っている。都市の黒人コミュニティ生まれの彼の世代の男女によくあることだが、リッキーもまた祖父母は一人も知らない。

リッキーは、シカゴ南部のゲットーの中でも最も評判の悪い区域で、「鍛えられて」成長してきた。ディサイプルズや、その後はエル・ルークンズといったギャング団がその区域を支配し、ギャング団の本部は、彼が住んでいた（「プロジェクト」と呼ばれる）団地ブロックの同じ道ぞいにあった（「イスラム宗教センター」という看板を掲げたそのレンガ造りの建物は、ごく最近、軍隊による大規模な拠点攻撃のあと、連邦警察（ＦＢＩ）によって破壊された。攻撃の際には大量の麻薬と衝撃的な武器ストックが押収された。山と積まれた弾薬、何十となくあった自動拳銃、手りゅう弾、ウージー短機関銃、それにロケット弾まであった）。殴り合い、発砲事件、売春、麻薬取引、恐喝、そしてしだいに血なまぐさくなってゆくギャング同士の絶え間ない抗争があった。「俺たちのところに来れば、なんだって見れるぜ」。一番上の兄は地元のギャング団で「取立人」をやっていた。麻薬密売の末端で、支払いが滞っている「売人」たちから、腕ずくで金を回収するこわもての仕事だ。ゲットーの中で、この界隈が「ヤバいとこ《ザ・ゾーン》」として知られているのは理由のないことではないのだ。リッキーはこの呼び方の方より、文字通り殺人地帯を意味する「キリング・フィールド」というのが気に入っているが、こちらの名称は恐るべき簡潔さで、どんな統計資料にもまして、このあたりの極度の危険性をよく表している(4)。

リッキーはこの界隈で学校時代を過ごし、何度か中断を経たのちに、公立のウェンデル・フィリップス（Wendell Phillips）高校で中等教育を終えた。老朽化したこの高校（おもな校舎は一九三〇年以前に建てられていた）は、「ギャング同士が」ライバル関係にある団地ブロックの間に挟まれて、まるで兵舎のように見え（防犯補強した扉、少ししかない窓には鉄格子、打ち捨てられたスポーツ設備）、生徒には、近所に住む貧乏なアフリカ系アメリカ人の子どもしかいなかった。学校に対してリッキーは恨みと後悔の両方を感じていた。彼が受けてきたわずかばかりの教育が何の役にも立たなかった、ということから来る恨みがまずあった。「学校なんてのは、俺にはお呼びでなかった。ていうか、俺のほうが学校じゃお呼びでなかった……。……なんにもならねえ……ただいたってだけ」。高校の後、短い期間、シカゴの市立短期大学《ジュニア・カレッジ》[5]でいくつか授業を取ったが、自分でもそれでどうするつもりだったのか、よくわかっていなかった。恨みのあとには、後悔があった。〔大卒の〕学歴資格がないと、安定した職につくことが、今後決してできないだろうとわかっているからだし、それに学校が、振り返ってみると、今現在の生活と比べてほとんど幸福な時代に思える少年のころの記憶と一体となっているからだ。もう一度ケネディ・キング大学〔サウスサイドにある市立の短大〕に行って、「コミュニケーション学」を勉強したいなどと口にするが、それはゲットーから抜け出す道を切り開きたいという漠然とした気持ちと、この面談が彼に思い出させたイデオロギー的な義務感から出た言葉だった。[6]

　選択の結果というよりむしろやむをえず独身でいるリッキーは、子ども時代を過ごした建物の隣にある高層住宅の四階に小さな二部屋のアパートを借りて、一人で住んでいる。二十九歳になるが、定職についたことは一度もない。抜け目ない「日銭稼ぎ」と多少とも違法な様々なことに手を染めてこれまでずっと生きてきた。職はあるのかどうか尋ねたとき、リッキーは最初、自分は自営の「行商人」だと言った。「俺はな、ずうっと『稼ぎ人《ハスラー》』だったんだよ。なんだって売ったさ、靴下とか、ボールとか、タバコとか、化粧水とか、そんなもんだ」。それから彼は、賭博でけっこう稼いでいるのを認めたし、何人かの「女の子」たちに金を貢がせていることを言外にほのめかした。自分の稼ぎ仕事についてあまりはっきり話すのを彼はどうしても嫌がり、ほとんど否認するかのように力を込めて、自分は麻薬取引にはかかわっていないと言い張った――しかし後になって、私は事情通の情報提供者から、リッキーがときにはカラチ〔ヘロイン混合麻薬〕、エンジェルダスト〔幻覚剤〕、コカインなどの麻薬の小売りに「手を染めてる」ということを聞かされた。面談が進むにつれて、彼の収入が、彼が自分で言ったかこちらが推測した額で、月に六百ドルから一八〇〇ドル（一時は最高で三千ドルまで達する）まで変化した。これらの〔変動する〕金額は、彼が周囲に（そして自分自身に）与えたがっていた様々な自分のイメージに対応していた。話が一段落した時、長い沈黙の後、彼はきまり悪そうに打ち明けた。「自慢できるようなもんじゃねえ、いろいろだよ、なんとか出てくものをやりくりしてるだけだよ」。収入が個人の価値を決定する社会で、まして、すべてが金に換算されて現金で売り買いされるゆえに、その決定が最も厳格に作用する社会の最下層では、文無《ハードアップ》しであることを簡単に認める者など、誰もいないのだ。

〔収入金額の変動は、〕リッキーの現金収入が、不安定度がそれぞれに異なる複数の源泉から得られるもので、不規則であるということもまた関係している。彼は、理論的には権利がないのだが、断続的に公的扶助を受けている（一般扶助（General Assistance）といわれるもので、月一八〇ドルと食料配給券（フードスタンプ）からなる）。彼はまた、何人もの「女友だち」から金をせびり取っている。この女性たちの方も公的扶助で暮らしているが、「扶養対象の子を持つ母子家庭」という資格で福祉事務所からより多くの額を受け取っていたり、あるいは、うまい具合に、中心街のループ地区で秘書や銀行員として働いていたりする。[7] それから、街角での様々な稼ぎ仕事から来る収入がある。銀行口座もなく、価値のある資産もなく、ただ電話（番号を聞こうとしたら不安げにこちらの意図を探ろうとした）と、傷んだところが出たときは、自分で修理するプリムス・ヴァリアントの中古車があるだけだ。車があるのは、移動手段を持っていることが、彼の職業の必須条件であるからだ。必要があれば「女友だち」に援助を頼んででも、いつも家賃を滞らせることなく払う。それが彼の第一の優先事項だ。それゆえ、彼は自分を何人もの女性に結びつけているこの怪しげな愛情関係を「なんとしても」維持するために、心を砕いているのである。女性たちの方は自分が彼の「ただ一人の本命」だと信じている。彼が自分から「女の方が、誰かたよれる奴、家族を養ってくれる奴を探すとしたら、そりゃ、間違いなく俺じゃねえよ」と進んで認めているのに。[8]

速いテンポで三時間を超えた長い面談の間、リッキーは自分の子ども時代、ゲットー内での日々の奔走、失敗に終わった労働市場参入の試み、プロボクサーの世界での経験などを話したが、私は特に、彼が稼ぎ人《ハスラー》という職業と自分の地元地区の日々の状況について語ったことに関心をひかれた。リッキーに、ペテン師たちの住む「裏世界」の人物のような特異な外れ者や、「軽犯罪」という用語で分析できる人間を見ようとしてはならない。稼ぎ人《ハスラー》というものがまさに一人の人間に凝縮して実現しているリッキーは、こうした見方とは逆に、アメリカの黒人ゲットーの社会空間で中心的な位置を占める類型的な人物だ。彼のような人物が統計的にまったく稀ではない、という理由だけでなく、特に彼が、あたかも生きた理念型でもあるかのように、地元の人々の価値観から高く評価される一群の属性や実践を一身に集めた模範となっているからだ。それというのも、リッキーは、臨機応変な機転や、誰もが持ったただ一つの資産である「街中で通用する知性（street smart）」を基礎にした生活術を、生気ある外向的な生き方[9]の基盤としており、こうした生き方だけが、ゲットーで繰り返される日常の張りつめた圧迫的な雰囲気をいくらかなりとも和らげ、なんとか耐えられるものとすることができるからだ。リッキーは社会的な異常事例でもなく、「奇跡の中庭〔中世パリの伝説的スラム・無法地帯〕」風の逸脱した小社会の代表者でもない。彼こそは、ゲットーの住民すべてを害する根深い社会経済的かつ人種的排除の論理が極限に至った状況の産物なのだ。[10]

アメリカの黒人ゲットーというほとんど刑務所的な世界に固有な論理、すなわち、そこにはびこる特異な必然性——もともとは外部から強制力を持ってのしかかってくるのだが[11]、それを受けて内部からそこを組織している必然性——、それはまた、冷めた現実主義と、運命に身を任せた者特有の空想との間を絶えず行き来するリッキーの態度がその「主観的な」表れとなっている必然性でもあるのだが、そうした論理・必然性を完全に解き明かすには、以下に述べる二重の罠を避けなければならない。すなわち、ゲットーの惨状に心動かされて同情してしまう貧困に対する情感的反応と、その反対に、被支配者の長所と才覚をほめそやす民衆主義《ポピュリズム》、すなわち、あまりにも全面的かつ暴力的であるゆえに、ついには支配として受け取られることも、疑問に付されることもない支配秩序の中で、多くは生き延びるための手ごろな手段に過ぎないものを、英雄的な「抵抗」戦略として提示する民衆主義《ポピュリズム》である。そのためには、共感や憤慨や嫌悪の気持ちを一時的に棚上げし、この世界に対して、リッキー自身と同じ視点を取ることを受け入れる必要がある。すなわち、ものごとがとにかくあるがままに進行することを前提する「自然的態度」（アルフレッド・シュッツ）を身につける必要があるのだ。

　シカゴ学派から受け継がれた、道徳的判断を含むと同時に〔ありのままの記述を重んじる〕自然主義的でもある図式と論理展開にからめとられたアメリカのゲットー研究の伝統に反して、さらに以下のことも認める必要がある。すなわち、ゲットーは「社会組織の解体」に苦しんでいるのではなく、精密に差異化・序列化された一つの小宇宙を構成しており、それは一定した形態を持った社会エントロピーを生産する特定の原則に基づいて組織化されている、ということである。こうした〔組織化する〕規制原則の第一に来るものは、「ホッブズ的」な「万人の万人に対する闘争」という言い回しに凝縮されるだろう。支配する側の社会の規則や規制がしかるべく働かないのが当たり前となっているこの切迫した欠乏の世界では、国家と市場の両方から見捨てられたゆえに、人間同士の関係を管理する正常な（フーコー的な意味での）警察制度が弱体化ないし欠如しており、警官も、ソーシャルワーカーも、教員も、教会関係者も、地元のボスも、そして年長の住民（戦後から六〇年代あたりまでゲットー内で、ものわかった口利きとか非公式の「争いの調停者」の役割を果たした長老《オールド・ヘッド》のこと）さえも、援助や仲介の役割を効率よく果たすことができなくなっていた。「俺のやることに余計な口出しすんじゃねえよ」と言いながら、弱肉強食の論理に従って、自分でけりをつけること。誰もがまず反射的にそうするし、それ以外のことはできない。「万人の万人に対する闘争」が常時一般化している状況では、最も信頼できる関係すら裏があると疑われる――誰もが常に、だますか、だまされるか、殺すか、殺されるかという選択を迫られる世界では、それ以外にどうすることができるだろう。そこでは、疑いこそが掟であり、誰もが自分以外にはほんとうに頼れる者がいないのだ。「一人で回してるからよ」と、リッキーはぶっきらぼうに言う。[12]

麻薬の蔓延によって、日々の暮らしの条件がすべてより危険な方向に推移しつつある中で、この疑いと孤立主義の論理はさらに激烈になる。リッキーは麻薬の到来を疫病（「ペスト」）にたとえる。それがやって来るところ、すべてが破壊され、友情は失われ、人間同士のすべての関係が、直接で際限のない純然たる搾取関係に落とし込まれてしまう。そして彼は、麻薬という非情な罠にとらわれて、自分の母親にさえ平気で麻薬を売る連中に対する嫌悪をほとんど隠すことができない。そこに彼は、今日ではすべてが「あの腐れドル」と化している現実を見るのである。[13]

リッキーは若いころを振り返って不満を漏らすことはまずないし、自分よりもひどい暮らしをしているのがいつもいるということを、まさに若い時に知ったという（一番貧しい者たちも含めて、ゲットーの住民は、あたかも自分を励ますかのように「うちらより、もっと以上に（worser）ひでえのがいるよ」とよく言う。比較表現を重ねるこの新奇な語法にこそ、社会の底辺に作り上げられた精緻な位階構造がよく表れている）。同様に、リッキーは労働市場からの排除を、トラウマ体験として生きていない。というのも、給料のよい安定した仕事、彼の言う「のんびり」暮らしを保証する「まともな仕事」を得るということを、彼はまず期待したことがなかったからだ。排除がごく当たり前になっているから、排除されているという意識さえも奪われてしまう。それどころか、リッキーはその責任は自分にあると進んで認める。リッキーは、自分は「テンションが高く」（「テンションが高いってのは自分でもわかってるよ」）、給与労働の枠に収まるのは無理な人間だ、と言う。しかし、一方では、彼の「テンションの高さ」を、恒常的な暴力と終わりのない物質的欠乏の世界――彼は子どもの時からそうした世界しか知らない[14]――に結びつけないわけにはいかないし、また他方では、最初からそうした性格を持っていなくても、彼がしかたなくやらされた劣悪な仕事には、彼を「テンションが高い」人間にする要因がすべて備わっていたことを見過ごすわけにもいかない。第一、彼が自分の職業経験の欠如を正当化するために使った表現、「俺はよ、八時間ぶっ通しでおんなじところにいるなんて、できねんだよ」という表現は、こうした「共同責任」の状況をよく表している。不可能ということが、同時に主観的でも客観的でもあるからだ。俺は「テンションが高い」から雇われない、でも、どっちにしても、俺が八時間レジで働くなんてありえない。雇い主は、もともとパートで働いていたリッキーの仕事時間をさらに減らしたではないか。自分では気に入っていたとあとで打ち明けたその仕事の時間を。

つまるところ、リッキーのような者たちにとって、雇われる可能性のある仕事には「窓口業務」や「清掃業務」のようなサービス業の下っ端仕事しかなく、昇進の可能性も雇用の安定も、休暇も社会保障もなく、うまくいっても、ただやっと生きていけるだけの給料を手にすることしかできないのだ。[15]マクドナルドに象徴されるこうした低賃金で評価の低い仕事は、クラックなどの「大量消費」製品の到来とともに、八〇年代に驚異的な発展を見せた麻薬経済に太刀打ちできるはずもなかった。[16]報酬がこれほど低く、街中で稼ぐのと同じくらい不安定なのに、それでもまともな仕事を選ぶのに何の意味があるだろう。街中の稼ぎの方は、リスクが高いとはいえ、すぐに現ナマの上りがあり、また、ゲットーの民衆文化の基盤である男らしさを発揮する場所を提供するし、また、現実はともかく、誰の命令も受けていないという幻想だけは持つことができるから、新たなサービス経済の「奴隷仕事」に日々つきまとう屈辱と差別をまぬかれる可能性を与えてくれるのである。「仲間内でそんなことやってる奴は、あんまりいねえよ[17]」。

## シカゴの黒人ゲットーにおける貧困と犯罪

一九九〇年にシカゴ市では殺人事件が八四九件起こった（これは一〇万人につき二八・三人の割合で、ニューヨークやロスアンゼルスと同レベルだが、首都ワシントンやデトロイトよりはるかに少ない）。そのうち、二五三件では二十一歳未満の若者（うち二七件では十歳未満の子ども）が犠牲になった。一〇件中九件まで銃による殺人である。これら若年の犠牲者の過半数が、「ブラックベルト」と呼ばれる〔黒人居住〕地帯を管轄する六つの警察署管内で起こっており、一八六人（七三・五パーセント）がアフリカ系アメリカ人である。かなりの数の殺人事件が記録されずに放置されている、と考えざるをえない事実や証言が数多くあるが、その話は別にしても、南北に広がるゲットーの歴史的中心――約二〇平方キロの縦長地帯――に位置するウェントワース署管内における公式の殺人発生率は、一九九〇年に一〇万人に対して一〇六・一人を上回っている。件数は、前年に比べて二〇件増えて、合計九六件である。

これほどの犯罪率と死亡率は、ほとんど潜在的な内戦と言えるほど高く、天文学的数字に達している。ちなみに、最近の疫学研究によれば、たとえばハーレムに住む黒人の若者が暴力的な死を遂げる確率は、ベトナム戦争の渦中に前線に送られた兵士よりも高い、というほどなのだが、こうした比率の高さと、この人種的隔離地帯の圧倒的な貧しさとの間に直接的な関連を認めないわけにはいかない。そこではすべての経済活動が停止し、国家も、抑圧的機能を例外として、実質的に撤退してしまっているのだ。

黒人のみが住むこの地区の人口は、（信頼できる数値を提供する最新の国勢調査［一九八〇年］によれば）五万四〇〇〇人ほどで、そのうち十八歳未満の者が三七パーセントを占める。半数強の世帯が、連邦政府が定める「貧困ライン」（一九八九年には、三人家族で九八八五ドル、四人家族で一万二六七五ドル）を下回る生活をしているが、一〇年前には、この比率は三七パーセントだった。国全体の平均収入に達するか、上回る世帯は二〇軒に一軒しかなく、年収の中央値、六九〇〇〇ドルはシカゴ市の平均年収のやっと三分の一に届くくらいだ。（父親の家庭放棄によって）四世帯のうち三世帯は一人親家庭である。成人四人のうち三人は、修了試験が課されるわけでもないのに、中等教育を終えていない。

失業率は公式には二四パーセントだが、成人の四人に三人に職がないという現実は隠しようがない。それでこそ、六三パーセントの住民が公的扶助やそのほかの福祉サービスに依存して生きている事実が説明される。ちなみに、〔サウスサイドとウェストサイドの両方を含む〕シカゴのゲットーの住民の七一パーセントが、生きてゆくために何らかの食糧支援を受けている。フードスタンプ（食料配給券）――政府から支給されるこの券は、現金がいるときには闇市場で額面の半額で売却される――だったり、まだ残っている教会や支援団体による炊き出しのこともある。一時的とはいえ、こんな環境から逃れる手段となる車を持っているのは全世帯の三分の一にすぎず、入出金に使う銀行口座を持っているのもやっと一〇パーセントほどにすぎない。

〔サウスサイドの行政区〕グランド・ブールバード区では、急激に人口が減少――七〇年代に三万人、五〇年から八〇年にかけてでは六万一〇〇〇人以上――したにもかかわらず、住民の四人に一人は相変わらず狭苦しい住居に押し込められている。というのも、同じ七〇年代に住居の数が五分の一に減少したからだ。おもに多発する火災によるもの――シカゴは火災による死亡率では全国一位――で、被害を受けた住民は有無を言わさず引っ越しを余儀なくされたが、そのあとは、〔公共の〕低家賃住宅の空きがない住宅市場でなにか見つけられれば、よほどいいほうだ。個人所有の住宅は全体の六パーセントにすぎず、全住居のおよそ半数が不衛生ないし老朽と判断されている。

グランド・ブールバード区では、社会政策による公共住宅の比率が異常に高い（区の全住宅の二〇パーセント、市平均は三パーセント）。これらの公共住宅は、ロバート・テイラー団地という巨大な集合住宅団地の周辺に多く建設されているが、そのロバート・テイラー団地では、窓には格子がかかった一六階建ての建物二八棟が、ステート通りに沿って数珠つなぎに建ち並ぶ。ここここそ、おそらく都市部の貧困が、現在のアメリカで、ということは西欧世界全体で最も集中しているところであろう。それにもかかわらず、その西隣には白人人口が九五パーセントを占めるブリッジ・ポート区がある。ここは、一九五五年から七六年まで黒人居住地のアパルトヘイトを厳格に維持したリチャード・J・デイリー市長と、その息子で、八九年から市長職を引き継いだリチャード・M・デイリー市長の地盤だが、この区では公共住宅は一四棟にすぎず、殺人発生率は八分の一、「貧困ライン」以下の世帯は一〇パーセントにすぎないのである。

以下の資料からデータを引用した。*Chicago Community Fact Book*, Chicago, The Chicago Review Press, 1985.; L. J. D. Wacquant and W. J. Wilson, "The Cost of Racial and Class Exclusion in the Inner City", *Annals of the American Academy of Political and Social Science*, 501, janvier 1989, p. 8-25. 一九九一年一月二日付『シカゴ・トリビューン』紙に引用された連邦捜査局（ＦＢＩ）の報告書。

とはいえ、「稼ぎ人稼業《ハッスリング》」という地下経済も同じように自滅的であり、自分のやっていることが最後にはどこにも行きつかないことをリッキーはよく知っている。次々に出席することになる葬式がリッキーにそのことを思い出させているのだ。こうした略奪経済が生み出す構造的憤懣がよく見てとれるのは、リッキーが麻薬密売人たちに対する怒りを爆発させる時だ。この連中は、リビドーに身を任せた「ポトラッチ」さながら、儲けた金を浪費し、女に、車に、衣装や装身具に、そして麻薬――これで円環が閉じる――に、（ゲットー基準で）豪勢に金をかけるのである。「稼ぎ」から得られた金は、それに専心する人間と同様、どこにも行きつかない。一瞬にして、浪費され、消費され、消尽される。明日があるという保証がまったくないときには、今日を楽しんでおけということなのだ。

リッキーは、手遅れにならないうちにこの稼業から手を引きたいと思っている（「考えてみることだってあんだよ。ああ、よかった、今までどんなにラッキーだったかってな」）。しかし、どうすれば彼にそんなことができるだろう。「稼ぎ」の世界からはどんな転職の道筋も用意されていないし、彼が唯一持っている資本には、一時的でその場限りの価値しかないのだ。街中の機転は、街中でしか通用しないし、「たらし込み」の技術はゲットーの外ではほとんど金にならない。身体的・性的能力だって永遠に持続するわけではない。彼の夢は、できることなら郵便局という国の行政機関の職員になることだった。それこそ、歴史的にアメリカ黒人が「中流」に上昇する主要な道筋の一つであり、不安定な暮らしから一段だけ上に上がり、中流ステータスを象徴する財が入った「買い物かご」、すなわち、家族と家と二台収容のガレージに手が届くようにする雇用なのだ。しかし、一方では、サービス部門の高度に二極化した雇用市場を作り出した産業構造の再編と、他方では、学歴資格がかつてなく必要となったまさにその時に起こった公教育の崩壊との間にはさまれて、リッキーのような者たちは、インフォーマル（かつ非合法）な経済とスポーツ以外には、ゲットーから抜けだす道が何一つなくなっているのに気づくのだった。

事実、彼のごく近い周囲を見わたしても、「成功」してゲットーを抜け出した者はまれだった。兄のネッドは確かに「大学に行った」が、それはバスケットボール関係の奨学金がついたミズーリ州の弱小コミュニティ・カレッジ〔二年制の公立大学〕で、結局なんの役にも立たなかった。シカゴに帰ってくると、ネッドは週単位のアルバイト（外壁修繕・塗装・個人住宅の清掃）で食いつなぎ、彼もまた、ボクサーで稼いで若くして大金持ちになるのを夢見るようになった。一一人の兄弟姉妹のうち、姉妹のベレニスだけが、クック郡の公立病院で准看護師として定職についている。リッキーが身近で知っているただ一人の「成功者」は、隣の団地《プロジェクト》にいた幼友だちでボクシングの世界チャンピオンになったリー・ロイ・マーフィーだった。噂では、マーフィーは近隣の上流地区にマンションを買って住んでいるということだった（実際は、彼はそのマンションに賃貸で住んでおり、相変わらず保安官や市のスポーツ指導員として働いていた）。スポーツを別にしたら、リッキーには、誰か面倒を見てくれる女を見つけるほかなかった。まさに人の世話になる存在である女の世話になるなんて、これ以上になく、弱さをさらけ出すことだった。

「まともな仕事」を選んだ「ダチ」に対する、ねたみの入り混じったリッキーの評価には、自分が「チャンスを逃した」という――苦痛であるがゆえに部分的に隠蔽された――漠然とした意識と後悔が現れていた。一時は、（一番下のレベルであったとはいえ）プロボクサーであったリッキーを麻薬密売人たちが自分より上に置くように、リッキーは「まっとう」な友人を自分の上に置いていた。さらに、彼が団地の若者たちのことを話すとき、「俺ら」と「奴ら」という言い方を代わる代わる使ったのは意味のないことではない。それはまるで、自分がその集団に属しているかどうか、わからないとでも言うかのようである。つまり、壊滅的な状況にある生活世界、一方では彼が全面的に引き受けているこの生活世界から、ボクシングのおかげで抜け出した（抜け出すところだった）という印象を（自分にも）与えようとしているかのようだった。スポーツで身を立てるという希望が復活したり、

## ハーレムの稼ぎ人《ハスラー》

それで私はハーレムに舞い戻り、そこの稼ぎ人《ハスラー》の一人となった。マリファナを売るのはもう無理だった。麻薬取締班の刑事たちに顔を知られすぎていたからだ。私は稼ぎ人《ハスラー》そのものだった。教育もなく、まっとうな仕事につく技量もなかったが、目の前に現れる獲物ならなんでも食いものにしながら、自分の才覚で生きてゆくぐらいには、度胸もあり、悪知恵も働く人間だと思っていた。なんでもいい、とにかく、一か八かやってみるつもりだった。

現在でも、どの大都会のゲットーでも、毎日のように学校から落ちこぼれる何万人もの若者たちが、生き延びるために、かつての私と同じようになんらかの稼ぎ行為《ハッスリング》に手を染めている。そうやって、ますます深く、ますます悪質に、違法で不道徳な世界にはまり込んでいくしかないのだ。一日中稼ぎ行為で暮らしていると、自分が何をやっているのか、それがどこに行きつくのか、考え直してみる余裕がない。どこのジャングルでも同じだが、ひとたび緊張を緩めて回転を落としたら、自分と同じように立ちまわっている、ほかの飢えて休息を知らない狐やイタチや狼や禿鷹どもが、たちまち襲いかかってきて餌食にされてしまうのを、稼ぎ人《ハスラー》は無意識のうちに経験をとおして知っているのだ。

*The Autobiography of Malcolm X*, p. 108-109.〔邦訳『完訳マルコムX自伝　上・下』浜本武雄訳、中公文庫、二〇〇二年〕〔本章原注（2）参照〕

奇跡的に学校生活に舞い戻ったりするという希望がよみがえったりするのは、どこか現実的ではないと自分でも漠然と感じていた。どちらもまずありえないことだし、それに両立不可能なことだった。生きるということが、生き延びるための技術、手の内にあるもの――すなわちほとんど何もないこと――からなんとかやりくりする技術に集約されてしまう、いつ終わるとも知れないこんな社会的安定が欠如した状態では、きわめて不確実な現在が未来を食いつくし、夢想となる以外、未来を思い描くことができなくなるのだ。

若者たちの間にみられるごく普通の結束が、成功の可能性のあるものを下に引きずりおろし、社会的上昇への願いをうちくだきかねない世界、不幸の集積がさらに悪い状態をどうしようもなく引き起こす世界、これほど回復の見込みがないまで打ち捨てられた世界を説明するには、もはや陰謀論に訴えるしかない。リッキーも、黒人社会に広く浸透した（「政府計画《ザ・プラン》」の名で知られている）そうした考えを、むろん信じている。この陰謀論によれば、ゲットー社会の解体はアメリカの秘密の国策であり、黒人たちを麻薬におぼれさせることで、彼らの社会進出や集団的要求を押しとどめようとする目的を持っているのだ。

陰謀という、悪辣だが結局は個人的な感情を排して和らげた形で示唆されることはあっても、それ以外には、リッキーの話には白人がまったく登場しない。これはまさに驚くべき事実だ。かつての人種的支配体制においては、黒人の抑圧は、明確に白人が責任を負うべき意図的な行為の産物として、堂々と目に見える形で存在した。[18] その証拠に、白人を指す黒人側の俗語の豊富さがあげられる。白人は、「白んぼ・白野郎（The Man, Charlie, honkies, paddies）」や、その他諸々の蔑称で呼ばれた。白人対黒人という対立の図式は、かつてはあらゆることが知覚され、あらゆる不平不満が生み出される枠組みをなしていたが、今やそんなものは自然と解体したも同然で、似た者同士が互いに手早く仕掛け合う、「仲間内」の絶え間ないゲリラ戦にとって代わられた。歴史の残酷な逆転の結果、第二次世界大戦直後、古典的形態のゲットーの最盛期にラルフ・エリソンが語った「見えない人間[19]」

は、今や黒人ではなく、白人や金持ち（ヨーロッパ系・黒人系の区別なし）となったのだ。今や閉鎖回路となり、自分自身を食いちぎるほかなくなったゲットーは、きわめて純粋かつ不透明な支配秩序を確立して、あたかも「完成」したかのようであり、その結果、手の届く脱出や抵抗の戦略として可能性のあるものは、自己破壊的暴力という戦略だけになった。それが集積すれば、行きつく先はまさに集団自殺の様相を呈することになる。

## 原注

（1）以下の文献での事例を参照のこと。B. Valentine, *Hustling and Othar Hard Work: Life Styles In the Ghetto*, New York, Free Press, 1978; E. Anderson, *A Place on the Corner*, Chicago, The University of Chicago Press, 1976, chap. 5; "The Hoodlums"; E. Liebow, *Tally's Corner: A Study of Negro Streetcorner Men*, Boston, Little Brown, 1967. 自伝的視点から書かれたものには、H. Williamson (C. Keiser ed.), *Hustler !*, New York, Avon Books, 1965 がある。

（2）*The Autobiography of Malcom X*, Alex Haley (ed.), New York, Ballentine Books, 1964〔邦訳『完訳マルコムX自伝　上・下』中公文庫〕参照。同様に、以下の文献も参照のこと。A. Schultz, *Coming Up Black: Patterns of Ghetto Socialization*, Englewood Criffs, Prentice Hall, 1969, p. 78-103 及び O. Glasgow, *The Black Underclass: Poverty, Unemployment, and Entrapment of Ghetto Youth*, New York, Vintage, 1980, chap. 6.

（3）以下の文献を参照のこと。R. D. Abrahams, *Positively Black*, Englewood Cliffs, Prentice Hall, 1970; T. Kochman (ed.), *Rappin' and Stylin' Out: Communication in Urban Black America*, Urbana & Chicago, University of Illinois Press, 1973; E. A. Folb, *Runnin' Down Some Lines: The Language and Culture of Black Teenagers*, Cambridge, Harvard University Press, 1980; W. Labov, *Language in the inner city: studies in the Black English vernacular*, Philadelphia, University of Pennsylvania Press, 1972. 今日でも、商業的な分野で、ラップ音楽に見られるとおりだ（「ラップ」という言葉自体、アメリカ黒人の話し言葉において、「巧みな話術」を意味する）。

（4）こうした呼び名が見られるのは、ここだけではない。シカゴ市のウェストサイド地区にあるヘンリー・ホーマー団地は、住民たちから「墓場《グレイブヤード》」と呼ばれている。ウッドローン区にある団地は、これまた非常に生々しいイメージを呼びおこす「殺人町《マーダータウン》」という名称で知られている。

（5）短期大学《ジュニア・カレッジ》とは制度的には高等教育の一部をなすが、高校卒業資格を就学の条件とはしておらず、現実には高校、さらには中学の前半レベルの授業を、成人向けの再教育として行なっている。シカゴでは中・高校の落第率は九〇パーセントを超えている。

(6) 教育の全能的な価値、学歴追求の必要性は、ゲットーではまず誰もが認めるものだ(ゲットーのはずれの地区で、若者の一人がこんな印象的な言い方をしていた、「そのうち、マクドでハンバーガーをひっくり返すのにも、航空学の大卒資格がいるようになるさ」と)。一見、逆説的にみえるかもしれないが、最低の価値しか持たない学歴資格に最も熱烈な崇拝を捧げるのは、文化的に最も恵まれない人たちなのだ。彼らは口を開けば、うまくいかない現状を乗り越えるために、一時的に「中断した学業」を今まさにやり直そうとしているところだと、言い切る(そしてそう信じている)。一〇年とかそれ以上も公的扶助で生活しているシングルマザーたち(「福祉母」という蔑称をつけられている)には、客観的にはすぐに生活状況を変える手立てはまったくないのだが、私が彼女たちをゲットーの団地で面談した時、誰もがほとんど儀礼的にこう言ったものだ。「中卒検定(中等教育修了と同等の資格で、労働市場では無価値)を受けられるように、もう一回学校に行くつもりよ」。いつ行くんですか?「今度の九月の新学期、子どもたちにベイビーシッターを見つけたらね。検定を通ったら、いい仕事を見つけてこの街からも出てくのよ」。

(7) この経済戦略を、広い意味ではそれを含むこともあるとはいえ、売春のピンはね(pimping)と混同すべきではない。巷で使われる俗語で broad money (broad は[若い]女性に対する蔑称)といわれるものは、保護、愛情関係、同居同伴、子どもたちに対するしつけの補助などという実質的な仕事に対する報酬として、暴力的な強制なしに支払われる金を指す。こうした金銭授受はゲットーの黒人男性が置かれたどうしようもない経済的行き詰まりと、彼らの女性への経済的依存をよく表している(Clement Cottingham, "Gender Shift in Black Communities", *Dissent*, 1989, p. 521-25)。女性の方がより多くの可能な収入源(社会保障、低賃金の工場労働や女中労働、売春)を持っているからだ。性関係の側面から見ると、この金銭授受は、古典的な売春のピンはねより、むしろ男性側からの売春により近いことがしばしば観察される。

(8) 相互的な不信と搾取からなるこうした両性の関係はゲットーでは非常によく見られる。以下の文献を参照のこと。上掲書 E. Liebow, *Tally's Corner*, chap. 5: "Lovers and Exploiters"; 前掲書 E. A. Folb, *Runnin' Down Some Lines*, chap. 4; Kenneth B. Clark, *Dark Ghetto: Dilemmas of Social Power*, New York, Harper Torchbooks, 1965, p. 47-54, 67-74.〔邦訳『アメリカ黒人の叫び——ダーク・ゲットー』一九九四年、明石書店〕

(9) 下層黒人にとって外向的な「生き方」がどれほど重要であるかについては、以下の文献を参照のこと。L.

Rainwater, *Bebhind Ghetto Walls: Black Family Life in a Federal Slum*, New York, Aldine Publishing Company, 1970, p. 377-384; U. Hannerz, "The Concept of Soul," in A. Meier et E. Rudwick (eds.), *The Making of the Black Ghetto*, New York, Hill and Wang, 1978; H. Finestone, "Cats, Kicks, and Color," in H. S. Becker (ed.), *The Other Side: Perspectives on Deviance*, New York, the Free Press, 1964, p. 281-297.

（10）ベティルー・ヴァレンタインは前記の著書（Betrylou Valentine, *Hustling and Other Hard Work*）で、ゲットーの住民の大多数が、彼らが追い込まれた狭い機能不全の社会空間で生き延びるために、給与労働と公的扶助、それに「稼ぎ《ハッスリング》」仕事を絶え間なく組み合わせて生活せざるを得ない様子を伝えている。こうした組み合わせ自体が「稼ぎ」という「社会的技術」の一部をなすのだ。シカゴ都市圏で社会的扶助で暮らしている五〇の母子世帯の生活費を、ヴァレンタインは詳細に調べたが、その結果、すべての母親がただ一人の例外もなく、家族の最低限の生活を維持すべく、定期的に自分の親、友人、または「逃げた父親」の援助を求めるか、さもなければ申告なしで仕事をしているのをつきとめた（K. Edin, "Surviving the Welfare System: How AFDC Recipients Make Ends Meet in Chicago," *Social Problems*, 38 (4), 1991, p. 462-474 参照）。この点については、以下の文献も参照のこと。W. Moore, Jr., *The Vertical Ghetto: Everyday Life in an Urban Project*, New York, Random House, 1969 及び J. Wojcika Scharf, "The Underground Economy of a Poor Neighborhood," in L. Mullings, (ed.), *Cities of the United States: Studies in Urban Anthropology*, New York, Columbia University Press, 1987, p. 19-50. 稼ぎ人《ハスラー》がアフリカ系アメリカ人の文学や自伝において頻繁に登場するのも偶然ではない（たとえば、今や古典となったClaude Brown, *Manchild in the Promised Land*, New York, Signet, 1965.〔邦訳『ハーレムに生まれて――ある黒人青年の手記』小松達也訳、サイマル出版会、一九七一年〕）。

（11）以下の文献を参照のこと。Loïc J. D. Wacquant, "Redrawing the Urban Color Line: The State of the Ghetto in the 1980s," in C. J. Calhoun (ed.), *Social Theory and the Politics of identity*, Oxford, Blackwell, 1993. 同筆者による"Décivilisation et démonisation: la mutation du ghetto noir américain" in C. Fauré et T. Bishop (éds.), *L'Amérique des Français*, Paris, Éditions François Bonvin, 1992, p. 103-125.

（12）「収入が不規則で不十分であるから、友人や親族からかすめ取る必要が生じる。安定の欠如こそが、安全の欠如を最大限に作り出す」（前掲書 Abrahams, *Positively Black*, p. 128）。これこそ、キリスト教の戒律〔「己の欲するところを人に施せ」〕を苦々しく変形した次のようなゲットーの格言が表していることなのだ。「人が己になすより前に人になせ」（前掲書 Folb, *Runnin' Down Some Lines*. 特にこれが表題になっている第三章）。

（13）リッキーの嫌悪感は、こういう連中が以下のような暗黙の規則を破っているからでもある。「生きてゆくために必要な以上は稼いではいけない。経験を積んだ稼ぎ人《ハスラー》なら誰でも、欲張って稼ごうとすれば一直線に監獄行き間違いなし、と言うだろう」（前掲書 *The Autobiography of Malcom X*, p. 109.〔邦訳『完訳マルコムX自伝』〕）。

（14）児童心理学の最近の研究によれば、シカゴのゲットーの大団地に住む若者は、戦争帰還兵と同じような精神障がいや精神的外傷に苦しんでいるという（James Garbarino, Kathleen Kostelny & Nancy Dubrow, *No Place to be a Child*, Lexington, Lexington Books, 1991, chap. 6 参照）。

（15）アメリカの最低賃金は、高いインフレ率にもかかわらず一〇年間据え置かれた後、一九八九年になってやっと時給三・三五ドルから三・七五ドルにほんの少し増額されたが、その時点で、実質的には一九六八年時と比べて、三分の一以上目減りしていた。一九八八年に最低賃金で一年間フルタイムで働いた場合、六九六八ドルの収入になるが、これは、社会的所得移転が存在しないこと（医療保険・児童手当の欠如、控除がほぼない所得税など）を考慮すると大変低い連邦政府の「貧困ライン」をさらに二〇パーセント下回る額である。

（16）以下の文献を参照のこと。Terry Williams, *Cocaine Kids*, Paris, Flammarion, 1990 及び Philippe Bourgois, "Searching for Respect: The New Service Economy and the Crack Alternative in Harlem," 一九九一年五月十―十一日、パリの Maison Suger における講演 "Pauvreté, immigration et marginalités urbaines dans les sociétés avancées" 配布資料。シカゴのサウスサイドでは、「ロック」と呼ばれるクラック・コカインの一塊を一〇ドルで買うことができる。

（17）「奴隷の黒ん坊のように働けば何か手に入る、なんてまだ信じてる奴は、ご機嫌取りのへつらい野郎しかいない」（前掲書 *The Autobiography of Malcolm X*.〔邦訳『完訳マルコムX自伝』〕）ということを、街中の捕食者たちはよく知っている。

（18）以下の文献を参照のこと。James Baldwin, "Fifth Avenue, Uptown," in David R. Goldfield & James B. Lane (eds.), *The Enduring Ghetto*, Philadelphia, J. B. Lippincott Company, 1973, p. 116-124; The *Kerner Report: The 1968 Report of the National Advisory Commission on civil Disorders*, New York, Pantheon, 1989.

（19）Ralph Ellison, *Invisible Man*, New York, Random House, 1952〔邦訳『見えない人間 I・II』松本昇訳、南雲堂フェニックス、二〇〇四年〕参照。

# アメリカの黒人ゲットーに住む稼ぎ人《ハスラー》

## 「貧乏だったけど、肩寄せ合ってがんばってた」

〈聞き手〉ロイック・ヴァカン

——自分の家が貧乏だったと思う?

**リッキー**　うーん、［長い沈黙］　そうだな……貧乏だったけど、肩寄せ合ってがんばってたよ。学校に行くときは、いつもおふくろがきちんとした格好にしてくれた。ズボンなんか、たぶん一本か二本くらいしかなかったと思うけど、きれいにしといてくれたし、俺だって、まあ、ちゃんとしてたっていうか……。うちは食うに困るほど貧乏じゃなかったよ、ぜんぜんそんなんじゃねえ。腹が減って困ったなんて日は一日もなかったよ。

——つまり、子どものころは食べ物はたっぷりあったってこと?

**リッキー**　たっぷり、ってわけじゃねえけど、いつも食うには困らなかったってことさ。今より子どものころがよかったって思うよ、ほんとに。よかったなあ、あのころは……。

——どうして子どものころのほうがよかったんだろう?

**リッキー**　そりゃ、なんていうか、その、小学校のころはのんきなもんだったから。

——学校が好きだったんだ。どんなことしてた?

**リッキー**　まあ、ただ行ってただけ、なんもちゃんとやってなかった。まわりじゃ、なんだかんだいろんなことやってたけど、俺はいただけ、よくわかってなかった。たぶん今ならわかるかも……でもあのころはわからなかったよ、勉強するのがほんと大事だってことがわかってなかった……［非常に感傷的に］。おふくろがほったらかしにして、なんにも言わなかったってわけじゃない。でも、どんだけ、マジでどんだけ大切か、かみ砕いて教えてくれたわけじゃないしな。ただ、「学校に行きなさい」って、言ってただけよ。俺が学校でいっつも、いっつも問題起こしてたから。

**――どんな問題？**

**リッキー**　ケンカして、校長に呼びつけられたりとか、そんなことさ。

**――きびしい子ども時代だったかい、きつかったかい？**

**リッキー**　いや大して。なんてことなかったんだけど、今になって悪い夢見て、冷や汗かいて、「なんで今ごろ、あんなこと思い出すんだよ」って、目が覚めたりな。いっつも、いっつもケンカするか、ケンカ売ってるかだったからな。そういうとこだったんだよ、俺たちの地元はさ。

**――荒っぽいところで育ったんだね。**

**リッキー**　そうよ。荒っぽいともよ、決まってんじゃねえか。でも、人間のほうは、みんなすっごくちゃんとしてた。今じゃ、前のような奴らはいなくなったな。前だったら、わかんだよ、［大変早口で］人がなんか言ってきたら、わかったよ、ほんとのこと言ってんなって。でも、今じゃすっごくいろんなことが変わっちまって、ヤクだよ、ヤクが疫病みたいにやって来た。それでみーんな変わっちまった。今じゃ、みんなもう金になることしか考えない。ほんとの友だちなんてのも、もうない。もうドルしかないんだ。みんなそれっきゃ頭にないんだ。

**――前はそうじゃなかったのかい？**

**リッキー**　そうじゃなかったよ、これほどまではな。俺だって金をかき集めようとしてたけど、いつもほんとのダチがほしいと思ってた、わかんだろ。前は仲間がいっぱいいたけど、ぜんぜん違った道に行っちゃったんで、それで今また会っても、話があんまり続かねえ。さっきも言ったろ、俺は一人で回してるからよ。女の子も何人かいるけど、誰か特別ってのはいねえんだ。

**――地元でなにがきつかったか、話してくれないか。**

**リッキー**　そりゃ、とにかく盗みが多くて。俺の知ってる奴らが殺されたりしてる。

**――どこで？　この近く？**

**リッキー**　サウス・コテージ・グローブ通りの二八番地。マンパウエル団地［隣接する団地］だよ。そんなこと、ごまんとあるよ。ひったくりとか……。気をつけてなきゃいかんて話、それだけ。いろんなことが起こるからな。一晩中銃声が聞こえることもある。知ってる奴らでも、そんなことやってる連中もいるから、奴らに出っくわさないようにしないとな。俺の知ってるのでもいっぱいいるよ、ムショに一五年ぶち込まれたのとか、殺人で二〇年とか……。もう昔っからずっとそんなんだよ。高校で一緒だったのが、たくさんそんなんになってる。終身を食らったのも二人いる。おんなじクラスにいたのもたくさんいる。一緒に大きくなって、次に会う時は葬式だよ。

――通りでもよくケンカしたのかい？

**リッキー**　やったね。ケンカっぱやかったからね。でも俺はどうしようもないときじゃなきゃやらなかった。イジメとかイビリとかは絶対やらなかった。そんでも、やんなきゃなんないときは、ケンカもやったさ。

## ほんのちょっとしたことでも、あいつら、殺しまでするからな

――そのころ、自分で殺しの現場にいたことなんかあった？

**リッキー**　あったよ、決まってんじゃねえか、何度もあるよ。そういやあ、一〇日ばっかし前にも、ふたっつ見た。「重々しくゆっくりと」頭に一発食らった野郎がいて、死んだよ。撃った奴らはもう一人を追っかけて、やっぱりやっちまった。

――団地の中で？

**リッキー**　アイダ・B・ウェルス団地の近くだ。今みたいな、真っ昼間、日が出てたから今より明るかったくらいだ。そんなもんよ。よくあることだよ。葬式に行ってそれでおしまい。後はいつも通り。だからよ、俺だって、たまにバクチとかやってるとこに行くだろう、そんなとこじゃ、ほんのちょっとしたことでも、あいつら、殺しまでするからな。別にどうってことなく殺しといて、後でビールで一杯やってる。あいつらそういう根性してんだ。

――どうしてそんなことするんだ？　つまり、どうしてそんなことまでやるようになってしまったんだ？

**リッキー**　ほんとにまったくよ。ガキがガキを作って、生まれたガキはすぐどんどん大きくなって、だから、なんにも教えてもらってない。で、あんなやり方しかできねえんだ［リッキーはここで、ごく年少で母になったゲットーの少女たちを指すためにメディアが用いる「子どもが子どもを産む」というステレオタイプ的な表現を自分から用いている］。なんでもいいから、とにかくこっから出ようと

してると、［声をひそめて］「バン」ってやられる。と、また別の若いのがここを出ようとして、やっぱりやられちゃう……そんだけの、単純なお話よ。即死だよ。すると別なのがでかいつらしてカッコつけだす。さっき言ったろう、現ナマしかねえんだよ。現ナマのためなら、あいつらなんだってやる。自分のおふくろにヤク売ったりする［押し殺した笑い］、やってるところを見たこともある。ヤクをおふくろに売るんだぜ、ドルのためにそこまでやる、腐れドルのためにな、むちゃくちゃだろうが、なっ、そうだろう。

**――そんなにしょっちゅうケンカしてて、撃たれたり、刺されたりしたことないのかい？**

**リッキー**　そりゃあるさ、撃たれたことだってあるよ。若造のころ撃たれて、腕と左の足首んとこに一発ずつ食らった［ズボンあげて、くるぶしに縦に沿った生々しい傷跡を見せてくれた］。

**――撃った奴は、脅かすためにわざと足首を狙ったのかい？**

**リッキー**　そうそう。そいつはすぐそばにいてな、やろうと思ったら後ろから俺の頭に一発食らわすとか、そんなことだってできた。でもやってない……やっぱ野郎は俺を殺そうとは思ってなかったんだろ。

**――どうしてそんなことになったんだい、話してくれよ。**

**リッキー**　まるっきりすっからかんで、野郎の車をこじ開けようとしてた。すっからかんだったから。さっきも言ったろ、若いときにはなんにもわかんなくてよ、とにかく車をこじ開けてやろうとしてた。そこを見つかっちまって、見つかったら、そんなときは走ったりしちゃいけない。でも、そいつが知りあいだったから、ほかにしょうがなかった。で、奴が俺の足首を撃った。そんなことになったって、別にどうってことなかった、どうせすっからかんだったんだから。結局、俺がワリを食うことになっちまったってことだ。わかるか、つまりな、自分のやったことのツケは自分で払うもんだ、ってことよ……。一度こんなこともあった、この辺でな、そん時も同じだ。俺ともう一人のツレとで、ギャングの奴ともめちまって、こっちにはハジキ一丁しかねえんだよ。つうか、ハジキにも弾が一発しか残ってねえ。ガチなケンカでよ、で、俺ら、団地に逃げ込んで、九階にいた。外は奴らでいっぱいでな、奴ら、俺たちに出てきやがれだの言いやがる――出て来いだとよ！　出るったって、おめえ、こっちには弾が一発しかねえ。壁ぇぶっ壊して、となりのアパート駆け抜けてずらかったんだよ、まったく。

――どうして追っかけられてたんだ？

**リッキー**　殴り合いでな、一人、相手の野郎をぶちのめしてやったんだ。そしたらそいつがダチ呼び集めて戻ってきやがったんだ。

――別の団地から来たのかい、その連中は？

**リッキー**　そういうこと。追い詰められてて、抜け出せたんだって、ツキがあったからでよ、壁ぇぶっ壊してずらかったんだぜ。言ったろう、俺はヤバいとこにいってたんだ、そん時。奴らとバクチやってたんだよ、昔から知ってる奴らでよ、で、奴ら、こっちが勝って金とると、ハジキを出してきやがる。そんなことは先刻ご承知だよ。そこはけっこうヤバいとこでな、前なんか、そこの奴に頭に拳銃突きつけられて、こっちの金目のものみーんな持ってかれたこともあった。

――そのころはギャングに入ってたのかい、今でもメンバーなのかい？

## 俺はいつだってはずれもんだった

**リッキー**　冗談じゃねえ、ありえねえよ。誰かの言うとおりにするなんて、一度だって思ったことねえよ。さっきも言ったろう、俺はいつだって一人でなんでもやってきたんだ。誰ともつるんだりしねえでな。つるむってのは、ギャング団に入るってことよ。ここらあたりで一人でやるってのはな、並みの根性でできることじゃねえんだ。だってよ、味方を五〇人とか百人とか連れてくることなんてできねえし、そんでも誰かがこっちになめたまねしやがったら、そいつにギャングがついてるかなんてどうでもいい、まずその野郎本人にきちっと落とし前つけてもらう。後のことはそれから考える。とにかくその野郎に落とし前つけさせんだよ。ごっちゃり大勢、仲間ぁかき集めるわけにはいかねんだ。なっ、わかってんだろ、だからよ、おおもとのとこでぶっつぶしてやる、でねえとこっちがやられるんだ。

――でも、ギャング団のほうから仲間になれって締めつけてこなかったかい？　ギャングから仲間に入れって言われたこともあったんじゃないのかい、なんたってプロのボクサーなんだから。

**リッキー**　そんなことなら、あっちこっちの奴らから言われたよ。でも、「厳しい命令口調で」「うちんとこに入れ！」って、命令みたいんじゃぜんぜんなくて、どっちかっていうと「断固たる調子だが控えめに」「俺たちと一緒にやってくんねえか」って感じだった。そういうことよ、俺がボクシングやってたからよ。俺はいつだってはずれもんだった。一人で、自分のやりてえようにやってきたんだ。だってよ、誰かが俺んとこに来て、「あっちに行くぞ、あれするぞ、これするぞ」なんてありえねえんだよ。そんなんは俺のやり方じゃねえ。俺はな、俺のやり方でやるんだ。

――だいたいいつも、拳銃を持ち歩いてるのかい？

**リッキー** 今は持ってねえよ。出かけるときに、ちょっとめかし込んでキラキラしたものをつけてくときは、[車の]シートの間とか、下とかに入れといたりとかよ。あとは、別に持ち歩かねえな。だってよ、次に何が起こるかなんて絶対わかんねえからよ。でも、たまに、ああ、今ハジキ持ってたらよかったのに、って思った時もあったな。さっき言った、追い込まれたときとかよ。持ってたらよかった、ってな。でもな、[考え込んで]まあ結局はな、いろんなとこに行ったりすんだろう、そこにいる奴らはなんとかしてこっちをだまくらかしてやろうってしか考えてねえ。わかっかよ、そういうことなんだよ。誰かをぶっ殺して豚箱入りになるほうが、こっちがやられてそいつが豚箱行きになるよりいい、そうだろうが。俺はよ、誰もぶちのめしたくなんかねえし、人のもん取り上げようなんて思ってねえ、でもよ、あっちがやるってんなら、黙っちゃいねえ、俺のもんをふんだくりに来やがったらただじゃ置かねえって、そんだけのことよ。

――その手のところに行くときは、いつも警戒してるってことだね？

**リッキー** そうよ、[なにがあっても]平気なようにしとかないとな。去年の夏はよくハジキ持ってた。去年、だから九〇年の夏だぜ、けっこう持って出歩いたな。そんころは、よくバクチやってたからよ。その手のとこ行ってよ、バクチやってたのよ。

## レジのこっちに八時間ぶっ通しで立ってるなんてできねえよ

――高校の時はバイトとかしたのかい？

**リッキー** 一度やったよ。高校を落ちこぼれたときに。保健関係の仕事で、保健所だけど、GNC〔サプリメント等の販売チェーン店。リッキーは公的施設と混同している〕っていう健康食品センター、中心街のワシントン通りに店があった。そこでやってたけど、あんまり給料が安いんでやめてやった。仕事は、俺は大好きだったよ。でも給料が安かったから。

――どんなことやってたの？

**リッキー** 商品整理、在庫管理とかそんなことだよ。ところがある日、店長と話してたら、これ以上、仕事時間を増やせねえなんてぬかしやがってよ、野郎、前にも俺の時間を減らしといて、またもう一回、減らそうってんだよ。で、俺がどうしたと思う、店に盗みに入ってやったのよ。夜になってから入って、その日の売り上げ全部かっさらってやった。それで、仕事もおしまいよ。

――それでどうなった？ 盗みに入ったのがばれなかったかい？

**リッキー** そん時はなんとかだいじょうぶだった。それで済んだもんだから、もう一回やってやろうと思ってな。あっちが俺を捕まえたっていうより、「後悔するように」こっちから捕まりに行ったようなもんだ。そのくらいのこと、わかってなきゃダメだったんだよ。俺のほかにも店で仕事してる奴がいたんだよ、そいつが、また来るだろうって、俺のこと待ってやがってよ……。

――それで法廷に引っ張り出された？

**リッキー** そうよ。なんだかんだあったよ。俺は有罪を認めることにした。郡刑務所で二〇日とかやったかな、そんなとこだ。

――そのあと仕事したことは？

**リッキー** ないね。ぜんぜん。

――でも、高校の後、どうしてフルタイムの仕事を探さなかったんだ？

**リッキー** まあ、なんつうか、現実を直視して、自分に正直でねえんだよ。そうだろう。現実を直視しなきゃならなくっちゃ。だって俺はよ、こんな奴で、テンション高いから、八時間ぶっ通しでおんなじところにいるなんて、できねんだよ、できねえってことはわかってる、できねえんだよ。自分をだまそうとしたって無駄だろ。レジのこっちに八時間ぶっとおしで立ってるなんてできねえよ。どっかでなんか掃除して八時間なんてのも無理だ。そんなことできねえのは自分でもよくわかってんだよ。街中だったらよ、そんな仕事で稼ぐカネの三倍は稼げんだよ。まあまあカネを持ってりゃ、あれこれ片が付くし、いっつもおんなじことをしなくてもすむってんだ。そうでなくっちゃ。さっきダチのこと話したろう、まともな仕事で出てったたって奴。あいつが一年かけて稼ぐくらい、街中なら三カ月もかかんねえ。あいつが一年かけたのを、一カ月で稼げるかもな。でも、一カ月で稼いだ奴より、あいつのほうが、稼いだカネをしっかり生かしてるけどな。そうだろう。

――じゃあ、今までで一番いい仕事は、バクチってことになるかな？

リッキー　そうよ、それが稼《ハッスル》ぎってことなんだよ。

——今でもやってる？

リッキー　ああ、時々はな。やるときもある。街中にはよ、知り合いもいっぱいいてな、奴らは、はした金だとせこいこと言うくせに、ポンと派手に札びら切ったりする、わかんだろ、まるっきし、そういう奴らよ。

——でも、ここの団地の若いのが、最低賃金でいいからってシカゴで仕事を探したらすぐに見つかるだろうか？

リッキー　そりゃまあ、マクドとか、バーガーキングとか、ウェンディーズとかならあるかもな。

——じゃあ、どうしてここの、アイダ・B・ウェルス団地の若いのはそういう仕事をやってみようとしないんだろう？

リッキー　しねえよ、そんなこと。街中のほうがずっとたくさん稼げるからよ。

——リッキーにとって、自分の気に入る、いい仕事ってなんかあるかな？

リッキー　ちょうど言おうと思ってたとこよ。［休止］まあまあ気に入る仕事で、どんなもんを見つけれるか、家族の面倒を見れて、いろんな払いを済まして、車二台のガレージつきの家とか持てるような仕事、そんなんだろ。俺の学歴でどんな仕事が見つかるってんだ。それともどっかでそんな仕事をくれるとこがあるってのか。俺はな、大学出て、医者とか弁護士とか、そんなんになろうってんじゃねえんだよ。そうだろう。

——それならそれで、見つけてみようとやってみても損はない……。

リッキー　ああ、そうだ、そうだろうよ、やってみたって損はないだろな。この手の仕事ができたら、のんびり構えて、払いの心配もない。さもないと、いつだって、じたばた、じたばたしてなきゃなんねえ。だからよ、俺が言ってんのはよ、俺たちの仲間内でよ、「俺はよう、もうそんなこと［街中での稼ぎ］はやめたんだ、最低賃金の仕事でも探すよ」なんて言ってくる奴はねえよ、そんなのはまずできっこねえ。仲間内でそんなことやる奴は、あんまりいねえな。

——全体的に見て、自分に合った仕事ってのはどんな仕事だと思ってるの、気に入る仕事ってのは？

リッキー　ああ、それだったらな、郵便局の仕事とか、バスの運転手とか、なんか手当とかしっかりしたのがいいな。どのレベルを狙うかでぜんぜん違うだろうけどよ。こういう仕事は大したもんじゃないけど、なんか見つけようと思ってるもんにとっては、手に入ったら［指を鳴らす］悪くないもんだぜ。

［アメリカの旧態依然たる社会福祉制度のもとでは、大部分の単純労働の仕事には、医療保障も社会保障もなく、有給休暇も病気休暇もない。ゲットーの住民が一番にほしがる仕事は、したがって公共行政機関（連邦政府、州政府、市町村）が提供する職である。しっかりとした組合が組織されているため、これらの職では諸々の「手当」が充実している。］

**――もしかしたら自分もなんとかいい仕事にありつけると思ってるかい？**

**リッキー**　［唸り声］うーん、まあ、わかんねえな。今のところはよ、ボクシングで何とかやってけんじゃねえかと思ってる。さっきも言ったろう、別にうぬぼれてんじゃねえんだ。ボクシングじゃいいとこ行ってるし、今一緒にやってるのもできる奴らだし、焦らずにやってるよ。それに、もしもうまくいかなかったら、もう一回勉強してよ、そいで、よっしゃ、って仕事を見つけてやるよ。

**あっちこっちでたらし込んで**

**――それじゃほんとにいつもいつも稼ぎをやってなくちゃならないのかい、そうでなくちゃやってけないのかい？**

**リッキー**　そうよ。街中の稼ぎってことなら、前は俺もけっこうならしたもんだ。この頃はそれほどでもねえな、一晩中、道でサイコロ賭博なんてことはもうしねえ。女をよ、あっちに一人、こっちに一人って具合にしといて、それからバクチだな、そんなとこだ。

**――稼げる日には、どれくらいまで稼ぐんだい？**

**リッキー**　そりゃあよう、たまには大きいよ。一度は一万二〇〇〇ドルまで行ったこともある。一度、三千ドルってのもあった。千ドルごと、札束にしてな。千という金だぜ、わかるかい、どんなか。

**――でも、それって、一週間のこと、それとも一カ月のこと？**

**リッキー**　その時々によるけどよ、たまには一日ってこともある。一日で七百ドル、千ドルって稼ぐよ。バクチだけ。ヤクは売らない、バクチやるだけでよ。

**――バクチだけでそんな額、稼げるのかい？**

**リッキー**　おうよ、稼げるさ、稼げるともよ、バクチやって、ちょっとツキがあったらな。

**――バクチをやるにはどこに行くんだい、どっか決まっ**

たところがあるのかい、それともあっちこっちいろんなところでやるのかい？

**リッキー**　ここいらじゃ、どこでもだ。ちょっと角っこに立ってるだけでいい。あそこに見えるあいうとことか、どこだっていい。今、俺があそこに行って、「ガンクビそろえてなにやってんだよ」って言うだけでいい。誰かがサイコロを出してバクチが始まる。そんなもんよ。みんな寄ってきて、さあ行くぞってな。

——みんな、どのくらいかけるんだい？

**リッキー**　そりゃ場合によるけど、二百とか、三百とかかな。

——ほんとに、そんなに賭けるのか？

**リッキー**　ああ、そうよ。

——でも、そんな金、みんなどうやって手に入れるんだい。

**リッキー**　だから、稼ぎとか、ヤク売ってとか。

——てことは、ヤクを売った金を、何倍にもしようってバクチをやるわけか？

**リッキー**　そういうことだよ。

——でも、どうして自分ではそういうことはやめたんだい？

**リッキー**　あのな、ときには、考えてみることだってあんだよ。ああ、よかった、今までどんなにラッキーだったかってな。いろんなことをたくさんやったからよ、たくさんな。

——違法なこととか？

**リッキー**　そうそう、仕事がなくて、稼ぎやってたらよ、どうしたって違法なことに手ぇ出す羽目になる。でなきゃ、やってけねえんだよ。俺んちのあたり、アイダ・B・ウェルス団地だけど、聞いたことあっかい、この団地のこと、とにかくこの団地じゃ、いつも必ず誰か、ごたごた起こしてやっかいかける奴がいる。

——ああ、聞いたことある。ロバート・テイラー団地と同じくらいここもひどいのかい？　テレビでは、いつもロバート・テイラー団地とステートウェイ・ガーデンズ団地のことばっかり言ってるけど。

**リッキー**　こっちのほうがもっとひでえんじゃねえか。アイダ・B・ウェルス団地ってのはよ、きついとこだぜ、まったく。みんなは「ヤバいとこ」って言ってる。「ヤバいとこ」だぜ。俺は「殺人地帯《キリングフィールド》」って言ってるがね。だってよ、すごくたくさん見てんだよ、やられた連中をな［指を鳴らす］、今だってよ、今だって行かなきゃなんないとこなんだよ。

一人、殺《や》られたのがいてよ。

——そういう連中はだいたい何してるんだい？

**リッキー**　ヤクを売るか、サイコロ賭博よ。

——でも、そんなことしてほんとに金が稼げるのかい？

**リッキー**　できるとも、俺だってな、［暗算で計算する］一日に二、三千ドルくらいかき集めることだってあるくらいだ。時々な、運のいいときには、サイコロで何日かのうちに九千とか、一万とか稼いでたこともあるさ。

——そんな金、どうやって？

**リッキー**　バクチとかだよ。ほかのもな、賭けならなんでもやった。それから女の子たちを何人か確保しといてな。［自己弁護して］ポン引きとか、俺はそんなんじゃないぞ。いくら金がなくたって、一度だってヤクなんか売ったことないしな。一度もないからな。そういうのは俺のやり方じゃねえんだよ。ちゃんと言っとくぞ。ヤクでは一銭もかせいだことはねえ。要は俺はそんなんには手ぇ出したことはこれっぽっちもねえ、ってことだよ。俺のやり方じゃねえ、手ぇ出さねえよ。でもな、仕事持ってたりする女の子はいつもわきに置いとくようにしてた。いくらか出させてやるんだよ。

——その女の子たちはどこの子なの。どこに住んでるんだい、団地かい？

**リッキー**　そうだよ、この団地、アイダ・B・ウェルス団地だよ。

——それじゃ、何人もいるから、あっちこっち行ってるわけか？

**リッキー**　そう、そういうこと。

——それで、そっちのほうはいくらくらいになるんだい？

**リッキー**　あっちで百ドル、こっちで五〇ドル、ってとこか。二百なんてことだってあるぜ、悪かないだろ。こういうのは、なんとしてもキープしとかなきゃな。

——で、それって、簡単なのかい、それともいろいろ大変なのかい？

**リッキー**　なかなか大変なんだよ、これが。俺にはな、ほかの奴らにはまずないとこがある。しゃべりがうめえんだよ。街中のしゃべり方ってあんだろう、わかんよな、あれでしゃべればけっこうたらし込める。俺はそういう奴なのさ。自慢してるんじゃねえよ、でも、しゃべくりはちょっとうめえんだよ。しゃべって、しゃべって、しゃべりまくってやんだよ。いつだってなんか言うことはあるもんだって。言うことがなくなっちまったら、そりゃ、おおごとだが……。そんなことは一度だってねえよ、相手になんか言うことがなくなっちゃうなんてよ。

**男でこっから抜け出してった奴はほんのちょっとしかいねえし、そんなのとはあんまりつきあったことねえな**

**――一緒に大きくなって、十五、六の時に一緒につるんでた友だちはその後どうなったんだい？**

**リッキー**　あの年ごろに、うまく抜け出したのは、だいたいは女だよ。女の子で落ち着いてしっかりやりとおしたのがうまく抜け出した。でも、男のほうときたら……。

**――そういう女の子たちは抜け出すために何をやったんだろう？**

**リッキー**　上の学校に行って、いい仕事を見つけたってことだよ。うまくやった子もいる。でも、この団地で、男でほんとにうまくやって学校にも行ったのは……女の子とはぜんぜん違う。わかるか、これ。男はさ……。

**――それどういうことだい。男はくそまじめ（square）だってことなのかい？**

［square という名詞・形容詞はコンテキストに応じて、「きちんとした、素朴な、従順な、ガリ勉、堅物、保守的な」などと訳せるが、ここでは lame と同義で、「街中のことをよく知らず」、「他人から（あまり）尊重されない」人間に対して使われる。］

**リッキー**　［当惑して］そんなんじゃねえんだよ。あんたが勝手にレッテル貼るんなら、むこうだってそうするんじゃねえか。おんなじことだよ。「あいつはゴロツキだ」とか、「あいつはくそまじめだ」とか言ったってよ、そんな単純なもんじゃねえんだよ。この先誰が抜け出して、うまくやってくかってことなんだよ。大事なのはそういうことさ。

**――それで、男のほうだけど、男でうまくやってここから抜け出していったのはたくさんいたのかい？**

**リッキー**　いや、さっき言ったろ、いねえんだよ。男でこっから抜け出してった奴はほんのちょっとしかいねえし、そんなのとはあんまりつきあったことねえな。一人、今もダチで、全然違った暮らしっぷりしてっけど、ずっといいダチなのが一人いて、そいつは今、今な［尊敬を込めて何度もくり返す］、街中の建物一つ買ってよ。自分の家にしてる。毎日仕事に行って、もめ事なんてぜんぜんねえ。ムショに行ったことも、捕まったことも、バクチなんてやったこともねえんだよ。そいで、まともなやり方でうまくやった。なっ、ただ仕事だけ、仕事、仕事、ただそれだけ。あいつは仕事してただけで、そんでその間、俺は稼ぎやってた。あいつは仕事、俺はかすめ取り稼業。一緒に大きくなったんだけどよ、二人で出かけるだろう、するってえと、俺の話し方はあいつの話し方と違ってるとか、そんなこんなでよ、まったくよ。そいから、女のほうには、キラキラしたもんなんか身に着けた、かっこいい男を好きなのがいっぱいいる。そりゃ、女しだいだよ。［「かっこいい（slicky）」という形容詞はプラスの意味では、器用、巧妙、魅力的、つややか、さっぱりと小ぎれいといった意味を持ち、ゲットーの基準から見て優美な装いをした男におもに使われる。その一方で、この単語はマイナスの侮蔑的な意味もあり、嘘つき、小細工を弄する、軽薄、とらえどころのない、あまりに優美で魅力的だから、正直なわけがない、という意味を持つ。リッキーはここで、聞く者の考え方しだいで、同時に二つのことを指すこうした意味の二重性を、（巧妙に！）利用している。］女の方が、誰かたよれる奴、家族を養ってくれる奴を探すとしたら、そりゃ、間違いなく俺じゃねえよ、俺じゃなくってあいつのほうだよ。

**――それじゃあ、抜け出せなかったほうの男らは、今どうなって、どんなことしてるんだい？**

**リッキー**　一緒に大きくなってきた奴らは、まだこの辺にたくさんいるよ。まったくどうしようもないヤク中だよ、奴らは。そうだ、そういや、ダチが一人、タクシーの運転手にやられちまったとこだ、小学校から高校まで一緒だった。先週、殺されたよ。葬式を昨日やったばっかりだ。運転手からカネ取ろうとして、運転手にやられたんだ。

**――それ、どこで？**

**リッキー**　こっからそんなに遠くじゃねえ。［考え込む］団地の近くだよ。俺の知ってる女の子でもたくさん、そんなんがいる。かわいい女の子たちだぜ、それがどうしようもなくヤクにはまって、子どもが二、三人いても、子どもらがどこで何してんのかわかってねえ始末だ。ただヤクやって舞い上がってる。ほんとに、ただ事じゃないぜ、しっかり考えるとな。［突然、ひどく考え込んで、重々しくなる］だんだん、ほんと深刻に考え込んだりするくらいだよ……。でも、俺はよ、少しはカネも取っといてるし、ボクシングもできんだから、だからよ、いいかげんこんなしょうもねえことやってねえで、なんとかしなきゃ、ってことだよ。だってな、ほんとにまいんち、まいんちヤバいことばっかやってて、［語気を強めて］そんで、いったいこれからどれだけ無事でいられんのか。殺されるか、けがさせられるか、さもなきゃ、またムショ送りだろう。車椅子で暮らしてる奴とか、片足ない奴とか、麻痺した奴とか、撃たれた奴とか、そんなんはごまんと知ってる。それにな、今じゃ十三、四歳くらいのガキの奴らがよ、ごっそり学校やめてギャング団に入ってるとかよ。

## 俺はものすごーく幸運だった

**――ゲットーがここ一〇年、二〇年の間にすごく荒れてきたってよく言うだろう。それってほんとかい、ほんとに悪くなったかい?**

**リッキー**　ああ、そりゃもちろんだ。まちげえねえよ。殺しにヤク、そうだよ、ヤクなんかまるで疫病みたいなもんだ。あっという間だ、あっという間にやって来た。まるで「バン」［指を鳴らす］とぶっぱなしたみたいに、あっという間にやって来てたちまち広がった。いつ来たかなんてわかんねえうちに来て、そのまんまいついちまった。

**――それって、何年ごろのことだった?**

**リッキー**　そうだなあ、覚えてるとこじゃ、一九八三年から今までってところかな。そんころに、ヤクがどうしようもなく……。いや、やっぱ八〇年からだな、ヤクが大流行したのは。あっ、言っとくがな、それより前にヤクがなかったってわけじゃねえんだ。でもな、そんなのは［非常に強調して］今と比べりゃ、何でもねえ。いいか、俺はな、こりゃあみんな政府の陰謀じゃねえかって気がしてんだ。俺たちみんな、俺たちたくさんの黒人がどんどん良くなって、前進してた、そうだろう、そん時にこの腐れヤクが来やがって、「ドカーン」と大流行だ。それで俺たちは五〇年前に引き戻されちまったじゃねえか。で、今じゃ、仲間内で殺し合ってる、単純なお話よ。俺の取り分がありゃ、俺は人のものをどうこうしようって気はねえ。それによ、カネが手に入った奴らだってよ［驚きを表す調子で］、そのカネでなんにもできやしねえんだよ。せいぜい何台も車買ったり、女買ったりとか、そんでおしまいよ。だから、要するによ……、すぐにわかんことだよ。二九番通りとステート通りの角から、ずうっと一一九番通りまで行ってみろよ［サウスサイド地区を南北に縦断する二〇キロほどのルート］。そうやって、街中を見てってみろ、黒人街なのに、黒人がやってる店なんか一〇軒もねえんだぜ。なっ、ちょっとなんか考えさせられんだろう。

［ゲットーの店は、これまでは白人の経営だったが、しだいにアジア人（韓国人、中国人、フィリピン人）や、レバノンやシリアから来た中東出身者の経営に移りつつある。］

――でも、その金はみんなどこに行っちゃうんだ。ちゃんとした使い方をするのだって、誰かいるんじゃないのか？

**リッキー**　だからよ、今言ったじゃねえか。奴らのやりたがることは、車と女、これっきりなんだよ。三台も四台も車持ってる奴、知ってるよ。だがよ、［いらだちを見せて］だいたい一人で何台車運転できんだよ。

――でも、女のほうで、売人から来た金をたくさん持ってる人もいるだろう。そういう人はその金、なんに使うんだ？

**リッキー**　ああ、さっきも言ったけど、カネをもらってる女もいる。売人の男がくれてやるんだ。で、毎晩一緒にお出かけ。それ以外なんにもしねえ、ほんとになんにも。将来のことなんか考えねえんだ。目的がねえからダメなんだよ、ダチの奴らにはいつも言ってるけどよ。一生、こんな風にヤク売ってるわけにはいかねえじゃねえか。なんか人生、目的を持たなきゃ、ってんだよ。そうそう、俺の知ってるので、百万ドルも商売してた奴がいるよ。八三年からこっち、この野郎はヤクを売ってたけど、ツキのある奴でな、百万ドル右から左に回してたんだ。でも今となっちゃ、三千ドルも融通がきかねえ。［強調して］百万とか、それ以上かもしんねえ、そういうカネが、この野郎の手の間を流れてったのよ！

――取っとくこともできたはずなのに？

**リッキー**　取っといて、自分のために使うことだってな。今の今は、野郎、五千ドルだって融通できねえ。ところが前は野郎、五千なんてカネ、一週間でばらまくように使ってた。言ってみりゃあ、どっかのウェンディーズのオーナーだった野郎が、今となってはそこで食うカネもねえとか、そんなもんだ。考え込んじゃうよな。だろう。［非常に考え深げに］だから自分じゃこう思ってんだ、また若いころにもどれるわけねえけど、俺にはまだボクシングがある、だからいっちょう、やってみっか、ってな。言ったろう、ちょっとばかりカネも取ってあっから、九月になったら学校にもどろう、ってな。ボクシングがうまくいかなかったら、女の子見つけて結婚しようと思うんだ。誰か俺のこと気にかけてくれる子を見つけてさ、家庭を持つんだ、普通に暮らすってことだよ。そうよ、前にやってみたこともあんだ。街中じゃ、いままで俺はものすごーく幸運だった。けがしたこともねえし、けがさせなきゃなんなかったこともねえ。俺に手ぇ出そうなんてのは誰もいなかった……。

一九九二年一月

# エル・バリオのホームレス

フィリップ・ブルゴワ

このラモンとの面談を録音したのは、八九年八月末の夜のことだった。私たちは通りにいた。人々がクラックを求めてやって来るボタニカの店[1]の向かい側だった。もう何年も前から、私は夜はたいていそこで過ごしていた。そこは、私が借りていた部屋があるネズミだらけのおんぼろアパートのすぐ近くだった。「エル・バリオ」の名で知られるスパニッシュ・ハーレム〔ニューヨーク、ハーレム地区の東部〕でも、プエルトリコ系住民が多い界隈のそんなアパートに、私は妻と息子と一緒に住んでいたが、それは、疫病のようにアメリカを襲ったクラックの蔓延が頂点に達していた一九八五年から九一年の間だった。その晩、私たちは、ルーズベルト公団団地の高層棟に入った管理事務所の入り口にある、落書きで覆われたひどい状態のベンチに腰を下ろし、そのボタニカ店の夜間の店長であるフーリオの二十五歳の誕生日を祝っていた。

警察の注意を引かないように、私たちはセントアイダスの大瓶ビールを茶紙に包んで一緒に飲み回していた。そうはいっても、フーリオにしろ、彼の「クラック屋」で用心棒をしているウィリーにしろ、飲み終わった空き瓶を平気で団地の建物に向かう階段に投げつけてぶち割っていた。フーリオは、一ドル札で包まれたコカインの粉を大事そうに手にもっていたが、私以外の連中は、ときどき、アパートの鍵や長く伸びすぎて紫がかった爪を、その中に楽しげに突っ込んでいた。その細かい粉を鼻孔に持っていき、少し頭を傾けて、一方の鼻孔を押さえてふさぎ、ニヤッと笑うと、正確で微妙な動作で、無駄なく一気にそれを吸い込むのだ。

このルーズベルト団地は、スパニッシュ・ハーレム内にある十数カ所ほどの団地(すべてニューヨーク市の施設)の一つだが、この年、マンハッタン島にある団地全体の中で二番目に高い殺人率を記録した。エル・バリオではどこでもそうだが、このあたりでも、ずらりと並んだ建物には貧困が見て取れた。廃屋となった建物、閉まった商店、ゴミだらけの歩道だ。夏の猛暑の時期には、大人も子どもも、昼間だけでなく、夜になっても遅くまで道に出て過ごしていた。

私が住んでいた、ここの「区画」も例外ではなく、二百平方メートルの範囲で、ヘロイン、クラック、粉末コカイン、PCP(エンジェルダスト)、メスカリンを手に入れることができた。一番安く、簡単に手に入るために、当然のことながら、クラックが人気商品だった。たとえば、私がいた建物から三〇メートル以内に、安値を競う販売拠点が三つあった。

その夜、私たちがかたまって腰かけていたベンチは、少し前に、ルーズベルト団地の表玄関通路に作られた販売拠点のすぐ横にあった。この販売拠点は「ガキ」の売人たちによる、あまり統制のとれないグループに属するもので、通りの反対側にあるフーリオやウィリーが働いているボタニカ店に多大の損害を与えていた。野心に満ちたこの若者たちの「企業」はクラックの価格破壊を実行し、小瓶一つ五ドルだったものが、今や二ドルとなっているのだ。だから、ウィリーは当然のことながら、若いのが「商売をする」階段下にビール瓶の破片をぶちまけるのを楽しんでいた。相手側もコカインを吸っていることは承知のうえで、ウィリーは平気でこんなことができた。というのも、彼の十三歳になる弟が、その若者組織で「ピッチャー」(2)をやってかなり組織の信頼を得ており、月に何日か、安全のためにほかの何人かと交代で、商品の麻薬を自宅に隠す役目を与えられていたからだ。

いつもだったら、私たちは向かい側の歩道の、ボタニカ店の前にいるはずだった。だが、店のオーナーは、あまりにも遅刻が多く、扱いにくい従業員であったフーリオとウィリーとを首にしてしまった。フーリオはがっかりしていた。貯えなど一銭もなかったからだ。彼はここ五年間、コカインと酒の販売主任として、安定した職を得ていたが、そこから稼いだ金を最後の一セントまで使い切ってしまっていた。十八歳になる彼の恋人と、その姉の、ウィリーの情婦が、彼の話を同情しながら聞いていた。何事も起こらず数時間が経過した。みんなコカインを吸ったり、酒を飲んだりするだけだった。みんなにおごっていたラモンが、フーリオの繰り言に割って入った。フーリオが自分の運命を嘆き、大いに同情を喚起しているのにうんざりしていたのだ。それには、私が一生懸命フーリオの嘆きを録音しようとしていたことも含まれる。私の高性能の小型録音機はフーリオの口元に突きつけられていた。まるで私が彼の言葉の一つ一つを、夏の夜の都会の騒音にかき消される前に、一つ残らずつかまえようとしているかのように。

これまで生きてきた間中ずっと押さえつけられていた憤懣が、ラモンの話を発酵させ、突然、爆発した、とでも言うところだった。心に引っかかっていたことを、突然何もかもあけすけに言いたくなった彼の気持ちに私は驚かされた。いつもは内気であまり話さないラモンは、たいていは一歩引いて、私のテープレコーダーがちゃんと回っているか黙って見たりしていた。それで私はそれまで間違って、彼のことを白人と直接に関わり合いになるのを嫌う、ああいう、都会の街路で生きる人たちの一人だと思っていた。しかし、聞きとりでのラモンの主要な関心はアメリカの都市における人種隔離（アパルトヘイト）ではなかった。数週間後、録音を書き起こしているときになって、やっと私は、ラモンがあの時フーリオの話に割って入ったのは、単にフーリオに対する嫉妬——フーリオがみんなの関心を独り占めしていた——からではなく、むしろ麻薬売買に関してフーリオが語ったことの反例を提示したかったのだと、気がついた。私がとてもフーリオと親しく、私の研究にフーリオが中心的な役割を果たすだろうということを、ラモンは知っていた。つまりラモンは、私の研究に、怠惰で能天気な、まじめに働くことのできない者しか登場しなくなるのを恐れていたのだ。たとえば、彼は自分がフーリオとは違って、家族を養うために、「おふくろが残した借金をなんとか払うため」に、必要やむを得ずクラックを売るのだと繰り返し語った。

ラモンが常に似合わず爆発的に語りだしたのには、もう一つの理由があった。彼は、自分が自由を取り戻したと思い、それを祝うためにいつになく多くの酒とコカインをやっていたのだ。というのも、その日の日中にラモンは、「おとり」警官にクラックの小瓶を五つ売ったかどで有罪の判決を受けていた。しかし、驚いたことに、判事は法廷の場で、彼を釈放してくれた。執行猶予付きの判決が出たのだと、ラモンは考えていた。自分の合法的な仕事の雇い主が、彼がクラック販売で捕まったときから裁判が終わるまでの間を、無給の休暇期間としておいてくれたことにも、ラモンは満足していた。

その日、彼が特に興奮して前向きだったのは、妻が市の補助金付き住宅の家賃を前払いでいくらか払うことができたからだった(3)。順調にいけば、妻は、ラモンとの間にできた息子と一緒に、中心街の収容施設を出ることができるだろう。二人は、一年前、家族がラモンの母親のアパートから追い出されて以来、そこで暮らしているのだった。ラモンは家族の暮らしを取りもどせるだろうと期待していた(「女房がアパートに当たったから、もう道端で暮らさなくてもいい。あとは、何とかそこにいついて、仕事に行くだけでいい。家に帰ったら、子どもを作ればいい」)。

だが同時に、ラモンは不安でもあった。アパートが社会福祉当局に取り上げられてしまうかもしれないという心配があったし、そのうえ、妻が自分を愛しているかどうかという点でも確信が持てなかった。それで、麻薬売買から手を引くかどうか決心がつきかねていた。サウス・ブロンクスの販売拠点に戻ろうものなら、ぶっ殺してやる、と競争相手の売人は脅していた。こいつは以前にもラモンに向けて発砲したことがあった。ラモンはこの脅しを口だけだとは思っておらず、いつもショットガンを持ち歩いていた。この銃は汚い布製のスポーツバッグに隠してあったが、今はそれを私たちがすわっているベンチの下にさりげなく押し込んでいた。警察の注意を引かないためである。要するに、ラモンには、法律事務所の文書配達という合法的な仕事では家族を養うのに十分な収入がなく、それ以外には、麻薬売買しか金を稼ぐ手段がなかったのだ（「ただなんとか生きてりゃいいってもんじゃない、俺はちゃんと生きてたいんだ……。やっぱ、ヤクを売るのに戻んなきゃいけねえのかな。どっかもっと危なくねえところを見つけれるかもしんねえしな。わかんねえけどな」）。ラモンは経済的にまったく動きが取れなくなっており、公的な扶助は何の役にも立たなかった。それどころか、思いもよらない論理に従って、当局はラモン一家が家を失った時、それまでの給付金を減額したのだった。もはや家賃を払う必要がなく、また、施設では日に三度食事が提供されている、というのがその理由だった。

もっと微妙なこともあった。心の奥底で、ラモンは、自分が妻のアイリスに抱いている深い愛情をフーリオが理解していないことに腹を立てていた。口をついて出てくる言葉（「もうなんにも感じない、生きてても、さんざん苦労させられただけ、もうどうだっていい」）とは裏はらに、ラモンの人生には、常にその奥底に愛情に左右される側面があった。彼は妻を愛しており、愛情をもって子どもの面倒を見ていた。都会の街路で生きる者たちの文化においては、ラモンがこの録音の中で何度も語った無条件の愛情は、男らしい行動とは言えなかった。それだけではない。アイリスが、収容施設でほかの女性と性関係を持っていることを、みんな知っていたのだ。

妻が別の女と一緒に施設のシャワー室にいるのを見つけたとき、どんなにショックを受けたかということを、ラモンは一般化した言い方で間接的に言及するだけだった（「あすこにはレズがごまんといるんだ。インバイもごまんとな。風呂場でやり合ってるとこを見つけたことだってある」）。それでも彼は妻をとても愛しているので、妻のこうした性行動を、ニューヨークのホームレスたちの客観的な生活条件で説明しようとする。自分自身の責任や過ちを彼は決して矮小化しようとはしない。事実、表立って彼が語った浮気の話は、すべて自分自身のことだった。

フーリオのほうは、反対に、伝統的な家父長的秩序からの逸脱を見逃しておくことができなかった。彼はアイリスが「陰でクラックや、マンティカ[4]までやってるヤク中」になって以来、「はした金で、すぐ男のをくわえやがる」と主張した。もう何カ月も前から、フーリオはラモンに、いいかげんなめられたままでいないで、女房を痛い目に遭わせて別れろ、と迫っていた。この聞きとりの数週間後、ラモンが一～二年の刑で刑務所送りになったとき、アイリスに対するフーリオの敵意はいっそう激しくなった。判事は、実際のところ、ラモンに執行猶予を与えていたわけではなかった。単に、ニューヨーク市の刑務所にはどこも空きがないので、判決を言い渡す前にラモンを一時釈放しただけだったのだ。ラモンが収監されたという知らせに、私たちはみな呆然とした。しかし、誰よりも強いショックを受けたのはラモン本人と、妻のアイリス、そして二歳半になる子どもだった。

ところがまったく予想に反して、ラモンは四カ月後に釈放された。またしても、刑務所の収容能力不足が原因だった。彼は、妻と子どもが住んでいる新しい補助金付き住宅に腰を据えた。すぐに表世界の――少なくとも見た目には合法的な――フルタイムの仕事を見つけた。建物解体業の、組合と協定のある会社で、時給一〇ドルという、街路暮らしの基準からは悪くない給料が出た。ラモンはその一年前の聞きとりの時に語った夢を実現しつつあった。「カネ稼いで、家に帰って家族とゆっくりする、俺はそういうのがいい」。それでもフーリオは、二人だけになると、ラモンが家族の結びつきを大切にするのは、彼の非合理的な傾向と女々しい気質のせいだと、私を納得させようとした。「ラモンってのは、黒人の中でも浮ついた野郎だよ。すぐ誰か好きになる。まったくいいカモだよ。家でうまくいってないのが、なんなのか、俺は知らんよ」。

表向き合法のラモンの仕事は、残念ながら六カ月しか続かなかった。九一年の不景気がニューヨーク市の建設市場を根こそぎにしてしまったからだ。解雇されたときになって初めて、彼は自分が「闇で」雇われていたのを知った。雇用契約は組合には通知されておらず、組合は、解雇一時金は出せないと通告してきた。ラモンの雇用者は、マフィアが支配する建設業組合と結託して、脅しで仕事を取ってくる下請け業者だった。黒人やヒスパニック系の前科者を雇い、白人労働者を合法的に雇用して改築を予定している団地の前で、わざと激しいデモをやらせる。これで建設会社を脅して困らせ、組合との協定価格というよい条件で自分のところに解体作業の下請けを回させる。そうしておいて、この雇用者は、ニューヨークでの協定賃金である時給一八ドルの半額をわずかに上回る額を現金で労働者に払い、適当に書類をごまかして満額払ったかのように見せかけていた。おかげでこの雇用者は、解体作業の間中、労働者一人一時間につき八ドルを自分のポケットに入れることができたのだ。ラモンも、私たち「クラック屋」の仲間のだれも、解体作業の組合協定賃金がそんなに高いとは、一時も予想すらしていなかった。

むろんラモンは、この聞きとりをした夜、これから彼に降りかかってくることを何も知らず、誕生日のお祝いに、フーリオと「クラック屋」の仲間たちに豪勢にビールとコカインをふるまっていたのだった。

**原注**

（1）ボタニカとは、アフリカ系カリブ人たちの民間信仰であるサンテリアの宗教実践の際に必要となる物品を売る薬草店のこと。
（2）野球の「ピッチャー」から来たこの単語は、顧客に直接、麻薬を売る売人のことを指す。
（3）ニューヨークで補助金付き住宅を手に入れるのには一七、八年かかると言われている。この聞きとりの時点で、順番待ちのリストには八万八〇〇〇人以上が登録されていた。市による補助金付きの住宅はニューヨーク市全体でも一七万五〇〇〇戸にすぎず、空き部屋率は公式には〇・一パーセントにすぎない。八万台の順番待ち家族がいたにもかかわらず、ラモンの妻が何とかこうした住居を手に入れることができたのは、彼女が子どもと一緒に一〇カ月以上収容施設で生活していたからである。

（4）ヘロインを指すプエルトリコ系住民の隠語。

# ハーレムのプエルトリコ人麻薬売人

〈聞き手〉フィリップ・ブルゴワ

## 「ただなんとか生きてりゃいいってもんじゃない、俺はちゃんと生きてたいんだ」

**ラモン** 俺みたいになったこと、おまえなんか、ねえだろう。道端で暮らしたことなんか一度もねえだろう、住むとこがねえってことがどんなことか、わかんねえだろう。いっつも大変な思いをしたなんて言ってるがよ、おまえのなんか、大変のうちにへえらねえよ。俺のほうだよ、大変なのは。俺は九カ月家なしだ。全部で九カ月か一〇カ月だよ。[私のほうに向きなおり、テープレコーダーを一瞥して] そうだよ、大変なんだよ、ウォール街で使い走りやっても、週一四五ドルじゃ足りやしねえ。みんなの食う分出して、子どもにスニーカー一足買ってやったらおしまい。俺のためにはなんも残らない、なんにもない、俺と女房には。

それだから、ヤクを売るのも、やってみようと思ったのよ。息子にいろいろ買ってやりてえしよ。まだやっと二歳だけどよ。おもちゃで遊ぶのが好きなのに、女房と施設にいるから、持ってねえんだよ。だからよ、わかんだろ、俺はカネ稼いで、車もいるから、新車買って、それから時々はちょっとアクセサリーなんかも自分用に買ってよ。そうだよ、そんだけのことでいいんだよ。ただなんとか生きてりゃいいってもんじゃない、俺はちゃんと生きてたいんだ。ちゃんと暮らせる分だけ稼ぎたいんだ。ただカネのやりくりだけなんて……。[腕を公団住宅のほうに振って、それから、そこら中に散らばっているガラスの破片に注意を促すと、小指の爪を、フーリオが一ドル紙幣に包んで膝に置いていているコカインの粉の中に入れ、ゆっくりと吸い込み、それから、みんなで回し飲みしていた大瓶のビールをぐいっと飲む。］

カネのやりくりに追われるだけなんてのは、ただなんとか生きてるだけ［もう一口、急いで飲んで、私に瓶を回した］、俺はそんなんはいやなんだ。だから、カネ……カネ稼いで、のんびりして心配せずに買い物したいんだよ。わかんだろ。――それから……自分の稼ぎでいろんなことがやれるってわかってる、そういうの、気持ちいいじゃねえか。もっといい思いがしたいんだ。今あるのでいいってのはもういやなんだ。そんなんじゃ、やる気がなくなっちまう。だからヤク売るってこと、考えたんだ。

［…］

［ラモンは私のほうに近づいて来て、マイクに向かって穏やかにだが、はっきりと話しだした。そのマイクを、やはり立ち上がった私は、彼の話を録り逃すまいと口元に向けていた。］おふくろの家に子どもたちみんなそろって暮らしてた。でも、みんなクラックにやられちまって、そっから抜け出そうなんて思ってもみない。そのうち、おふくろが突然いなくなった。しかたなかったんだよ、自分の好きなようにやってきたかったんだ。だいたい俺だって出てったんだし、兄貴、姉貴、弟、妹、みんな出てった。おふくろはアパートを残してったけど、ちょうどその頃、俺はカネのない時で、（…）たまってた家賃ってのがよ、相当なもんだったのよ。それで俺は駅でクラックとコカインを売り始めた。おふくろが残してったアパートの家賃を払う、そんだけのためだよ。（…）そういうことだよ、暮らせる分だけ稼ぐ、ましな暮らしをする、ってことなんだよ。

## 収容施設なんてとこにいたら、みじめったらしいばっかりだ

ひとりぼっちで、クラック売ってたんだけど、ダメだった。売れやしねえ。だから人の下で動くことにした。でも、ありゃ、ヘマだったな、だって、その新しい野郎のとこで始めたその日に、俺は初めて締め上げられたんだからな。そん時は、ウォール街の使い走りの仕事を見つけたとこだった、今でもやってるよ。ムショに行ったけどすぐ釈放されたから、またやってんだ。でも、アパートの大家は「出てけ」って言いやがってな。女房もなんとか置いてもらえるようにがんばったけど、どうにもならなかった。冬が来てるってのに、バタンって追い出されて、女房、子どもと

一緒に施設に行くしかなかったんだ。

俺は施設に五カ月いた。その五カ月の間はつらかったぜ。収容施設なんて、ムショとおんなじだからよ。知らねえ見たこともねえ、どんな奴だかわかんねえ奴らと、二〇人も一緒の部屋で寝るんだ。そいつらがエイズとか、なんかそんなんを持ってねえとも限らねえ。まったくよ……。それから、奴ら風呂にも入らねえんだ。シャワーなんて、汚ねえのなんのって。うちの女房なんか、毎晩、入る前にシャワーを掃除しに行かなきゃなんなかった。そんなこんなで、すっごくストレスたまんのよ。

この施設ってのはひでえとこだ、ほんとにひでえとこだよ。こんならムショのがましだって、何度も思ったよ。誰もおまえのことまともに扱わねえ。施設ってのはな、まともな野郎の行くとこじゃねえ、俺やおまえみたいにしっかり働いてるまっとうな奴が行くとこじゃねえ。道でうろうろしてる奴らのもんだ。

俺はよ、カネ稼いで、家に帰って家族とゆっくりする、俺はそういうのがいいんだよ。ああいう施設ってのはぜんぜんそんなんじゃねえからな。まったく言いてえことはいっぱいあるよ。

施設じゃな、女の方が多くて、男より女のほうがいっぱいいるんだ。そんで、毎日、殴り合いよ。あいつら、根っからのすれっからしだからよ。あすこにはレズがごまんといるんだ。インバイもごまんとな。あばずれ女とかそんなんもな。で、女同士でやり合ってんだよ。風呂場とかそんなとこでな。まったくあそこは、中に入ったら、むちゃくちゃなことなんか、なんでもありだよ、ジャングルだよ。その上な、あそこじゃ、いらいらすんだよ［コカインを吸って頭を振り］。

ひでえもんだよ、夜寝てるだろう、と、急にケンカが始まる。夜中に目が覚めたと思ったら、隣の部屋で、なんだかわかんねえが、束になって殴り合ってやがる。それとか、ちょっとがんばって、誰か仲のいいのができる、けっこう知り合いになったりな、その、すぐ横にいる奴とよ。するってえと、やっぱ急にいなくなっちゃう。なんかアパートか見つけてもらってな。で、自分は残されて、次に横のベッドにどんな奴が来るか気になりだしてやきもきする。なんだかぜんぜんわかんねえ野郎が来るんだぜ。殺人犯か、殺し屋か、それともエイズ持ちか、わからねえ。わからねえんだよ。だから、その野郎を見ると心配になってくる、ヤク中か、エイズ持ちかってな。施設に入ったらよ、どうしたって、隣にこんな奴らが来ることになっちまうんだ。そうよ、ほんとそういうことよ。殺し屋か、レイプ野郎か、ホモか、ヤク中か、そんなんがすぐ隣に来ちまうんだ。どうしたって、そういう連中になるんだよ。だからよ、あんな施設に行ったらこっちだってひでえことになるんだよ。すぐ横に、わけのわかんねえ野郎を入れてくるからよ。それで、俺も女房もすっかり嫌気がさしたのよ。

## だれかれかまわず殺してたかも

どいつもこいつもじろじろ見やがるから女房とやるわけにもいかない。［ベビーカーに座って一生懸命に聞いている赤ん坊のパコ〔ウィリーの情婦カルメンの連れ子〕を指さして］女房はな……あれがないとダメなんだ。俺だっておんなじさ、欲求不満だよ。ホテルとかそんなとこに行くカネはねえしな。だったら、どうすんだよ。カネのこと、なんとかするっきゃねえってことだろ。だからやったのよ。もう一回、ヤク売ることにしたのよ。ヤク売るの、やってやろうって決めたのよ……「女房と子どもにましな暮らしをさせるなら、なんだってやってやる。だれか殺さなきゃなんないなら、やってやらあ。請負［委託殺人］だってやってやらあ。生き延びるため、カネを手に入れるためなら何だってやってやる」って、そう思ったんだ。

そうよ、俺はよ、けっこう長い間、さんざんな目に遭ってきたんだ。子どもと女房と一緒に一〇カ月もよ、施設にいたのよ。そんときは楽じゃなかった、ほんとうにきつかった。だれかれかまわず殺してたかもしんねえ、しこたまヤク売ってもうけて、車買って、金目のもの身に着けてる奴ら、そんな奴らの頭をぶっ飛ばしてやりたかった。俺にはそんなもんがねえってだけでよ。自己中だよな。そうよ、俺は自己中野郎だったよ。あのど腐れ施設でみじめな思いしてたもんだから、車だの、金目のものだのキラキラさせてやがるあいつらくそ野郎がいると、こっちは文無しのろくでなしだから、ものほしそうによだれたらして見てたわけよ。俺がほんとにほしいと思ってるもんをみんな持ってる奴らをよ。そんだけのために、ぶっ殺してたかもしんねえ。(…)でも、そこまではしねえで、俺はまたヤクでやってくことにした。またヤク売るってこと……それに決めたんだ。それでまたヤクを売り始めた、二度目だよ。そんで、それから後ずっと売ってんだよ。

［…］

つまり、もうあそこが我慢できなくなったってことだ。あの施設は俺には無理だ。五カ月、さんざんひどい目にあって、女房ともけんかになってきた。もう耐えられなかった。

五カ月我慢して、そんなことなら、道端にいた方があんなとこにいるよりいいって思ったんだよ。施設の外んとこで、女房とけんかしてよ。すっげえ取っ組み合いの大げんかで、あいつを絞め殺しちまうところだった……で、俺は出てった。まあ、むちゃくちゃなけんかだったよ。あいつと一緒にあんなとこにいられねえ、って俺は思った。だって、ほんとに、あやうく女房を殺しちまうところだったんだ。俺は女房が好きだ、子どもも好きだ。でも、あんな施設にはいられねえ、出てって、二度ともどらねえ。一週間、道端で暮らして、それからこう思った。「よし、ヤクを売ってやるぞ」ってな。その通りやったのよ。

税金の還付が来たから、そいつでヤクを仕入れて売り始めた。持ち金は全部ヤクの仕入れに使ったよ。(…)全部、ヤクに投資、四百ドルとかあったけどな。四カ月、外で一人でヤク売って、少しカネができた。そのうち、使い走りの給料も入っててちょっといい具合になりだした。と思ったら、どっこいそんなにうまくいきゃしねえ、またきつい時期が来て、最後はその辺の奴らとケンカ沙汰よ。今じゃ俺のこと殺したがってる奴が相手よ。[ショットガンが入ったスポーツバッグを取り上げ、銃身を胸に押しつけると、ビールをごくごくと飲んだ。]

## なんとか生き残らなきゃならねえ

**ラモン** [もう一度フーリオの方に向き直る。まるで、自分が麻薬の売人《ディーラー》でも、フーリオとはぜんぜん違う理由のためだ、とでも言いたげに。]でもな、なんとか生き残らなきゃならねえ。俺は、ほとんど……つうか、実際そうだけど、道端で暮らしてる。女房と子どもは施設に置いといて、自分は「コーク・スポット」(コカインの販売拠点)で暮らしてた。[私の方に向き直って]コーク・スポットってのはよ、どかっとコカインを売ってるとこで、客が部屋の中でヤクを買えるとこだよ。俺はそこに住んでた。ヤバいことは承知だよ、ポリに不意打ちされて、どっか寝るとこを探してただけで、俺がなんもしてなくても、間違ってムショにぶち込まれるかもしれねえからな、そうだろ。建物の守衛と話をつけたんだよ。前に住んでたのが誰もいなくなったアパートにおいてもらった。サツが来てそこにいた奴らをみんな追っ払っちまったんだ。俺たちが、もう一家そろって施設に入ってたころだ。だから、そのアパートは、表向き閉鎖ってことになってた。でも、守衛が無理して中に入れてくれた、俺がいい奴だからだよ。それでそこにいたんだ、ただ寝るとこがありゃよかったんだ。守衛には週に四〇ドル払って、そのあと二カ月いた。

最初のころ、俺はしょうもねえアマのせいで、ずいぶん損した。この女、ヤク中でよ、俺から売り物のクラックをしこたま持ってったが、売るどころか、仲間うちでみんな吸っちまいやがった。まったくよ、俺のカネだぜ、奴らが煙にしちまったのは。カネを取り返すのに七日かかった。ちょびちょび返しやがんだ、この女は。「いいか、カネはちゃんと返してもらうぜ、さもないと、ただじゃ置かねえからな」って、俺は言ったんだ。俺が痛い目にあわすつもりなのを、女の方もわかってたから、毎日、一〇ドル、一五ドルって調子で返してきた。最後にはやっと、一二〇ドル全額俺に払ったよ。(…)でも、そんなんで、俺はまた一文無しになっちまった。ヤク売りの仕事は弟にも回してた。そしたら弟の野郎、俺に一杯食わせやがって、で、俺はまた、仕入れのカネがなくなっちまった。でも、アクセサリーもちょっとあって、ブレスレットしてたから、そいつを質に入れて、一八五ドル手に入れて、またゼロからやり直しよ。

## こんなことがいろいろあっても、仕事のほうはずっとあった

カネが入ってくるようになるには、一カ月半はかかった。でも、それからはみんなうまくいった。商売繁盛ってことになった。(…)ブレスレットを質に入れただろ、それからは一度も損を出してない。それに使い走りの仕事の給料もあった。給料もらったら、半分はコカインの仕入れに使った。そうやって、なんとか切り抜けたのよ。まっ、でも、こんなことがいろいろあっても、仕事のほうはずっとあった。働いてたよ。ヤク売って一晩中徹夜しても、一睡もしねえでそっからまっすぐ仕事に行った。この仕事をなくしたくなかったからな。それで、こっちの仕事のほうの給料が出て、それでちょっとよくなりだした。ヤク売りのほうでも少しはカネができてきたからな。な、そういうことよ……。給料のほうのカネで、なんかちょっとやれたよ。

そんでも、この仕事のほうは何とかキープしとかなきゃなんなかった。クラック売りの商売のほうは、始めはしたけど、まだしっかりしたもんじゃなかったからな。だからよ、仕事のほうもキープしとかなきゃ。こっちの仕事も必要だったのよ。だから俺は、仕事は仕事で続けて、そいつ

が終わってからヤク売ったのよ。こっちの商売のほうはまあまあってとこだったけど、自分の客を持ってる男がいて、思いきってそいつを雇ってから変わったね。儲けが出るようになったんだ。ところがちょうどそんな時によ、そら来た、世の中ほっといいちゃくれねえぜ、少し良くなったかなと思ったところで、ドカンとやられた。そいで、前とおんなじ、にっちもさっちもいかなくなった［コカインを吸って、ビールを飲む］。

あの頃、俺は毎週女房に会いに行ってた。五日会わないでいて、それから月曜とか、金曜とか、土日とか、女房に会いに行った。子どもにもな。こういうのって、息がつまるよな、わかるか。俺はな、女房とは三年半一緒にいて、女房が好きなんだ。一緒にいるのがあたりまえになってて、だから離れ離れになってるのは、ほんとにすごくつらいんだ。今は、女房に会えねえ、それがすごくつらいんだよ。なんかほかのことしたくなっちまう。ほかの女と遊びたくなっちまう――実際、やったけどよ。女房に当たり散らして、うっぷん晴らししたいんじゃねえ。そうじゃなくって、ただ……。自分でも変になってきてるのがわかった。自分を痛めつけてたんだ。他人は誰も痛めつけたりしてねえ、ただ自分だけ痛めつけてた。女房は、俺がどんなことをやってきてたのかわかっちゃいねえ。物わかりのいい女じゃねえし、それに、わかれったって無理だよ。なにしろ強情だからな。女房にはなんにも言ってねえ。自分の胸にしまっておいて、外に出したりしねえようにしている。だってよ、俺は女房がすっごく好きで、一緒にいたいと思ってるからよ。

## 福祉のほうには、俺はいないことになってる

俺はさんざん苦労したんだ。使い走りの仕事は一年やってる。仕事には毎日行ってる。一日だって休んだこたぁねえ。あしたは休みの日で、俺は息子を迎えに行く。うちの子は二歳半で、このパコと同じ歳だよ［と、ベビーカーにベルトで留められたカルメンの息子を指した。この子はもうばたばたするのをやめて、一生懸命に話を聞き、私のテープレコーダーの点滅するランプに見入っていた］。うちの子は学校に行ってる。あしたの午後は、俺が学校に迎えに行くんだ。無給の休みだよ、あしたは。だってよ、俺の仕事には、社会保険の諸手当はなし。働いた分の給料しか出ない。

女房は社会福祉事務所に登録していて、メディケイド［貧困者・困窮者援助のために七〇年代に導入された医療扶助

制度」の世話になってる。うちの息子の分だけ、子ども一人分しか手当は出ねえんだ。二週間で一四四ドル、それから、フードスタンプ〔食料配給券〕が、月に一二九ドル分出る。でも、これだけじゃあ、足りねえよ。仕事しなきゃどうにもならねえ。だから、女房と俺は結婚してねえことにしてる。福祉のほうには、俺はいないことになってる、さもなきゃ、奴ら、保護費とメディケイドを取り上げるからよ。でも、おふくろのアパートを追い出されて、女房と施設に行ったときには、福祉のほうと話をつけなけりゃならなかった。それでこう言ったのよ。「あのですね、今現在は、これと一緒に暮らしてます。仕事もしてますし」とか何とかってよ。それで奴ら、俺も女房と一緒に施設に入れた。

でも、その時に、福祉の奴ら、女房に出してた保護費を減額しやがった。奴らが言うには、「施設に入ったら、日に三度食事が提供されますから、フードスタンプは減額いたします」ってんだよ。それからこうも言ってきた。「家賃ももう払いませんね。施設で暮らせるんですから。お食事も無料ですね」ってんだ。それで、それ以後、女房は二週間分の一四四ドルの代わりに、保護費はもう八五ドルしかもらえねえし、フードスタンプのほうも七五ドルに減額された。女房とチビとが施設でタダ飯食ってるからだって言いやがる。そんなカネじゃなんにもできねえから、女房はもうやんなっちまってよ。服なんか買えねえ、食いものしか買えねえ。でも、食いもののほうもけっこうかかるんだよ。施設の食事じゃなくて、いつも食ってたものがほしいからよ［コカインを吸って、ビールを飲む］。

**――でも、ラモン、さっき奥さんがアパートを手に入れられるかもしれないって言ってたじゃないか。それどういうことなんだ?**

**アパートが手に入ったってことは、もうクラックを売るのはよせ、っていう知らせだった**

**ラモン**　福祉事務所が助けてくれたんだ。うちの女房が住宅困窮者だからってな。そうよ、りっぱな住宅困窮者よ。あんな施設に、二歳半の息子と九カ月もいたんだぜ。そのおかげで、アパートが手に入ったんだ。保護費のほうからは五〇ドルだけ家賃に回される、そんだけでいいんだ、その分保護費からじかに天引きよ。俺はなんにも出さなくていい。奴ら、もう俺のことはなんも知んねえからな。ウォール街で使い走りの仕事やってるなんてよ。こうなってくると、俺の給料だって馬鹿にしたもんじゃない。週に手取りで一四五ドル、そいでも、家族手当を減額されるなんてこともねえ。たぶん、暮らしが少し楽になるだろうよ。カネ貯めて、ほしいものを買う、てなこともできるだろうよ。女房にアパートが来たから、これからはみんなうまくいくよ。こうなったら、なあ、俺も落ち着いて、なにしたらいいか決めればいい。女房もそう言ってたよ、俺のことよくわかってるからな、この頃は気分もいいし、だんだん治ってきたんだよ。女房がアパートを手に入れたとき、こりゃあ、もうクラックを売るのはよせっていう知らせだ、って気がしたよ。そうだろう、さっき話したごたごたとかあるからよ。［ショットガンが入ったバッグを足で示して］例のあの売人ともめてんだろ、あの野郎、俺をぶっ殺すつもりなんだぜ。だから、女房にアパートが来たってことは、もう道端なんかで稼ぐのはよせっていう知らせみたいなもんだ［腕を振り上げて、通りの向こうの「クラック屋」のほうを指して］。「月に五〇ドルだけのとこが手に入ったんだから、もういいじゃねえか。後はリラックスして、仕事に行って、家に帰ったら子どもらと遊んでればいいじゃねえか」って、言われてるみてえな気がするよ。

［フーリオはラモンの決心を聞いて、目を丸くし、からかうようにコカインをすすめた。ラモンはコカインを吸って、より考え深げに話を続けた。］やっぱ、ヤクを売るのにもどんなきゃなんねえのかな。どっかもっと危なくねえところを見つけれるかもしんねえしな。わかんねえけどな。［ビールのジャイアントサイズ瓶の最後の一滴を飲み干すと、ラモンは空き瓶を大きな弧を描いて放り投げた。瓶は歩道に当たって大きな音を立てたので、パコは大喜びだった。すぐにラモンは、くしゃくしゃの一ドル札を二枚フーリオの手に押し込んで、近くの店で大瓶ビールをもう一本買ってくるように、合図した。］なんてったって、とにかく女房がほんとにアパートを手に入れてくれなきゃあな。契約とかみんな済んでるんだ、でも、大家の野郎がまだぐだぐだ言いやがって、そんでまだ入れねえんだ。前金は払ってあんだぜ。二日前だよ。(…)で、あした、奴らアパートのチェックに来る。だから、あしたになれば、ほんとに住めるかどうかわかるんだ。あしたなんだよ［不安げにこぶしを握り締める］。手に入ったら、サイコーだよ。だめなら、別のアパートが来るまでひと月とか、二カ月とか待たなきゃなんねえ。

でも困ったことには、俺が今いるところにはそんなにいられねえんだよ。今は、女房のいとこのとこにいるんだけどよ。家賃ため込んでるから、じき追い出されんだよ。どんなに長くいれるとしても、二週間が限度だ。自分が追い出されんの、わかってんだよ、このいとこは。でも、どっかに自分のを買おうと思って、カネ貯めてんだよ。もっとましな連中が住んでるところにな。だから、追い出されたって、そいつはどうってことねえ。でも俺は女房のところにほんとにアパートが来てくんなきゃ、どうにもならねえ。そしたら、俺の荷物も運んで、女房のところに落ち着いて、子どもともまた一緒に暮らせる。［もう一度こぶしを握り締め、それからベンチに置かれたコカインの小さな包に指を入れた。］大家も了解してんだからよ。

**――そのアパートの話がうまくいかなかったら、誰か親戚のとこでも行くとこがあるのかい？**

**ラモン**　うちの兄貴と姉貴は、やっぱり施設に入った。今は、三部屋あるとこにいるよ。うちの女房も入れられてる、そんなとこだ。別の姉貴は今はダンナと住んでる。ダンナはムショから出たばっかりで、今はホテルにいる［ニューヨーク市では緊急の収容施設に空きがない時、ホームレスをホテルに宿泊させる］。もう一人、妹のほうはムショに入ってる。弟もおんなじだ。シャバにいんのは、俺と、兄貴と姉貴だけだよ。おふくろはクイーンズ［ニューヨーク市の行政区。ほかにマンハッタン、ブロンクス、ブルックリン、スタテンアイランドがある］に引っ越した。自分のうちがあって、うまくやってる。おふくろには、こっちはみんなうまくいってるってことにしてある。そんなんで、おふくろは幸せさ。おふくろにはつらい思いをさせたくねえ。会いに行くときはパリッとした格好して、「俺のことは心配いらねえ、問題なし」って言うんだよ。

## ちょっと前だったら、自分でアパートを手に入れるくらいカネ持ってたのにな

**フーリオ**　［ラモンの話をさえぎって、新しいビールの瓶を渡す。］なんだよ、おめえんとこは、一家そろってまともな暮らしじゃねえな。

**ラモン**　［瓶の栓を開け、神妙に少し歩道に垂らした。これは［飲む前に］酒を死者に捧げる、プエルトリコの伝統的なやり方だ。それから、ちょっと一口だけ飲んだが、中身が思いのほか冷えていたので、吐き出し、瓶をフーリオに差し出したが、彼の方に目を向けようとはしなかった。］もうすぐ三年半もアパートを探してんだ。運がねえんだな、ぜんぜん見つからねえ。ちょっと前だったら、一カ月分の敷金を出すくらいのカネは持ってたんだ。

それからよ、アパートを世話するって言ってた奴に四百ドル出したこともある。建物のとこに、「アパート空きあ

り」って書いて下げてあったからよ、見てみようと思って中に入ったんだよ。そしたら、なんとちょうどその時、男が一人そのアパートから出てくるとこだった。野郎は、「四百ドル出してくれたら、すぐに入居できますぜ」なんて言いやがってよ。中の部屋とかも全部見せてくれた。俺は「いいね、気に入った」って言ったよ。ブルックリンにあったんだよ。で、気がついたら、俺はもうカネを手に握っていた［手のひらの上に札束があるかのように、そっとつかむしぐさ］、野郎が「カネはいただいとくよ、領収書、書くから」って言いやがった［紙があるかのように何か書くしぐさ］。ところがその野郎、カネ持ってずらかりやがった。ヤク中だったんだ。そんで、俺ぁその野郎のおふくろのところに乗り込んで、「俺ぁな、黙って自分のカネ持ってかれるようなまね、しねえんだ。わかってんよな。俺のカネ、ちゃんと返した方がいいぜ、さもないとここでひでえことになるぜ」って言った。俺が本気なのが、あっちにもわかった。こうも言った。「俺のカネがどうかなっちまったら、誰かにきちんと始末つけてもらうからな。誰だって俺の知ったことじゃねえ。おふくろさんにならなきゃいいがな」ってな。まったくびっくりだぜ、このゲス野郎、自分のおふくろも危ない目にあわしてやがんだぜ。自分の産みのおふくろだぜ、まったく。それからどうしたかって。そりゃあよう［コカインを吸う］、カネを取り戻すのに、二、三日かかった。でも、そのゲス野郎じゃねえ。そいつの兄貴が出したんだ。おふくろがその兄貴に電話して、事情を話したんだよ。こいつだ［財布からくしゃくしゃの「領収書」を取り出して、振り回す］、こいつを見るたびに、野郎が四百ドル持ち逃げしたことを思い出すよ。野郎を見かけたりしたら、たぶん殺してたか、病院送りにしてたなあ。野郎のことはそっからあと、聞いたことがねえな［グイッと一飲みする］。

——なあ、ラモン、ほんと、今日はすっごくいい録音ができたよ。本でも使えると思う。でも、もうくたくたなんだ。あんたらみたいに、コカイン吸ってないし、あしたの朝は子どもを学校に送ってかなきゃならない。もう、帰るよ。

**ラモン**［口いっぱいに冷たいビールを含んでいたので話せないが、手でテープを回しておけというしぐさをして、またフーリオの膝にもどっていたコカインの小さな包みに手を入れて、上品に吸い込んだ。］エル・バリオで育ったから、いろんなことを習ったのさ。そうよ、いろんなことをさ……。［コカインをもう一度大きく吸い込んで、話のペースを上げて早口になり」ヤバいことをうまくかわすのも習った。ガキんころ、目の前で人が死ぬ［もう一度吸い込む］、ドタマぶち抜かれてよ。顔のど真ん中狙われて、一発食らうと、地面に顔からぶっ倒れる［無表情でふらふらするまねをする］、ちょうどそこ［ベビーカーに座ってじっと見つめている赤ん坊のパコのそばの側溝を指して］、そこんとこだよ。死体がある、脳みそが飛び出して壁に飛び散ってる［後ろの団地の壁を指して］。前に見てんだよ、そんなんをな［コカインを吸う］……。学校行ってたころ、中学校だけど、あそこの「クラブ」［数ブロック下がったところにある別の「クラック屋」。フーリオがやっていた道向こうのボタニカの「クラック屋」と同じ経営者］のとこだ、そこんとこの壁に脳みそが飛び散ってるのを見たんだよ［まるですばらしい風景を眺めるように腕を前に出す］……。人が殺されるのも、ぶちのめされるのも見た。［さらに話が早くなる］目の前でぶちのめされてた。ぶん殴りあって、ナイフ振り回してる奴らとか、刺された奴らも見た［ゆっくりとしたペースにもどる］。今となっちゃな、もうそんなこと、俺にはなんの意味もねえ。もうなんにも感じねえ。俺に銃を向けてみろ、こう言うだけだよ、「やれよ、殺してみろ」ってな。どうだっていいんだよ。まだ撃たれたことはねえけども、でもそのうちにはよ……。生まれてから、ずっとそんな目にあわされてきた。さんざんな目にあってきたから、今じゃもうどうだってよくなったんだよ。俺はみんなここで習った。ここのよ、エル・バリオ根性っつうか、そんなんをよ。

一九八九年夏

# 第III部　国家の不作為

ものごとを、自ら出かけて行って近くから見ようとする意図は、確かに称賛に値するが、それはまたときには、観察された現実を説明する原理を、それが存在しないところ（いずれにしろ、そのすべてが存在するわけではないところ）に探し求めるという傾向を生み出す。すなわち、まさに観察が行なわれた現場に探し求めてしまうのだ。たとえば、「問題をかかえた郊外」で起こっていることの真相は、ふだんは忘れられていて、時たま時事問題の第一線に浮上する、こうした場所にはないことに疑いの余地はない。[1] 真に分析の対象となるべきものは、見せかけに反して、またそうした見せかけを追認してよしとする人々に反して、構築されなければならない。その分析対象とは、直感的把握にゆだねられた現実と、特に報道、官僚機構、政治における、そうした現実の表象〔取り上げ方〕との社会的（より正確には、政治的）構築そのものである。こうした〔現実の〕表象は、まず議論の構造を作ることをとおして政治の世界で、そして最終的には学問研究の世界に至るまで、まさしく現実的な影響を生じさせている。

## 国家貴族と自由主義

ここで、表象というものの批判的検討に多くのスペースをさくからといって、何も〔はやりの〕論争に追随して悦に入っているわけではない。表象というこの集合的な構築物は、理解されるべき現実の一部をなし、かつ、その現実に大いに責任を負っているものだからである。たとえば、新自由主義的な思考法などがその一例だが、一九七〇年代に実施された住宅向け公的資金に関する諸政策は、そうした考え方に基づいており、サン＝フロランタン〔ヨンヌ県の自治体〕でみられるように、しばしば、一戸建て小住宅の所有者と、大規模な集合住宅の住民とが道一本隔てて併存するという形をとる社会的分割を、空間内に物質化することになった。しかしながら、

「ヴォー＝アン＝ヴランの暴動」や「サン＝フロランタンの殺人」がテレビニュースのトップや新聞の一面で取り上げられるとき、低家賃住宅白書やバール委員会ないしノラ＝エヴノ委員会の報告、そして一五年前、ジスカール・デスタン大統領とその住宅担当相だったジャック・バローのもとで、政権担当者たちを揺るがした「石〔建材〕への援助」と「人への援助」をめぐる論争のことを、いったい誰がおぼえているだろうか〔↓住宅政策〕。官僚というものは、少し昔のことでもすぐ忘れてしまう。かくして、戦後の最も決定的な政策に数えられるこうした決定に参画した、これらの人々の名前はみな完全に忘却の底に沈んでしまった(2)。それと同様に、自分の評論コラムで「イスラム・スカーフ」や、パリやリヨン郊外のあれこれの集合住宅団地で起こった「事件」について、したり顔で論じるジャーナリストやジャーナリスト哲学者が、自分が記録し、分析していると信じている「事件」の生成に、ジャーナリズムがどのように寄与しているか、真剣に考え直すなどとは、どうして期待することができようか。

評論家たちがこぞって取り上げる自由主義と国家管理との対立など、少しでも現実を観察すればまったく的外れなのがみてとれる。たとえば、国家は、とりわけ土地市場のコントロールや、住宅の購入・賃貸に対する補助の形態をとおして、不動産市場の動向を決定的に左右しているのがわかる。また同時に、空間の社会的配分、あるいはこう言った方がよければ、いろいろな社会的カテゴリー〔に属する人々〕の空間内での配分を決定するのに寄与しているのがわかる（空間に対する国家の行動は、労働市場や教育市場への働きかけをとおして行なわれることもある）。だから、経済危機と失業のせいで、最も困窮した人々が集住することになった隔離地帯の出現に対して、主要な責任を負うべきなのは、国家の撤退と住宅建設に対する公的補助の衰退なのであり、一九七〇年代における「石への援助」から「人への援助」への転換は、そのあらわれなのである。

したがって、一九七〇年代に始まり、八〇年代なかばに社会党の指導者たちの荷担〔↓社会党政権〕によって完成した新自由主義的思考法への集団的な転換を考慮に入れなくては、住宅やほかの多くの分野における現況を理解することは不可能である。この変化は、メディア受けする「哲学者」たちが「主体の回帰」とか「六八年思想※の死」とか吹聴した、あのイデオロギー的な気分の移り変わりにとどまるものではない。それは、新時代のオピニオンリーダーたちが結集して、一連の理論的な偽造と、ごまかしの等式を用いつつ実行した、公共サービスという考えの解体をも伴っていた。その偽造やごまかしは、魔術的同一化に、また、意図的な混同を用いた告発の論理に依拠しており、彼らの敵であったマルクス主義者たちが、過去、ことあるごとに使用した手段であった。つまり、経済的自由主義を政治的自由の必要十分条件とみなして、国家による介入を「全体主義」になぞらえ、また、ソ連体制と社会主義とを同一視し、不平等は不可避であって、それをなくそうとする戦いは非効率であり（そのくせ、そんな戦いがすぐれた人たちの意欲をくじくと非難するのも忘れない）、いずれにしても、自由を犠牲にすることなしには遂行しえないと、主張した。効率と現代性とを私企業に、時代遅れの後進性と非効率とを公共サービスに結びつけ、〔公共サービス〕利用者との関係を、より平等で能率がよいとされる顧客《クライアント》との関係に置き換え、最も収益性の高い公共サービスを民営化し、非効率や「硬直性」の責任をすべて負わされた公共サービスの下級職員の首を切るか、彼らを屈服させることが、「時代の最先端」をゆくとされたのである。

## 国家の右手と左手

ここで使われている表現について少々検討しさえすれば、こうした一群の決まり文句はすべて、権力に事欠く「思想家」と思想に事欠く権力者との間の意見交換を促進すべく特別にしつらえられた場所（定期刊行物、社交クラブ、シンポジウム）で練り上げられ、新聞や週刊誌で執拗に反芻されてきたものであり、それらが、パリ政治学院で教育を受け、国立行政学院〔↓グランド・ゼコール※〕を出た大国家貴族たちの思考法と利害関係をきわめて直接に表現しているのがわかる。[3] 六〇年代には（他人に向けて）「公共サービス」の精神を説き、あるいは、とりわけ八〇年以後は、私企業への崇拝を称賛するだけではあきたらず、公共サービスを私企業のように運営すると言い出したのは、ボーナスには目がなく、民間への天下りはいつでもござれと受け入れるこの新たな高級官僚たちだったのだ。彼らは、自分たちの方は、私企業という制度と結びついた、〔賃金カットなどの〕財政的な制約やリスクからも、〔解雇など地位に関わる〕個人的な制約やリスクからも守られていながら、特に人事管理に関して、私企業の（悪しき）慣習を猿まねしたのである。そして、「現代化」という至上命令の名のもとに、現場の職員――公務員という「持てる者」――を、硬直した地位によって自由競争の企業が持つリスクから守られ、労働上の既得権の同業組合主義的擁護に凝り固まっている、と非難したのも、この官僚たちだったし、また、労働の柔軟性が持つ利点を賞揚したり、さもなければ、生産性の名のもとに、段階的な人員整理を奨励したのも、この同じ官僚たちだったのだ。

下級公務員、そのうち特に、いわゆる「社会福祉的」な機能を果たすこと、つまり市場の論理がもたらす、どうにも耐えがたい帰結と欠如とを、必要な予算もなしに埋め合わすべく期待されている人たち、すなわち末端の警官や司法官※、ソーシャルワーカー、（児童・青少年）指導員、そしてしだいに多くの小・中・高校の教員たちが、経済的観点からよしとされた現実政治《リアルポリティーク》がもたらす唯一の確実な帰結である、物質的・精神的荒廃に立ち向かって努力を傾注する一方で、見捨てられ、さらには否認されたとさえ感じているのは理解できる。国家においては、国家の右手〔高級官僚・大国家貴族〕は、もはや国家の左手〔下級公務員・小国家貴族〕がやっていることを知らず、それどころか、左手のすることをもはや望んではいないのである。国家の左手たちは、ますます苦痛を増す「ダブルバインド」の状況下でこうした国家の矛盾を生きている。たとえば、収益、生産性、競争力、つまり、平たく言えば利益を賞賛することが、彼らの職務の基盤そのものを突き崩すことになりかねない、ということに目をふさぐことはできない。このような職務は、しばしば社会運動家的献身と結びついた、仕事における〔自分の利益を追求しないという〕脱利益の姿勢がなければ成り立たないからである。[4]

より深刻なことは、根底的に変えられてしまったのが、この「基底の官僚制」（生活道路《ストリート・レベル》で働く官僚制）の職務の定義自体であることだ。それは、住宅分野のみならず、そのほかの分野、たとえば最低所得〔の支給〕にもみられることだが、人への直接援助が、サービスの提供という旧来の形態に取って代わったことによって引き起こされた。両者がまったく異なった帰結をもたらすことは、すでに十分明らかにされている。すなわち、〔経済〕自由主義のヴィジョンに完璧に符合する〔金銭的〕直接援助は、「社会的連帯を単なる金銭給付に還元し」、単に消費を可能にする（あるいはより多く消費することを促す）ことだけを目的とし、消費を方向づけたり、構造化することなどまったく眼中にない。[5] このようにして国家の政策が、〔所得〕配分の構造自体を変えることから、単に経済・文化資本の不均等な配分の弊害を埋め合わせること、すなわち、良き時代の宗教的慈善事業よろしく、それに「ふさわしい貧乏人（deserving poor）」に与えられる国家による扶助へと移っていったのである。かくして、国家の働きがまとう新たな形態は、組合活動や動員力を持つ組織の弱体化もあいまって、（可能性としては）〔運動へと〕動員される民衆を、アトム化された貧乏人の雑多な寄せ集めへと変形するのに寄与したのだ。それは、公式な言説内で「被排除者」と名指される者たちの集合であり、とりわけその者たちが「問題を起こす」とき、あるいは「持てる者」たちに正規雇用という特権をことさら意識させるとき（それどころかその場合に限って）、言及されるだけなのである。

## 下層プロレタリアのための学校

今日「現場」で観察されることを理解するには、ここでしているように、国家とその政策をみておくことが不可欠である。現場では、しだいに国家から見捨てられつつある郊外や大団地の最も恵まれない人々のために、特に教育・保健衛生分野で最低限の公共サービスを確保するための職務を、国（および地方自治体）から与えられている「福祉関係職員」たちが、不確かな板ばさみの状態に置かれている。この公務員たちは、国家がもつ矛盾に全面的にさらされており、そうした矛盾を、心の奥底では、しばしば自分の個人的な悲劇として生きている。それは、彼らに与えられた、特に雇用と住宅に関する、ともするとあり得ない規模の使命と、彼らが持つ、ほとんど常にごくわずかの予算との間の矛盾であり、また、学校制度が引き起こす希望と絶望のように、一部分は彼ら自身の行為から生じる矛盾、おそらく最も悲劇的な矛盾である。

経済的・文化的に最も恵まれない人々と毎日のようにかかわりを持つ者たちにとって、子どもたち自身や、子どもたちをとおして家族がぶつかる問題が、直接・間接に学校の教育活動と結びついていることに気づかない、あるいは気づかないふりをすることが、はたして可能だろうか。しばしば、言語に絶するとか、前代未聞といった言い方——煽情的ジャーナリズムの修辞法に学問的世界で相当するもの——で記述される、こうした「若者」たちの特異性のまさに根源にあるものを、ほかの場所に探し求めるべきでは、おそらくないだろう。この思春期の若者たちは、その行動において、また特にその未来との関係において、下層プロレタリアのあらゆる特徴を持ってはいるが、一方では、引き延ばされた就学によって、根底的かつ持続的な影響を受けてもいるのだ。

この青少年たちの経験の核心にあるものが何かという点については、どの記述もおそらくみな一致している。

金も交通手段もないために、劣悪な場所（「ひっでえとこ」）につなぎ留められて、人から貶められる経験（そして環境の悪化）から逃れることができないと感じている。それは呪いのように、あるいは端的に負の烙印《スティグマ》のようにのしかかってきて、仕事、余暇、消費財などを手にすることを阻む。さらにより深いところでは、どうしようもなく反復される失敗の経験がある。まず学校で、次いで労働市場で繰り返されるこの経験は、未来に対する妥当な予測をすべて阻んだり、くじいたりするのだ。しかし〔大方の意見が一致するその一方で〕、次のような事実を見ようとする者はだれもいない。すなわち、現在に対する支配力を持たないゆえに未来を断念せざるをえず、また〔未来への〕願望に一貫性を持ちえない下層プロレタリアの特徴となるこうした時間経験は、〔客観的な面では〕未来に対するこれ以上はないほど全面的な不確実性と、〔主観的な面では〕学校によっていくつもの願望が開かれ、かつ閉じられるという内的不整合とが刻み込まれた生活状況に根を下ろしている、という事実である。

　文化資本の欠如のせいで、教育課程から脱落することがほとんど確実なこの若者たちは、それでも、かなり上の年齢に達するまで、未来への願望を膨らませがちになる状況の中に置かれる。一時的に生産活動から彼らを引き離し、労働の世界から分断することで、学校制度は、被支配的位置づけに対する早期からの適応に基礎を持つ、労働者再生産の「自然な」循環を断ち切ってしまい、彼らに、肉体労働――特に工場労働――と労働者の生活を拒否する傾向を植えつけた。学校は、彼らに開かれた唯一の未来を拒否するようにしむけながら、それが約束しているようにみえる未来への保証は何一つ与えず、結局は、学校が下す、運命のように感じられる裁定をとおして、そんな未来を最終的にあきらめることを教えるのだ。こうした仕組みがはっきりした効果を生むのは、おそらく、だれよりも外国出身者、特にマグレブ※系の若者たちに対してであろう。こうした若者たちが学校市場で体験する困難の上に、労働市場では更なる困難が付け加わるが、それは、彼らの身体のあり方の外見的特徴と結びついたマイナスの象徴資本が彼らにもたらす困難であり、〔姓名などの〕固有名、言葉のなまり――それらに今や居住地も加わる――と同様に負の烙印《スティグマ》として機能するのだ。

このような構造的要因はとりわけ時間に対する性向と、それをとおして労働へのかかわり方を形づくるものだが、それはまた、移り気な性向を持ったこの若者たちと臨時雇用との親和性をも説明している。しかし、この若者たち、特にそのうちで最も「逸脱した」者たちの性向と行動を十全に説明するには、ほかの要因も考慮に入れる必要がある。その最初に来るのが、政治団体や労働組合などの、動員力を持つ組織の衰退または弱体化である。これらの組織は、かつての「赤い郊外」〔→郊外問題※〕でみられたように、単に「反抗を制御してほかの方向へ導く」だけで満足せず、生活全体の「連続的な包容」とでもいうものを(特にスポーツ・文化・交友活動を通じて)確保し、そうやって反抗だけではなく、生活全体に意味を与えることに寄与していたのだ。

その次に来るのは、特にマグレブ系家族を襲った家族構造の危機だが、それはまた、マグレブ系家族(とその子どもたち)と、ほかの移民系家族との違いの主要な構成要素となる。すなわち、マグレブ系家族の場合、出生率が非常に高い(とはいえ、経済・文化資本の増大とともに減少する傾向がある)ために、彼らの新しい社会環境が暗黙のうちに要求する(広い意味での)教育方針にそって子どもを育てようとしても、大変な困難が伴うことになる。そのうえ、学校経験が(ほとんど)ない親と、教育制度内に長期間留め置かれた影響をまともに受けた子どもたちとの間には、ライフスタイルの面でも、未来への願望や世界についての見方の面でも非常に深い亀裂がある。子どもたちが教育から受けた影響は相互に矛盾したもの、少なくとも逆説的なものだった。移民系の若者にとって、学校とはフランス社会への全面的な帰属を権利として発見し、それを生きる機会だった(それは、かなり明示的な形をとった、民主的な文化への帰属でもあった。そうした文化から、たとえば人種差別に対する拒否のような、普遍主義的な願望が生まれた)。しかし学校はまた、学校の裁定によって動かしがたいものとなる全面的排除を事実として発見し、それを生きる機会をも彼らに与えたのだ。そして親の方はと言えば、子どもたちが受けたありとあらゆる心理的打撃や苦しみの余波を受け止めつつ、子どもたちに生活手段を与えるだけでなく、自分が切り捨てられるべき余計者だという感情から彼らを引き離すことができる生きる意味をも与える力を、ほとんど持ち合わせてはいなかった。親たちの力は、失業のためにしばしば彼らが経済・社会生活から排除され、また、故郷の共同体から切り離されて、社会政策による公共住宅で暮らしているために、いっそう弱いものとなった。公共住宅では、スラム街※のように親戚関係で人々が集まっているわけではなく、空き部屋状況と収入額という基準に沿って入居家庭を集めたために、逆説的なことだが、人々は非常に孤立していたのである。現在についても、ましてや未来についても、何も与えてやれない親たちは、学校生活と、消費財に取りつかれた社会空間が発する誘惑とがあおりたてる、子どもたちの消費への欲求をうまく抑制することができない。そうした消費財は、高級車が走る街中や、スーパーマーケットなど、至るところでその姿を見せつけ、また、テレビや、来る日も来る日も郵便受けをいっぱいにする広告チラシをとおして家庭生活の内奥にまで侵入してくるのに、それでも彼らには手の届かないものなのだ。

人々が同じ場所に住んでいる《コアビタシオン》ことそれ自体から生じる結果とは、このような状態では誰も相手を助けることができず、社会的な転落にブレーキをかけたり、受け止めてくれるセーフティ・ネットなどが存在しない、という事実である。それはまた、以下のような暴力の段階的深刻化をもたらす。最初は、(学校をさぼったり、万引きしたり、車を盗んだり、などという)「ちょっとした悪さ」、それ自体、往々にして、遊びや反抗的挑発、あるいは集合的な暴力の突発(たとえば、自分たちが要求していた施設や設備を自ら破壊する若者たちの行動)とみなせる行為が、徐々に組織された活発な小グループの行動へと道を開く。そうなると、しばしば小学校から形成され、ともするとグループを抜けようとする者に最底辺の者たちとの一体化を強いる小集団の支配が生じる。それは、個々人に分断され、集団としてまとまって行動することができない者たちの上にのしかかることになる。

その支配を受ける者たちには、諦めて屈服しながら、苦しみと憎しみに閉じこもり、人種差別を肯定する本質主義に対して全面的かつ十把一絡げの告発を繰り出すか、あるいはこの地を去って、自分が見捨てた場所の荒廃と負の烙印《スティグマ》を倍加させるか、それ以外に選択の余地はない。

## 歴史を作り直す

実際には誰一人、考えも、望みもしなかった状況へと帰結した諸過程の純然たる政治的な側面——おそらくここで述べるよりはるかに錯綜したものだろうが——を強調しつつ、国家の最も中心的な場所から、社会界の最も打ち捨てられた領域へと連なっている因果関係の連鎖となるものをみておくことが、私には必要だと思われたのだが、それは何も今はやりの告発と審判の論理の尻馬に乗るためではなく、歴史が作り上げたことを元に戻すこと、または作り直すことを目指す合理的な行動の可能性を切り開こうとしてのことである。

しっかりした根拠のある説明体系を探し求めるのは、この場合、十分な動機がある。というのも、隔離された場所とその住民たちとは、それが引き起こす問題ゆえに、政治闘争の主要な争点となっており、高度に空想的な性格が即座に明らかとなるような説明——中には、西欧の伝統の最古層に埋もれた幻想を呼び覚ます説明もある——を阻止することが重要だからだ（私がここで考えている、婉曲表現をもってしてもとうてい隠し切れないたぐいの人種差別的説明とは、たとえば、根本的かつ決定的に異質なものに基づいて打ち立てられたイスラム的伝統の例外的性格を引き合いに出すものなどである）。そういうわけで、責任関係の機械的な連鎖という見方をしないように気をつけながら、新自由主義政策と、国家の後退によって促進され強化された居住空間の隔離状況とのつながりを明らかにしておくことは無駄ではない。この新自由主義政策は、小資産者層《プチ・ブルジョア》を集合住宅から引き離し、そうすることで〔社会主義・共産主義を意味する〕「集団主義」という思想からも引き離したうえで、彼らを一戸建ての住宅や区分所有権付マンションの私有へ、そして、それと同時に、既成秩序の支持へと引き寄せようとしたのである。さらに、次のような、より目につきやすいつながりもある。それは、この隔離状況およびその隠しようもない帰結と、政治的な界※〔領域〕などで、それまで前面に出ていた支配者・被支配者という対立に取って代わって、「自国民」と「移民」という対立が占めるに至った位置とのつながりである。この対立図式の転換は、動員力を持った組織それ自体の弱体化と、そうした組織が理論的な面——歴史的に引き継いだ国際的な展望を再活性化することによって——においても、実践的な面——新しい連帯を築くことによって——においても保持していた、人々の共存《コアビタシオン》による葛藤から生まれる諸問題を解決する能力の弱体化に乗じてなされた。こうした共存の問題は、労働者世界のただ中で、かつ「自国民」が大多数を占める居住地（〔左派の地盤として〕有名だった「大団地」、〔パリ北郊〕クルヌーヴの「四千戸団地」、〔リヨン郊外の〕マンゲット※団地、〔パリ南郊〕ヴィトリーのバルザック団地など）においてさえ発生していたのだ。

国民戦線※のように、すべての戦略を外国人排斥と人種差別とに乗ずることを基礎に組み立てている政党が政治界に侵入してくると、あらゆる政治論争が、かなり直接に移民問題をめぐって展開するようになる。ものの見かた《ヴィジョン》と分類《ディヴィジョン》のしかたの正統的原則の押しつけをめぐって対立する諸組織、特に諸政党や組合などの組織間の政治闘争において、再配分の問題がはっきりと中心的な位置を占めるようになり、それと同時に、国家への帰属に伴う特権を要求できる権利をだれが持つかという定義の問題もそうなったのである。というのも、市民権に付随した経済・社会的特権の独占という要求の基盤に立ってこそ、自国民の被支配者が、「移民」に対抗して自国民の支配者と一体感を持つことができるからである。

国家の不作為または後退が、予想もされず誰も本当には望まなかった帰結を、どのようにもたらしたのか、今や明らかだ。それは、自ら公言した意図を実現するための方策をきちんと取る決意を持った国家が、毅然とした政策をとおして、緊急にそれらの帰結に対抗する措置をとらない限り、最終的には民主的諸制度の正常な機能を阻害しかねない性質のものなのである。

ピエール・ブルデュー

## 原注

（1）民族学、社会学、歴史学、経済学といった学問分野の分割は、研究対象のまったく不適切な分断として再現される。そのようにして、たとえば、個別の専門研究とより体系的なものを目指す研究との対立がある。前者は現場の問題に対象を限定し、それゆえに研究が取り上げる事実を生み出すメカニズムをとらえることができないし、後者は、〔単純に〕「様式化した」モデルを構築するために、錯綜した事実の中から多少なりとも恣意的な選択をせざるを得ないのである。

（2）ここで言及した人物は全員、「住宅の経済（l'économie de la maison）」を特集した *Actes de la recherche en sciences sociales*, 81-82, mars 1990 で取り上げられている。そこではまた、とりわけ住宅政策の形成が分析されている。〔本特集をもとに、二〇〇〇年に単行書として刊行されたのが、ピエール・ブルデュー『住宅市場の社会経済学』（山田鋭夫・渡辺純子訳、藤原書店、二〇〇六年）である。〕

（3）これら一連の主題群とその社会的産出条件に関する分析は、それらが一世を風靡するずっと以前に行なわれている（P. Bourdieu et L. Boltanski, "La production de l'idéologie dominante," *Actes de la recherche en sciences sociales*, 2-3, 1976, p. 1-73）。国立行政学院出身の社会党指導層が〔この主題群に〕加えた見え透いた修正にもかかわらず、この分析が依然として全面的に有効であることが確認されるであろう。〔当該論文は、ピエール・ブルデュー『介入　I』（櫻本陽一訳、藤原書店、二〇一五年）に部分的に再録されている。〕

（4）公共サービスで働こうとする人たち、特に「生活道路《ストリート・レベル》で働く官僚制」に加わって現場で働く人々は、社会の役に立つと信じる職務に対して一定の献身的使命感を持っていることが指摘されている（Michael Lipsky, *Street Level Bureaucracy: Dilemmas of the Individual in Public Services*, Russell Sage Foundation, p. XII 参照〔邦訳『行政サービスのディレンマ――ストリート・レベルの官僚制』田尾雅夫・北大路信郷訳、木鐸社、一九八六年〕）。

(5) C. Gruson et J. Cohen, *Tarification des services publics locaux*, Paris, La Documentation française, 1983, p. 47-48 および P. Chambat, Service public et néo-libéralisme, *Annales Économies, sociétés, civilisations*, 3, 1990, p. 615-647 を参照のこと。

# 達成不可能な任務

ピエール・ブルデュー

パスカル・Rは、社会福祉関係者の集まるシンポジウムの際に私が行なった呼びかけに応じて、証言の提供を自ら申し出てくれた。面談による聞きとりの時点では、フランス北部の中規模都市F市でプロジェクト主任を務めていた。自身が語っているように、F市での地位は曖昧である。契約職員として、市が給料を支払い、解雇もできるが、その一方で契約の規定では、彼女は「市長の権限の下に」おかれるものの「第一義的には外部の組織に属する」とされている。「かなり曖昧です。市長の権限の下にあると同時に、独立してもいます。市長に説明を求める義務があると同時に、市長に従う義務もあるわけです」。さらに彼女は、事業を成功させるために、非常にばらばらな、様々な関係者を相手にしなければならず、このために、彼女の地位はますます曖昧になる。国の出先機関としては一七の県部局（特に県施設整備局※、県保健福祉局※、文化行政当局——すなわち地域圏文化局※——、青少年・スポーツ省、国民教育省）がある。こうした部局の責任者同士はほぼまったく顔を合わせることがなく、またこうした部局に対して、ほとんどの場合、彼女は要請をする立場にある（本当は、現場レベルでこうした部局の活動を調整し、さらに組織する立場のはずなのだが）。地域圏の方には、議員と技官がいる。彼女が使える資金を決める予算面での決定が、議員の管轄だからである。

パスカル・Rは以前、隣接する大都市T市で同様の地位についたことがあり、二つの経験を比較することができる。T市では彼女は、（市ではなく）低家賃住宅公社※に属しており、それゆえに、実質的な権限が与えられていた。「私は低家賃住宅公社の人間、再開発事業のプロジェクト主任で、この肩書きのおかげで非常に大きな権限がありました。住宅を所有している側だったからです。ですから住民を移転させ、それから資金を調達し、工事を開始し、新しい住宅を割り振る権限と職責があったわけです」。その上、T市では「協力態勢作りが以前から始まって」おり、すでに活動していた諸グループを基盤にすることができたため、彼女は自分の主要な職務の一つである「関係者の間の調整」にあたることができた。面談で語られる高齢女性と猫の話に見られるように、まず住民同士の関係、それから住民と国家・地方当局との関係の調整をする。こうして、〔形だけでない〕本物の自主運営の条件が整った。「最後には、住民代表が住宅の割り振りをするようにまでなりました」。まさにそのときにパスカル・Rは、自分が委任元の機関にとって「もう我慢ならない」存在になっていることに気づく。彼女の成功こそ失敗だった。彼女は書かれた契約をあまりにも見事に果たしたが、契約には一番大事なことは書かれていなかったのだ。彼女はこうした二重の拘束（「ダブルバインド」）の形で、自分に職務を委任した機関と、公式に自分に与えられた職務の間にある根本的な矛盾を痛感する。地区の生活の活性化、運営への住民参加、こうした掛け声は言葉の上だけのことであり、テクノクラシーが自らに趣を添えようという、自己欺瞞の虚構にすぎない。

二つの経験を比較すればそのことがよくわかる。T市では彼女は、対処すべき問題の一要因、すなわち住宅に関して実質的な権限をもっていたので、仕事を果断に推し進めることができた。そのために、自分に与えられた任務に根本的に矛盾した意図があることが露わになったのである。F市では、自分だけの力、すなわち信念や説得といった、純粋に象徴的な資源しか頼るものがないため、人々の求めるものを何一つ提供できず、提供できるのはだれにも求められていないもの(たとえば失業に対する単なる弥縫策でしかない「研修」)だけであることに気づく。変えることを求められている状況を真の意味で変え得るものは彼女に委ねられておらず、一方、彼女に委ねられているものは、状況を真に変えることができない。「この地区で、住民が期待しているのは、一にも二にも仕事だということは私もわかっています。(…)そしてそれこそが、提供できないただ一つのものなんです」。さらに、「社会福祉の仕事にはこのような矛盾が内包されているんです。解決策を編み出して様々な行政当局に提案するのは地区社会開発※のプロジェクト主任ですが、ここにもやはり矛盾があって、というのは、何かを見つけても、『枠に入るものでないとだめだ』と言われ、そして[行政当局の]答えはいつでも『予算的に当方の枠には入らない』」となるからだ。

前任職で享受していた例外的な条件が失われたため、パスカル・Rは、あらゆる社会福祉施策につきものの二つの重大な障壁にまともにぶつかっている。それは一つには、相次ぐ挫折と失望で、やる気を奪われ、気力をくじかれた人々のあきらめであり、そしてもう一つは、慣例と前提の硬直性(「枠」)にがんじがらめに縛られて細分化され、かつ細分化をすすめる行政当局の無気力である。テクノクラシー的な「社会的官僚制」の命を受けて彼女が民主主義を実践したとき、この行政当局はいつにも増してまったく機能しなかった。社会福祉の仕事をする者は、自分の手のうちにあるものしか提供できない。それは困難を切り抜けようとするのに必要な最小限の期待であったり、信頼であったりする。社会福祉従事者は常に二方面で闘いを強いられる。一方の相手、こちらが支援したいと望んでいる人々は、気力をくじかれているあまり、自分自身の利害にかかわることを、ましてや集団の利害にかかわることを自らの手に引き受けることができない。もう一方の相手、行政当局と官僚は、断片化された世界の中に閉じ込められ、細分化されている——どれほど細分化されているかは、社会参入最低所得保障※の適用のケースに如実に現れている。受給者への支払いを行なう部署・担当者と、受給者が社会参入できるよう支援する部署・担当者が別々なのである。ある種の預言者的闘争心や創意に富むボランティア精神なしには立ち行かない社会福祉の仕事の論理と、官僚制――その規則と用心深さ――の論理との間の対立が最も露呈するのは、おそらく、特に第十次計画〔一九八九―九二↓国家経済計画※〕のときにあったように、「上からの指示」に従う役人が、「突然、社会福祉の仕事に」配置転換されたときだろう。「革新と信念、そして人間同士の関係の仕事が、組織の仕事になる。そうなると……最悪です」。

逆説的なことだが、官僚機構の硬直性はどれほどのものかといえば、マックス・ウェーバーの言に反して、官僚機構が曲がりなりにも機能できるのは、ひとえに、自らの職務に最も囚われない官僚の自発性、発想の豊かさ、さらにはカリスマ性のおかげなのである。もしも官僚制が、それ自体の唯一の論理に沿ってのみ機能したら、身動きのとれない状態に陥ってしまうだろう。それはすなわち、別々の省庁に分かれた中央政府の細分化を現場で再現し、それによって効果的、すなわち包括的な事業をすべて禁じる行政の細分化の論理であり、また、書類を際限なく「回し続け」ることを求める論理、官僚制において何が考えてもよいことなのかを定義する官僚的カテゴリー分け（「それは想定外だ」）の論理、慎重さや検閲や統制が集積する委員会の論理である。そして、おそらく官僚制の細分化から矛盾が生じているところに、官僚的な規則や型にはまった思考と決別し、官僚制に抗しつつ、官僚制を守っている人たちにとって、裁量、自発性、自由を発揮できる余地が生まれるのである。

# フランス北部のプロジェクト主任

〈聞き手〉ピエール・ブルデュー

## 「私は知りすぎたんです」

**パスカル・R**　T市では六年、七年近く過ごしました。そこを離れたときは、もう気持ちが沈み込む一方でした。それまで少しずつみなさんと関係を紡いでいたものですから、そうする時間はありましたので。それにすごいダイナミズムがあって、住民代表のとても大きなグループがあって、男性も女性も、定年になった人も若い人も、現役世代もいて——現役の人が仕事や家族のほかに、何かプロジェクトに時間を割くのはとても大変なんです。大変なんですけれど、でも現役世代もいました——ソーシャルワーカーもいて、ソーシャルワーカーとは立場上どうしても対立することになります。私のほうは低家賃住宅公社の代表で

——低家賃住宅公社というのは住宅を提供する側ですけど、ソーシャルワーカーは住宅を要請する側で、問題を起こした入居者を代弁するわけですから……。

［ソーシャルワーカーとの初期の会合は難航したが、第九次計画〔一九八四—八八↓国家経済計画※〕の間に急速に改善した。関わりを持った社会福祉関係者には、ボランティアとして自らの時間を使ってプロジェクトに参加した人もよくいた。「こういうふうに、最初から、選り抜きのグループがあった。ダイナミズムが働いて、すでに構築されていたグループがあったわけです」。］

たいていの場合、私自身も知っている人たちでした。

はい。それじゃ、興味深い例を一つお話ししますね。T市では、月に一度テーブルを囲んで集まるようになっていました。低家賃住宅公社側の代表、これは私です。住民の代表、これはボランティアで、みんなの信頼を得ている人でした。住民のプライベートな生活の話をするグループに入ってもらうわけですから、だれでもというわけにはいきませんので。ですから、聞いた話をだれかれなくしゃべったりしないという確信がもてる何人かの住民、本当に信頼のおける人たちでした。ソーシャルワーカーもいましたけど、ソーシャルワーカーは、そこにいる全員を信用してたわけじゃない。住民のことを知っていて、支援するために会合に来ていたし、何よりも、住民の弱点をさらけ出しに来てたわけではないので。そうでないと、住民が手当や低家賃住宅公社の住宅などを得る機会をふいにしてしまう恐れがあるからです。それで、ようやく集まって、手の内を見せ合い、具体的な人について話せるようになった。たとえば、こういう話です。この人はそれまでにも請願署名の対象になったことがあって、というのは猫をたくさん、猫や犬を飼っていて、尿で入り口ホール全体に悪臭が充満し

［…］

## 関係者の間を調整する

**パスカル・R**　ですから、働いている人の中から出てきたボランティアや、もともとボランティアとして活動していた人を基盤にして取り組んでいって、何年か経って関係が紡ぎ出されて、ようやく問題をテーブルに乗せられるようになります。初めからそうはならない……。今、F市に来て一年目で、新しい現場で人と知り合い始めていますけれど、四年なり五年なり経った後と同じように信頼してもらうのは無理、ということはわかっています。やはり時間が要るのです。本当の問題を把握できた理由は、T市では低家賃住宅公社の代表として、自分が責任者になって事業を担当していたからです。その事業は「大規模」改修で、全員に引っ越してもらわなければなりませんでした。最初にやるべきことは、各世帯の一時移転先を見つけることで、そのため、住民を直接知っていた私の役割が特に重要になったわけです（…）。家族構成や、前にいたのがどんなタイプの住居で一時移転先はどんなタイプの住居かといったことを知っていましたので。住民の人たちをよく知っていましたし、社会福祉関係者、ソーシャルワーカーも知っていましたし、住民の代表がそういう人たちの話をすると、

ていたのです。（…）女性は引っ越したいと申し出ていました。たぶん、友だちの近くに住むためとか、理由が何だったか、もうあまりよく覚えていませんけれど、そんなに大したことじゃないですけど、でも、大したことかもしれませんね、そうだった、理由は……［笑］……大事なことでした。なんと、自分の家が不衛生になった、というのでした。

［…］

問題の根は人にあって、その人たちの住み方なんです。もちろん経済的問題もあります。暖房費を払わないで済むように、目張りして暖房を入れない。そうすると空気の入れ替えができず、湿気が溜まる。お金がなくて、壁の塗り替えをしない、壁紙の張り替えもしない。少しずつ、表面が全部剝がれていく。壁紙が剝がれたり、ペンキが浮いてくる……。とてもひどいことにもなります。天井全体が崩れるんです。漆喰や荒壁土が湿気てきて、そしてあるとき、落ちてくる、崩れてくる。これは本当に経済的な理由です。そのことを知らないといけない、考慮に入れないといけないんです。それから生活のしかたの問題もあります。どうしてそんなことになってしまうのか。何年かかかってそうなることもあります。夫を亡くして、投げやりになってしまう。その反対もあります。あるいは、離別、離婚、仕事をなくした、子どもを亡くした、そして、何もかも投げやりになり、そうすると、行動も変わってしまう。この場合は経済的な問題はありませんが、家計を管理しなくなって、何もかも放り出してしまうわけです。それから、家族のこともあります。これはいっそう難しい問題で、というのは、祖父母や親の世代からのことで、子どもがそういう風に教育されていますから、どうすれば事情を変えられるのか、よくわからないのです。

［…］

それで［猫を飼っている女性に］こう言いました。「引っ越しの件はわかりました。でも、引っ越す前に、今、住んでいる住居をやはり原状回復してもらわないといけません」。これはなかなか理解しにくいようです。引っ越したくなるのは、部屋が住めなくなっているからで、それなのに、「原状回復しなくてはならない」と言われるわけですから。（…）それは入居者の義務の一部なんです。入居するとき、住居は住める状態になっている。退出するときも住める状態でないといけない。でなければ、最低でも一万五〇〇〇フラン※の費用負担が生じ、そのため、転居は認められない、となります……。で、この女性の場合、私たちは原状回復を求め、女性に承諾してもらいました――女性を担当するソーシャルワーカーが話を伝えることができたので。伝えたのがもし低家賃住宅公社の人間だったら、女性の願いをはねつける「口実」を引っ張り出してきた「憲兵」〔→警察※〕呼ばわりされますから。支援するためにいるソーシャルワーカーの口からなら、話は別です。ソーシャルワーカーは女性を支援するためにいるわけですから。ですから、正確に言えば、社会経済・家族問題相談員ですけど、その人が、女性に自分の住まいを原状回復する必要があることを納得させ、女性一人では無理なので、以前にも塗装工事に雇われたことのある地区の若者たちを来るようにしてくれました。この若者たちが、女性に代わって、壁紙を張り替えたり、壁を塗り直したりしたんです。

一つの連携ができていて、かかわっていた人間が七人いました。近所の人、管理人、地区の活動家――つまり近所の人で地区のことに気を配っている人――、ソーシャルワーカー、低家賃住宅公社というか、そこの入居者選考課、みな、この女性が暮らし方を変えられるよう、共通の認識で手を結んでいたわけです。それで、飼い猫や飼い犬の一部を手放すよう説得し、女性はそうしました。話し合いがなかなか難しかったのを覚えています。私は犬や猫の年齢を知らなくて、「じゃ、この仔は手放してもらうけど、この仔は残す」と言えたのは相談員のソーシャルワーカーだけでしたから。つまり、ずいぶん突っ込んだ話になる、ということなんです。細々した大事なこと、それこそ住民の生活なんですけど、それに時間を費やす。犬の歳を知るところまで行くんです。そうなんです。最終的に女性は手放しました……。一匹の犬を手元に残して。それから、女性に引っ越してもらい、その後、私は辞めました。どうなったかは知りません。でも、もし住民の人たちと一緒にいれば、それもずっと、とても近くにいれば、こういうふうに一緒に暮らしていくことができるんです。でなければ、この女性は追い出されていた……。これは一例ですけど……。(…)事業を実施する段階になって、私が地区に派遣されたときには、何年か前から作り始められた協力態勢があって、ですから、だれに話をすればいいかわかりました。活動家、活動している地区住民がいたわけです。

――家族団体の人たちですか?

**パスカル・R**　私が知り合った中で最も積極的に活動していたのは生活組合連合（ＣＳＣＶ）〔家族団体から発展した消費者保護団体。住居をはじめ日常生活に関するすべてを扱う〕の人たちでしたけれど、ごく一部の人を代表していただけでした。

――そういう住民の人たちは、斥候というか、見張りのような役割を果たしていたんでしょうか、何かを見つけるという……。

**パスカル・Ｒ**　ええ、そうです。出来事を先取りして、所長にききに行くんです。私は、雇われたとき、仕事が始まる予定の日より少し前に出勤するように、所長に言われました。住民から「人に会うのか、雇うのか（私が雇われる前です）……何を頼むのか」と問い合わせがあって、所長に会いに来るからと。それでその晩、私は所長室で生活組合連合の住民二、三人と、地区の社会福祉センター長の女性と顔を合わせました。そういう人たちは数年来、会って話し合い、一緒に仕事をする習慣がもうあった。ですから、協力の土壌はもうありました。

――どんな職業の人だったのですか。

**パスカル・Ｒ**　定年退職した人でした。時間がありましたから。その後、現役で働いている人とも知り合いました。このグループに引力があって、面白いことがあれば仕事の後でも行ってもいい、と思う人たちを引き入れることができた、ということでしょうか。

――たとえばどんなことですか。

**パスカル・Ｒ**　現役で働いている人で思い浮かぶのは、大型スーパーに勤めている人です。その人は、包装が破れたり、ラベルが取れたりして売り物にならないものが全部捨てられて、ゴミ捨て場に出されていることに気づいたんです。それで上層部にかけあって、収入のない人にこうした商品を配れるようにしたんです。

――そのとき、あなたを通してくれましたか。

**パスカル・Ｒ**　その人は私が始めるより前からやっていて、この地区で連帯のネットワークが根づいているのを見て、加わることにしたんです。これはほんとうにうまく行って、地区のことは何でも自分たちでやるようになってきたんです。ほぼすべての団体の代表が揃いました。私はかねてから、修道女の人たちとも間接的な関係がありましたし、後になって、現場で若い人のために働いていた、キリスト教青年労働者同盟（ＪＯＣ）〔カトリックの青年労働者の団体〕の司祭とは非常に懇意になりました。定年退職した住民がいて、社会福祉センターとセンター長、社会福祉関係者がいて、あらゆる機関のソーシャルワーカーもいて……家族手当金庫〔→家族手当※〕の人、社会保障関係の人、国民教育省の人、それに、市役所の人、ほかにもまだ私の知らない人がいるかもしれませんが……。

——それは、定期的な会合という形をとっていたのですか、それとも、何か特別な場合、特別な施策のためだったのですか。

**パスカル・R**　出発点は、社会福祉センターでの住民との出会いでした。あるやり方でやってほしいと頼まれて承諾したんですが、頼まれたことというのは、屋外の朝市が立つ日に、地区の人々のために私の窓口を設けてほしいということで、場所を見つけてくれました。私が一番多くの人と会ったのはそこだったんです。すぐに場所を三つにわけて、それぞれ守備範囲を決めて経費も分担して、ですからほんとうに、何もかもうまく行った。きちんと組織立っていて、お互い何をするかわかっていて、それで、だんだん、毎週月曜の朝なら会えるということがわかるようになったんです。（…）

## 低家賃住宅公社にとって、私はもう我慢ならない人間になっていた

——そういうのはだいたいいつごろのことだったのですか。

**パスカル・R**　一九八三年に始まって、終わったのが八八年です。

——終わった理由というのは？

**パスカル・R**　私にとっては、T市を辞めたのは、事業の終わりでもあったからです。

——そうですね、それで、作り上げたものはずっと続いたのですか。

**パスカル・R**　いえ、いえ、とんでもない。

——消えてしまった？

**パスカル・R**　跡形もなく。実は私は、あの仕事を、涙をのんで辞めたのだと自分では思ってます。低家賃住宅公社にとって、私はもう我慢ならない人間になっていたからです。

——それは驚きですが……。

**パスカル・R**　ああいう、対抗する力が根を張りつつあったことが、低家賃住宅公社には我慢ならなかったんです。

——つまり、住宅の割り当ての件で、住民をかかわらせすぎたということでしょうか。低家賃住宅公社と摩擦があったのはどのような点についてなのですか。

**パスカル・R**　何についてなのか、はっきり言われたことは一度もありません。

——要するに何もかも、という……。

**パスカル・R**　ええ、何もかもでした。私の性格が問題

にされるようになって。独立心が強すぎる、とか……言えることを片っ端から言われました、こういう……。

――秩序破壊的な人？……

**パスカル・R**　ええ、秩序破壊的な人間について言えることは全部。性格が悪い。権威に従わない。低家賃住宅公社の管理職の異動があったんです。初めは、「彼女を信頼している。思うとおりにやってもらいたいと思っている」と言ってくれる上司がいて、私はそうしました。自治体のほうで異動があって、低家賃住宅公社の管理職の異動があった。（…）私は生き残るために辞めなくちゃなりませんでした。放り出されたんです。低家賃住宅公社に放り出された。疑問をもちました。私を放り出したのは、議員だろうか、それとも公社の管理職だろうかって。技官として政治の領域にでしゃばりすぎて、議員の不興を買ったんだろうか、それとも、公社がうまく機能していないんだろうか。そして最終的には、低家賃住宅公社の機能の問題、それだけだと考えています。当時の管理職が旧態依然の方法に戻りたがって、私がやっていた仕事を一掃したのです。

――中でも、住宅の割り当て……。

**パスカル・R**　何もかも、そう。そうなんです、すべての権限を。（…）今思うと、私は知りすぎたんですね。

――それで、その後、何もかもしぼんでしまったのですか、つまり、一緒に働いていた人たち、ソーシャルワーカーだったり、定年退職した人だったり、そういう人たちはみな……。

**パスカル・R**　いいえ、まだいると思います、まだ活動しています。でも人は減ってしまいました。計画が変更されて、チームが住民代表だけに縮小されたからです。三つの組織があったんです。低家賃住宅公社、社会福祉センター、住民。住民はかなり新しいことをやっていて、秘書を雇っていたんです。ふつうは無給のボランティアを採用していたんですけど、住民がやったのはその逆でした。住民たちは「専門性の高い、正確な仕事をしてもらいたい。私たちは雇用者として行動する」と言って、話を進めたんです。（…）

## 住民代表が住宅の割り当てをするようにまでなりました

――言うなれば、かなり秩序破壊的なことをなさったわけです。NPOなどといったものは、だれからも大歓迎されます、民主主義の面目が立ちますからね――「住民団体があります」とか「地区のNPOがあります」とか――、でもそういう組織には力がなく、当局は相談する気になればする、話を聞く気になれば聞くというだけで、結果として何ももたらさない、一種のガス抜きの場になっている。ところがあなたがなさったことはまったく違っていて、そういうものにきわめて実質的な力をもたせたわけです。

**パスカル・R**　そうなんです。

――言い換えれば、あなたがなさったことは、一種の草の根民主主義であり、真っ向から反していた……。

**パスカル・R**　そう、掟に反していた。

――ですから、我慢ならないわけですね、なぜならあなたが始めたのは、住宅の割り当てに関して決定を下し、異議を唱える実質的な力をもった住民を介入させるということで……。

**パスカル・R**　そうです。そこまで行ってたんです。

――……そのレベルで働いている主要な権力に対して決定を下したり、異議を唱えたりする力があった。言うまでもなく、こうなるとまずいわけです。なぜなら、議員、というか管理職は、こういうことが気に入らない。力をすべて失ってしまいますから。

**パスカル・R**　そのとおりなんです。ほんとうに。少しずつですけれど、住民代表の人たちが地域のことに関心をもつようになりました――私が話をしたのはこの住民代表だけで、この人たちに少しずつ信頼をおくようになって、相互に信頼関係ができました――最後には住宅の割り振りをするようにまでなりました。活動家のうちの一人の女性が低家賃住宅公社の職員になって、モデルルームの案内をしていました。これは私にとってもとてもありがたいことで、彼女は地区の宣伝をしてくれていたんです。住宅を見に来る人は、部屋だけ見に来るんじゃなくて、いろいろ質問するわけですけど、私たちのよく知らないことばかりです。それで彼女が質問に答えて、学校は「ことここがあります」とか、「誰それを知っています、もしこれこれの問題があるなら、こういう人を知っています」などと言うことができましたから。

――あなたの周りに集まった人は、どのくらいの数だったのですか、どんな人たちでしたか？

**パスカル・R**　少なかったですよ。

――五〇人、三〇人とか……。

**パスカル・R**　そこまでも行かないくらいです。というか、増えたり減ったりでした。

――どんな人たちだったのですか、定年退職した人とか、教員とか、会社勤めの人？

**パスカル・R**　低家賃住宅公社の住宅に住んでいた人です。特に定年退職した人、いろいろ知っていましたし、時間もありましたから。勤め人はとても少なかったですね。定年退職者と違って、新しい入居者は若い世帯で、仕事や子ども、買い物などですっかり時間を取られていましたから、そういう人たちは見かけなかった。仕事をしていない女性たちはいました。パートで家政婦として働いている女性も。失業中の、三十歳くらいの男性とかもいました。ですから、来る時間があって、このグループを、話し相手を見つける場、知り合いを作る手段として考えている人たちでした。大切なのはこのことです。参加して、そして……。

――存在理由を得る、というような。

**パスカル・R**　そうなんです、存在理由。生きがい。（…）

――その三〇人の中にはどんな人たちがいましたか、ソーシャルワーカーもいたのですか？　社会福祉関係者や、〔文化・スポーツ活動の〕推進員※とか……？

**パスカル・R**　推進員や指導員がいて、地区委員会〔住民と地方議員の間を仲介する団体〕に雇われた秘書がいて、家庭経済相談員の資格を持ったソーシャルワーカーがいて、ソーシャルワーカーの所属は社会福祉センターや家族手当金庫、社会保険公庫や市役所だったり、ときには国民教育省だったり。社会福祉関係者でも、平均的な官僚よりこういう問題を気にかけている、官僚的な論理からはかなり外れた人たちでした。

――言うなれば、前線に送り出される人たちでもある……。

**パスカル・R**　そして、何か問題があれば、この人たちのせいにされる。

――すぐ引っ込められる前衛部隊……。

**パスカル・R**　そうです。権限がなかったんです。

――そして、もしも、あなたが作られたような仕組みを作ることに成功したら、それは非常に具合が悪い、なぜなら、一変させてしまいますから……。

## 私には話をもっていく相手がだれもいないんです

**パスカル・R**　住民がどういう期待をもっているか、私は十分事情を知った上で話すことができました。私自身が住民の家を訪ね、フィルターがかかっていなかったからです。これはほんとうに大変重要なんです。今は、そういう役割ではなくなってしまいました……私は市役所にいますので、住民と会うには、間に立つ人に声を掛けないといけないし、住民に対して何の権限もありません。市長は住民と会えるはずですし、ただ個人的には、ほかの人がやったこと、つまり戸別訪問して、住民に直接会いに行くことを、私もやれたはずだったんです。でも〔前のところで〕初めて経験したことがあったので、ここ［F市］では、そんなこと、あまりやりたくなかったんだと思います。こう思いました。「もし住民に会いに行ったら、私は希望を与えることになる。少なくとも話を聞きに来てくれた人がいたということで……いくらか生活を変えてくれるんじゃないかと、住民は期待するだろう」。希望を与えることができるのはプロジェクト主任の私だけじゃない。小学校の先生でもいいし、社会福祉センター長でもいい、もしもそういう人が変わるなら……私にできることは、まず自治体の姿勢、それから地区にかかわる全員、つまり、あの、悪名高い行政当局すべてとその現場責任者の姿勢を変えさせることだけです。私の役割は、人々の間の関係を調整して、資金を調達するということで、その後はそこを離れる、いなくなる。ですから、もし自治体や行政の人たちが役割を果たさなければ、もしすぐにやらなかったり、自分でやらなかったりすれば、私はやるように促すわけです。こういう人たちが自分からやらない限り、私はいつまで経っても、歯車をきしませる余計者でしかないでしょう。（…）

――あなたがなさったように誰かが――たとえば、県施設整備局の若手技師でもいいのですが――、一つの仕組みの中にいる人が仕組みを外れようとすると、ある程度の期間は回路の中で小さな雑音を出すけれど、その後いなくなるか、放り出されるか、さもなければ、疲れてしまう……。

**パスカル・R**　疲れ果ててしまう、そうなんです。

――……そして、投げ出す、そうですね？

**パスカル・R**　ええ、疲れ果ててしまうんです。

――……根負けさせられる？

**パスカル・R**　ええ、そう、根負け。ほんとうに。根負けです。

――そして、行政の職員の間に連携の仕組みがまったくない。地区のNPOがあるように、新しい発想をもつ（とても広い意味での）行政関係者のNPOがあってもいいわけですが……。

**パスカル・R**　今、F市で、一番重大だと私が思うのは、たとえば、私は地区のニーズの分析ができ、市長にそれを伝えて、「これこれに対応してください」と言うことができる。こうした地区で最も重要な当事者は、開発事業者である低家賃住宅公社です。ところが開発事業者の低家賃住宅公社は能力が低く、地区に来ない、住民と会わない、管理職は不在、何も起こりません。私は全部書いて、理解して、伝えることができますけど、低家賃住宅公社が何もしないことにしたら、つまり頬かむりすることにしたら、私には話を持っていく相手がだれもいないんです。

## 住民の人たちは意思表示をしません

**パスカル・R**　何ができるかといえば、住宅について対応することもできるし、レジャーについて対応することもできる。住民に自信をもってもらうために、あらゆる領域に取り組むことができるんです。ですから、あらゆることについて対応しなくてはならないんです、ほんとうにあらゆることに……。〔…〕大切なのは、自分に対してだれでも持つことができるこの自信を一人一人にもってもらうことです。どんな社会環境でも、自信を無くしてしまうことはあります、何か事故が起きたり、生活の中で起こり得るどんなことでもきっかけになる。でもここの場合、全般に渡っているんです。ですから、そのことに対する対応が必要で、一人一人に個別の解決を見つける必要があるんです。というのは、私は思うのですけれど、住民の人たちの頭の中にあるのは、行き止まりだということ……行き止まりで……何もない。出口を見つけることが必要なんです。住民は何もないと思い込んでいると思う……。運命論に陥っているんです。

〔…〕

住民の人たちは意思表示をしません。どのような形でも、まったく。一年経った今わかっているのは――私は試せることは何でもやってみましたが、問題はコミュニケーションの欠如ではないんです。こちらからも手紙を送るんですけど、「市長は皆様のために……」というような……。もしかしたら、市長の存在感が足りないのかもしれない。低家賃住宅公社がないときは、市長に話を持っていくことになりますから。市長がいないときは、窓口が設けられるので、市役所に行けばいいんですけど。住民は来ません。市長に会いに市役所に来ない。やり方はほかにもあって、自宅に来てもらうように市長に頼むこともできます。私たちの方もみんなが集まる場所を設けて、現場にいるようにし始めました。可能な限り最善の状況で始めたんです。低家賃住宅公社と市役所が、地区のセンターに、同じ時間に、同じ建物、同じ場所に出向く。住民が来る気になるように、いくつも手続きをしなくて済むように。私は手紙を作成して、各戸の郵便受けに配るようにしました。個人宛の手紙を千通、自治体職員が歩いて郵便受けに入れに行きました。住民は市長の署名入りの手紙で、個人的に招かれたわけです。こういう手紙です。「これこれの日、これこれの時間に、市長が、お宅の近くのこれこれの場所にお邪魔します。お目にかかれますよう願っております」。来た人は一〇人もいなかったはずです。

［…］

行ったって何の役にも立たないと住民同士で話しているんじゃないか、という気がしますね。もっと掘り下げて考えてみる必要があります。最大の危険は、住民が何も言わないときだと思いますから。沈黙は、あるとき、爆発［につながること］になりかねないのです。

［このように、住民と行政当局との間はもちろんのこと、住民と社会福祉関係者の間に溝ができる。互いに責任を押し付け合うか、無視を決め込み、共有部分への注意と管理を個人に委ねる。つまり全員に責任があると同時にだれにも責任がない状態になり、共有部分は一種の「ノーマンズ・ランド（無人地帯）」となって、見捨てられ、荒廃するにまかせられる。］

**パスカル・R**　最初の境界線は、住宅を管理する開発事業者と、外部の空間を管理する市の間にあります。つまり、公道と団地の内部があるわけです。摩擦がたびたび起こるのは、照明の問題です。壊れているのに一度も修理されない電球を取り換えるのは市なのか、それとも低家賃住宅公社なのか、住民は知っていなければならないんです。

**――つまり、だれに文句を言えばいいのかを住民は知らなければならない。だれがやるべき仕事なのかを。なぜならどちらの側も言えますから……。**

**パスカル・R**　だれがやるべきか、ということをね……。つまり、当方ではない、向こうの仕事だ。というのは、非常に多くの場合、オフィスで電話を受ける人自身が、だれの仕事か知らないからです。土地所有の問題ですから、公道上なのか私道上なのか知らないといけないんですけど、だって、何年もいる人ならともかく、新人だったら、本人も知らないんです。

**――第一、問題がありますね。だれが届け出るのか。なぜなら、結局、住民は……。**

**パスカル・R**　そうです。「どうだっていい、だれかほかの人がやるだろう」……。

**――……そして、いざ届け出ようとすれば、だれに届け出るのかを知らなくちゃならない。**

**パスカル・R**　そう、そしてその後どうなるかは、責任者の善意次第です。

——そこで、こうした共通の問題を管理する組織を作ろうと思ったら、きわめて難しいに違いありません、というのは……。

**パスカル・R**　ええ、それはまったく慣例に反してます。

——……時間が経ち、問題が悪化し、衝突が表面化するにつれて、ますます難しくなる。裁定する組織がまったくない。

**パスカル・R**　全然ないんです。低家賃住宅公社の大規模団地があって〔T市の場合を念頭に置いている〕、何と言うかずっと、そういう、普通の生活を送ってきた定年退職者がいます。ここの住宅を取得して入居して、仕事を勤め上げた。一部の人は一九七七年の住宅融資制度の改革〔持ち家取得に対する低利融資の創設→住宅政策〕※で、持ち家を手に入れましたけど、〔家を買うには〕歳を取り過ぎていた人たちもいて、こう考えた。「いやいや、われわれ向きじゃない、今のアパートはとてもいいからこのまま住もう」。ですから、小さな家を買うという考えはそういう人たちの頭に浮かばず、自分の住居、地区、環境、自分の生活にとても満足していたのだと思います。その後、経済危機で事情が大きく変わって、別のタイプの住民がやってくる。ほかに行くところがなかった人たちです。ですから、時代が変わってしまって、こういう住宅に来る人たちは、仕事を見つけたから来るのではなく、ほかに住む所を見つけられないから来るんです。何かを訴えに来る、意思表示に来るのは、定年退職した人です。自分を守ること、言うべきことを言うこと、権利があるゆえに発言することに慣れている人で、だから意思表示を続ける。何かあったとき、小さな細々したことであっても、意思表示をしに来ます。自分の建物の一階にある事務所で話を聞いてくれる人がだれもいなければ、電話し、足を運び、低家賃住宅公社に出向き、市役所に行き、意思表示をする。だからわかるのです。

## それは、どの枠にも入らなかったんです

〔行政機関は、自らの型にはまった思考の中に閉じこもっており、社会福祉関係者の行なう「官僚制度外の」事業を支援する用意が乏しい。そういう行政機関を一つ一つ説得する、絶え間ない努力が伴う場合にのみ、「現場の仕事」は功を奏する。〕

**パスカル・R**　私はある案件を抱えてて、それが通ったので、拒否するつもりだった人たちの逆鱗に触れたんですね。このときは意思決定プロセスのいろいろな段階がよく

わかりました……。獲物を追うような感じですよ。お金をもっているのはだれか。その人のポケットにいくら残っているか。その人の心をつかめるか。お金が残っているなんてことは他所ではおくびにも出さない。話はこんなふうにまとまるんです。〔バザールの〕絨毯商人みたいに。

――どういう案件だったのですか。

**パスカル・R**　既存の商店の改修のために資金を獲得した件です。それは、どの枠にも入らなかったんです。商店のための資金は、商店を新たに作る場合にしか得られなかった。みなの頭にあったのは、どこの現場でも、商店のない大規模団地のことでは、商店がなくては不便だから誘致しなくちゃならない、ということだった。私の担当地区はとても古い地区で、五〇年来、四〇年来でしょうか、商店があって、私はただ、既存の商店を維持しようと考えただけでしたけど、それは、どこにも想定されていなかったんです。ですから、回答がなかった。どの枠にも入らなくて。商業・手工業省は地元に支局がなかったので、本省まで何度も働きかけました。ほんとに小さな省なんです。役人が一人やってきて、基準を並べ立て、結論を出しました。改修はとんでもない、と。一方、住宅の改修なら……。

――簡単だった。

**パスカル・R**　みんなやっていました。私は多額の資金を使って住宅の改修をしていて、建物の一階に、何もしていない部屋が残っていたんです。建築家が塗装作業に取り掛かろうとするのにストップをかけることまでしました。こう言われました。「ブロック全体を担当して、改修して、磨き上げて、塗り替えた。すっかり一新したのに、四部屋やり残しがあったら仕上がりに傷がつく」。そして「それでもこのままほっとけって言うのかい」。私は、「言いますとも、わざとなんだから、商店向けの資金を獲得したくて。私が資金を獲得してないことが目に見えるようにならないと。住宅改修用の資金でやるつもりはないから」。こう話すと、建築家たちはほんとに情けないといって帰りました、やり残しがあって。で、仕上がりの傷が私のところに残ったわけです。それで私は人を呼んで、こう言いました。「ご覧ください、塗り替えはとても無理です。お金がないんです」。「なるほど、この案件を検討しましょう。確かに興味深い、あなたの案件は実に興味深い」。それからまたやってきて、見ているとその人はオフィスで何時間も働いて、行ったり来たりして、電車の中でも仕事をし、疲れ果て、全力をあげた末にこう言ったんです。「いや、無理です。想定外です」。

［働きかけを次々と行なった結果、パスカル・Rは、商業・手工業省の二人の責任者の説得に成功した。二人は、残余融資資金から、商店改修の費用を提供した。］

## 一番手っ取り早い解決を見つけたわけです

［官僚制の下した決定を素早く実行に移そうとする純粋に政治的な配慮によって、社会参入最低所得保障の実施は、家族手当金庫――全国的なネットワークをもつ唯一の組織――に任され、そのために、手当の支給と、受給者の社会参入の支援や参入契約〔↓社会参入最低所得保障※〕の履行審査が、別々に切り離されてしまった。］

**パスカル・R**　私から見れば、最低所得保障はまやかしです。出発点の考え方はとってもよかったんですが、実施のやり方が、大失敗……大失敗です。（…）例の参入契約を結ぶやり方について、準備がすべて整ってはいないけれど、もっと後で考えようということだった。じゃ、まず、どこが手当を支給するか。数カ月さんざん議論した挙句、家族手当金庫にやってもらうことにした。実績があったし、そのために作られた機関で、いろんな手当をすべて支給していましたから。ですから、結局のところ、一番手っ取り早い解決を見つけたわけです……。一方で、一部の人から要求が出ていた……特に社会福祉センター、住民と直接かかわっている社会福祉関係者は、はっきりと――この点は確かです――要求したんです。自分たちが参入契約を取り交わすなら、自分たちでお金の受け渡しをやれるようにしてもらいたい、と。契約と支給を引き換えにできるようにしてもらいたい、と。「みなさんにお金、手当を払うのは当方です。参入契約、すなわち、手当の受給者が結ぶことになっているものについて、実施されているかどうかを当方で判断します」と言えるように。

そういうふうにはならなかった理由は、手っ取り早く実施するためだったと思います。全国で事情があまりにばらばらだからだと思います。家族手当金庫はみなほぼ同じ方式ですが、社会福祉センターははるかに、あまりにばらばらで、それに、おそらくカバーされない地域もあったんです。作業があまりに膨大になりすぎて、全国で全員の最低所得保障受給を確保できなかったに違いありません。それで家族手当金庫が手当を支給し、その後で、参入契約をだれが扱うかを考えることにして、一年以上経って、いまだにその状態にあるわけです。またしても、そういうことができる人たちに、一人一人の自主性にたよることになるでしょう……またしても、一部の人たちのやる気に任される。

一部の意欲的な人たちは、最低所得保障制度が真の意味で実施されるようにするでしょう。その人のやる気次第ということになるわけです。

［…］

社会に何かを期待している人たちにかかわる者なら、答えはすぐ出せます。ほとんどの場合、そういう人たちが期待しているのは仕事です。そしてそれこそまさに、こちらが提供していないものなんですよ！　ですから、このギャップはすぐ目につく。例の最低所得保障参入契約は、受給者の収入に関して、それまで目を向けられていなかった一つの状況を明るみに出しました。つまり、最低所得保障受給者というとまず思い浮かぶのは、ほとんどの場合……そう、ホームレスです。そんなところまで行くんですが……働いていて、商工業雇用協会※から失業手当を受給していたけど、資格が切れて、現在は収入のない状態になっていると考える。実のところ、もちろんこういう人もいますけれど、ほかにも大勢、失業したことも、届け出をしたこともないという人たちがいるんです。一度も仕事についたことのない若者で、学業を多少無理に長引かせていて、すでに家族持ちで、アルバイトでやりくりし、常に不安定な状態にあって、いつもアップアップの状態で、本当に、家族を抱えて、どうなってもおかしくない状況で……。

ですから、今日、「最低所得保障制度を利用できますよ」という話をする相手というのは、子どもが一人いる若いカップルで、当面一銭も家に入ってこない、という人です。それじゃどうやって暮らしているのか。家族がお金を援助することもあるし、臨時の職をもっていたり、奨学金を受けていたり。さっき、「学業を多少長引かせている……」と言いましたけど。そう、でも無理に、なんです。実は、そんなことがしたいんじゃないと彼らは言います。研修を求めていないことはないですが……そうすると、そういう場合、最低所得保障はどういうものになるか。提供できる唯一の方法は、研修ですが……。私は細かいことはよく知りませんが、研修の話をすると、またかというような雰囲気があるというのはわかっていて、というのは、研修が弥縫策だというのはわかり切ったことだし、だれもが求めているのは仕事なのに、結局みんな研修をすることになるからで……どの研修を目指すかを考えるようになると、研修を探す人は、報酬によって選ぶんです。まず求めるものは報酬で、研修の中身は二の次になる。ですから、最低所得保障やほかの制度で、研修を提案すると、というのは、ほかに何もないからで……仕事以外のものですけど……すでに、仕事という社会参入の要請に本当に答えていないわけです。こういうことを、受給者にかかわっているソーシャルワーカーから聞いていて……。

**——それで参入契約の内容というのは……。**

**パスカル・R**　決まった内容はありません。（…）今、何が起きているかというと、家族手当金庫は、収入という基準に従って、すべての手当を支給しました。今、例の参入契約を結ぶことを求められているわけですが、受給者と直接かかわりをもつソーシャルワーカーは「いんちき契約を結ぶのなんかご免だ」と言っています。一方で、プレッシャーも働いていて、というのは、「評価点数」によって比べられるからです……F市の社会参入地域委員会は、最低所得保障受給者の数に対して、結んだ参入契約の数が少なすぎるという理由で、成績が良くない。E市の委員会のほうがずっとたくさん参入契約を結んでいる。数の話になっていて、細かいところまで見る時間がないんです。だれも、本当に問題を掘り下げる時間がなくて、だから、参入契約に署名することだけを求めるわけです。私が大間違いをしていると、あるソーシャルワーカーに言われたのは、この点についてでした。私が彼女にこう言ったからです。「でも、その人が自分の参入契約を守らなかったら、あなたにはその人が守ってるかどうかよくわかるわけだから、ふつう、その時点で、〔所得保障の前提となる〕契約の更新には同意できません、って言うことはできるのでしょ」。彼女が言うには「できるけど、間接的にで、私が決めるわけじゃないから……私は見解を出すだけ」。私は「あなたの見解は重要なんでしょ。だって……見解なんだから、ちゃんと読まれて、やっぱり……出てきてるのがあなたの見解だけだったら、一番重要になるはずじゃない？……」「それが私だけじゃないのよ、その後、地域委員会があって、委員長は県知事で、実際は、署名するのは県知事だから……」。

［社会福祉の仕事を組織化した場合でも、官僚的論理が本質的にもつ厄介さは取り除かれない。パスカル・Rが提案したプロジェクトがどのように見直され、検討され、評価されたかに関する具体的な話から、そのことがよくわかる。］

**パスカル・R**　お話ししたいのは、役人たちの態度のことです。派遣されてきた……。

**——命令されて、会議にやってきた……。**

**パスカル・R**　命令されて、そうなんです。そうなると、それはすてきですよ！　政府の命令で組織化したので、全員がすべての会議に出て、役割を果たさなければならなくなった。一九八九年からです。

――あなたが枠組みの中に入れた人全員の、全活動の調整が組織化されるということですか。

**パスカル・R**　そうです。副知事が主宰して、資金を持つ全行政当局の代表と、地区代表がどの地区からも集まる会議をします。調整の成果として、文書を瞬く間に作成しなければならない。スタートしたのは一九八九年の終わりで、というのは――地域圏や議員、技官の話をしているのはそのためなんですけど――、八九年は丸一年間、議員たちとの話し合いで過ぎてしまったからです。彼らがどこに建設するかについてなかなか決断に至らなかったからです。

――というと……。

**パスカル・R**　どの町が資金を受給することになるかということについての話し合いです。

――それは、重大関心事ですね。どの議員も資金を得ようとした……。

**パスカル・R**　ええ、何が起こったかと言いますと、一年経った後、議員たちはどうしても決断を下さなければならなくなって……。

――一年間やり合った後に?

**パスカル・R**　最終的に、ばらまき[を行なうこと]になって。

――あなたもかかわりがあったのですか。

**パスカル・R**　全然ありません。

――全然ない、議員同士で行なわれた。では行政は?

**パスカル・R**　行政もかかわらなかったと思います。議員の間だけで行なわれたと思います。

――地域圏議会のレベルで?　あなたのような人たちに相談なしに?

**パスカル・R**　いいえ、まったく。

――それでは、ニーズについて説明できる人はいなかった……。

**パスカル・R**　技官はいました。数字、統計を使って評価を行なう、例の地域圏所属の技官が重みづけをしたり、基準を設けようとしていて……。

――そういう人たちは、地域圏の常勤職員なのですか、それともその都度雇われるのですか。

**パスカル・R**　契約職員、ということなんですけど。

――契約職員、更新可能な?

**パスカル・R**　ええ、そうです。

――それで、そういう人たちが、技術的な面、統計的な面などにいて……。

パスカル・R　ええ、基準を設けて……。

——移民の割合とか、あれこれの割合、で、一方で、ほかの人たちは、ああでもないこうでもないとやっていた……。そういうことですか？

パスカル・R　［笑］そうです。ほんとうに二つの違う世界なんです。

——地域圏のレベルで、政治的な視点をもった議員たちがいて、正当化の理由を提供することに貢献する技官が何人かいて、こうしたいろいろなことに基づいて……。

パスカル・R　ある時点で、議員が決断を下すんです。

——で、彼らは、可能な限りばらばらに、細切れにして分け合う……。

パスカル・R　まさにそのとおりです。

——バカげたものになってしまう。

パスカル・R　ええ、そうです。

——有意義な、包括的な事業はない？

パスカル・R　まったくありません。

——割り当てられた予算がそのために使われたかどうかすら定かではない？

パスカル・R　そうです……それも定かではありません。目的は示されないんです。

——それでは会議の後は、どうなるんですか。

パスカル・R　一年経って、大慌てで、八九年の末に、何人かプロジェクト主任が雇われて——ようやく、「用地」がどこになるかわかったので、九〇年から、いたるところでプロジェクト主任が雇われました。プロジェクト主任を置くことは一つの条件で、つまり、自治体は一定の資格を持つ人間を雇うよう、決められているわけです。

［ここで、プロジェクト主任の曖昧な地位についての話が入る。］

——それで、その会議は？

パスカル・R　どうしてもお話ししておきたいんですけど、議員は、地域圏レベルで一年かけて、ばらまきをやるために一年を無駄にした。そして、大慌てで雇われたプロジェクト主任が、まったく知らない人たち全員の調整をしなければならなくなった。そして、みなに意見を言わせなければならなくて……。

——NPOの幻想ですね。見せかけだけの協議、見せかけだけの民主制……。

パスカル・R　そうです。どんな状態でそんなことがなされたか知っていると、まったく正気の沙汰とは思えない。

つまり、全員に相談し、全員に会い、全員が自分の言いたいことを言い、そしてプロジェクト、包括的なプロジェクトを構築することができた――六カ月でですよ、ほんとにすてき――、ということを文書で証明しないといけないわけです。ですから、何か作り上げるわけです、切れ端を集めて、なんとなく格好のつくものを。そしてそれを提出する。どういうふうに動いているか、私はよく知ってるんです。

――例の会議ってやつのことですね……。

**パスカル・R** ええ、例の会議のことです。そこで、私たちの方向性に答えが出される。これこれのテーマについて賛成なのか、反対なのか。前もってやっとくべきでしたね、お宅の地区の要求は今はむしろこうじゃないですか、以前はこういうことを要求されていましたが……とかとか。(…)ですから、どういうふうに動いているか、と言いましたけれど、行政がどういうふうにうまく動いていないか、を知ってるということです。会議の間に自分の意見を言うには、一人一人が自分用の資料を手元に持っていないといけなかった。ですから、六月、最終期限として六月十日には、資料を一六部、県に提出していないといけません。

――会議用ですね、いつ開催されるんですか、その会議……?

**パスカル・R** いつなのかだれも知りませんでした。だいたい……七月か八月。この大急ぎの中で一人一人が必死でやって、みんなが仕事をして。行政の担当者は、ひどい状況の中で、残業して、最終的には、私も我慢して付き合ったんですが、一人一人が、実は、私と同じで、みんなプレッシャーを受けていたんです。

――その人たちは会議にいたのですか。

**パスカル・R** ええ、はい。

――書類をしっかり読んで。

**パスカル・R** いいえ。

――読んでなくても、別に驚くことじゃない?

**パスカル・R** はい。一日か二日で、六〇人の別々の差出人から二〇部ずつ受け取った県の職員は――中にはやり方を知らなかった人もいて、職員はすべて確かめないといけなかったのですけど。ですから、私は自分の小包を送って、一〇日後に寄って、オフィスへ行ったんです。

――書類は〔会議参加者に〕発送されていなかった?

**パスカル・R** 相変わらず発送されていませんでした、もちろん。私は職員に言いました。「〔自分の書類は〕ちゃんと着きましたか。必要な部数は揃っていますか。すべて順調ですか、私の手落ちはありませんか」「いえいえ、大丈夫です」。私は「会議が二週間後に開かれるかもしれないと聞いたものですから」「あ、そうなんですか、聞いてませんけど」……。

――職員はまだ書類を発送していなかった……。

**パスカル・R**　「あ、そうですか、じゃ、すぐ発送します」。ですから私は、会議のとき、出席者が書類を読んでくる時間がなかったのを知っていたんです。

――それで、その会議には、あなたのプロジェクトの用地に関係のある当局がみんな揃っていたわけですね。

**パスカル・R**　そうです。

――だれがどんなことを言ったのですか。発言は……。

**パスカル・R**　はい。私は様々な区分とか枠とかのことがわかっていましたので、読みやすいように、分割して説明しました。みなさん、説明をほめてくださって……。

――各自が自分に関係のあるところだけ読めばいい……。

**パスカル・R**　そのとおりです。それぞれが二つの別の章に関係していましたから、だれが最初の章を読んで、だれが二番目の章を読んでいたか、わかりました。で、あの人たちの回答ですけど。聞いていて、私は人が会議でどういう反応を示し得るのか、いかに行動が変わり得るのか、身に沁みてわかりました……。命令された職務で派遣されてきて、自分の知らないことについて意見を言わなくてはならなくなったら。目の前の資料に飛びつきます、ななめ読みして、「文化施策、このページか。よし。さっきこれの話があったな。よし。重要人物らしく見えなくちゃいけないからな。こう言ってやろう、それでは不十分だ、と」。性格の違う人間ならこう言います。「いや、ほんとうに、あなたは何もわかっておられない」。それぞれが自分の部門について言うわけです。特に多いのは、「それは当方の受けている指示に合致しない。当方は、これこれの方向性でしか資金を拠出できない。さきほど説明されたことは、当方の枠に入らない」。本当にショックが体に来ました。

――去年の七月のことでしたね。

**パスカル・R**　去年の七月です。本当にショックだったのは、何よりも、その場に生じた雰囲気です。私が目にしたのは、命令された職務で派遣されてきて、求められたことをする能力がなく――対話する時間もなく――、回答することを迫られて、見つけた唯一の解決策が、孤立無援の人間を執拗に攻撃することだけだったという……。

――その人間というのはあなたのことですね。

**パスカル・R**　私のことです。（…）

一九九一年二月

# 制度の自己欺瞞

ピエール・ブルデュー

行刑裁判官[※]（刑罰適用裁判官）ドゥニ・Jは、〔第Ⅲ部「達成不可能な任務」で取り上げた〕フランス北部のプロジェクト主任パスカル・Rとは、官僚の世界において非常にかけ離れた位置を占めるが、非常によく似た経験をし、語っている。おそらく、ドゥニ・Jがパスカル・Rと同じ、構造的な矛盾に直面しているからだろう。判決を下す法廷裁判官が科した刑を「適用する」こと、すなわち、ほとんどの場合、減刑するか刑罰を修正し「半自由、構外作業、仮釈放」を命じることを職務とするドゥニ・Jは、要請と表象の、相矛盾する二つのシステムが交差する地点に立たされている。裁判官の審判が定めたことを解体している、それゆえ司法の権威を弱体化していると常に不信の目で見られ、その上、司法官[※]からは、「社会的な対策」を代表する人間とみなされ、非常に見下されている。「社会的なものなんか面白みがない。厄介事の種で（…）二流で（…）、高尚な司法じゃない（…）。司法っていうのは、訴訟文書の作成であり（…）。法律上の問題に取り組むことなんだ（…）ところが、人の人生の中でその人に寄り添って、行く末を考えて、支援するとなると、それは……」。さらに、ドゥニ・Jの立場をいっそう難しくしているのは、検察と裁判所に寛大な措置――法律に規定されているものなのだが――を受け入れさせ、また、常に過去の「失望」を引き合いに出して自らの消極姿勢を正当化しようとする行刑施設長たちに保証を提供する必要があるばかりか、お願いする立場に身を置いて、ありとあらゆる組織、NPO、基金、地方自治体の代表に「戸別セールス」をする必要があるからだ。

横の関係はと言えば、縦の関係より容易というわけではない。「たとえば、私がここに来て以来、同じ裁判所の司法官全員の総会は一度もありません。（…）内部の作業グループというものは存在しない。私は、拘禁に代わる方策（…）の計画がいくつかあるんですが、その話をほかの人にどうやってすればいいかわからない。裁判所長にその話をするたびに、こう言われますから。『わかってるだろうが、作業グループだの、総会だの、会合だのは……〔願い下げだ〕』。ご法度なんですよ」。

ドゥニ・Jは、絶えず直面する「障壁、失望、無理解」を説明するにあたって、自分の立場が孕む矛盾を、深い洞察力をもって自ら指摘する。「行刑裁判官が行なう決定はすべて、つまるところ、収監の決定を下した裁判官を問題にすることになり……検察をも問題にすることになる。検察は本当のところは同意していないので――でも、向こうは口には出しませんけれども。それに、そう……それから拘置所長〔フランスの拘置所は残余刑期が一年未満の既決囚も収容〕をも問題にすることになる。所外にいる人間を管理するのはやっかいだから――所外にいても拘置所長の管轄ですから。つまり、全員を問題にすることになる。全員！　全員です！　ですから、積極的であればあるほど、「制度そのものを」問題にすることになるわけです……」。そして特に、多くの役人が（精神病院に関してもよく言われる論理に基づいて）「外部収容」に抱く「不安」――「どこにいるんだ？　何をしているんだ？」――を指摘する。そして、法律が提供している可能性が、実施の際の現実的状況――何よりも、運用を担当する実施者がどういう性向を持っているかによっていかに制約されるかを明らかにする。その性向とは、たとえば、序列に対する執着とか、現実に直接向き合うことも、さらに他者――特に自分より地位の低い相手――と直接渡り合うことも受け入れられない、一種の身分意識といったものである。「ある問題に関して有能な人が集まるようにする、（…）それが本当に大変です」。「問題は、行政が――特に刑務行政がそうですが――、いつも序列関係に基づいて機能していることです。協力関係はそういうふうには機能しない」。「拘置所長が電話でほかの機関に対して――私自身の経験したことですが――協力関係の言葉で話せず、命令してしまう。そんなことまであるわけです」。

ドゥニ・Jはこうして、（［「達成不可能な任務」の］プロジェクト主任がしたのと同じ）二つの逆説的な総括をする。第一に、官僚制度が無気力、さらには麻痺状態に陥るのを、創意や、場合によっては規律違反によって食い止めているのは人であること（一般に思われているほど、人と職務は独立していない。「人が変わるときは施策も変わります」）。第二に、制度への献身も、また、制度が内包する建設的な可能性を実行に移し、制度が自任する使命を真の意味で果たそうとする努力も、制度によって報われることはまずないこと。「改革は改革者にとって割に合うか、とお尋ねですが……とんでもない！　割に合うどころじゃない！　正反対です。私の前任者の例ですが、Yでの経験の後、教官職を希望した。行刑裁判官の職務について話すためです。任命されませんでした。あまりに都合が悪く、あまりに影響が甚大で、あまりに……。この人はZで、その後はWでしたか、よく覚えていませんが、控訴院※の裁判官にされた。でも、制度的に言ってこの人の存在が最も意味があったところには、誰も来てほしくなかったわけです」。

ドゥニ・Jはまた、ある意味で成功しすぎたZでの経験――前任者が残してくれた権威と権限、そして自分自身の熱意と、法文が提供するあらゆる可能性を活用する技能、こうしたことを資本として、制度から与えられた使命を全うすることができた――について語り、いかにして、その後突然、現在の勤務地Xに異動、すなわち降格させられたかを語った。また、かなり型破りなキャリアを積んできたことを、気負いも失意も交えず話した。まず、大学で公法を教える非常勤講師になり、左派少数派の国民教育全教員組合（SGEN）に加入する。博士号取得後、まず弁護士に、その後司法官になり、最終的には、倫理的かつ政治的な選択によって、司法官団の中で最も典型的に社会的な部門に進んだ。そこなら、カトリックの活動家だった母親（彼自身もイエズス会系の学校で中等教育を受けた）の影響だという無私の性向（これは彼自身の言葉ではない）を発揮できると考えた。そしてそこで、内部で深く分裂している制度が相矛盾した意図をもつことを、所属する序列組織との絶え間ない軋轢や、つらい個人的葛藤という形で見出し、経験した。右手——ここでは検察——は、左手、すなわち、「社会的」と呼ばれるものを担う人々と組織のしていることを知りたがらない。サルトルにならって、自分自身による自分自身に対する嘘を自己欺瞞と呼ぶとすれば、国家制度が、集団として自ら実践している一種の二面的行為と二重意識とによって、国家の公式の使命に真にかなった方策や行動を拒絶し、忌避する恒常的な傾向を指して、制度の自己欺瞞と言うことができる。

# 不安定な立場とダブルバインド

ピエール・ブルデュー
ガブリエル・バラーズ

共産党員知識人の息子であるフランシス・Tは、非常に若くして、「支配された者の側にいる」決心をした。パリ周辺のスラム※で経験した最初の仕事以来、街頭指導員の仕事を常に続け、特に麻薬中毒者の面倒を見るようになってからは、昼も夜も体を張ってきた。

一九六〇年代には毛沢東主義〔中国共産党の指導者毛沢東の革命思想に基づく政治運動〕の活動家として、ある左翼急進主義指導者の裁判を包囲するデモで逮捕され、投獄されたこともある。「もちろん、本も読んだ」し、働きながら指導員の養成も受けたが、自分を指導員として育ててくれたのは「街頭」だと考えている。

麻薬中毒対策のため、パリ郊外地区のある市の市役所に雇用され、「麻薬関係情報相談窓口」という部門を設置するが、彼の仕事は、麻薬中毒の若者が自分から来て、医師や指導員、心理士による面接を何度も受け、麻薬と縁を切る意志がある「証」を何らかの形で示すまで待つ、というだけにとどまらない。若者たちが困っているとき、また「あいつらが薬を打って」心の奥底の願望——驚くほどおとなしい、「小市民的」なもの——を口にしているとき、その傍らにいることで信頼を集めている。フランシス・Tは、若者たちのそんな願望にも、とんでもない逸脱にも、同じように理解を示すのだ……。禁断症状が出ているときは、薬局で代替薬を調達するし、警察署に迎えに行き、給与明細票を偽造し、「昵懇の」裁判官や弁護士からいつでも支援を得られると請け合って、逮捕やときには収監も免れさせる。いついかなる時も力を貸すことで、麻薬中毒者に寄り添い、断固として彼らの側に立ち、組織の規則に違反し、「書類の偽造」や「不正行為」も辞さない。「学術的な話」——彼によれば、そんな話では麻薬中毒者は「完全に引いてしまう」——に反対し、また治療に対する官僚的な視点にも反対する。時間的間隔を開けて繰り返し面接を行なうことによって麻薬中毒者の断薬の決意を見極めようとすることばかりに目を向けていて、「やめたがっているという事実を閉ざしてしまう」。麻薬中毒者は待ったなしであること、「やめたいと言ってきたときはすぐ対応しなくちゃならない」ことを経験上知っている彼は、シンプルな対策を講じる。妻が看護師をしているパリのある大病院の診療科長と手を組み、断薬しようとする麻薬中毒者のためにいつでも病室を用意できるようにしているのだ。治療を終えた人は、「受け入れ家庭」に向かい、職探しを始められる。

　制度にかけがえのない貢献をしているが、いつなんどき制度から切り捨てられるかわからない、制度の前衛のような立場にいるフランシス・Tは、麻薬中毒者の代弁者のように、「ストリートやバー……なんかにいつもいて……夜も過ごしてますから、うさんくさい奴」のように見られている。自分は制度の良心であり、同時に制度の自己欺瞞でもあると彼は感じている。地元でル・ペン※との選挙協力を推進する青少年委員の議員を公然と非難して大問題となり、解雇されるに至っており、そのことから、彼の立場が不安定なものであること、託された使命が二面的なものであることが明らかになっている。「市役所が我慢できなかったのは、実は、私が対抗勢力を作り出していたってことなんです」。「街頭指導員」である彼は、ある意味で、街頭で力を持っており、権力を握る者に街頭の力を絶えず思い起こさせる存在だ。「基底の官僚制」（生活道路《ストリート・レベル》で働く官僚制）の最前線のアンテナとして、街頭の力を穏やかな方向に向かわせることに貢献しているが、彼ならその力を活性化することもできるのではないかと疑われてもいるのだ。

常に不安定な立場にあるというこの感覚に結びついた不安は、「厳しい仕事」に従事するために私生活がどうしても制約されることが年とともにわかるにつれて、倍加している。若い世代の指導員は、そうした厳しい仕事を避けたがり、「ピンボールやサッカーゲームのある青少年センター」にこもりがちだ。そこは「結局、消費の場なんですよ、飲むのに金を払う、遊ぶのにも金を払う」というところだ。「研究行動情報地域センター（CREAI）――指導員向けの職安ですけど、行ってごらんなさい。街頭指導員の求人は……残ってる……私みたいないかれた人間じゃなきゃ応募なんかしませんから！」フランシス・Tは四十四歳だが、五十歳に見える。体力はありそうに見え、力強いしゃがれ声がその印象を強めてはいるものの、消耗し、疲れているようだ。もっと穏やかな仕事、「家庭に対する宿題支援」を希望している。家族、特に三人の子ども――末っ子は四歳――は、彼がもっと時間を割くことを必要としている。ちょっと「一息つく」権利を主張する一方、「長年の条件反射」で、夜、いつも「あいつらの集まる場所」に、麻薬中毒者の話を聞きに行く（面談による聞きとりの前夜、寝たのは午前二時だった）。指導員は「一緒に」いるのが務めだと彼は常に考えている。「私のことを、後ろに背負ってる制度の外にいる人間だとあいつらが思ってくれて、気持ちが通じ合うようになって、制度的なプロセスの外で人間関係ができて、そうなって初めて、私の仕事は効果をあげられるんです」。しかし、何よりもこの代償を払って初めて彼自身が、「鏡の中で自分の顔を見ることができ、上におもねる人間でない」と感じることができるのだ。

# 街頭指導員

## 「道にたむろしてる人間ってのはすごく怖そうですから」

〈聞き手〉ピエール・ブルデュー
ガブリエル・バラーズ

**フランシス・T**　（…）［市長に］雇われたときは、若い連中が卓球なんかをやりに来る娯楽室の担当でした。当時、例のモンパルナスの不法占拠❖——国がずっと大目に見てきたあれです——があって、若い連中がハシシ［大麻樹脂］を調達しに行ってた。オリヴェンシュテン❖が、ハシシってのは結局、そんなに深刻なものじゃなくて、酒を一杯ひっかけるようなもんだって大々的に発表したのを若い連中は聞いてたんで、で、軽い気持ちで手を出したんです。もちろん、後で注射器をやるようになった。ですから、私のいた郊外地区には、麻薬販売のネットワークがすっかりできあがってました……実は、制度的なプロセスをとおす場合、あいつらを医者やこういう問題に取り組んでるＮＰＯに送ろうとすると、ケアしてもらえるようになるまでに、いくつも面接をしなくちゃならない。麻薬中毒者がやめたいと頼んでくるときは、すぐ、ってことなんです。麻薬にどっぷりつかってても、そんなときでも［強調する］すぐ、すぐ、ってことなんです……。だから、やめたいと言ってきたときはすぐ対応しなくちゃならないんで、メンタル面で準備が整ってるか、なんてことが……わかるまで一〇年も待っちゃいられない。その子の一生がかかってますから。それで、ある大病院の教授と知り合う機会があって、その人が自分の科に一室用意してくれた。たまたま、家内が同じ科で看護師をしていて、みんな家に食事に来たりして家内と顔見知りで、それで、人物的にも安心でしたし。それで、地区の医者を巻き込んで、市の社会福祉局も巻き込んで――社会福祉局は私のことをね、麻薬中毒者としてってわけじゃないですけど、麻薬中毒者の代表とみなしてて、私をまるで……問題があったのはそこなんですよ。市の制度から、自分たちの一員じゃなく、うさんくさい奴と見られていた。ストリートやバー……なんかにいつもいて……夜も過ごしてますから。市長は前から私の仕事の重要性をきちんと理解してくれてましたが。でも問題は、市の制度が全体として、私を市の一員と見ていなかったことです……。話が通じる麻薬中毒者ってわけです。実際、私は話が通じる麻薬中毒者だったんですが――ある程度力のある……取るに足りない奴だがどうもおおっぴらに反対しにくい、市長が後ろ盾になってるから、とか……結局、上の方が知ってるからってことです。

❖ 一九七〇年代からパリ南部一四区、モンパルナス駅周辺の再開発予定地で、不法占拠が広がり、八〇年代に入るころからドラッグが蔓延するようになった。

❖❖ クロード・オリヴェンシュテン。薬物中毒専門の精神科医。八〇年代半ばに、マリファナの合法化を提唱する。

**やめたがっているっていう事実を閉ざしてしまうことになるんです**

――麻薬中毒者はすぐ対応しなければならないという話ですが……。市の制度はどういう措置を提供するんですか。長いこと待たなければならなかったんですか。

[…]

**フランシス・T**　「麻薬関係情報相談窓口」とかいう組織なんですが。一連のプロセスがありましてね、「言葉を強調するために話す速度を落とす」本当にやめたいのか、本当に決心しているのかを知るためのプロセスがあるんですが……。それはかえって、やめたがっているっていう事実を閉ざしてしまうことになるんです。そりゃときには、やめたいってのが本当じゃないこともありますよ、一週間ばかり病院に隠れてなきゃならない（悪事を働いちゃったからとか……なんてこともありますから）。そんなことは問題じゃない。やめたいと言ってるんだから。空きがあればあいつらは治療に行く。その後またぞろやり始める。断薬治療を一〇回やったのだっていますよ！　で、一一回目にうまく行って、その後、仕事を探して、まあ……そういうわけです……。でも、そもそもろくに理解もできないよ

うな学術的な話ではあいつら完全に引いてしまいますよ

——そういうとこにあいつらはけっこう行くんです。治療を受けるように司法で強制されたりしますから。それは指示的方法の原則なんですが……［ためらう］。だれかに何かを無理やりにどうでもやらせようとしたって、本人が抵抗していたら……そりゃ、言うことを聞くこともあるかもしれませんが……それはほかにどうしようもないからで。でも実は心の中では……無理強いしても絶対に何も変わらない。ところが、理由は何であれ、本人が求めてきていれば、そうなれば……。まあ、それに私は、昼も夜も、街中に行ける、街にいるってこともありますが［ため息］。午前三時に電話が鳴るのも珍しくない。だれそれが警察にいるから、迎えに行かなくちゃならない、とか。午前三時に不意にだれか来るのも珍しくない、具合が悪いから、症状を抑えるのにトラングゼン50〔抗不安薬〕が要る……。

［…］

——市に雇用されていたのですか。

**フランシス・T**　ええ、市に雇用されてました。当時、中毒……というか、ハシシは、私が来て二週間、三週間後に現れたんです。麻薬中毒のああいう爆発的な増加は、あのころ現れたんです。偶然の一致でしたけど。私はね［ためらう］、麻薬中毒者に対しては一歩退いてるところがあった。私にとっては麻薬中毒者は意志の弱い奴で、とか、まあ……。それから、そうですね［両手を大きく振り回し、かすかに笑い、ためらう］、全部もう一度ひっくり返さないといけなかった。それから、あいつらを支援するようになった。若い連中がやる可能性のある、あらゆる裁判で支援した。いつもナンテールの裁判所に詰めてました。それで、二、三年経つと、裁判の前に裁判官に会って、先のことを決めるようになっていた。判決があらかじめ決められていたわけです。収監はほとんどありませんでした。そうですね、というのは……［ためらう］司法もこの裁判官を通じて——裁判官は二、三年経って、一つの方法を認めるようになっていましてね。その方法を認めていた、そしてその方法をとおして私のことも認めていたということからすると……。

——あなたのなさっていたことを支援していた……。

**フランシス・T**　そうです。対話が成り立つようになっていて、まあ、ちょっと結託するっていうか、共感、共同性がありましたね……若い連中のことについて。それで、まあ、うまく連携ができたわけです。［間］私は結局、市からはほとんど支えてもらいませんでしたけれど、［ためらう」権力構造と協力して連携をつくり出して、それで、認めてもらうことができたし、若い連中に対して安心感を与えることができた。信頼っていうのは、この安心感がない限り、築けない［調子を早める］。と言っても、いざこざがなかったわけじゃないですよ、あいつらと……。あいつらの言い方をすれば、ガチのけんかもあった、あいつらと私の間で。私があいつらに同意しないと、爆発して、殴り合いになった……。

——つまり両方の信頼を得ておられたわけですね、そういうことはいつも簡単というわけではないはずですが。

**フランシス・T**　そうですね、でも、それでも一〇年続きましたからね。［笑］［沈黙］

## 君が裁判所へ行くときは私もいるから

——それで、そういう若い人たちは……今、よりどころがない？

**フランシス・T**　ないですね、あいつらは……。

——今でも会いに来ていますか。

**フランシス・T**　ええ、立ち寄るのもいれば、電話したり手紙を書いて来るのもいます、地方へ行ったのもいますし、ほかには……結婚したのもいます……。まあ、みんなエイズ、つまりＨＩＶのキャリアです。どうやってあいつらの人生で……まあ、でも、そのことについては、何もできない。私には何もできない……なんというか、私がやろうとしたのは、彼らがやり直す可能性を社会的に提供することです。ありとあらゆるトラブルがあっても。配達運転手になったモモというのがいて、ＨＩＶ感染者ですが、ウイルスは増殖していなくて、今のところ、幸せにやってます……。もう一人、地方で料理人になったのがいますし、ほかにも、南仏で結婚して子どもがいるのもいます。子どもたちはＨＩＶではない……。社会的には、それでもずいぶん成果があったんですよ。

［…］

**フランシス・T**　夜遅く帰るときは——今朝は午前二時に帰ったんですが［ため息］、まあ、長年の条件反射で、あいつらの集まる場所に寄ったら……。回し打ちしてましてね、注射器で。肝心なのは、実はあいつらがクスリを打ってるところにいることなんです。あいつらの妄想を知ることで、あいつらのほんとうの苦悩、ほんとうの苦悩や幻想や願望がわかりますから。まあ、そういうことがみんな表に現れて、出て来る。それに……街頭指導員にとっては、共有できたというのはとても強い絆なんですよ……逸脱をね……まあ……――私が同意してないというのはわかりきってることですが、でも、まあ――君がまだ打つ段階にいるなら、頭ごなしに禁止しようっていうんじゃない。ただ、やめたくなったときは、私は……ここにいるよ。君が裁判所に行くときは私もいるから、何とか……丸く収めようとやってみるよ、ってことです。どれだけ偽証したことか……まあ、偽証だってのは裁判官もお見通しでしたけどね。

――どういうことで？　ちょっとしたこと？

**フランシス・T**　ええ、そうです。二、三回分の分量を買えるだけのかっぱらい……一回分を高く売りつければ、一回半分買えますから。

――彼らの夢、願望というお話でしたけれど、たとえば、どんなことを言っていたのですか。

**フランシス・T**　不満も表に出てきてましたよ。さっきはそう言いませんでしたが。結局、一人を除いて、とても貧しい層なんです。願望と言えば、たとえば、わが家を建てること。これはとても大事です。それから何度も何度も繰り返し出てきたのは、アパートか部屋を見つけてほしいって頼みでした。これはみんなそうでしたね。

――彼らはどこに住んでいたんですか、両親の家ですか。

**フランシス・T**　たいていは両親の家で、親に追い出されたときは地下の物置です。

――低家賃住宅団地の？

**フランシス・T**　ええ、低家賃住宅団地※とか、今では解体されてしまった家とか――代わりに立派なオフィスの建築用地になってるとこですよ。市長が「結局こういう人間は、五〇キロ離れたところに住めばいいんだ」なんて言うのを聞くと……。私にとってはちょっと黙っていられませんよ、これは……。

――わが家というお話でしたけど、そのほかにはどんなことがあったのですか。ガールフレンド？

**フランシス・T**　願望は、わが家、仕事、子ども（「子ども、家族、祖国」〔第二次大戦中の対独協力ヴィシー政権のスローガン「労働、家族、祖国」を連想〕って聞こえなくもないですがね……）〔笑〕。

――信じられないことですね、一般に持たれているイメージと違います……。

**フランシス・T**　地方に行った連中がどうやったかって言いますとね。受け入れ家庭に入ったんです。病院に来て、断薬をした。私の方は、受け入れ家庭のＮＰＯと相談した。あいつらを列車のところまで送って行ったんですが、あいつらは家に寄る時間もなく、受け入れ家庭に入った。で、受け入れ家庭で過ごす期間が終わったとき、たいていはそのまま残った。実を言えば、あいつらは代わりの家族を見つけたんです。そのまま残って、仕事を見つけ、ガールフレンドを見つけ、アパートを見つけ、免許を取って、車が買いたくなる。地の底を這うような生活をした後、小市民的な理想の世界を作り上げたわけです。

――学校はやめているんですか。

**フランシス・T**　たいていはそうです。一番できるのは、移行学級※で中三〔日本の中二相当→教育制度※〕まで行きました。

――学校のことをどんなふうに言っていますか。

**フランシス・T**　学校では見放されてた。あいつらは適応学級〔通常のクラスでの勉強についていけない生徒を少人数で指導する〕にいたんです。すでに排除されてたわけですよ！　学校でもう排除されていて、それで、学校を出たとき、排除された者のメンタリティをもっていた。仕事を見つけられるような資格も何もなかったので、それで、排除されていて、〔社会からの〕援助を求めた。めんどう見てもらおうとしたんです。そういうのは私は――私がいつもはねつけていることです。金が持てるようにはする、食べ物が手に入るようにもする……でも、はっきりした目標のある明確な場合だけです……。

――あなたにものすごく期待しているんでしょうね。

**フランシス・T**　まあ、そうですねえ、世界を作ってくれって頼まれたってことかな。でも、それをあいつらは見つけましたよ、最終的には。受け入れ家庭に行って、腰を据えたとき。

――結局、できるのは、耳を傾けること、守ることしかない……。

**フランシス・T**　私が何をやったかといえば、いろいろと作ったりもしました。NPOを作って、県から補助金をもらって、仕事する仕組みを作ったんです。トラックを二台買って、板金工だった男がいたんで、道具を買って……。あいつは車関係をやっていましたから、道具をそのまま持っていて、今は町中にけっこう立派な店を構えてます。そのNPOで、引っ越しをやったり、販売をやったり、アパートの塗装をやったり。あれはうまく行ったなあ。その後は、一〇年の刑期を終えて出てきた男と一緒に救急車の会社〔フランスでは民営救急車もある〕を作ったんですが……。これはいまだにえらく高くついてますが、でも、まあ、どうってことはない［笑］。場所を借りたんですが、塗装されたところを借りなかったりしたもんで、もちろんひどい状態でした。で、地下室で使えるところがあって、面倒見てた若い連中に仕事をさせて、県の補助金で給料を払った。担架搬送助手として雇ったんですが、あいつらに車を乗り逃げされて、病院の守衛所をぶっ壊されたんですよ［笑］。非難ごうごうですよ！　運転してた奴は免許がなくて、友だちだからって救急車を貸してもらった、まあ……病院の注射器はなくなるわ［息をつく］、薬はなくなるわ……でね……。

**――危ないところでしたね……［笑］。**

**フランシス・T**　責任はこっちで引き受けたんですよ！　こっちで引き受けた。それで裁判官に会ったとき、何とかすると言ったんです――っていうのは、そうでないと……もし何も打つ手がなかったら……。あいつらをね、いきなりころっと変えるのは無理なんです。仕事をもらったからって、明くる日から打ってかわって子羊みたいにおとなしくなるなんてことはないでしょう？　だから、移行の段階が要るんです。注射器がほしい、注射器を盗む。まだ抜け出していない証拠です。ただ、後でその病院に入院させることができたら、自分が盗みを働いた場所にいることになる。その上、看護師は、よく知ってる指導員の女房だし、そいつもだんだん変わっていく。よくこういうことが起こりました。

**――長い時間かかって？**

**フランシス・T**　あのですね、私は今も麻薬中毒者の面倒を見ていますが――もうすぐやめようと思ってはいますが、ともかく、まだ見ています。三年、見ておくんです。三年間は、まったく確信をもてませんが、でも、ともかくやれることはある。断薬が終わって、受け入れ家庭に入った後、また職につくころから、見えてくる。三年のスパンが必要なんです。それが一〇年間やってきたことです。

［…］

## 権力にとってはもう我慢ならなかった

**――ビジネス関係で、ずいぶんいろんな方面に味方がいたんですね、救急車の会社も設立されましたし……。**

**フランシス・T**　補助金はもらっていましたが、〔非営利団体の要件を規定した〕一九〇一年法にそったNPOは、私が設立したんです。NPOを作ったのは、市ではなく、代表のフランシス・T。補助金を受け取れるようにしてくれたのは市ですし、私が自分の勤務時間を使って、救急車の会社を作るのを認めてくれたのも市ですが、でも、市の機関は一度もかかわっていません（今も、仲介役のNPOが市にありますが、設立したのはカトリック関係者で、市ではありません）。上位の権力になにかプラスのことをもたらすのがいつも下位の権力だというのは、やはりなかなか興味深いものです。市は、その成果を横取りして使いますから。政治利用するんです……。市長とか……あらゆる権力構造は、下位の権力に基盤を置いているし、下位の権力のほうは、自分を認めさせるために、権力構造と依存関係にある。私にしても時間を使わせてもらえなければ、救急車の会社を作るのは絶対無理だったはずです。それにＮＰＯも設立できなかったでしょう。時間をもらったわけです。

**――書類作成も支援してもらえたのでしょうね、認可を得るための……。**

**フランシス・T**　それは、まったくなしですね。友だちに弁護士がいまして。実のところ、市役所にとって我慢ならなかったのは、実は、私が対抗勢力を作り出していたってことなんです。私自身が対抗勢力だった。権力の邪魔にならない仕組みである限りは、うまく行っていたんですが、ル・ペンとの連携の問題で袂をわかったとき――機関誌というか謄写版印刷のチラシを出して、助役全員とか、そういう連中に送り始めたりしたとき、あのときから、対抗勢力は権力にとってもう我慢ならない次元になって、それで、決裂したわけです。

**――一方には国とその出先機関である地方自治体があって、控えめに言っても、支援はしてくれなかった。もう一方には、つながりのあった大勢の人たちがいた、医療関係者や弁護士、司法……それに経営者にも……。**

**フランシス・T**　薬剤師もです。薬剤師とのつながりっていうのは、あいつらを説得するためです、だれそれはよく知っている奴だから、って言って……。

**――何のためですか、薬剤師から薬や注射器をもらっていた？**

**フランシス・T**　ええ、薬局へ入って行ってこう言う。トラングゼン一箱くれないかって、必要なんだ、若いのがいて、禁断症状があるからって。薬をもらって、後から処方箋をもっていってた。

**――毎回、時間を稼いでいた。**

**フランシス・T**　そうです［沈黙］。そうです、私は「ためらい」、実は自治体の権力機構からは問題視されていたんですが、この権力機構には私の代わりは務まらないし、私がやっていたことをやるのは無理だった、向こうには手だてもなかったですし、それが私の強みだったんです。私は実際、まあ、けっこう力をつけてきたし、弁護士とも一緒にやっていましたから、ほかの［対抗的な］政治権力があるってことになったわけです。連携があった医者が二人いて、どちらかというと一人目と一緒にやっていたんですが、もう一人の医者は司法から、と言うか、まあ、市に住んでいた裁判官から認められていて、お互いよく知ってました。市の社会福祉関係者全員とも、いつも意見が一致するというわけではありませんでしたが、一緒にやってました。そういうわけで、機能する仕組みが出来上がっていて、そのおかげで……。それに市長が任せてくれていましたし。[沈黙] 実はね、障害はね、市のトップより下の権力なんですよ。

――中間管理職?

**フランシス・T**　障害を設けるのは中間管理職なんです。でも中間管理職は――まあ、問題が大きくなりすぎると、私は市長に面会を申し込んだり手紙を書いたりして、障害を取り除いてもらいましたが。

[…]

## 自分の職員証を出して見せる

――勤務時間はとても大変なのでしょうね。

**フランシス・T**　まあ、場合によりますね。いついつどこどこにいて、たとえば、警察の捜査があったら、まあ、自分の職員証を出して見せて、で、話をする、まあ……。でも、警察がそいつを引っ張っていくことになったら、そうしたら、共和国検事※に、というか（共和国）検事代理※に、電話をかけて、警察に乗り込んで、交渉する。あるいは、ひどく具合の悪いのがいたら、一緒にいる、ほっとくわけにいきませんから……。

――医者に連れて行くんですか?

**フランシス・T**　あるいは、錯乱状態になっていたら――錯乱状態のときは話をする必要があるんです。だれかと一緒にいて、だれか、話を聞いてくれる人の前で、うわ言を言う必要がある。そんな時は、友だちだって誰だって話を聞いてやる奴はいませんから。で、そこが認めてもらうプロセスの一部なんですよ。あいつらは、私が自分たちと同じ生活をしていないってことは百も承知ですから。でも力になれる人間として私を認めてもらうには、あいつらが、私のことを何かある、何かしてくれる奴だと思ってくれないとだめなんです。私のことを後ろに背負ってる制度の外にいる人間だとあいつらが思ってくれて、気持ちが通じ合って、制度的なプロセスの外で人間関係ができて、そうなって初めて、私の仕事は効果をあげられるんです。

一九九二年十月

# 「作業」

ガブリエル・バラーズ

ヴィルヌーヴ（・ラ・ガレンヌ）市〔パリ北郊の自治体。集合住宅団地で暮らす住民の比率が高い〕の地域ミッションセンター※は、市の中心部にある。けれどもウィークデーの午前中はあまり人の姿もなく、高層の集合住宅が建ち並ぶなかでその場所を見つけるのも容易ではない。ここで若者を迎えいれ、話を聞く。これは、困難な状況にある若者を援助して、職業教育を提供し、可能ならば就職させることを目的として設置された機関である。こうした機関はフランス全土に少なくとも二百ある。一九九〇年には、ヴィルヌーヴ市で五三〇名の若者が新たにここを訪れ、一四〇〇件の申し出が受け付けられた。訪れた若者の半数以上には学校教育の修了資格がない。半数弱が職業適格証※か、職業教育修了証※を持っているが、これらの資格は、労働市場ではほとんど価値がない。地域ミッションセンターが果たしているのは、正確には就職斡旋の機能ではなく、職業訓練の機能ですらない。そこで展開されているのは、資格取得に向けた「個人別就業プロジェクト」にはじまり、精神的支援にまでおよぶ、一連の組織化された活動である。このようにして、困難を抱えた若者たちの労働市場への参入を可能にしようとしているのである。

最も独創的な仕組みが、「地区公社」〔という名称のＮＰＯ〕だ。この組織は低家賃住宅運営会社の統轄下にあり、建物や街路を管理したり、管理人の交替要員となる一五人ほどの成人によって構成されている。この団体は、地元の住環境改善という枠組みのなかで、一五人ほど若者を雇い、「連帯雇用契約」※にもとづいて賃金を支払う。これは、多大な労力を要する措置であり、たとえば時間をきちんと守るという点で、若者を職業的な実生活へ向けて準備させせようという典型的に官僚的な発想の一例である。ヴィルヌーヴ市で起こった一連の事件（スーパーの放火もあった）を受けて、県知事は地域ミッションセンターに、何かすること、すなわち「作業」を用意するように要請した。つまり、今後は団地内で若者がほったらかしにされることがないように、との要請なのだ。この官僚的な「コンセプト」は、字義どおりには、若者に時間をつぶさせる、ということを意味するが、また同時に、若者に職業を与え、社会的な位置づけを与える、ということも暗に意味している。「地元管理統括会」の会長によって示された「社会参入活動」の例を見ると、これが、本当の意味での職業ではないことがはっきりわかる。

地域ミッションセンターのような施設は、かつての共産党活動家であるセンター長や、自分のことを公務員というよりは活動家だとみなしている人々、そうした、自分の時間を考慮せず、おおいに職務に打ち込むタイプの人材なしには、機能しないだろう。彼らは大変創意工夫に富んでいるが、それが特によく発揮されるのは新奇な言葉遣いをするときだ。「〔就業と学校を行き来する〕オン・オフ教育拠点」「社会的職能形成」、「連帯雇用契約」、「私たちは今、熟慮を重ねつつある」、「しかるべき組織の注意を喚起し、組織間の連携を図る」。センター長は、当時行なわれた多くの会合や、市役所によって設置された正真正銘の「危機管理室」について語る。そこでは、集まって考えを出し合うことで、個々人の確信が強まったし、また、それは――とりわけ、政治家やテレビ取材班の訪問、さらには大臣の訪問までがあったおかげで――、この種の制度が経済活動に影響力を発揮するような社会現実を再構築する機会ともなった。

センター長は、失業を経験し、再就職をとおした社会復帰の難しさを個人的に知っているため、それだけ強く、自分のセンターに肩入れしている。そのせいで、彼は、「どうしようもなく行き詰まっている」人々にたいして敏感であり、解決策を工夫する気持ちにもなっている。また、「学歴を重視することなく」採用した活動家的な職員と、臨機応変の考え方、つまり「うまい手」（たとえば、若者の運転免許取得の手助けをする「付き添い運転」、格闘技の指導者の来訪など）を共有するようにもなり、またなによりも、みんなが——訓練する側もされる側も——漠然と知っていることを秘密にしておくために、この研修＝「作業」が、真の雇用に至ることはまったくない、などとは信じないようにしている。

# 地域ミッションセンターのセンター長

〈聞き手〉ガブリエル・バラーズ

——地域ミッションセンターに来るのはどういう人たちですか。

**センター長**　ここの仕事は、働き蟻の仕事でしてね。若者が仕事につけるように努力はしています。でも、あの子らがここにやってくるときの状態では、職につかせるのは無理なんです。ですから、計画を立てて、職業訓練するっていう大仕事になるわけです。個人別就業プロジェクトのおかげで、今年は、それでも、わりとたくさんの若者に職業訓練を受けさせることができました。個人別就業プロジェクトにそって、技能をもたせることができるようになり、彼らは私たちのところに、資格を取って戻ってきます。ですが、堂々めぐりなんですよ。また雇用の問題が出てくる。つまり、仕事を見つけてあげられないと、こうした若者たちは……。

——いま、「ここにやってくるときの状態では、職につかせるのは不可能」だとおっしゃいましたね？

**センター長**　あの子らは持ってないんですよ、資格を……。ヴィルヌーヴ市の〔騒乱〕事件を受けて、知事は若者たちに「作業を用意しろ」と言っているわけです。

——何ですか、それは？

**センター長**　「作業」ってなにか、ということですよね。暇をつぶさせる、とでも言えるでしょうかね。若者が、路上や、建物の入り口やなんかでたむろしていないように、何かさせるとか、まあ、そんなとこです。「街なかで悪さをさせておかないで、作業を実施せよ」と（…）。よその地域ミッションセンターと一緒に、考えをまとめている最中なのですが、作業のなかには、職業につながる仕事もあるという気もするのです。でも、どっかの仕事に押し込めないような若者もいるし、と思うときもありますけどね……。企業は、仕事のできる若者は受け入れます。でも、企業は、医者になってはくれません。若者を治療し、訓練するということなど、やってくれません。そこで、部分的になっても、最も困難な状態にある若者に応えるために、彼らを雇えるような仕組みをつくれたらいいのではないかという話になったのです。それで、社会参入事業というかたちで、地区公社が出来てきたわけです（…）。

**――センターへの登録はどうやってするのですか。どういう対応をしますか、希望者がやってくると？**

**センター長**　若者がきますよね。私たちのほうでは、その子に、仕組みがどうなっているのか説明して、なにをしてあげられるのか説明するのです。そうして、関心を持ってもらえるようにします。それから、就職はなかなかむずかしいと言います。ここは就職専門機関ではない、けれども、就職を引き寄せる手段を持てるように、私たちも努力するつもりだ、と。個人別就業プロジェクトとか、オン・オフ教育とか、いろいろ説明します。ただすぐに答えが出せるとは限りません。二種類の反応があります。すぐにはじめる若者と……ええと、言っておかなければなりませんが、個人別就業プロジェクトというのはですね……早く答えが出せることもあります。登録の翌月には、企業実習に出せたこともあります。

［…］

一九九一年三月

# 国家の視点

パトリック・シャンパーニュ

「社会不安」の「メディア化」は結果として、こうした「不安」を記述し、説明し、それに「対処する」ことを目的に掲げる、あらゆる性質の出版物・報告書の増殖を引き起こし、こうして「不安」は公の場に持ち出される。マスメディアは、一部で主張されるように、現実について報告するだけか、あるいは（控え目な言い方をして）ただ問題提起をするにすぎない、単なる目撃者であったためしは一度もない。一つには、公の場で語られるという事実があるだけで、不安の性質が変わるからである。「個人的な問題」あるいは「地元の問題」として経験されていたものが、政治的に解決されるべき「社会の問題」となるのだ。個人的な責任の次元にあったものが、以後、集団的な責任に属するものとなる。つまり、内輪の私的な経験であり、個人的な「不安」だったものが、公の場の話題に、そしてシンポジウムや研究会のテーマに変貌し、全国紙の「討論」ページに登場し、そこで政治評論家とメディア知識人が意見を戦わせ、そうして、経済的に利益を生む、正真正銘の市場が開かれ、そこに、証言や調査——自発的なものもあれば注文を受けたものもある——が殺到するのだ。また、もう一つには、メディアは社会問題を、自分たちのやり方で構築して、人々に押しつけるからである——その構築は、最も目立つ、そして多くの場合、最も表層的でもある事実を際立たせるという手法を大いに活用して行われる。メディアは、言葉（「ゲットー団地」「人種差別犯罪」など）を押しつけること、社会的行為者を選別して話させたりインタビューすることをとおして、話題にしている「不安」にまつわる、正真正銘の公的言説を存在させるのに一役買う。不安に名前を付ける（たとえば「郊外問題」、あるいは「教師の不安」など）と同時に、それについてどう考えるべきかを伝えるのであり、こうした解釈は、かかわりのない人々だけでなく、主たる当事者にも押しつけられる。当事者は、それまでなんとなく漠然と感じ取ってはいたが、正統性を欠くため表現できないままだった不安について、正統な言説をそこに見出すのである。

この公的言説は、常識の言説に非常に近いという意味で自明性という強みを持ち、それだけにいっそう強力な遮蔽作用を発揮する。しかも、政治権力の責任を問う傾向があるため、政治的な問題設定に基づく大量の成果――世論調査に始まり、官僚的文書類にまで及ぶ――の産出を促すことになる。この官僚的文書類は、マスコミ（とマスコミをとおして発言する人々）から、ニュースの「第一面」に登場する問題の解決を、早急に求められていると感じる行政当局が、作成を依頼した報告書からなる。

困難な状況にある郊外（都市近郊地区）のケースは、この点に関して、やはり典型的である〔→郊外問題※〕。すでに六〇年代末には、都市社会学と移民社会学の数多くの調査によって、こうした地区の現状を理解するのに必要な分析要素はほぼ出揃っていた（いくつか挙げるにとどめるが、たとえば、アンリ・コワンやコレット・ペトネによる庶民階層住宅の研究、アブデルマレク・サヤドによる移民研究、あるいはミシェル・ピアルーによる団地地区の若者と臨時雇用の関係に関する研究、および、最近では、「住宅の経済」をテーマとした『社会科学研究紀要』八一―八二号〔第Ⅲ部「国家の不作為」原注（2）参照〕）。こうした研究は、専門家の間では知られていたが、最も喫緊の時事問題に入らないという理由で、あまり目に留まらなかった。メディアの中に、そしてメディア向けに八〇年代になって特にマンゲット※地区での衝突、次いで特に九〇年代初めにヴォー＝アン＝ヴラン※の事件によって、近郊地区と移民の問題が噴出すると、このテーマに関する雑誌の特集号や出版物がまさに爆発的に増加した。理由は何よりも、特にこうした地区の選挙における極右の台頭によって、これらのテーマが、ジャーナリストや、また潜在的には広く一般の興味を惹く、政治問題になったからである。当時現れた文献はすべて、単なる目撃証言から社会学の調査に至るまで、知的というよりは政治的というべき象徴闘争に引き込まれ、何らかの役割を担った。――争われたのは、「熱いうちに」、何らかの視点と解釈を押しつけるということだった。

社会学は、こうした文献を無視するわけにいかなかった――単にそれが研究領域を占有し、その性質からして、より厳密な分析を妨げるからだけでなく、また、これほどの関心の集中からは、興味深い情報や有効な分析が出てこないはずはないからでもある。「郊外」「若者」「移民」「郊外の移民の若者」に関する、こうした数多くの出版物――今日、すべてを網羅することはできないだろう――を読むと、ある意味ではすべて言い尽くされたと考えざるを得ず、隠された事実や思いがけない事実、あるいはいまだかつてだれも考えたことのない社会的なプロセスを、社会学が発見するなどと期待すべきではないような気になる。しかし、種々雑多な分析と情報があふれて混乱を生み、不完全なあるいは現実的根拠のない説明がまかり通る余地が生まれ、今やだれでも、自分が聞きたいと思う説明をたやすく見つけられるようになった。このようにして、「郊外問題※」の原因は、都市計画の欠陥や経済危機に、治安部隊の手ぬるさ（またはその逆）に、野放しの移民流入に、家庭の崩壊に、麻薬に、あるいはこれらすべてに同時に求められることになっている。この問題について、社会学の役割――朝飯前というほど簡単にはいかないが――はおもに、的確なものとそれほどでもないもの、重要なものと単に二次的あるいは派生的なものの区別をつけることにある。社会学は何よりも、すべてが機能的に同じ重みをもつわけではない、一群の要因を、一貫した説明体系の中に序列化し、統合しなければならないのである。

こうした文献がどのようなものかを見るため、一時的な産出物であるこれらの文献の両極に位置する、二つの例をとろう。一つは、純粋に政治的な意図をもつ、単純な世論調査、もう一つは、政府のために、総括を目的として、入手できる情報を集めようと試みる、専門家の報告だ。

世論調査は、一般の人々やジャーナリストの間で——一部の専門家にとってさえ——「科学」として通っている。科学性の外面上の特徴をすべて備えているからだ。被調査者を代表するサンプル（あたかもそこに本質が見出されるかのようだ）、アンケート、パーセンテージやグラフの形で示される回答、など。その上、世論調査にはもう一つ利点がある。社会学者というものをお払い箱にできることだ——社会学者が、経験的に行なわれる調査をとおして、またそうした調査を超えて、社会の仕組みを分析するために問う明確な質問もろともに。世論調査は特にジャーナリストによって高く評価される。数行で要約できないか要約しにくい、込み入ったコメントを生み出す余地がまったくなく、ジャーナリストが信頼できるとみなす情報を手っ取り早く提供してくれるからだ。問われている質問は、政治が問わせるものだけである。だからこそ、通常の政治的問題設定によって、そういう問題設定のために作られた、このような質問は、少なくともその委託者にとっては自明に見える。たとえば、家庭や社会で若者の非行に責任があるのはだれか、という質問を「国民」に問うのを控える理由がどこにあろうか。特に「郊外の問題」がメディアの「第一面」に登場するようになって以来「だれもが自問する」こうした質問に対して、議論の余地のない明白な統計的データ、すなわち、われわれが新たな「社会問題」（失業、メディアが流す暴力など）」に直面していることを「雄弁に物語る」数字が得られるのではなかろうか。

しかし、調査者がする質問が一般の人々にとって自明のものになっているのは、世論調査機関がその質問を、長年にわたって、同じ言葉で（変動を厳密に比較するため、と彼らは主張する）、絶え間なく繰り返し質問しているという事実にもよっている。そうなると、もう百回も聞いたのだから、もはやだれも——あるいはほとんどだれも——、そういう質問をされても驚かなくなっているが、実はそうした質問は、政治に関心のある人間たちの狭いサークルの内部でしか、意味も機能も持たないのだ。調査の実施は、新しい型の世論を生み出す――世論調査用の世論だ。これは、調査で測られるはずの現実からかけ離れていることの方が多く、真に問われるべき問いを遮蔽する。金のかかる、際限のないこうした調査は、常に緊急に行なわれ、有無を言わせない科学的知識が存在しうるという幻想を保存し続けているが、実は調査が教えてくれるのは、それを依頼し、構想し、利用する人間がどのような思考カテゴリーをもっているか、である。言い換えれば、得られる回答よりも質問の方がはるかに興味深いことが多い――質問には、政治家・政治指導者の関心事が非常に直接的に露呈しているからだ。

では、一つだけ例を挙げよう。一九九一年三月（すなわち、ヴォー＝アン＝ヴランの事件と都市省の創設の数カ月後）に、『パリジャン』誌およびフランス・アンテールラジオ放送の依頼で実施された視聴覚高等評議会（ＣＳＡ）〔放送内容を監督・規制する公的機関〕の調査だ（とはいえ、首相府の依頼でほかの調査機関が実施したものであってもおかしくない）。尋ねられた八つの質問は、こうした世論調査の設問、さらには政治的な調査質問が一般にとる様々な形の格好のサンプルであるため、全文再録に値する（カッコ内に短いコメント付き）。

**（1）フランスにおけるこの一〇年間の人々の間の格差についてどう感じますか。**

どちらかといえば拡大する傾向にあった、変わらなかった、どちらかといえば縮小する傾向にあった、無回答。

［この質問は実は、国立行政学院〔→グランド・ゼコール※〕入試の論文試験の典型的なテーマ（特に一〇年間の社会党政権※の後）だが、これは意見を問う質問なのだろうか、それとも事実を問う質問なのだろうか。もっぱら政界を騒がしているこの問題について「人々がどう感じているか」を知ってどうしようというのだろうか。この一〇年間の変化について発言するのが難しい若い被調査者が行き当たりばったりに回答し

たらどうするのか。実は、この質問の背後に隠されている真の意図を知るには、後に続く質問を見なければならない。］

**（2）あなたの考えでは、今日のフランスで、人々の間の格差は。**

耐えがたい、ひどい、あまりひどくない、まったくひどくない、無回答。

［様々なカテゴリーの被調査者は、「耐えがたい」「ひどい」といった形容詞にどのような内容を込める可能性があるだろうか。実はこれはあまり重要ではない。というのは、肝心なのは、純粋に政治的な土俵に人を上らせ、調査を受けている人を次の二つの質問に備えさせることだけだからだ。］

**（3）以下の領域のうち、優先的に対応する必要があると思われるのはどれですか。**

住宅、収入・賃金、医療、教育・人材育成、無回答。

［優先順位の問題は、政治家が自問する質問の典型だ。「統治するとは選択することである」とピエール・マンデス・フランス〔五〇年代に首相も務めた政治家〕もすでに言っていた。しかし、当時マンデス・フランスの頭の中にあったのは、たとえある政策が世論調査で一時的に不人気であることがわかっていても、状況を十分に分析した上で、全体の利益という視点に立って選択することだった。今では、不人気にならないために、直接市民に意見をきいて優先順位のリストを作る。市民の回答を見れば、自分に直接個人的にかかわる領域を自己中心的に優先すること――それ以外にどうしろというのだ？――がうかがえる。］

**（4）フランス人の間の格差の縮小について、ミシェル・ロカール政権**〔↓社会党政権※〕**を個人的にどう思っていますか。**

全面的に信頼している、どちらかといえば信頼している、どちらかといえば信頼していない、全く信頼していない。

［これが、実は最初から聞きたかった質問であり、前の三つの締めくくりとなるものだ。これは「信任を問う」質問だが、当時、与党の過半数確保が危うかった国民議会に対して向けられた質問ではなく、直接国民に対して、すなわち数年来どちらかといえばロカールに「好意的な意見」を持っているらしい「人々」に対して向けられた質問である。］

**（5）わが国の社会の変化によって、今日、大都市での生活はどうなっていると考えますか。**

非常に困難、どちらかといえば困難、どちらかといえば快適、非常に快適。

［漠然とした、一般的なこの質問は、正確な情報を集めようとするものではなく、やはり、郊外（都市近郊地区）に関する後続の質問に備えさせることを特に目的としている。後続の質問は、メディアに取り上げられた特定の事件と、メディアで大きな反響を巻き起こした政治判断と関係している。］

**（6）では、郊外での生活はどうですか……。**

［この世論調査の依頼者が最初から聞きたくてうずうずしている質問に近づいてくる。］

**（7）以下のカテゴリーのうち、大都市と郊外の問題の責任者である新任の都市大臣が、その状況に優先的に取り組むに値するのはどれですか。**

高齢者、自営業者、若者、移民、独身の女性、無回答。

［聞きたかった質問がついに放たれた。この簡単な文の中で、一部の住民カテゴリーの問題に優先的に責任を負って取り組む、新設の都市大臣が今やいることに注意を喚起する。常識からとったこれらのカテゴリーは（たとえば、移民系で、小さな店を営む、若い独身女性はどこに分類されるのだろう）、真の問題を排除するのに、実に都合よく作られている。実はこの質問の唯一の機能は、移民を優先的に支援することを、どのくらいの割合の人々が受け入れるかを、さりげなく探ることなのだ。郊外の問題の第一の当事者だと

誰もが言う移民は、ここでは、政治的に無害なほかのカテゴリーと混合して提示されている。」

**（8）ご存じのように、市町村は収入の一部を域内企業から得ています。職業税**〔企業の資産等に課税〕**です。政府は、最も恵まれた市町村が集めたこの職業税の一部を、域内に企業がない、あるいは少ない市町村に分配する法案を準備しています。この法案を個人的にどう思いますか。**

どちらかといえば賛成、どちらかといえば反対。

「この典型的に「政治学的」な質問は、「ご存じのように」で始まる。被調査者のほとんどが知らないからこそだ。次いで、簡単でどうということはない言い回しで、実は正真正銘の税法の講義となる一節（専門家ならだれでも、地方税は複雑な問題であるため、豊富な文献があることを知っている）で、短く注意を喚起する形を取り、最後に、反対しにくく思われるような用語で政府の法案を紹介する。実際、被調査者の八〇パーセントが、最も豊かな市町村から少し金を取って最も貧しい市町村に回すという提案をする法案に、賛成と回答した。」

この調査の報告自体が、調査の果たしている役割を物語っている。具体的に見れば、報告は薄い文書の形になっており、中には、まったくコメントなしに、一連の表が載っている。各ページの上部に、囲みの中に太字で質問文が示され、その下に回答が示されている。一ページ目には全体の回答分布があり、後続ページには、通常の「社会学的」変数によって、回答がクロス集計されている。各質問についても同じである。実は結果の提示は、完全に政治的な関心に従って行なわれている。一ページ目に示されている分布は、選挙や住民投票の論理に属する（「大多数のフランス人が考えていることは……」）。一方、後続ページでは、政治家向けに大雑把に想定された集団に従って、一つ一つ、変数ごとに、回答がクロス集計されているが、実はこうした集団は、分析よりも行動に役立つカテゴリーである（性別、年齢、職業、支持政党、住居形態）。言い換えれば、こうしたクロス集計表の目的は、説明することではなく、政界が作り出したある意見をどういう集団が支持し、どういう集団が支持していないかを知ることであり、個々の集団の回答は、政界内の闘争の争点を提供することになる。こうした表によって、説得すべき集団を特定でき、今後は、そういう集団に「狙いを定めて」政治キャンペーンを行なえばよい（若者か高齢者か、男性か女性か、恵まれた社会階層か恵まれない社会階層か、都市住民か農村在住者か）。一九七七年の法律によって義務化された調査日の正確な記載こそが、おそらく、最も有意義な情報だ。こうした類の調査の唯一の関心が、郊外の問題を理解することではなく、調査の時点での政府に対する「世論のレベル」を知ることだと、あらためて気づかせてくれるからだ（世論調査をする側はこれを写真の比喩によって表現している。すなわち「世論のスナップショット」だ、と）。日付からわかるのは、「フランス人の社会的関心」と題された調査が、実際には、その時点で首相だった「ミシェル・ロカールの政治的関心」を露呈しているということなのだ。

メディアによって間接的に生み出されたこの文献の対極にある例として、国務大臣である都市・国土開発大臣に提出された、『追放』と題された報告書が挙げられる。一九九一年、ヴォー＝アン＝ヴランの事件後、新任の都市大臣は、困難な状況にある都市近郊地区の状況の分析を、国務院※の評定官のジャン＝マリー・ドラリュに求めた。ドラリュが数カ月後に提出する報告書の質には、執筆者自身の特徴が色濃く反映されている。ドラリュは、高級官僚の「左」派あるいは「知識人派」によくみられるように、社会問題に以前から関心を持っていただけでなく、実は社会学を修めていたため、基本的な能力を備えてこの問題に取り組むことができ、とりわけ、メディアがこの問題に関して採用した偏った提示の仕方を非難した。様々な社会学的研究の読み込みと、こうした地区で働くあらゆる種類の人々からの実際の聞きとりに基づく報告書には、多くの興味深い指摘がみられる。つまり、この報告書は、社会世界についての知識が確実に活かされる状況で作成されており、その知識は、多くの官僚的な報告書に含まれる知識や、ましてや大多数の高級官僚がこうした恵まれない住民やその面倒を見る人々の仕事について持っている知識をはるかに上回るものだった。

しかしこの分析には、やはり報告書作成の社会的条件に起因する限界がある。考察、すなわち、こうした困難な状況におかれた都市近郊地区の状況を本来の意味で理解するために書かれた部分は、比較的短い（二百ページ近い報告のうち二〇ページ程度）。この執筆者のような高級官僚に託された使命は、基本的に政治的な性質のものであることを忘れてはならない。しかも、分析そのものも、知的というよりは政治的な論理に従う傾向がある。高級官僚というものは確かに、全員の話を民主的に、「党派性を抜きにして」聞くのをモットーとし、専門家の意見を集めるという論理に従うが、この論理はほとんど常に、厳密な知的構築とは相容れない。先行研究の引用はたいてい文脈から切り離された断片的な分析にすぎず、その筆者たちは、非常に種々雑多な、それどころか、明らかに矛盾する理論空間に属している（引用されている論者のリストを見てみればよい。社会学者の目には、プレヴェール〔二十世紀の詩人〕風の並列表現のように見える）。この報告書の作成を支配した論理が行き着くのは、説明より記述であり、問題要因の一覧作成であって説明体系の構築ではないのだ。

この報告書では、社会的現実が行政上のカテゴリーに従って切り分けられている（たとえばジャン＝マリー・ドラリュは、「都市問題」「社会問題」「若者」という三つの側面を区別している）。こうしたカテゴリーは、社会学的観点からすれば必ずしも有効ではないが、解決を提案するには便利で、政治家にはわかりやすい枠組みである。こうした報告書におもに期待されていることは、実は、アイデア、解決、解決のためのアイデアで、できれば「メディア化しやすい」もの、すなわち目につきやすく即効性のあるものなのだ。分析の不備が特に目につくのは、提案されている解決策が、たいていの場合、物事の表面にとどまっていることである。ある場合には、単なる「常識的」な解決でしかなく（たとえば、こうした郊外地区に介入する様々な行政当局の活動がそれまで縦割りだったのを調整する必要性など）、これは高級官僚の立場からすれば、また現状の官僚的論理を考慮すれば、すでに大仕事だが、状況の分析とほとんどまったくといっていいほど関係づけられていない。またある場合には、より革新的な解決と謳っているが、やはり行なわれた分析に依拠していないだけでなく、政治主導による解決という幻想からなかなか脱却できないでいる。たとえばドラリュ報告の中では、「市民性」という概念のもとにおかれたあらゆるものがそうであり、純粋に政治的な原因から生じたわけではまったくない諸問題を、この「市民性」が解決してくれることになっている。

こうした報告書は、メディアによってあらかじめ作られた問題設定と、真の意味で決別することができない——報告書のおもな機能がそのような問題設定に応えることにほかならないからだ。報告者はいくつかのことを見逃している。すなわち、実際に分析すべきは、社会集団が空間にどう組み込まれているかであり、問うべきは、そうした集団の社会的再生産の様式と集団を構成する個人の軌跡である。そして、不動産市場、教育制度（学校）、雇用市場にかかわる公共政策が、こうした集団にどのような影響を及ぼすか、きちんと評価できるようでなければならない。こうした「郊外」で働くすべての人、社会福祉関係者、公共職業安定所長※、非正規雇用紹介所長といった人々の話にしっかり耳を傾けさえすれば、解決が「郊外」自体の中にはないことはすぐにわかる。なぜなら、問題の原因は団地地区にあるのではなく、ほかの場所、多くの場合、まさに国家の中枢にあるからである。

# 移民流入の「費用」と「便益」

アブデルマレク・サヤド

「理想的には」、移民流入および移民の人々は、その「便益」が「費用」を上回る場合にのみ、意味があり存在理由があるのだ。いかにして「便益」（特に経済的なもの）を最大化し、「費用」（特に社会的、文化的なもの）を最小化するか、それは、経済学者が表だって扱う純粋経済学の問題というだけでなく、移民に関するすべての発言に潜在的に潜む問題である。こうした問題設定は、非常に幅を利かせているため、自明のことのように見えている。この問題設定を収支計算に再変換した場合、対象となっているのが特別な立場にいる人々であるため、ほかの集団を対象とする、似たような計算とは、共通項が何もない。たとえば、幼児や若者、高齢者が対象である場合、問われることは単に、対象者に施したいと考える措置に必要な資金を予測し、予算をつけることだけだが、これに対して移民の人々の場合は、移民流入による政策、すなわち、移民の人々の存在あるいは「消滅」の便益と費用について判断を下すことになる。一見技術的に見える問題提起をとおして、客観的に問われているのは、移民の正当性の問題そのものなのである。移民に関する発言で――特に、「移民流入の費用対便益に関する経済理論」の場合がそうであるように、発言が明示的、意識的に移民の機能に関するものであるときには、（移民を）正当化するか、あるいは、移民には（根本的に）正当性がないと非難するか、どちらかをしようとしていないものはほとんどない[1]。

これまで、「移民流入の費用対便益に関する経済理論」は、考慮すべき要因の評価をめぐって見解の不一致を生んだだけであり、当面合意が得られているのは、この理論があらゆる議論に先立って必要とするもの、すなわち、第一に「費用」なるものと「便益」なるものを区別する原則、すなわち、移民に関する収支決算が赤字か黒字かを確定するための原則である。このため、この理論によって、たとえば、移民は、だれにとって「費用がかかり」、だれにとって「便益を生む」のかといった、ほかの様々な問いが問題外となり、覆い隠されてしまう。しかし、より根本的には、総体としてしか（経済的、政治的）現実性がない集合の識別可能な要素を恣意的に分離し、〔分離された〕要素に「費用」や「便益」以外の何物をも見ようとしないのは、各要素に自分たちが付与しようと意図する意味を〔一般に〕押しつけることにほかならず、また、自分たちがそんな押しつけを行なっていることに考えが及ぶこともないので、それはなおいっそう強圧的な押しつけとなる。

政治的なものを「技術的問題化」するこの試みの例としては、移民に由来する資金の流れを扱ったアニセ・ル・ポールの研究、さらに、ル・ポールの結論と、たとえばフェルナン・イカールがル・ポールとほぼ同じデータから引き出した結論との違いが挙げられる[2]。

移民流入に帰すべき「費用」があるとすれば、最初に思い浮かぶのはもちろん、移民流入にたよるあらゆる国がこうむる、〔自国からの〕資金移転による資金コストである。移転資金の一部は移民自身の貯金によるもの、一部は社会福祉機関（家族手当※、社会保障給付、退職年金、様々な年金給付など）によるものである。しかし、明白で議論の余地がないものとされるこの「費用」自体に、別の種類の「便益」が必ず含まれている。「特に、貯金の海外送金の影響を問うことができる（…）。一方、海外送金が一〇〇万フラン※減った場合、対外収支の改善は（…）約三万八〇〇〇フランに留まるとみられる。実は、海外送金の減少を仮定すると、その後、世帯消費が増加することになるが、この増加の大部分を満たすのは、国内生産の増大ではなく、輸入の増大や輸出の減少なのである。また、貯金の外国送金が減少すると、送金先の国々は、外貨獲得が制限され、その結果、フランスからの輸入をはじめ、輸入が制限される[3]」。

逆に、移民流入国にとって、即効の「便益」——見かけ上は引き換えの費用を一切免れた初期「便益」——があるとすれば、それは、まだ若い成人の、それゆえ到着初日から「有用」かつ生産的な男性を「輸入」

するという便益である。アルフレッド・ソーヴィが「養育費用」と呼んだものを節約できることに由来する「便益」だが、フェルナン・イカールの報告書では、〔この「便益」は〕「費用」であると見直されるところまでは行かないが、著しく弱められている。低開発の貧困国で、つまり「フランス人の平均的費用」以下の「費用」で養育されたこうした男性の「質」からすれば、彼らを使う社会への適応に払わねばならない「費用」があるために、より「高くつく」（少なくとも一般に考えられているより「高くつく」）というのである。

この種の「矛盾」は、枚挙にいとまがない。取り上げられた要因のそれぞれが、「費用」とも「便益」とも分類され得る、あるいは、少なくとも「費用」の部分と「便益」の部分を含み得るからである。そして、経済学が従来、優先的に扱ってきた側面から遠ざかれば遠ざかるほど、言い換えれば、「数値で測る」のになじまないという理由で経済学の技法が無視している要因に近づけば近づくほど、不確定性は大きくなり、したがって、意図的な意味の操作や逆転が容易になり、頻繁になる。同様に、純粋に経済的なデータとして分析され、解釈される事実も、あるいはおそらくそういう事実こそが、政治的、社会的、文化的事実であり、現実であることがよりはっきりと明らかになる。たとえば、一般に移民家族の出生率、特に北アフリカ諸国出身家族の出生率の問題があげられる。一方では、こうした家族が、減少と老化の進む人口にもたらす人口学的余剰を公式に称賛するかと思うと、一方では、相変わらず「移民人口」と呼び続けている人口（フランス生まれの若い世代はどこから移民してきたわけでもないにもかかわらず）の同じ増加を、「費用がかかる」から、家族手当の仕組みにとって負担が重すぎるから――それどころか「障害となる」から――という理由で、（やはり公式に）嘆く。「経済的な」議論のほうが、あるいは、別の性質の議論を経済学用語で表すほうが、たやすく、悪びれずに口にできるのである。そして、移民人口の出生率――それは、つまるところ、家族ぐるみの移民、すなわち家族のいない単なる単身の労働者だった以前の移民から子どもを作る者への移行のことだ——の両面性について言えることは、今日、労働市場の厳しさという理由のために、移民のもう一つの特徴——移民を成り立たせ、定義する特徴——、すなわち、労働者としての立場についても当てはまる。移民がもたらす労働力で表される「便益」——代償として、移民が支払いを受け、海外送金する給与を伴う——は、今や「費用」として再定義される傾向にある。移民が失業している場合は、労働者という自らの存在の正当性を失っているため、直接的な「費用」となるし、また、移民が就労している場合は、あたかも彼がついている雇用が、一種の逸失利益、すなわちフランス人労働者に及ぼす潜在的な損害であるかのように、間接的な「費用」とみなされるのだ。

この種の「移民の経済学」は、容認しうるようになるためには、総合的な経済学でなければならなかったはずである。すなわち、厳密に経済学的な理論によって切り捨てられ、まったく無視されている、ほかのあらゆる「費用」とほかのあらゆる「便益」を統合しなければならなかったはずなのだ。そして、事情がさらに複雑さを増すのは、「移民流入の費用対便益に関する経済理論」が、同じ論理から発し、同じ疑問と同じ批判を向けられるべき性格を保持したまま、移出国に移し替えられて、相似形の理論の構築を引き起こすのがわかっているからである。

### 原注

（1）移民人口の数の多さに関する、近年の「数字論議」は、本来の政治的議論を、公然と口に出して表明しやすい技術的議論に置き換えるという論理を免れていない。すなわち、移民人口が多くなるほど、社会にもたらす「費用」は高くなるというものである。

（2）フェルナン・イカールは、ヴァール県選出議員で、報告書 *Le coût de travailleurs en étrangers en France, note de synthèse*, Paris, Assemblée nationale, 1976, p. 123 執筆者。

（3）A. Le Pars, *Immigration et développement économique et social*, Paris, La Documentation française, Etudes prioritaires interministérielles, 1977.

# 秩序を維持する法執行者の無秩序

レミ・ルノワール

「司法の問題」あるいは「司法の危機」と呼ばれるものは、実は、非常に様々な現実を含んでいる。社会問題（「非行の増加」）も、公共サービスが直面する困難（「司法の苦境」）も、また司法職という職業と政治家を対立させる闘争（「汚職等の」「事件」）も指している。確かに、このように一括りにするのも理由のないことではない。というのも、「中小犯罪」（窃盗と麻薬取引）の増加や、司法制度の機能不全（「遅延」「過誤」など）、あるいは「犯罪に対する不安」の増大は、異論の余地のないものだからだ[1]。さらに、裁判官と政治家の間の軋轢は、広く、というか、メディアをとおして、よく知られている。しかし、司法の問題を取り上げる場合、治安維持に貢献する行為者が司法官※だけではないことが忘れられている。警官、憲兵（→警察※）、看守など、やはり治安維持に貢献する職業についても、「危機」が取り沙汰されるが、取り上げられるのは、報酬や労働条件、組合活動の許容範囲、職業訓練といった単純な問題、すなわち「職能集団の問題」と呼ばれるものだけである。

実のところ、ある社会カテゴリーが経験する困難を指すのに使われる用語は、職業の権威と地位によって変わる。社会秩序の維持という職務における分業は、この点で典型的だ。そこでは、治安維持活動（逮捕、裁判、収監、社会復帰など）の様々な機能が、それぞれ一つの職業となっていることが示すとおり、職務の配分が制度的に定義され、各カテゴリーの行為者の権能が法的に定められ、序列化されている。刑法上の行為について言えば、主要な役割を果たすのは司法官である。司法官は、本来の意味での司法活動（訴追の決定、裁判）に属するあらゆることに独占権を持つだけでなく、その権限をほかの職能集団に対して行使する。たとえば、検察や予審判事※は、警察や憲兵が現場で行なう捜査を指揮し、行刑裁判官※は、刑執行の条件を定める上で全権を有する。司法官のこうした優位性は、法的であると同時に社会的なものであり、その二つは切り離すことができない。実は、裁判官は全体として、警察署長、刑務所長、さらには国家憲兵警察隊士官と比べ、社会的に見て、より上層の出自をもつ。さらに、この社会的優越性（「傲慢」と感じる人もいる）には、彼らのこの上なく立派な学歴が十分に保証する文化的支配力が付随している(2)。

それゆえ司法職について、その「社会的凋落」が取り沙汰されるのは偶然ではない。この表現は、社会空間の中で司法職がたどるとされている下降傾向（「小物裁判官」「小物相手のどうでもいい仕事」）を指すと同時に、司法官の権力の「衰退」（「独立性の喪失」「物質的困窮」「何でも屋の裁判官」）をも指す(3)。警察官や憲兵の場合、取り沙汰されるのは社会的地位よりも、多くの場合あまり芳しくない、そのイメージだ。前者について言えば「悪徳警官」や「不祥事」、後者について言えば「へま〔失態〕」である。看守の場合は、取り上げられるのは何よりも労働条件である。看守はしばしば、監視の対象者と同一視されている――彼ら自身も同一視しており、勤務中のことを、看守同士では「拘束」中と言う。

少なくとも表象の次元において、司法の危機が司法官の危機と同一視されているのは、社会活動の一部門を支配する集団がみなそうであるように、司法官が何を問題とみなすかという自分たちの定義を、みなに押しつけることができるからである。そして社会秩序における支配的地位からして、司法官は、部分的には所属階層と結びついている自分たちの問題、すなわち自分たちの「独立性」や「権力」の問題を、「法の危機」といった一般的問題、あるいは「治安の悪化」といった社会の問題にすり替えることができるのである。
これほど一般的な表現を用いると、治安維持にあたる行為者が非常に多様であることや、彼らの経験する危機や困難の原因が様々であることが見落とされがちになる。司法官の集団だけをとっても、この職務が対極的な状況と結びついているのは明らかだが、ふつうは、その両極端だけが認識されている。すなわち「下級」および「上級」司法職である。「司法職の凋落」は、司法官のこの二つのカテゴリーにかかわっているのだろうか。司法職の採用方法は五〇年代以後変化し、それまでは司法職につくことができないと思われていたカテゴリー、特に下級公務員家庭の子女に門戸が開かれた。しかしあらゆる点から見て、裁判官が社会的出自によって異なるキャリアを積んでいくのは明らかであり、それゆえ、社会的凋落と捉えられるものが実は、司法官集団の多様性が増大している兆候にすぎない可能性は十分ある。[4]
司法官の〔異なった〕カテゴリーの間で社会的差異が増大したこと――といっても非常に相対的だが――、そしてそれゆえに司法官集団の異質性が増大したことは、法律家家庭の出身であることに重みがあった以前の採用方法の後退にもおそらく一因がある。[5]これは、「上級」司法職より「下級」司法職に影響を及ぼしたように思われる。[6]現職が新人を選考するのが主流だった各地での採用試験に代わって、一九五〇年代末に国立司法学院（二一九七〇年までは〕国立司法研究センター）が創設され、養成課程が一本化されたため、採用における社会的異質性の増大に拍車がかかった。[7]一方で、採用試験および並行採用手続き（採用試験の現職公務員向け枠と書類審査による現職法律専門家の司法官試補採用）に付される職の数が増えたことで、一九七〇年代以降、司法官が相対的に大量に採用されるようになったため、司法官集団の社会的差異はますます拡大した。さらに、司法官の数のこの急増（二〇年で司法官の四〇パーセントが入れ替わった）の結果として、特に若い世代にとって昇進の見通しが著しく減少した。その結果、司法官集団内部の競争が非常に激化し、こうした緊張要因に、特に法的係争の増加と内容の変質（「薄利多売」と言われる）による労働条件の実質的な悪化が加われば、「危機」の材料は事実上、出揃ったわけである。しかし、これは、同じ一つの危機なのだろうか、司法官全体に、同じように影響を及ぼしたのだろうか。

同一の専門養成機関を経ることが必要になると、純然たる成績基準（特に修了時の席次）を受け入れざるを得なくなり、司法官同士が互いの評価を下せるようになって、配属や昇進の正当性はチェックも異議申し立ても受けやすくなる。しかも、事実として、この正当性はますます議論の対象になっている――「下級」司法職と「上級」司法職の境界が十九世紀と比べて曖昧になっているためだ。「常識」と「公平の感覚」があればよかった「治安裁判所判事※」は、地元の「名士」になる以外の野心をもたず、たいてい自分の出身地だったその地を離れようと思っていなかった。今日、もうそのようなことはない。学校制度と採用試験方式の発展のおかげで、資格の市場とキャリアの範囲が国土全域に広がった。司法官の三分の二近くは、上級管理職あるいは自由業〔→社会職業分類※〕の家庭の出身だが、これまで司法官という資格に結びついていた夢に見合うキャリアを、全員が積めるわけではなくなっている。

つまり、司法官がかかえる問題は一つではなく、いくつもあるのだ。そして、その原因は、「上級」司法職か「下級」司法職かによって異なる。上級司法職――正真正銘の「司法官の中の司法官」――について言えば、原因はおもに、国家のほかの重要な裁判職集団の構成員との関係にある。というのも、後者には政治権力の行使に直接参加するという切り札があるからで、これは、戦後における国家活動の拡大にともなって、決定的な意味を持つようになった。――「上級」司法職にはこうした側面がそれほどない。このため、共同して社会秩序の維持にあたる諸機関――その数はしだいに増えている――の統制に関しては、ほかの裁判職集団のほうが決定的に優位に立つことになる。司法権限に直接関わりのある〔議会などの〕「委員会」で、行政裁判機関※のメンバーが長を務めることが増えているのは、高い地位を占める司法官の〔他の裁判職集団に対する〕相対的な凋落を示している。さらに一般的に見て、ほかの職業の台頭のために、支配階層の界※においても、こうした人々の地位は低下している。ただし、公共部門（今や財務関係の職種が優位を占めるとはいえ）では、民間部門――特に、古くから裁判官の世界とは異質の世界である、経済や広報にかかわるすべての領域――ほどではないかもしれないが。

「下級司法職」（あるいは「下位の裁判官」）の場合、「問題」の原因は、やはり公権力を代表するほかの行為者（特に県知事と県行政）と比較して、自らの権力が低下したことにある。しかし、問題は何よりも、内部の要因から生じている。それが、労働条件の悪化（手続きの煩雑さと数の増加、法的係争の「品位」の低下など）であっても、または、司法官という、自らの社会的地位の確保がますます職業活動にのみ依存するようになった行為者に対して、序列を根拠に行使される権力が持つ影響であっても、同様である。

しかし、指摘こそされ、重大な危機の時期以外は常に見過ごされる、もう一つの次元がある。すなわち、様々な職業の間の分業の再定義と、それぞれの職業が自らの管轄を維持・拡大するための絶え間ない闘争とにかかわることである――これはそれぞれの職業が感じる問題と無縁ではない。司法関係の職業の世界は、この点でも典型的だ。というのも、法的判断を下す権限の独占という点において、司法職の優位性が再検討に付されているからである。第一に、司法関係のほかの行為者、特に、警察および（警察ほどではないが）憲兵警察隊から、検察と予審判事に与えられた捜査指揮の権限が問題にされ、また、ほかの司法職（弁護士や法律顧問など）や、さらに、行政裁判所と国務院※以外で、裁判権に近い権限（税関、税など）を認められた他の様々な行政機関からも同様の異議が出ている。

この現象は、国家活動の拡大、法的係争の複雑さ（「専門家」にたよる必要性）、裁判に訴えるケースの増加――裁判所の扱う能力を今や超えている――ときわめて頻繁に関係づけて説明される。しかし、司法官の優位性の社会的基盤が揺らいでいなければ、これらの様々な要因がこれほど影響を及ぼすこともなかったはずである。刑法活動だけに限っても、警視および（警視ほどではないが）国家憲兵警察隊士官の中で、社会的にも文化的にも、また学歴の上でも、司法官に近い特質を備える者が増えている。司法警察〔→警察※〕要員のこうした新しい世代は、旧世代と比べると、司法職の本質的権限の一つであったもの、すなわち捜査指揮権限を要求するための準備がよりよく整っているわけだ。特に警察からのこうした攻勢に対して、司法職の大多数は原則論を振りかざして反対するが、そうした反論は、この点に関する司法官の活動が実質的に縮小していることを考えれば、司法官の特権の基盤が社会的なものであるという事実を隠しきれないでいる。権力を要求するこの権力闘争は、公然とした衝突にまで至りかねず、そうなれば、闘争の社会階層的性格が露わになる。公的秩序の維持とは、常に、社会秩序そのものの維持の構成要素の一つにすぎないのだから。

しかしこうした闘争は、どのようなときでも、どのようなレベルでも、異なる集団間（特に憲兵警察隊と警察の間）で起きると同時に、各集団の内部（たとえば「警察戦争」などと呼ばれるもの）でも起きるのであり、これはとりもなおさず、司法官の優位な地位を強化することになる。さらに、別の亀裂も生じている。警視の例を取れば、司法官の優位性を認めるかどうかは、どのようにしてこの警視という職についたか（警察での職歴があったかどうか〔第Ⅲ部「貧乏人の警察」参照〕）によって変わる。警視養成の方式は、まさにこの警視という集団内部で闘争の対象になっている。叩き上げを擁護する「古株」と、学歴上の能力を要求する「若手」の闘争、すなわち、各人がどうやって現在の自分の地位に至ったかをめぐる闘争なのだ。この差異もまた、社会的基盤のないものではない。階層が生み出す亀裂はもはや、治安維持という職務の分業の間だけを切り分けるのではなく、今や様々な職能集団の内部を分断している。それゆえこの領域でも、ほかの領域、特に軍においてと同様に、集団間の闘争および各集団内部の闘争は、今や〔異なった〕階層間の衝突にかかわるだけでなく、各階層内部の闘争ともかかわりを持っている——これは、最上位に位置するポストの場合は特に、支配階層内部の異なる派閥間の闘争である。

### 原注

（1）「警備保障に関する国際見本市」の存在、「警備保障市場」や「民間警察会社」の発展が、その証拠である。一九八九年、フランスで、民間警備会社は、七万三〇〇〇人を雇用し、総売上高は七五億フランに上り、これは国家警察予算のほぼ三分の一にあたる。G. Carrot, *Histoire de la police française*, Paris, Tallandier, 1992, p. 230 参照。

（2）R. Lenoir, "Les agents du maintien de l'ordre: contribution à la construction sociale de l'espace judiciaire," *Les Cahiers de la sécurité intérieure*, IHESI, La Documentation française, n°10, août-octobre 1992, p. 149-178 参照。

（3）特に、J.-C. Soyer, *Justice en perdition*, Paris, Plon, 1982.

（4）詳細な分析は以下を参照のこと。J.-L. Bodiguel, *La magistrature, un corps sans âme?*, Paris, PUF, 1991.

（5）この点については以下を参照のこと。J.-P. Royer, R. Martinage, P. Lecocq, *Juges et notables au XIX$^{e}$ siècle*, Paris, PUF, 1982.

（6）A. Bancaud, *La haute magistrature judiciaire entre politique et sacerdoce*, Vaucresson, juin 1991 参照。

（7）A. Boigeol, "La formation des magistrats: de l'apprentissage sur le tas à l'école professionnelle," *Actes de la recherche en sciences sociales*, 76-77, mars 1989, p. 49-64 参照。

# 貧乏人の警察

レミ・ルノワール

ジャンは四十歳。ピエ＝ノワール※の家族の出身である。父親は理髪師だった。十二歳になるまで、アルジェリアの大都市の下町で暮らした。自らの旅立ちのことを、彼は「集団移住」のように語る。フランスに来てみると、周囲の人々や友人から切り離されたばかりではなく、家族の都合で（両親が離婚したのだ）寄宿舎にも入れられ、ただそこを逃げ出したいとばかり思っていた。バカロレア※（大学入学資格試験）をとったあと、兵役につき、そのために幽閉恐怖症がさらにつのる。警官になるような資質があったわけでもないが、「何をすればいいのかわからなかった」ので、警察に貼ってあったポスターを見て、国家警察〔↓警察※〕の警部採用試験を受けた。警察学校に入学すると、社会的にはまだ何も決めていない段階——「なにもかも自分には関係ないような気がした」——は終わり、それとは正反対のことが起こる時期、すなわち職業上の制約、組合への参加、結婚が引き続く時期が来た。

職業については、組織が要求するものに自分を合わせてしまうと、それからは中級公務員の、いわばすでに引かれた道に沿って進むことが、出世することよりも重要になった。自分でも言うように、彼は「使いやすく」、みなに「あわせて行動する」ことができた。そうして、ほとんどの警部がそうであるように、彼も組合に入る。

警察の仕事そのものよりも、組合活動によって、彼は、居心地の悪い「デカの仕事」について考えるようになり、また、警視になるための内部試験の準備をするようにもなる。この試験に彼は合格する。彼は今では、国家警察県支部の課長職についている。

彼のなかには、現場の警察官の経験と、どのような手順を踏んで警官になるのがいいか、組合責任者として考えてきたことの両方が蓄積されている。そのため、少なくともある程度、建前論におちいらずにすんでいる。警察組織が組織として繰り出す言説から、彼は自分を表現する方法と、警察の職務がどういうものかという概念の両方を得ることができたが、それらは、今の自分のあり方によく適合するものだった。そして、彼がそういう自分になったのは、特に組合——警視や警部の間では非常に少数派だが、巡査の間では全く違う——のおかげであり、彼は組合に対して非常に強い親近感を持っている。

庶民階級の出で、家族や地域とのつながりも断ち切られている彼は、警察官の職務の、いわば「社会的」ともいえる概念（「弱者と貧者の警察」）を擁護している。それは、警視や警部たちの間で支配的な概念とは対立するものだ。後者の警察観では、逆に、専門化、技術、結果が前面に出てくる（「最先端警察」）。この対立の背後には、実のところ、互いに敵対する警察官の二つの社会的カテゴリーがある。一方は、「ガラクタ」のような犯罪ばかりを受け持ち、他方は、「一定レベルの人間」、つまり、「組織犯罪」を受け持っている。彼は警察官の「やる気」を分析するが、そこで示されるのは、この職業のなかで彼が占めている曖昧な位置である。彼は、ある部分では、警察の価値体系を内在化し、警察の「目的」を受け入れてきた。その観点からは、彼は、あまり華々しくない部門、「中小犯罪部門」に追いやられた管理職なのだ。それというのも、警察——ここで警察とは、彼がみるところ唯一価値のある「活動的な警察」のことであり、「オフィスで事務をする警察」ではない——の内部にある序列は、犯罪者や、犯罪者を特徴づける社会的特徴の序列ときっちり重なり合っているからである。

彼が口にする町医者との類似（「警察署の人間は、社会の町医者、何でも屋ですよ」）、警察官の「基礎となる」教育に関する彼の願望（「むずかしい警察署で五年間やらせるんです」）、治安裁判所判事※のような調停者の役割への彼のノスタルジー、これらはどれも、彼のなかの原初の苦しみ、故郷喪失という苦しみをほぼ何の変形もなく表現している。彼は、組合員の利益獲得のみを目的としない組合が擁護する価値に忠実であることで、この苦しみに耐えることができたのだ。

この面談は独白のような感じを与えるかもしれないが、それは、面談中に発せられた言葉の部分しか記載することができなかったからだろう。確かに私は、相手に「しゃべらせる」必要はなかった。たぶん彼の苦しみが自らを語っていたのだろう。言葉はそれを表現すると同時にそれを否認する道具なのだ。

# 警視

「こういう人たちを理解するには、自分でも苦しんだことがないとだめです。でないと、なんだかわけのわからない奴らってことになって……」

〈聞き手〉レミ・ルノワール

**ジャン** うちは、都市の警察です。中小犯罪レベルの犯罪が毎日起こっています。極貧層の連中がちょっとカネを手に入れたり、車上荒らしで頂戴したりして、安ワインをケース買いに行く。情けないですが、でもまあ、相手にしなけりゃいけないのは、こんなことなんで。それから、もう一方には、組織的な犯罪があるわけです。ハジキ振り回したり、ヤクさばいたり、とかですね。この、あとのほうのは、原則、司法警察〔↓警察※〕の領分です。うちのボスが言ってる原則は、自分らは中小犯罪と戦うためにここにいるんであって、上等な事件をやるためじゃない、ってことです。そのとおりですよ、これは。おばあちゃんのバッグがスリにあったり、車が壊されたりしないようにするためにいるんです。でも、裁判所のほうには、こっちの実力を見せとくってこともやっぱり必要なんです。というのも、最初は、あちらさん、こっちが中小犯罪と戦うように仕込まれてるから、大事件を扱う能力はないと考えているんですよ。まあ、それが本当の場合もあるんですがね。だから、裁判所の司法官※とか上層部とかは、みんな、面白い事件をこっちに回すときは渋い顔ですよ。でも、自分らにとっては、やる気を持った人間を確保する唯一の道がそれなんですよ。

もし、いつもいつも、なんていうか、ガラクタっていうか、ちっちゃな事件ばかり担当させてたら、ぜんぜんやる気をなくしてしまいますよ。パリでみたいに、ゲンタイ［現行犯逮捕］ばかりやるってことは、毎朝、留置場のオリにいって、極貧の連中の話を聞いたり、食い物がなくて、しかたなく不渡り小切手［クレジットカードが普及する前、フランスでは小切手が個人の支払いでも頻繁に使用された］を切った哀れな失業者に会ったりする、そんなことをやるってことです。結局、それほどやりがいのあることじゃないんです。面白い捜査をやるんじゃないですから。何もないところから出発して、一つの事件を明るみに出す、それがやりがいのあることなんですよ。捜査が面白くなるには、事件が複雑でなければならない。事件が複雑になるには、一定レベルの人間とかかわり合いにならないといけない。一定レベルの人間とかかわり合いになるには、組織的犯罪を手がける必要があるってことですよ。確かに、そんなのは自分らの出る幕じゃない、ってことは認めますよ。でもこの可能性を奪ってしまったら――どうもそういう傾向があるのですが――、うちの連中のやる気がうんと削がれてしまいますよ。それに、やる気がなくなったり、あんまりやる気が起こらなかったりする理由が、ほかにもたくさんあるんですよ。警察には、食うために入ってきた者がいます。自分もその一人ですが。でも、ほんとに使命感を持って入ってきた者もちゃんといるんです。あんまりたくさんはいませんがね。でも、たとえ食うために入ったとしても、少しは仕事に興味があるわけでしょう。むだに仕事をしているわけじゃないと感じるのは、やっぱり、やりがいのあることなんです。どっかの警官が、担当する地域もないし、管轄は、物の範囲では、ニワトリどろぼうとか、車上荒らしに限定されて、人間の範囲では、極貧層に限定されているとしてください。それで格下の二流警察ができます。はじめは興味があってやってきた者も、たちまちやる気をなくしてしまいます。誰でもおんなじように力を発揮できるようにしなきゃいけないと思いますよ。専門化した警察には反対です。

警察官全員が、最初は、おなじ警察学校で訓練を受けるべきだと思います。まともじゃない状況がありますからね。二十二歳で警視になってるのがいるでしょう。あの人らは、学校を出ています。頭は切れるし、十六歳でバカロレア※を取り、兵役免除になって、三年間大学に行って、二十歳、二十一歳ときて、即、警視ですよ！　まったくとんでもないことですよ。うちのようなとこでは全員、一番下の地位から採用すべきだ、ってことですよ。まあ、学士とか、大卒とかっていう人には、一番下はちょっときついかもしれない。だったら、警部くらいで採用してもいいでしょう。でも、〔より上級の〕警視じゃだめです。そのうえで、こういう連中にはパリ地区とかリヨン市のようなむずかしい警察署で五年間やらせるんです。そして見せてやるんです、検死報告書を書かせたり、アル中の問題を見せてやったりするんです。〔地元の〕警察署にいる人は、じつに面白い人たちです。警察の町医者、何でも屋ですよ。というのも、犯罪と直接かかわっているのはこういう人たちですからね……。それに、必ずしも犯罪とは限りません。夫婦の問題、隣近所との問題、騒音問題なんかもあるんです。要は、社会のゴミ回収係ですよ。だれでも、まずそこを通るべきでしょう。それから、専門的な部門に進むのがいてもいいし、また帰ってくるのがいてもいい。だって、「俺らは有能だ、専門家だ、財政法の専門家だ、でも、空巣の調書はつくれないんだ！」なんて、平気で言わせておくわけにはいきませんからね。会計の勉強なんてね、簡単なもんですよ、自分もやったことがありますから。でも、ときどきは現場にとっ捕まえに行くのも面白いんです、おばあちゃんに強盗を働いた奴を見つけにいくとかね。ほんと、そうですよ。ちゃんと体を張ってやらなきゃなりませんから。でも結局は、警察に入るのを選んだ時点から多少とも体を張るってことを選んでるんだと思いますよ。

警察をやめる者がいるのも事実です。警部くらいになると起こります。やっていることが面白くなくなるんです……。いろんなことが重なるんです。昇進も先が見えるし、犯罪のほうはだんだんたちが悪くなるし、やってられないって気持ちにもなります……。最先端警察と、それから安あがりの貧者の警察があるんです！　優先市街化区域※の住民の警察ですよ。パリの一六区〔パリ西部の金持ち地区〕なら、問題はそれほどありません。お屋敷町ですし、サン・クルー〔パリ西部郊外の高級住宅地〕なんかなら、のんびり警察稼業をやれます。頭のおかしい奴とか、アル中とか、失業者とか、ほかの者とは一括りにできない慣習をもった連中とか、そんなものを抱えたマンゲット※地区では、話はまた別です。人種差別なんかしたくないですけど、たとえばマグレブ※人ですが、あ、自分は北アフリカ生まれなんですけど、マグレブ人は、夜、生活します。ヨーロッパ人はそれほどではありません。マグレブ人は夜、戸外に出て騒ぎます。でも、騒いだからといって連中が悪いのではありません。そうするのが彼らの文化なんです。だけど、彼らもほかの人たちと一緒に住んでいるわけで、それで問題が起ころんです。こういう地区では警察の仕事はむずかしくなります。大きな犯罪と戦うのは、ごく簡単なんですよ。

こういうのは、まあ犯罪といっても、ぎりぎり正当なこともあるんです！　いや、正当と言っちゃ言い過ぎですが、でも理解はできますよね。女を一人、捕まえるとします。一人で子どもらを育ててる可哀想な娘です。ただ食料品を買いたいからって、大型スーパーで小切手を切った。預金も底をついてるのにね。正直言って、あまりいい気分ではありませんよ。ほんと言ってね、自分に権限があるなら、起訴はしないでしょうね。お金をあげたいくらいの気持ちですよ……いつもそんな気になるわけじゃないですけど……自分のやっている仕事から一つのケースをあげたんですけどね。でも、そういうのがたくさんいるんです。腹が減って、モノプリ〔スーパーのチェーン店〕でパンをちょろまかす奴とか、原付《げんつき》を失敬する奴とか、そういうのが。キラキラした金目のものが所狭しと並べてあって、つい誘惑にかられて、ってとこですよ。ひっきりなしに騒音にさらされて、暴力ざたになる。こういうのがつらいんですよ。だれにとっても耐えがたい。警官はこういうのを目の当たりにするんで、あんまり頭をがつんとやられる目にばっかり遭わせないで、時には目先が変わるってことがないとね。

みんな、こんなやっかいな部署を出て、もっと落ち着いたとこにいこうとしています。うちの署にも、まだまだ外でやれるのに事務をしている人がいます！　そんなのおかしいですよ！　おかしいです！　活動的な警官はオフィスで事務なんかしてちゃだめです。病気の診断書でもあって、外勤免除になってるなら別ですが。そういうのが認められることだってときどきありますよ。うつ状態になるとか、そんなことでね。自殺者の割合が一番高いのは、一部の教師と、パリ警察の巡査だと言われています。パリ警察の巡査も、故郷喪失者なんですよ、自分が生まれ育ったとこにいるわけじゃないですから。それに、パリの交通事情をみてください。交差点では、気が変になりますよ。車で通るだけでも、もうむちゃくちゃなのに、中に立って交通整理をするなんて信じられませんよ。生身をさらす持ち場であればあるほど、ヘマをする危険も高まるのです。緊張した状態になるほど、ヘマも起きやすくなる。内発的にも外発的にも。内発的というのは、つまり、疲労やストレスが蓄積されるからです。この仕事はすごくストレスのたまる仕事だと思いますよ。ストレスがたまるとね、髪の毛が白くなるんです。それから、外発的というのは、危険な地区にいるからです。いろんな人種の集団があって、貧困やアル中や失業といった問題に直面しています。端的にいって、出口のない悪循環です。やっかいな地区の担当になった警部は、今なら一年後には出て行ってしまいます。Y〔地名〕へは、若い者が代わる代わる来るだけです。腐りきっていますよ、中心街だの、何だのは。警察に入ったとして、行った先に若い者しか見当たらなかったら、ああこの部署はむずかしい部署なんだな、と思っていいんです。

## 警察では、何より経験がものを言うんです

残念ですよね、こうした、扱いのむずかしい状況に向き合う若者に、頼りになる年長者がついてないのは。古参の警官は安心感を与えてくれるんです。私はいま四十歳で、そろそろ古参ですね。悲しいですね。入ったとき、私は、人にいろいろ聞くのが楽しみでした。当時は、じいさん扱いしてましたがね。こっちは二十そこそこで、よく考えてなかったのです。あちらは五十五歳とかで、そこにいて、経験を分け与えてくれたのです。というのも、警察では、何より経験がものを言うんです。自分の考えでは、どんな部署でも、いろいろな年齢の者がまじりあってるべきだと思います。いろんな経験をもっている者とこれから仕事を習う若者とが一緒になってるべきだと思います。いずれにしても、自分が思うには、若いもんは、なんとしてもパリ郊外とか、ほかの大都市とかのむずかしい部署につけて教育しなければなりません。むずかしい地区で教育し、後は好きにどこかべつの場所に行かせてやればいい。裁判官や検事も同じようなもんだと思います。刑事裁判職は、実際、あまり高く評価されていませんよね。こういう司法官も、ローテーションをするべきです。二十五歳の予審判事※をみたりすると、むかっ腹が立ちますよ。

大卒の警視と知り合いになったことがあります。大学では優秀だったらしいですよ。父親は公証人で、母親は不動産屋。つまり金のあるうちの出身です。この男、修士号を二つとって大学を卒業し、おやじがいろいろツテを持ってたので、安全な勤務地で兵役を勤めました。基地のゲート番をしてたんです。毎晩、パパとママの家に帰って寝てました。それからサン・シール〔陸軍士官学校もあるヴェルサイユ近くの自治体〕の国立高等警察学院に行き、そこで、警視だってエリートのうちに入るとか、なんとか言われたのです。まあ、本当のことですけれどね。でも、こいつは、一度も人生を経験していないんです、一度も苦しんだことがないんですよ。大学の同級生と結婚しましたが、女房の家も自分のとこと同じくらい金のあるうちです。で、この男、

警察業務をやっていない部署に来ました。どこかって言うとね、言っちゃいますけどね、航空・国境警察局です。ぜいたくな行政警察ですよ。空港に来るのは、どっちにしたって、ある程度の客層ですからね。こいつは、人生のことをなにも知らんのです。そんな奴が、国家警察の上級管理職やってるんです！　こいつは今では上級警視正です。生きる苦しみも知らなければ、どん底の人らに会いに行ったこともないのにですよ。

ごろつきに話すときにですね、お母ちゃんにおんぶにだっこで、大学だとか、そんな、ぬくぬくしたとこに浸ってたんじゃ、言葉が通じないんですよ。ほんとにごろつきみたいにしゃべれってことじゃないんです、つまり一番恵まれてない人たちと言葉が通じない、ってことです。こういう人たちを理解するには、自分でも苦しんだことがないとだめです。でないと、なんだかわけのわからない奴らってことになって、理解できない。できないんですよ……。警察官ってのは寛大じゃなきゃいけない、と自分は思ってます。常に思いやりのある公平な態度を見せるべきです。常にです。あらゆる場合にです。なんか問題が起こったら、やるべきことはちゃんとやらなきゃならない。でもときには寛大になるべきです。いつもいつも人をねじ伏せるのが仕事じゃないんです。ときには、うまくけりをつけて……昔よく言ってたように、住民の調停者になるんです。軽い罪ならうまく調停して、裁判までいかないですむようにしてやるんです。別にそんなことしたいと思ってするわけじゃないですけど、十五歳のガキに往復ビンタをはって、そいつのおやじのケツに蹴りを入れれば、それで、どんな訴訟手続のかわりにもなると思いますよ。そのガキが、ちょっと魔がさして、デパートで万年筆を盗んだとしてもですね、そんなのは、とんでもない犯罪じゃないですよ。自転車とか、原付とか、そういうのは……車じゃないわけで……友だちにみせびらかしたかったとか、ダンスパーティに行きたかったとか、そんな他愛のないことですよ。それに結局、うちらは、聖歌隊の子どもをあつめて警察やってるわけじゃないんで、警察は人生を生きたことのある人間でやらなくてはいけないんです。

一九九〇年六月

# 女性であり、警察官であること

レミ・ルノワール

アニェスは二十四歳。一人娘である。国家警察刑事高等学院〔幹部警察官養成学校〕を出て間もない。バカロレア※G（「成績優秀」の特記はなし）を取得した後、選抜を経て入学した。出身は南西部の小都市で、私は三年前、刑事予審※改革に関する研究を始めたときに、知り合った。

警察官から、上層部の命令や組合団体の指示にとらわれない発言を引き出すのは至難の業だが、それは、憲兵〔→警察※〕や司法官※のように集団への帰属意識に由来するというよりは、むしろ（「警察」の）部外のあらゆるものに対する、ほとんど制度化された不信感から来ている。この強い疑いの姿勢は、職業上の美徳、すなわち「怠りのない警戒心」へと変換されているが、慎重さや秘密主義、匿名性などがやはり職務の属性であるほかの職業の場合とは違って、「外部」に対して、所属集団の悪評を絶えず挽回しようとするため、ますます強められることになる。警察の「悪いイメージ」へのこうした強迫観念は、職務と職階に応じて、様々な形で現れる。上層部では、法の適用に関してあまりに厳格に形式にこだわった姿勢から、官僚的紋切型話法を経て、一分の隙もない言葉遣いとなり、一方、下の者では、萎縮や虚勢を張った冗舌ともなる。

しかも、常に守りに徹するこの尋問の専門家たちは、面談の状況を思い通りに操る意志と手段をもっており、問題の定義で主導権を握ろうとし、また、隠し立て、好都合な話題の提供、表面上の同調、嘘の告白など、あらゆる常套手段を駆使する。

こういう問題は、職務と制度にまだ完全に同化していない人々の場合は、それほど生じない。特に女性の場合は問題は少ない。女性は今日でもなお少数であり、この男性中心の世界が「男らしさ」とそれにまつわるあらゆるものを職業的資質に仕立て上げているために、「女らしい」とみなされる職務に追いやられている。そのためか、「警察的価値観」を内面化していながらも、話をすることをいったん受け入れてからは、どう話すべきかの制約をあまり受けず、自由闊達な話しぶり、歯に衣着せぬ物言い、しばしば痛烈なユーモアさえ見せる。

アニェスの場合は、これほど率直に、これほど現実にそって語れる理由は、彼女がこの面談を、抑えがたいが捉えどころのない反抗心を表明する機会と考えたからでもある。捉えどころがない原因は、アニェスの憤りが、分かちがたく混じり合った三つの相において現れていることにある。両親と両親に代表されるような人生に逆らって歩む若い女性という相、平々凡々な官僚制の日常業務に憤る活動的、積極的な女性という相、そして社会的闘争という相。最後の相は、新人の幹部候補として、自らをその一部とみなしている公共サービスのほかの行為者（同僚）や利用者と渡り合う闘い、ということだ。面談で、ほとんど労働条件と養成課程のことしか話していないのは、私生活が職業的な活動・関心の背後に消えているからである。それは、「息の詰まる」あらゆるもの――両親、高校、生まれ故郷の町――から抜け出し、「一歩踏み出す」手段を与えてくれたものだった。生まれ育った「田舎」で今も懐かしく思うのは気候だけだ。

一見華奢な体つき、ボーイッシュなショートカットにした栗色の髪、周囲を警戒するような鋭い視線、そして、それと裏腹にリラックスした振る舞い――スニーカーにジーンズ、白いポロシャツの上に羽織った革のジャケットという、近ごろの若い刑事の大半が身に着ける制服のようなものがそれをいっそう際立たせる――からは、「自由」であろうとする断固とした意志がすぐに見て取れる。抑圧を思い起こさせかねないあらゆるものは――警察学院を卒業して配属されたパリの所轄署の「上層部」であれ、また、被疑者は「否認する」から「捕まえに行かない」よう忠告して若手の「やる気を削ぐ」、「さめた」刑事たちであれ――、アニェスには「耐えられない」。彼女はこの言葉を頻繁に使う。

アニェスが「古手の人」、「お金を稼ぐためだけにいる」古参警視の署長や「ぐうたら」で「お気楽」な古参刑事を見る眼は、両親を見る眼と重なる。父は（競争や価格の）「不正行為」の監督官、母は病院の准看護師だが、「二人とも、昔は興味があったかもしれませんけど、もう仕事なんかどうだっていいと思ってる」。逆に、やはり刑事をしている従兄弟は、アニェスが「人生で大事に思っている」あらゆるもの、新しい仕事の中に見出せると考える、あらゆるものを体現している（従兄弟が手本となって、アニェスは警察学院の試験を受ける気持ちになった）。それは、「捜査」（すなわち行動と冒険）、「成果」（「無駄な書類仕事」や「書式の不備」の対極）であり、司法警察［→警察※］の「詐欺対策」課である。何より嫌なのは「少年課」だ（「大嫌いなんです」）。少年課は、女性刑事が行く割合が最も高い部署で、職務は、両親が彼女に望んでいたものに最も近い。「親の希望は、私が看護師とか、保育所で働くとか、ソーシャルワーカーとか、そういうものになって、何より、X市に残ることでした」。

アニェス自身の言葉通り、「警察の仕事はいつもやりたいと思っていた」ものだとしても、警察に「結局いる」ことになったのは、使命感からではない。ありとあらゆる「淀んだ」もの、すなわち「古手の人」――特に「親」――を思い出させるあらゆるものへの根源的な反発からだ。一人故郷を離れている、地方出身の彼女は、警察組織の機能に対する様々な制約にも憤る。この組織の行動原理は、彼女によれば、「責任を果たさない」ということに尽きる。犯罪者のずうずうしさ（「財布を手放しさえすれば、もうそれで、奴じゃない、となって」）、告訴をしなかったり取り下げたりする被害者のいい加減さ（「報復を怖がっているんです」）、司法官の寛大な措置（「寛容すぎる」）、弁護士の空疎な形式至上主義（「依頼人が罪を認めているのに、まだ手続きのあら探しをする」）、あるいは一部の同僚の無気力（「ほったらかしにして、飲んでます」）などのことだ。アニェスは、非効率性——原因は、警察業務の極端な分業、司法の形式主義、物的手段の欠如、警察業務への原告・被告の無関心だという——を嫌っているだけではない。怒りは、職務の目的に反するあらゆるもの（「署に来られたのは保険のためですか、カーラジオを取りもどすためですか」「もちろん保険のためです」って（…）「だったら、警察なんかなくたっていいわけですよね！」）、さらに一般に、本来の警察活動から逸脱するあらゆるもの（「だけど偽警官は、三色旗入りの身分証明書〔警官の身分証には国旗があしらわれている〕をどう使ってるか知りませんけど、好きなように出入りしてる。私たちは出入りできないのに」）に対しても向けられる。

アニェスの反発の根底には、出身環境への拒絶だけでなく、治安維持活動の効率的な運用形態の確立を支持するという原則があり、それを素っ気なく直截的な、彼女らしい言い方で表す——「働いた甲斐があったのか、なかったのか（…）知る」ことだ、と。非難の対象となるのは、抑圧的であると同時に軽蔑の対象にもなっているという点で自分の子ども時代の社会環境と直接似通っているもの（「告訴を提出しに来て、三日後に取り下げるなんて耐えられない」）、また、卑小だという点で直接似通っているもの（「うちは小さな所轄署で、ランクの低い犯罪しか扱わないんです」）だけに限られない。警察の官僚制の特徴である、ありとあらゆる障害が「頭にくる」。部署間の調整の欠如（「報告書を三時間待つこともあります」（…）「大変な時間を無駄にしてる」）、古参警官の白けきった倦怠（「無駄だよ。何しようってんだ？　ほっとけ、ほっとけ」（…）「さめてるんです」）。そして、警察行政のこうした無気力と虚無は、アニェスが生まれ育った環境を抜け出すのに役立ったエネルギーを結果的に抑圧しており、彼女の、苦さの混じった皮肉な明晰さは、おそらくそこから来ているのだろう——たどり着けそうもない「地位」にたどり着く人々は、その過程で、自分の働く組織の機能と組織内の社会的関係に対する鋭敏な洞察感覚を、どうしても身に着けてしまうほかないのだ。

特に、上司である警視（「金のためにやってるんじゃないですか」）や、訴えをすぐに出さず、盗まれた物の値段にしか興味がない商店主（「いつも値段の話、こっちは値段なんかどうだっていいんですけど」）に対しては、アニェスは非常に厳しく非難する。お金に対する、こうした冷淡な、潔癖な関わり方から透けて見えるのは、自分や自分のような者（刑事という警察の中間幹部）を軽蔑する人々に対して、アニェスが抱いている軽蔑である。すなわち、さらりと触れるだけだが、弁護士や司法官、警察のお偉方、あるいは身勝手な被害者に対して抱いている軽蔑である——彼らの振る舞いを非難し、そうやって、自分はそういう人間とは同類ではないと暗に示しているのだ。それとは逆に、「気の毒な犯罪者」、刑務所を出所して仕事がなく、仕事を見つけられないまま刑務所に戻る男、「麻薬か売春かしかない感じだった」「気の毒な女の子」、「不良グループにいいように引きずり回された少年」のことは、あくまでも擁護する。

怒り（「ああいう人が告発されるのを見ると、ほんとに腹が立って」）のこもったこうした幻滅は、社会的軌道の変更を助けてもらった恩義を感じている組織への全面的な支持の裏返しとして必然的に、そして痛切に生じたものであり、それゆえによけいに強く感じとられるものなのだ。しかし、幻滅には十分に根拠があるにもかかわらず、仕事に対して距離をおく姿勢をとるどころか、仕事への「興味」に疑問を抱くことはない（「おもしろいです」「とても興味があるのは詐欺事件……」）——失望を招く経験（「書類仕事をやって、手続きをして、その後で、不起訴になる」）で、ときには揺らぐことがあったとしても。「解決策がない」場合があると考えることはあっても、「成果」が出せるという固定観念が失われることはない。

アニェスの話は多くの点で、ベルトラン・タヴェルニエの映画『L.627』〔パリ警察麻薬取締班の日常を描く〕の場面と重なる。「警官の仕事」の日常があって一方にはスポーツのような側面、リスク志向、そしてそれに伴う、同じ危険と同じ障害に立ち向かうチームのメンバーの仲間意識があり、一方には行政官僚組織の型にはまった思考行動と無意味さがあり、その二つの緊張関係がある。もっとも、映画とアニェスの話とでは迫力が違う。映画のほうは、ジャンルの慣習に縛られてか、場面設定や登場人物が刑事もののステレオタイプに添うよう様式化されている。

この一度限りの束の間の対話の間中、アニェスは自分の「仕事」に疑問をさしはさむあらゆることへの憤りと、自分が仕事に注ぎ込んだあらゆるもの（特に、地方の中間階級出身女性という自分の状況を抜け出すためにしたこと）の肯定との間を絶えず行き来する。発言の特徴である皮肉はおそらくそこから来ている――そうした皮肉は、自分の職務を真剣に考えているのに、その職務があまり顧みられず、きちんと担われていないのを目にする人によくあるものだ。アニェスが、自分のぶつかる問題とそこから生じる苦労を、対話形式やお笑いのコント仕立てのような、皮肉なやり方で提示するのは、彼女が自分の職務遂行のまったく愚かしい側面を意識しているからこそなのだろう。それらが確かに、アニュスがあまり重要視していないように見える職務、自ら同化していない職務（「何をしたか、ありとあらゆる行動を書かなくちゃいけない」）であるには違いないとしても。「知り合いの一年上の先輩はみんな言っています。『心配かって言えば、心底びびってる。司法警察官〔→警察※〕になるなんて』」。つまり、それが、アニェスの夢であり、悪夢なのだ。

# 若い女性刑事

## 「新人が来て(…)、一年目から、やる気を削がれるんです」

〈聞き手〉レミ・ルノワール

**アニエス**　所轄署では［所轄の警察署は司法警察に属する。私服警官がいて捜査を行ない、一般市民の告訴提出や届け出を受理する。警察組織の職務と慣習の定義については、M・ジャンジャンの著作 *Un ethnologue chez les policiers* (Paris, Metaillié, 1990) の用語集を参照した］、まず時間と方法の問題があります。告訴があると——たとえば万引きのような場合は、男が連れて来られて、告訴を受理し、巡査の報告を待たないといけません。巡査は男を署に引き渡して報告書を作る。報告書は三時間待つこともあります、巡査が一度戻らないといけない、タイプしに行かないといけないので……。店の万引きだったら、店主はすぐ来ません。「仕事がある、ほかにもやらなきゃならないことがある」とかで。後で告訴するわけですけど、こちらにとっては告訴は絶対必要です。その男はおそらく司法当局に召喚されることになるので。ですから、店主が来るのを待たないといけなくて、で、やってくるのはやっと七時五分前になってからです。

——犯人を警察署内に留め置くんですか。

**アニエス**　留め置きます。告訴がまだなら、店主の告訴を待つ。それで告訴されたら、その男は召喚される。たとえば、判事のところに六時に出頭しなくちゃいけない。今四時として、留置所へ行くために護送車を呼ぶ。六時五分前になっても、まだ問題があるとかで、護送車はまだ来ない。いつだってこんな風です。時間をずいぶん無駄にしてます。

――男が現場で逮捕されて、現行犯の手続きがとれるときはどうなるのですか。

**アニエス**　ふつうは、額が相当大きいときや、抵抗したとき、人にけがをさせたときは、召喚されます。少額の場合は、もし記録書〔犯罪捜査のための告訴ではなく、おもに事実関係の確定を目的として警察等の記録簿に記録を残すために提出する届〕があれば、起訴はされませんけど、署の方でブラックリストに載せます。もし出頭命令だったら、検事に電話して、出頭日時を決めてもらいます。ただそのためには、住所が確かでないといけないので、あっちこっちに、住所の確認をしないといけない。それも時間がかかります……。万引きの大問題は、不法滞在の外国人の場合です。うちの署ではなく、RG〔中央総合情報局〔国家情報機関〕〕の八課の担当になります。でも司法関係ですから、署をとおさないといけないので。だから、署に記録が必要なんです。統計のためだと思いますけど。だから……公共安全局への報告がいります〔公共安全中央局〔SP〕は、都市警察〔↓警察※〕全体、つまり基本的に、警察署の制服警官を統括〕。うちのほうは、書類の記入欄に書き込みます。「いついつ、何時に、これこれのOP〔司法警察官（OPJ）。この資格のある刑事および警視は、犯罪の捜査と検証（家宅捜索など）、および犯人の司法への引き渡し（警察留置の署名、例外的に、共助依頼／裁判事務嘱託（CR）〔後述〕など）を行なう権限を有する〕の前に連行。身分証明書不所持。犯罪捜査局〔写真、モンタージュ、筆跡鑑定など犯罪捜査の技術的・科学的手段を実施する部局〕へ転送乞う」。書くのはこれだけです。後は、RGが扱います。このときも、護送車を手配すると、同じことが起きる。RGが不法滞在者を引き取るのは十七時までです。十七時より前に不審尋問していたらRGへ送りますが、後だったら、こっちで扱います。以前、男を三時半に不審尋問して、連行してきたのが六時半。署で、身元確認のために、警察留置の手続きなしで留め置けるのは四時間です。六時半にRGに連れて行きましたけど、それじゃ遅すぎて……。

――そういう場合はどうするのですか。

**アニエス**　そのときは、ともかくRGに送ったのですけど、到着したのが七時だったので、RGが引き取らなくて。それで署に戻ってきたんですけど、署は夜は閉まってます。それで、第五DPJ〔司法警察部局、かつての方面刑事部

〔パリ警視庁管内が六方面区に分割され、それぞれに方面刑事部がおかれていた〕に送ったんです。いつでもこんな風です。まっすぐＲＧに行けばいいのに！　考えられない時間の無駄です。

――何のせいなんですか。

**アニェス**　統計のためです。犯罪捜査局がやるべきことなのに、ＲＧは何もしない。だから戻って来なくちゃならなくなる。ＲＧが外国人を扱うのは、いわゆる情報源だから！　こんな風にして情報収集できるんですって、まったくもういい加減にしてほしいって感じです、本当に……バカげてます。ほかにも問題があるのは、告訴する人のことです。署に来て「車を盗まれました」と言う。情報をとって、車やテレビを発見すると喜ばない。「保険が払い戻されなくなる」って。

――盗まれた物を見つけてもらって文句を言うんですか。

### 告訴しに来て三日後に取り下げるなんて人、我慢できない

**アニェス**　ほぼそんな人ばっかりです。「うまく行きました。車を発見しました。すぐお見えになりますか」なんてこっちが言っても。夜、たとえば「車上荒らし」――車をこじ開けてカーラジオを盗む者――をつかまえて、現行犯で尋問する。だいたい、こういうのは週末に起きます。犯人は留置場で一晩、警察留置。翌朝、被害者に連絡しなくちゃいけない。それで連絡します。「お宅の車のガラスを割った犯人を不審尋問しました。署に来て告訴していただく必要があります」。そもそも、朝九時に電話したとすると、来るのは午後二時ですよ、なにしろ日曜だから（平日でも変わりはありません、なにしろ仕事があるから）。そしてカーラジオを返します。で、被害者の女性に、「告訴なさいますか」とたずねると、「いいえ、いたしません。ラジオが戻ってきてますし、もう十分です。おわかりいただけますでしょ。裁判所で面倒なこととか、嫌ですから」。巾着切り――スリのことですけど、それも同じです。現行犯でつかまえる、被害に遭った女性は犯人を見てる、財布を取り戻す、でも告訴はしたくない！　めちゃくちゃですよ。盗まれた物を発見したとき、所有者の名前がわからないことがよくあるんです。家宅捜索のとき、カーラジオが何台か見つかる。メーカーと型、製造番号をコンピューターに入れても出てこない。「だれそれのもの」と出ることもあるけど、「届なし」「届なし」「届なし」。だれも責任を果たしてない！

——どうして告訴したがらないんですか。怖いから？

**アニェス**　報復を怖がってるんです。「私の名前や住所がわかってしまうんでしょう」。でも犯人は知ったこっちゃない。捕まるときは捕まる。それだけです。

——被害者が告訴しないことは、あなたにとって問題のあることですか。

**アニェス**　そうでもありませんけど。検察官は、事実を知れば、自由に訴追できますから。

——検察官にご自分が電話することはよくあるのですか。

**アニェス**　いえ、現行犯の警察留置者がいれば、司法警察官が電話します。未成年でも、召喚すべきか釈放すべきか知るために検察官に電話しますし……。個人的には頭にくることもあります。傷害罪のことで、夫婦間だと、同じことが起きます。「告訴します。一週間前、夫に殴られたんです」。妻がどうしてもと言うので、告訴を受理します。自信持って言えますけど、三日後に、夫を呼び出すと、女性が告訴を取り下げに来ます。二人とも離婚したくないから、と。子どももいますし、とか……。だから、いつも同じ。何というか、書類仕事をやって、手続きをして、その後で、不起訴になる。訴追されない、傷害罪でもです！

——そういう場合、検察官は起訴できないのですか。

**アニェス**　夫婦間の傷害罪の場合、起訴するとは思いません。もしとっても深刻だったら起訴することもありますけど、一般には何もしない。検察官は確かに起訴はするんですけど、現行犯、車上荒らしというようなものは、ふつうはしません。

## 書類仕事をやって、それだけ

——検察官は体系的にやっているのですね。

**アニェス**　ええ、そうです。召喚と出頭命令。でも二百フラン※の万引きは起訴しない。五百フランからだと思います。それでも店主がどうしても告訴したがったら、不起訴になるだろうとこっちはわかっていても受理します。ふつうは記録書ですけど、ただ、抵抗したり、盗んだのは四〇フランだけど人にけがをさせた場合は、告訴を受理します。でも、そういう場合もたいてい、不起訴になるんです！　不渡小切手でも同じです。一五〇フラン、二百フランは不起訴、いくら告訴を受理しても……。不起訴！　多すぎるんですよね……。

——つまり、警察官としては、ことの重大さにかかわらず、手提げかばんの盗難であっても、二百万フランの小切手であっても、同じ仕事をなさる……。

アニエス　ふつう法律には、そう書いてあります。でも現実は違います。押し込み強盗の場合、単なる検証だったら、犯罪捜査局には十分な要員がいない。パリ全体で四人とか、そんなです。だから、押し込み強盗の場合、検証は自分たちでやります。盗まれた額がかなり高い、つまり、一〇万フラン以上にならないと犯罪捜査局を呼ばない。でも、ガラスにきれいな指紋が残ってたら、やはり検証をしに行きます。ほとんど何もないときでも、しますけど……。

——指紋があるかどうか、あらかじめわかっていないといけませんね……。

アニエス　告訴する人が「指紋がある」と言うんです。見てみますけど、残ってるのは——というのは、指紋は何か特定のものの表面で、強く押し付けた場合しか、うまく残らない。たいていは、ずれていて……。たとえば、五〇万フランの被害があって、額が額なので犯罪捜査局に来てもらう。痕跡が何もないとか、痕跡は残ってはいるけど、ずれていて使い物にならないって、わかっていても、それでも、こっちの責任にならないように呼ばなくちゃならない。ちょっとした押し込み強盗で、きれいな指紋があることもあります。でも犯罪捜査局は一〇万フラン以上か、あるいは何か怪しいことがあるときしか、腰を上げない……。

（…）そういうわけです。押し込み強盗の場合、バール〔かなてこ〕を押収しないといけなかったりして、それで、そのバールを封印しないといけない……。でも、保管庫には、何百、何千もバールがあるんです。いいですけど、何の役にも立たない。実のところ、やっていることと言ったら、書類仕事、それだけです！

——書き込む書類はたくさんあるんですか。

アニエス　書類はたくさんあって、どんどん増えてます。何をしたか、ありとあらゆる行動を書かなくちゃいけない。「本日、移動し、何々氏宅訪問。電話を受理」、何もかも！

——書類は保険のために必要なんじゃありませんか。

アニエス　ああ、それですよ、保険……。被害者が署に来るのは、盗難を届け出るためじゃなくて、保険用の書類を作るためなんです。警察より保険会社の方が被害者に信頼されてますから。

——保険会社は警察の書類を要求するのですか。

アニエス　そうです。保険会社は警察の書類を要求します。だから被害者がやってくると「何を盗まれたのですか」「テレビです」「メーカーは？」「さあ知りません。でも書類はあります。まず、テレビは三千フランです」（いつも値段の話、こっちは値段なんかどうでもいいんですけど）

「メーカーはどこですか」「知りません。でも保険会社に送らなくちゃならない計算書があるんです」。保険会社にならどの型とか、どの製造番号とか言うんですかね。向こうでは全部言うんですよ。なのに警察では、言わない。最近、ある店の押し込み強盗の盗難品リストを受け取りました。私は言ったんです。「盗まれた物の一覧表を作られたのですね。これこれの色の、これこれのブランドのセーターが何着、はい、わかりました」。一覧表を受け取ると、品物の情報がこう書かれてる。「八五二六番、数量二、価格これこれ」。さあ、これをもって探しに行けって！ 今は私はこうしてます。押し込み強盗の告訴は、価格表があるか、品物の情報が揃ってない限り受け付けない。私たちは、保険会社のために働いているんです。(…)

**警察より保険会社の方が被害者に信頼されてます(…)だったら、警察なんかなくたっていいわけですよね！**

——みんなあまり届け出をしないから……。

**アニェス**　するときもあります。でもこういう話です。「フィリップスのカーラジオを盗まれた」。でも、型も製造番号も書かない……。そうすると、後が大変です。「家宅捜索の際、これこれを発見。盗難の告訴がされていれば連絡乞う」と電信がくる。被害届を出した人が見に立ち寄るのを待たないといけない。ところがあちらはそういうことを考えていないから、めちゃくちゃです。保険のためには考えるのに。ほんと理解できない。よく尋ねるんです。「署に来られたのは保険のためですか、それともカーラジオを見つけ出すためですか」。もちろん、保険のためなんです。見つけ出しても喜ばない。だったら、警察なんかなくたっていいわけですよね！「保険会社が払い戻してくれましたから、とか、時間がなくて、とか、もう古かったですから」とか。

——盗まれた物を警察が見つけてくれるとは思っていないんですか。

**アニェス**　そうです。見つかるはずがないと思ってます。警察の方も、押し込み強盗の現行犯のときでもなければ、見つからないのはわかってますけど。確かに、捜査で見つかることはめったにないです。手がかりがないし、近所の捜査をするとき、「警察です」と言ったら、開けてくれませんから。「うちには死体はないよ」。だけど偽警官は、三色旗入りの身分証明書をどう使ってるか知りませんけど、好きなように出入りしてる〔警察を装った強盗事件がしばしば発生している」。私たちは出入りできないのに。「何も見てない、そこにいなかった」って。見てたって「警察には行きたくない、仕事がある、ほかにもやらなきゃならないことがある」「名前が出たら困る」とか。だあれも何にも見てないし、聞いてない。逆に、だれかれとなく疑って、訴えてくる人もいます。そういう場合は、言って聞かせるんです、「もしほんとうでなかったら、ご自分に跳ね返ってきますよ」。というのは、たいていはわかりますから、疑いが根拠のあるものだったりすれば……。

――わかるんですね。

**アニェス**　ええ、それに目の前にいる人から感じるんです。なんとなくわかる、というか……。

――職業柄?

**アニェス**　その人の話で、もし根拠があれば、書きとめます。でなければ、隣の人がいついつあそこにいた、こんなことをした、あんなことをしたって話だったら、見てみないといけない。少し見てみます。

――検察官との関係は?

**アニェス**　検察官によります。とても抑圧的な検察官もいるし、あるいは、「極左」とかって呼ばれてるんですけど、こっちは寛容すぎです。「気の毒に、とか、彼らのせいじゃないんだ」。ですから検察官によります。

――あなたにとっては、司法官が寛容すぎるというのは気になりますか。

**アニェス**　そうですねえ。たとえばスリの場合、告訴をほんとにたくさん受理するんですけど、スリは、現行犯の場合、つかまえるのはほんとに厄介なんです。現場を押さえたスリでも同じで、財布を手放しさえすれば、もうそれで、奴じゃない、となって、そういうのがいれば、「出頭命令、さもなきゃ釈放」って話になります。十分証拠がないから。ところがこの男はよく知られた、札付きで。でも証拠がない……。

――証拠がない?

**アニェス**　こういう場合、「警官の証言対スリの証言」。警官は「こいつが盗るのを見た……」。スリの方は、「いやいや、とんでもない、何にも持ってなかった。[財布は]地面に落ちてた。見つけて拾ったんだ」とか。で、スリの言い分を信じる人もいる。そう、そんなものです。信じない人もいる。そういう場合は、スリの紳士は召喚されて取り調べられます。ただどういう刑になるかはわかりません。召喚された後、どうなるかはわからないんです。

――フォローはしないんですか。

アニェス　電話番号はあります。ときどき、ちょっと大きな事件の後、犯人がどのくらいの刑を受けたか知りたくなる。そういう場合、電話して調べることもあって、その男が三カ月の刑を受けた、あるいは何も受けなかった、あるいは払えもしない額の罰金刑を受けた、ということを知るわけです。

――フォローすることに関心がありますか。

アニェス　ええ、犯人がどうなったのか、働いた甲斐があったのかなかったのか、知ることは、ええ。

――働いた甲斐がなかったという気がするからですか、もしその男が……。

アニェス　はい、もし釈放されたら。事情聴取をやっぱりしてるわけですから。夜九時に寝たんだね、とか。で、聴取の結果、「気の毒な奴だ、初犯だった」とかなって。逆の場合もあります。そういうことが三回あったんですけど、ああいう人が告発されるのを見ると、ほんとに腹が立って。ほんとに、確かに犯罪者には違いないですけど、気の毒な犯罪者だってことはわかってたんですよ。やったことはやったけど、ほんとにしかたなくやった。そのことで告発するっていうのは、私は、絶対に反対です。

## 絶望的になります

――何をやったんですか。

アニェス　一人は、車上荒らしで、それ専門でした。もう六回、刑務所に入って出ていた。仕事が見つからなかった、何にも。だから舞い戻ってきてた。で、私にこう言ったんです。「もう刑務所に戻りたくない、戻ったら何をするかわからない。出所してから三週間は、刑務所で稼いだもので暮らした。働いてたから。けどその後、仕事が見つからなくて、どうしても……」。すでに六回刑務所に入っていましたから、もちろん召喚されました。逃れることができず、七回目です。別のケースは、カップルで、若い男と、一歳八カ月の子の母親。二人はクレジットカードと小切手帳の入ったバッグを盗み、宝石やカルティエの万年筆を買いに行った。男の方は身なりが良くて、女の方は気の毒な女の子というのがわかりました。そういうことをやって、二人ともとても素直で、事実を認めて。で、男は召喚された。女は、子どもがいるからということで召喚されませんでした。初犯という感じがしたし、もしあの男と一緒に暮らし続けたら、麻薬か売春しかない感じだった。そういうことでした。女は失業中で、それに……。男の方は、ちょっと変で、身なりもよくて、いい家の出だった。財布の中にマンションの写真がありましたけど、プチブル風でした。どうしてあいうことをしていたのかわからない。もう服役したこともあったし。ちょっと、ボニーとクライドを思わせました。絶望的になります。
三つ目のケースは、捜査でたどり着いた押し込み強盗でした。少年で、たぶん十七、八歳だったはずです。不良グループにいいように引きずり回された、というか、ほんとに、犯罪者っていう顔じゃなかった。それでも服役した――勾留されたんです。自信を持って言えますけど、この少年は二度と盗みはしない、決して。間違いないです。そうじゃないのもいますよ。犯罪者、それ専門で、なめてかかってる。証拠がないとか、わかってるから。手続きを心得てますから……。

――そうですか、解決策としてどんなことが考えられますか……。

**アニェス**　前者は、仕事を提供すればやるでしょう。それで片がつきます。

――そうじゃない人たちは？

**アニェス**　決して働かないと思います。怠け者なんです。三カ月働くより、五分で五百フラン稼ぐ方がいい。見ればすぐわかります、犯罪者、常習犯は。仕事をするかもしれないけど、たぶん盗みも続ける。見れば、つかまえます。もう職があって、ウェイターとか何かだったりしますけど、ずっといつも……。もう服役したこともあるし、なんでも知っている。解決はありません。もしかしたら、何とかなるかもしれないかな――十八歳から二十五歳くらいで、スクーターを盗んだとかいう、犯罪者の話ですけど。少し歳が行ったら、何とかなるかもしれない。それに、罰が軽すぎるのかもしれない。スクーターを盗んだ、自転車を盗んだ場合、罰金と「いいか、次は刑務所送りだぞ」。またやって、でも相変わらず刑務所送りにならない、三カ月の執行猶予がありますから。刑務所はほんとに、数えきれないほどやった挙句のことで、そんなことはほとんどまったくない……。

――そう思いますか。

**アニェス**　こういう種類の犯罪、車上荒らしとかちょっとした犯罪の場合は、そう思います。刑務所がいっぱいとかそういうことを考えると。いつも罰金か執行猶予。初犯のときから入れれば、ずいぶん震え上がらせることになると思いますけど。少なくとも一部の人間には、効き目があるかもしれない。「いいか、万引きしたらな、一回目はこんなもんだが、今度やったら刑務所送りだ」。一部はこれで震え上がります、常習じゃない場合、技師〔↓社会職業分類※〕の息子で、なぜかわかりませんけど、万引きした子とか。でも、いつもあの辺の一帯で不良とつるんでる場合は、どうしようもないです。抑圧的にならないと。刑務所を出所して仕事がない。刑務所にいたからますますない。で、またはじめる。公益奉仕労働〔刑罰として課される、自治体・公共施設などでの無償労働〕は何の役にも立ちません。見たことがありますけど、実に立派ですけど、空きがない。たとえば、奉仕労働をやりたい人が千人いても、空きは千もないですし、それに、何をやらせているかと言ったら！……

**——司法との関係のほうは？**

**アニェス**　それはCRの枠組みに入ります〔共助依頼／裁判事務嘱託（CR）は、何らかの理由がある場合に、予審判事などが〔ほかの司法機関または司法警察に裁判上の行為を嘱託し〕、司法捜査にあたるいくつかの行為を行なう許可を出すもの〕。家宅捜索して銃を探すべきか、とかそういうことです。それとも家宅捜索すべきでないか。原則として、予審判事が決定します。判事に電話をすると、「了解。事情聴取を続けるか、連れてくるように」と言われます。その場合、被疑者になるわけですけど——CRについては、あまりお話しできることがないんです。何をしたか覚えていませんし、自分たちの担当じゃないので。司法警察官の担当なんです。

## 何か忘れていることがあるんじゃないかって いつも心配です

**——司法の判決についてはどう思いますか。**

**アニェス**　刑事手続きのせいで判決が破棄されることがあります。何か忘れていたとか、書類の不備とか、そういうことです。本文に何か言葉をタイプして、余白に書いたのが別の言葉だったとか、文の最後に書いたのが……それで手続きが無効になるんです！　こういう小さな手抜かりをやる。やるべきだった通りにやらなかった。そういうのはあってはならないと思うし、手続きは必要だと思いますけど、こんなに厳しくすべきじゃないと思う。弁護士は、依頼人が罪を認めているのに、まだ手続きのあら探しをする。そういうのはほんとに受け入れられないです。

**——司法警察官になるのはどういうものなんですか。**

**アニェス**　やっぱり、そうですね、あと一年ありますけど、みんなもう心配し始めてます。不安です。知り合いの一年上の先輩はみんな言っています。「心配かって言えば、心底びびってる。司法警察官になるなんて」。まだわかっていないことが残ってる気がするし、知らないといけないことがほんとにたくさんあって。信じられない。何か忘れていることがあるんじゃないかっていつも心配です。同時にやらないといけないことがあまりにたくさんあるから、何か忘れていることがあるんじゃないか、それが出てきたときどうすればいいかわからないんじゃないかって心配で。心配している人は大勢います……。

**――そうですね、責任がありますからね……。**

**アニェス**　ものすごく大きな責任、ものすごい、大きな、それが自分にかかってくる。

**――どういうふうに準備するようになっているんですか。**

**アニェス**　私は法律は一度もやったことがなかったんですけど、刑法は面白いです。労働法も一度もやったことがなかったんです、全然何も……。面白いです。学校では、習うのは全部、理論的な観点からです。たとえば、行政警察〔→警察〕[※]。実践しないと忘れてしまう。パリの警察の研修があって、行政警察のことを、一週間窓口業務をやって習うんです――遺失物、身分証明書の紛失。その後、窓口を離れて、武器所持、養子申請……。これは滅多にないです。必要な書類は、とか、何をすべきか、とか。現場で習うんです。資料室で資料を出して、「武器所持」と見たら、書き写す。それから違警罪〔軽罪より軽い罪、特に道路交通法違反罪〕……。所轄署の勤務は基本で、刑事になりたかったら、そこを通らないといけない。何もかもそこで習いますから。その後、二、三年したら昇進します。

**――昇進できるんですね。**

**アニェス**　パリの「城壁内」では昇進はとても簡単です。地方に行くなら話は別ですけど。

**――もっと難しい？**

**アニェス**　ええ、一五年かかります。

**――そうなんですか。**

**アニェス**　単純なことなんです。刑事の昇任試験のとき、たぶん一〇パーセントがパリの人で、残りが地方出身です。地方出身の人はパリで働きたいと思わないし、パリの警察より自分の田舎の方が好きなんです。パリの刑事はとても若い、二十六歳かそのくらいです。南に行くほど、年齢が上がるんです！　私の出身の町では四十とか五十五です。

**――故郷に戻りたいと思いますか。**

**アニェス**　気候とかを考えると戻りたいですけど、古参刑事とうまくやっていかないといけないって考えると、お断りです。年功序列は、別に我慢しますし、あってもいいと思いますけど、考え方とかついていけません。

――どうしてですか。

**アニェス**　つまり、ああいう人たちはさめてるんです。心得てる。「無駄だよ、やったって。起訴されない」。ほったらかしにして、飲んでます。そう、今、若い人がどんどん少なくなって、いなくなりつつあります。まだ何年かはいますけど、いなくなり始めてる。そうなんです、さめてます。「捕まえに行ったってなんにもならんよ、どうせ否認するよ」。地位があって、その地位に任命されて、定年までそこにいる。ぐうたらです。ここにも一人いますけど。その人が来て一四年ですけど、家宅捜索だってなんだって、出ていくのをほとんど見たことがない。新人が来て、家宅捜索とかいろいろやろうとすると、一年目から、やる気を削がれるんです。「無駄だよ。何しようってんだ？　ほっとけ、ほっとけ」って。さめてるんです。

――司法警察のほうが面白いですか。

**アニェス**　面白いです。仕事がもっと面白い。テレビで見るような、あんな感じ……。テレビには出ないですけど、捜査です。ここは、告訴を受理します。額の大きい小切手の詐欺のケースで、CR（共助依頼／裁判事務嘱託）があったことがありました。でも、ちょっと厄介だった。マドリッドやドイツで事情聴取をしないといけなかったので。それで、私たちのところに回って来ないで、パリの警察では専門捜査室が担当しました。そういうわけで、パリの警察ではCRはかなり稀なんです。とても細かく決められていて、所轄管内のだれかの聴取だけ。捜査とか進めるためで、CRは、原則的にはやっぱり、相当重大な事件の場合なので。少額の不渡小切手のためじゃないですから。上の方へ行くんです。DPJ（司法警察局）とか、BRB（犯罪取締り班）とか、特任捜査室（そういうのはまだ見たことがないですけど）とか。捜査の手がかりが出て来るとすぐ、上の方へ行くんです。

――すぐに専門課へ回るんですね。

**アニェス**　一〇万フラン以上の押し込み強盗は、司法警察官が担当します。もっと時間をかけて事件を扱えるし、予算もあるし。パリでは、もう少し重大な事件や犯罪、殺人とかそういうものも多いですから、それも道理ですけど。そういうものは、どこかの県より、パリの方が多い。よくは知りませんけど――タルヌ県〔南西部オクシタニー地域圏※〕で何人に一件、殺人がある、とか知らないですけど、そんなことあんまりしないでしょうかから……。

――パリ、リヨン、マルセイユ、どちらにしても、専門課があるのはそういうところで、専門の予審判事もいるのですね……。

**アニェス**　七課、八課、一二課……。

――そういう課に行きたいと思いますか。

**アニェス**　行きたいと思います。とても興味があるのは詐欺事件――クレジットカードとか、ユーロチェック〔ヨーロッパの複数国で使用可の小切手、統一通貨ユーロ導入以前に使用〕とか、偽造の関係です。だから、パリの第五〔司法警察〕部局、それから……パリのＰＪ〔司法警察〕局。

## 捜査の方をやりたいんです

――どうしてそういうものに興味があるんですか。

**アニェス**　よくわからないですけど、なんて言うか、捜査は……捜査をやるほど、成果があがるんです。押し込み強盗は、もしだれも何も見ていない、聞いていないという場合、犯人は決して見つからない。ときには、稀に、家宅捜索で見つかることもありますけど。でも、クレジットカードの詐欺だったら、人相や風体を商店主が説明し、クレジットカードの持ち主本人か別人か照合し、そのうちに、ある日、ガソリンを入れるのにカードを使っただけで、車のナンバープレートが書き留められ……捜査がもっと可能です。

――成果ももっと上がる？

**アニェス**　偽造小切手、盗難小切手の場合は、見つかることももっと多いし、成果も多い。私は捜査が好きです。捜査をやりたい。警察のほかの課で、ただ不審尋問しかしないところもありますけど……私は捜査の方が好きです。

――同僚の中で、司法警察に、ほかの形の司法警察に興味を持っている女性はいますか。

**アニェス**　ええ、いるようです。今、警察署にいる女性で。でも女性は少ないんです。同期のうち、女性刑事は四分の一。警察署にいて、みんなと同じように昇進します。犯罪取締り班（ＢＲＢ）とか、男に不審尋問する必要がある課では、よほど屈強でないとだめなので、女性は少ないですけど、いることはいます……いるのは確かです……その代わり、女性がたくさんいるのは少年課。今、女性と男性が半々だと思います。私は大嫌いですけど。パリでは女性の刑事がいても驚かれませんけど、地方へ行くと……。

――信用されない？

**アニェス**　まだあまり時間が経っていないから――何年になるか、一〇年、一二年くらいだと思います。それで、何と言うか、七九年に学院を出た女性たちは、今もずっとパリにいる。地方に行った人はとても少ない。それでです。

――少年課、そうですね。女性専用の部署のようなものはあるのですか。

**アニェス**　ええ、女性刑事は最初は、少年班に入れるためだったんです。だんだんとほかの部署にも行くようになって。ここの警察署でそうなんですけど、若いから、たぶんそれで、受け入れられやすいのかもしれない。ほかの課のことは何とも言えませんけど……。家宅捜索があるとき、若い女の子を連れて行かないのは確かです。

――場合によりますよね?

**アニェス**　相手が危険な男だとわかっていたら、女の子は連れて行かないでしょう。

――でも、守るでしょう?

**アニェス**　ええ。署にいたとき、道で「泥棒、泥棒」という声が近くで聞こえて、私はみんなを追い抜いて、先頭で泥棒を追いかけて、同僚二人が後を走ってた。私が男をつかまえたんですけど、二人はこう言った。「急いで走ったけど、もっと速く走ろうとしてたんだ。君が心配で」。私は、向こう［泥棒］がナイフや催涙弾を持っているなんて考えもしなくて、こんな風に走って飛び出したんです。「心配だったから、ますます速く走ったんだ」。

## だいたい、署長なんてのは金のためにやってるんじゃないですか

――司法警察官とはどういう関係なのですか、彼らは別格ですか。

**アニェス**　署ではそうではありません。何というか、序列があるんです。署長の警視に始まって、警部・警部補、刑事補〔前期中等教育修了証（→中学校修了証[※]）取得者以上から採用〕。それから、司法警察官の資格があります。ここでは「署長さん」がいて、それからほかのみんな。でも、司法警察官は別です。それこそ本物の警察。私がいつも大事に思っているものです。

――署長は何をしているんですか。

**アニェス**　サインしてます。

――大したことをしていなさそうですね……。

**アニェス**　署の運営……。だいたい署長は、別に非難してるわけじゃないですけど、お金を稼ぐためにいるんです。差し押さえや強制退去や納棺とかで。

――納棺?

**アニェス**　納棺というのは、埋葬となると、棺を閉じるときに署のだれかが立ち会って、棺の中の人と亡くなった

人が同一人物であることを確認しないといけないんです。ふつうは署長がやらないといけませんけど、代わりにほかの人を送るんですけど、お金を受け取るのは署長です。棺一つにつき七二フランだったと思います。署長にもいろいろなタイプがいて、熱意があるからやってる人もいるし、お金のためにやってる人もいます。その場合は、病院があったり墓地があったりする所轄を赴任先に選ぶんです。だから、墓地や病院があるからって、ありがたがられる署があるわけです。いいところ、いい区なら、一カ月に百万〔旧〕フラン※になる。給料のほかにです。強制退去と差し押さえと納棺。たとえば納棺は、公務員なら一〇フランですけど。――まだ六カ月経ってませんけど、役所の覚書が出されて、一〇フラン、もうもらえなくなった。計算書に一〇フランと書かれていて家族が気を悪くしたからだそうです。それで、一〇フランはもう出さないんですけど、署長には相変わらず七五フラン出てる。自分は一度も行かないのに。いつか、ミスか何か起こったら、署長のせいではなく、私たちのせいにされる、書類に名前があるのは私たちだからです！　だいたい、署長なんてのは金のためにやってるんじゃないですか。

**――そうなんですか？**

**アニェス**　ほんとです。自分では捜査をほとんどしない。所轄署の署長は、何ていうか、そんなに面白いものじゃないです……。無能な署長、お金を稼ぐためにやってる人がいると思います。そうじゃない人もいると思いますけど。署長に収まってるような人たちのことです。

**――そうですね、で、専門課の警視は？**

**アニェス**　本物の警視ですよね。所轄署の警視は――飲んだりとかしてる警視がいたら所轄署に送ればいい。そういう職に据えればいい。居場所は所轄署ってわけです。

一九八九年十一月

# 生身の糾弾

レミ・ルノワール

アンドレ・Sは司法官※で、三十五歳。同じ職業の女性と結婚し、子どもたちはまだ小さい。夫婦ともに地方の大都市出身で、現在もそういう都市で働いている。おそらくそこに住み続けるだろう。家庭の事情もあるし（夫婦の一方の実家がそこにある）、職業上の理由もある。二人が司法職の上の地位に昇進するチャンスはあまりない。昇進の条件に、転勤をいとわないことがしばしば含まれるからである。「中くらい」の成績で国立司法学院〔司法省管轄の司法官養成教育機関〕を卒業した彼らは、パリから遠い地方の小裁判所で「キャリア」を開始した。輝かしい昇進のためにはあまり好ましくない。その上、それぞれやり方は違っているものの、同じく妥協を許さない態度で、あらゆる「調整」に抵抗している。こういう調整を受け入れると、「司法の機能性」がよい方向に高まるわけではないとしても、少なくともよい人脈の形成が容易になる。そしてよい人脈がないと、閉ざされた集団――司法機構もその一つである――の中では、早い出世は望めない。

面談は、アンドレ・Sの自宅で土曜日に行なわれた。彼が話している間、妻は家事をして、子どもたちのうち、保育所に預けるにはまだ小さい子の面倒をみていた。彼女が話に加わらないのは、たまたま忙しかったからではない。彼女は夫とまったく同じように自分の職業生活に専念していたが、彼女に言わせれば、夫には「私より言いたいことがある」のである。実際、夫婦は家事をほぼ公平に分担しているのに、話題が「司法」のことになると、話すはいつも夫である。面談のあとにとった昼食のときのように、脈絡のないおしゃべりの時でも同様である。それはまるで、夫には口を開く一種の正当性があるかのようで、それに対しては、妻も、さらには、彼の仕事の同僚たちも、異議を唱える様子はない。

アンドレ・Sは、社会から隔絶している司法官という、メディアが流すイメージとはほとんど一致しない。メディアが流すのは、「並ぶものなき権力者」、「無責任な正義の審判者」、「偏屈な小心者」といったイメージだ。このような揶揄からも、裁判官の活動が、どれほど一般の評価の対象になっているかがわかる。この評価は、裁判官が構造的に対立することになる行為者（捜査情報の秘匿に関してジャーナリストと、司法の独立に関して政治家と、弁護権の尊重に関して弁護士とそうした対立が起こる）たちによって形成され、それに対して、裁判官たちは自分たちの状況を引き合いに出して、次のように考えを語る。「人は私たちのことをいろいろと言う。だが、私たちは自分のことを好きなように話すわけにはいかない。そんなことをしたら、軽率な愚か者と思われる」。司法機構は序列がはっきりした集団で、公の場での発言は実際、大変、規制されていて、公に発言する者がもし序列の上層部に属していなければ、同僚の信用を失ってしまう。

アンドレ・Sが私を前にして問題にしたのは、「司法職の〔間に広がる〕不満」の社会的定義である。彼はきわめて率直に、かつ確信をもって語ったが、それはとりわけ彼が、この表現が生み出すイメージを正す必要があると考えていたからである。彼からみれば、私には信頼してもいいと思えるいくつかの特徴があった。私がこれまで面談してきたのは、単に「序列の高い」人々だけでも、司法官だけでもなかった。私は社会学者であり大学で教えている。すなわち司法機構の部外者である。したがって、私は彼が感じている不満を、そのままの形で著作や授業などをとおして公に証言することができた。つまり、私に話を聞いてもらうことで、アンドレ・Sのほうもまた、司法界の機能のしかたについての「彼の」見方を、私ができるだけ忠実に再現するのを期待していたのだ。それは、単に非難されたばかりでなく、どうしようもないところまで追い込まれた「底辺の」裁判官の見方であり、唯一の希望と言えば、自分自身で司法と、いろいろな言い方をした後にたどり着いた表現を用いれば、「司法界の機能不全」とについての著作を書き、この分野を専門とするジャーナリストになろうと考えている、そのような裁判官の見方である。だが、この計画は、司法機構における彼の当面の不如意を、想像上逆転させるものではないだろうか。いずれにしても、不満の表出条件がそろっていたのは明らかである。疎外され、私生活まで不安定になっている者（こうしたきわめて官僚的かつ序列的な世界では、「精神的に」過酷な状況はほとんど常に、強い不安を生み出す潜在的な家族関係の動揺につながる。すなわち、緊急の転居と新居の整理をともなう引っ越し、孤立、自分自身や他者にたいする信頼の喪失などである）が一方にいて、他方には、比較的曖昧な社会的地位を持つ社会学者がいる。この社会学者の機能は他者を「理解」し、場合によっては助けることであり、その属性は、面談の相手ができれば司法官に持っていてほしいと望んでいるものに近い。この両者が出会ったのである。

特にメディアが好んで取り上げる既定の問題群――「司法の独立」、「司法警察官〔↓警察※〕との関係」、「上層部との関係」、「地位の喪失」、「正義の必要性」など――もまた、この種の自己分析をおこなうための条件を作り出す助けとなった。というのも、こうした問題群は、別の次元においてではあるが、アンドレ・Sの問題群に一致しているからである。この司法官の人生は、すべて司法機構によって形成されて来たものだが、同時にこの機構に対立するという点で定義されるものでもある。彼はこうして、「司法職の不満」という一般に流布した言い回しに、彼が感じる生きづらさを表現するための手段ときっかけとを見いだしている。もし彼の個人的な運命が、公的に制度化された司法機構それ自体の運命と関係しなかったら、おそらく彼はこうした生きづらさを感じることも、まして表明することもなかったであろう。とりわけそれは、司法機構の公言している価値――「実直」、「誠実」、「公明正大」、「独立」、「公への奉仕」、「一般の利益」など――が、彼が自分自身を定義づけている価値と同じだからであり、彼にしてみれば、自分のアイデンティティの回復は、司法機構自体の再構築なしではありえないのである。司法機構は、彼をこれほどにも失望させ、ずたずたにしてしまい、それゆえある意味で、そこを去ることを彼に強いたのは、司法機構自体なのである。彼が、自らの最も深い部分で生きているのは、司法機構を覆う不満であり、そんなことになったのは、それ自身の原則の名において異議申し立てを受けるに値する機構と、その機構によってきびしく異議を申し渡された構成員の一人との間にあった予定調和に由来する。それは、司法界の機能の原則となるべきものに従って彼が行動しているゆえに、よりいっそう鮮明になる。その原則とは、彼が自らの判断の仕方を説明するときに、非常に明白になる次のような原則だ。「法を実直に適用する。そのさい、相手への思いやりを持ってするが、同時に、場合によっては、厳しさもあわせ持つ。そして、必要なものを見つけだす努力をし、裁判官がそこにいるのは、法を適用するためにであって、復讐のためにではないということを示す」。

アンドレ・Sは、同僚とおなじように、またとりわけ同世代の同僚とおなじように、自分たちの職業の集団的凋落の影響をこうむってきた。その凋落は、少なくともほかの法務職や行政職に較べて目につき、また、より一般的には、上級の公務員職（とりわけ、国立行政学院〔↓グランド・ゼコール※〕の卒業を要件とするもの）との関係において目立っていた。また、彼らの職業は、上級商務職の発展進出の影響もこうむっていた。しかし、彼の場合には、みなが感じているこの凋落、今、司法に関して語るとき避けて通ることのできない論点でもあるこの凋落に、幻滅が加わっている。この幻滅は、彼が自分の「仕事」に多くを期待していたのでいっそう深刻だ。彼は、ずっと以前から投資に見合う利益を得られないこの職業につくように仕向けられていたのだ。実際、彼の司法界入りは、一九六〇年代の中間階級が行なっていた戦略、自分たちの経済資本の一部を学歴資本に転換することを狙った戦略の結果であった。彼の父親は事業に成功した商人で、社会主義的カトリックの理念に賛同していた。彼は息子に高等教育を受けさせると同時に、息子の中に、他人のために働くという精神をはぐくみ、それはまた息子の宗教的実践（彼は熱心なカトリック信者である）によってたえず強化された。年齢に応じて、この他人の役に立とうという精神は、ボーイスカウトの形をとり、ついで実践的な政治活動あるいは組合活動の形をとり、最終的には、（特に地方出身者にはよくあるケースだが）公務員職という形をとった。若い司法官の大部分がそうなのだが、自分の親が司法官であるか、さもなければ親族の中に法務職についている者がいるものだ。彼の場合、母方の祖父は代訴士〔代理人として訴訟手続きを行なう法務職〕であり、伯父は弁護士であった。このことは、彼も指摘するとおり、職業上の方向づけに影響をおよぼさないではいなかった。

彼の父は、彼が避けているもの（「経営者」、「金」、「序列」、「右派」など）を体現しているが、それと同時に、避けることを可能にしてくれたものをも体現している。彼は父と戦ったが、それは自分との戦いでもあった。その戦いを経て、「いつも、少しでも社会全体の利益、特に貧しさに苦しんでいる人たちの利益を守る」という息子の職業選択の正しさが認められ、それによって彼は解放され、自分を乗り越えること、すなわち、社会的な上昇や、少なくとも、家族の属する環境からの断絶がしばしばもたらす罪の意識を封印するエネルギーを与えられたのである。「最後には、父も認めてくれました。何かということこう言っていました。『まあ、どっちにしても司法官のほうが商売人よりはましだからな』」。

社会的位置を変えようとすることには必ず危険がともなう。試験に受かって特定の個別社会に参入を許されても、それが暗黙のうちに要請する態度・ものごしを身に着けられるかどうか、常に確実というわけにはいかないからだ。こうした新しい世界をよく知らず、それゆえ、どうしても余裕や順応性を欠くことになる新参者たちは、それらの世界が自らを特徴づけるために用いる表現を、「文字どおり」、大まじめに受け取ってしまう。アンドレ・

Sは、司法の世界に、裁判官が職業上のイデオロギーとして公言している価値を持ち込んでいる。けれども、その価値は、裁判官の実践をしばっている価値ではなく、とりわけ「キャリア」の展開と直接的な関係を持っている価値とは違ったものなのである。そして、裁判官のような最高度に閉ざされた職業集団では、このキャリアの展開こそがあらゆる不安と〔個人に対する〕評価の源泉となっているのだ。アンドレ・Sが歩んできた道は、司法世界を実際に動かしている原則と、彼がそこにあると信じたもの（「誠実さ」、「独立」、「訴訟当事者のための職務」、「他者の尊重」）との間にある隔たりが引き起こした幻滅の過程である。彼が司法世界の秩序に屈していないのは、彼の持つ精神力によると同時に、モラルというものが司法世界で今も有している力のおかげでもある。たとえ、「キャリア」展開上の要請のために、絶えずモラルが侵犯されているのが常としても。「キャリアをうまく進めるということは、裁判官にとって、いつもとっても気になること」であるからだ。

彼は自分のキャリアを、あたかもキリストの犠牲のような苦難の道のりとして語るのだが、それはたぶん、彼の行動や態度が「悪く評価されている」からというより――もっとも彼はそのことをひどく苦にしてはいるのだが――、むしろ、「正義への情熱」に裏打ちされた到達不可能な道徳的理想を基準に考えているからだろう。司法の働きに関する明文化された規則を支持する人間に、ずっと彼は育て上げられてきた。そして、とりわけ、国立司法学院に入る前に思い描いていた司法官の職務を堕落させる「不文律」――「正直者が馬鹿を見る」という不文律――を考慮に入れることを拒んできた。アンドレ・Sの言葉の中で最も注目に値するのは、おそらく、彼がたえず貫こうとしている司法観と、彼が自分自身を描くときのイメージとの完全な一致であろう。結果として、彼が「司法の仕事に苦痛を感じ」、また「どうしようもない」、「無能」、「偏狭」等々と形容される司法官がいるのは、それは、この司法の世界においては、何もかもが彼に苦痛を与えるからなのだ。「ああいう無能な裁判官を見ているとぞっとする」からであり、また「同棲相手と別れるときに盗みをはたらいたからという理由で、普通のおばさんを裁判長は泣かせた」からでもある。つまり、「誰か他人の無情な仕打ちを見るのは耐え難い、というか、そういうのに自分も加担することになるのが気持ち悪いんです。ときたま恥ずかしくなることがあるんですよ、ほんとうに」というわけなのだ。この気持ちの悪さという感情は、司法官という職能集団の行動を支配する論理によって増幅されている。上司や、司法界におけるほかの行為者（警察官、憲兵〔→警察※〕、弁護士）、さらには政界の行為者（司法大臣や政務官、地方の有力者）に対する司法官の無力、その「能力不足」、「怠惰」、「卑劣」のことである。自分でも言っているとおり、彼がこうしたことに苦しんできたのは、間違いない。しかし、彼が苦しんだ理由は、「人のことは気にせず自分の仕事をしよう」と思い、「きちんと」（つまり「誠実に」）やってきたのに、それが、周囲のすべてと敵対する結果を招いたということだ。「上司」たち――自分の上司だけでなく、ほかの司法関係機関の上層部も含む――や、何かというと司法省中枢にすり寄る組合専従職員たちと敵対し、そのあげく、ついには彼自身とも敵対することになってしまった。解雇の脅しを受けた彼は、「ちょっと組織の価値観を取り入れ」てしまったからだ。

だが、アンドレ・Sが、「すばらしい裁判官」、「きちんと仕事をやっている弁護士」、さらには司法関係者に感謝の意を表している受刑者たち、つまりこういう「立派な人たち」を称賛するときにこそ、彼の苦悩の根底にあるものが最も鋭く表れている。守るべき（「高貴な」）大義として掲げたもののなかにすべてをつぎこんだ彼は（仕事で、組合活動で、もっと一般的には、失意の人々にたいする一種のボランティア活動で、彼はそんなことをしてきたのだ）、いっさいの逃げ道（とりわけ弁護士職）を自分に禁じ、そのために彼自身の処分が問題にされたとき、「司法機構」ばかりでなく、「彼自身」をも含めて、すべてを「問いなおす」に至ったのだ。

「裁判官の仕事の良し悪しはだれによって裁定されるべきか」。面談をとおして彼が答えようとするのはこの問いである。それと同時に、彼が考える司法のありかたに逆行するものを、司法官の昇進過程において見出し、分析する。こうして彼は、自分が受けた侮辱や、憤慨させせられたほかの司法官の行動（「偽りの基準」）を数え上げながら、司法機構の現実のいくつかの側面を明るみに出す。裁判所の「決定」や「判決」はだいたいがそうした現実から帰結している。彼は悲壮感を漂わせつつ、この機構に信頼（すなわち「判決を下す正当性」）を回復させる唯一の手段は、「やりとげる仕事」と、その「懐の深さ」、そして裁判官の仕事に欠かせない「品格」、さらにはすべての行為者（司法官の同僚、弁護士、〔逮捕・令状の執行権を持つ〕司法警察官、そして担当した受刑者自身）によってなされるこうした裁判官の仕事に対する評価・検証である、と指摘するが、その時、どうしても反響のように聞こえてくるのは、この指摘を通して彼が拒否していること、すなわち司法機構の現実を支配する掟と、その掟が前提とするものである。

裁判官の独立という表看板の裏に、上司への服従が隠れているのを彼は見る。司法権の裏に警察に対する、さらには政治家に対する依存を見る。平静さの裏に憎悪を、断固たる態度の裏に卑劣さを見たりすることになる。「それ自体は当然のことをしているうちに、だんだんどうにも許しがたいことになっていくのに気づくんです」。裁判制度がどうしても必要だという信念（さもないと「復讐」になる）を捨てきれないため、よりいっそう深く失望している彼は、自らの幻想と夢にとらわれ、出口といったら、「批判されるべきなのに言われていない、こういうこと」を本に書く以外、思いつかない。彼にとっては、それが、自分からは去ることのできないこの世界に、これからもとどまる唯一の方法だろう。さもなければ、彼自身、自分のいいところだと思い、何としても人にも認めてもらいたいと思っていること、すなわち彼の「誠実さ」と「人間味」、つまり「自分からみていいところ」と思えるすべてを失うことになるだろう。こうしたことは、「金」だけが幅をきかすほかの職業分野ではとうてい評価してもらえないだろうからだ。「生きたまま皮をはぎ」、彼に「殉教の苦しみを味わわせた」司法機構に自分を一体化させることが、彼が提示する改革計画の根本にある。そこからはじき出されれば出されるほど、たとえ象徴的な形であっても、彼はそこに執着するのだ。彼の社会的復権はこの機構の復権を通じておこなわれる。彼が提案する改革の内容に至るまで、彼が体現している価値体系の刻印をおびていないものはない。拒絶の根底にあるものに基づいて、彼は計画を作成する。この計画は彼だけのものであり、また、そのように認知されなくてはならない。というのも、それこそ、彼の目から見れば、自分の全人生と情熱のすべてをかけた世界と、完全に和解する唯一の手段だからである。

# 司法官

## 「それが、恐ろしいことなんです。それ自体は当然のことをしているうちに、だんだんどうにも許しがたいことになっていくのに気がつくんです」

〈聞き手〉レミ・ルノワール

――司法官のどんなところがいいんですか。

**アンドレ**　司法官でいいと思っていたのは、独立という考えでした。そういう職業だということ……公職というのは、公共サービスをおこなうということで、つまり、上に立って命令する人間を持たないということ……。そう、トップの人間を持たないということ、法律できめられている職責をひたすら果たして行くということ、法を守り、一般の利益に奉仕するということです。それに関連して、私の気に入っていたのは、正義という考えでした。それから、人間的なふれあいという考えもそうです。つまり、法を上手に適用すること、人の気持ちに配慮しながら、場合によっては断固たる態度で適用すること、必要なことがなにかみつけて、自分のしていることは法の適用であって、復讐ではないということを知ってもらう、そういったことです。つまり、原則レベルで司法機構のよいところを知ってもらうということですね。原則ということで言えば、司法機構はまったく必要不可欠ですから。文明の進歩だと私は思ってます。こういうことがぜんぶ、私にはいいことに思えてました。

――そういう考えはどこからきたんですか。

**アンドレ**　あれこれ新聞も読みましたし、それにやっぱり本も読みましたよ。

——いくつぐらいのときですか。

**アンドレ**　確か大学一年のときでしたね、そういうことを読んだのは。確か読んだはずですよ。祖父に読まされたんです。退職した予審判事※の書いた本でしたね。後でその本をもう一度読みたいと思ったのですが、どこかにいってしまいました。予審判事が自分の職業のことを語っていて、十八歳の私はけっこう気に入ったのです。そのころ新聞に、司法官組合を中心にした論争が載っていました。話題になっていたのです。大学ではほかの問題についての討論会にも行きました。どういうふうに仕事をしていこうか、どういうふうにこの職業を発展させていこうか、といったことをちゃんと考えてる人がいるのは、よいことでした。この職業がおもしろそうにみえたんですね。それに実際、仕事はおもしろかったですよ、人とのふれあいもあるし、自分で直接にかかわることや、出会いがあったり、それにまた、この仕事は生活のあらゆる領域に関係していたし、同時にまた、善悪という考えもありましたし……。裁判官には重大な責任があって、なにが正しいかをまったく独立した立場から見るように努めなければなりません。私はものごとをちょっと理想主義的に考えるところがあるのです。一般的には、私は真実というものをかなり信じているんです。そういうことについては、ほかの人たちほど悩んでません。よくこう言う人がいるでしょう。「でも真実って言ってもねえ……真実は人それぞれだからねえ……真実なんて意味ないよ」とか。私は、現実的なたちなので、括弧つきですけれどもいわゆる「良識」を持とうと努めています。世の中には本当でないこともあると思っていますし。それでつまり……真実の力を信じているのです。なんというか、人が本当のことをいうときには、感じでわかるんですよ……。そういうのがぜんぶ、好きでしたね。そりゃ、言うまでもなくキャリアの問題があったり、こういう司法官の独立には限界があったりとか、そういうことは知ってましたが、自分ではこう思っていたのです。「出世したいと思わないでも、人のことは気にせず、きちんと自分の仕事をすることもできるし、それもまたいいんじゃないか」と。

——同じような価値観で、たとえば弁護士にもなれたのではないですか。

**アンドレ**　弁護士ですか。当時心にひっかかっていたのは……。

——それとか医者とか。

**アンドレ**　そうですね。自由業的なものですよね。医者、私は医学に興味がなかったし、理系の頭じゃないですしね。

弁護士には、ひっかかることが二つあります。自分でそうとは思っていないことを言うこと。だってやっぱりほんとうですよ、ときには弁護士は自分で完全に同意してるわけでもない主張を弁護するはめになるんです。たとえそれが立派なことでも、ひっかかりますよ、そりゃ、どんなときでも、常に思っていることを口にする人もいるでしょうけど。それとまた、弁護士の論理ってもんがあるのも事実ですよね。いつももっともっと金を稼ぐってことです。それが私には気に入らないんです。この、お金との関係があるので、ややこしくなるんじゃないですか。それに対して、給料をもらうというのは、いいことだと私は思ってました。自分は公共サービスをするためにここにいる。それはいいことのように思いました。私にとって、弁護士のイメージというのは、事務所を経営するためにお金に気持ちが奪われていくとか、仕事に忙殺されて本質がみえなくなるとか、そういう危険ですね。ああ、そうですね……公共サービスという考えが重要に思われたんです。(…)七〇年代の終わりに入試を受けたときは、タピ※とか金儲けとかは、はやっていませんでした……。

**――そうでしたね、その辺がちょっと変わりましたかね。**

**アンドレ**　そうですとも。当時の人は、今と違って、上の人間のために働こうなんて思っていませんでした。公共サービスという考えが重要だったのです。利益という考えは、私には興味がないどころか、逆にそんなことをいわれるとショックを受けたでしょう。他人をだしにして儲けようとは思いませんでした。公共サービスをするというのは、私にはよいことに思えます。一般の利益に奉仕するために給料をもらうということですから。

**――青少年時代には団体活動をしましたか。**

**アンドレ**　ええ。

**――ボーイスカウトとかなにかで。**

**アンドレ**　団体活動はよくやってます。まじめなカトリック信者なんです。それで、ずっと活動してきました。大学では、司法学院の入試のころは、社会党に入ってました。大学では、学生運動をやってて、私は中心的な活動家の一人でした。軍隊とかでもそうです。

**――で、ボーイスカウトもやってたんですか。**

**アンドレ**　ええ、やってました。でもそれほど長い間ではありません。それほど影響されてはいません。

**――なるほど、でもやっぱり、いつもどこかの集団のために働いてきたわけですね。**

**アンドレ**　そうですね。(…)たとえば、父も認めてました。何かというとこう言っていました。「まあ、どっちにしても商売人よりはましだからな」って。父はこう思っていたんですよ、胸のなかで。「俺は自分のために働いてきた。正直にやってきたとしても、やっぱり自分のためだった。何か足りないところがあるな」って。だから父も認めてくれていました。なんというか、私はいつも政治の問題には、どれも夢中になって取り組みましたし、いつも、少しでも社会全体の利益、特に貧しさに苦しんでいる人たちの利益を守ろうとしてきました。

——じゃあ、御両親はそういうことに好意的で……。

**アンドレ**　そのとおりです。父にしてからがそうでした、父は商売人だったんですけど。父は右派だったのですが、でも、自分は税金を十分払ってはいないと口にするような人でした。貧しい人たちに十分お金をあげていないと。父はいくぶん、社会主義的な右派だったんですね……。

——社会主義カトリック？

**アンドレ**　そうです。利他的で、公平を求める人でしたね。つまり、なんらかの社会正義を求めていたんですね、そういうわけですから……私に影響を与えたのは確かですね。

## 正義への情熱

**アンドレ**　司法学院には少し失望しましたね、つまりある意味で、その、なんというか……変な言い方ですが、第一印象ですね。同級生の頭にがっかりしたのです。みんないい生徒、できのよい学生なんです。でも、個性がないんです。よい裁判官になるには、少しは自由や、利害に超然としたところがないといけないし、独立心とか勇気とか、また力もいくらか必要だと私は思うのですけど、そういう意味での個性ですね。ところが、みんなは、どちらかというと……よい生徒、つまり、授業できちんと勉強して、そこらへんの条文をすらすら暗唱できるよい生徒なんですが、私の考えでは、彼らには、よい裁判官になるための、まさに心構えの部分が欠けていました。たぶん正義への情熱が欠けていたのです、全員とは言いませんが。それに個性も。それから、一般意志❖への関心とか、自分の決定を表現する意欲とかも……一般的な意味で、公共の感覚がすこし欠けていたのです。つまり……。

❖　ルソーの社会契約論における基礎概念。国家の成員たる市民が個人の利益を離れて、全員の利益のために持つ意志。国家は、法に体現されたこの一般意志によって統治されることで、その正統性を確保する。

――使命感がなかったわけですね。別の仕事でもよかったというような。

**アンドレ** そうです、肩書きにいい気になって、職責がみえていなかったのです。自分が代表しているもの、なすべきこと、それが前提にするもの、たとえば人の役に立とうとする姿勢、ものごとを自分で再検討する気概、深い人間的資質、といったことです……全体的には、そうしたことに失望したわけです。でも、すごくいい奴もいましたよ。でも第一印象はだいたいのところそういう感じでした。それに、人間的にはずっといい人たちが試験に落ちたりしてましたしね。つまり、なんというか、ちょっといわゆる「ガリ勉」タイプなんですよ。法律の勉強にはいい人間なんですが、なにか欠けていたんです。(…) 精神的な姿勢ですね。司法学院では違ってました。まだ仕事をしていませんから。そこは、いろんな考えが行きかう場所で、そこそこ疑問に思った点を自問することもできます。でも、司法官という職業集団に入ると、気づくんです。ずっと前からもうなんにも自問しなくなっている人たちがいることに。彼らは、ただルーチンで仕事をやっているだけで、仕事なんかどうでもいいんです。でも私はこう思いました。「少なくとも、人のことは気にせず自分の仕事をきちんとしよう」と。うまくそうできたら、しめたものでしょう。

――なるほど、自分にはそういうことができるとずっと思ってたわけですね。

**アンドレ** 人に染まることなくね。

――まさにそうですね。でも、ほかの人に対して、自律的に行動することが可能だったんですか。

**アンドレ** ええ、単独裁判官〔合議制ではなく単独で職務を果たす裁判官。予審判事も含まれる〕の仕事をしようと思っていましたから。予審判事になろうと思っていました。それで……。

――最初からそのつもりだったのですか。

**アンドレ** ええ、学校に入ってすぐのころからでしたね。自分でもわかったんです。第一に、一番興味があったのは刑法でした。人間関係がありましたからね。それから、予審という仕事は、いろいろな責任がありますし、人との関わりもあるし、ある種の権力だってありますよね。それに、ものごとを理解したり、人を問いただしたり、といったこともするわけです。結局、それがおもしろいと思ったのです。それに、人間を理解する知的な側面とか、好奇心とかもありました……。

――刑法関係で、一番、「ガリ勉」的でないところってことでしょう?

**アンドレ**　そうです。一番、技術的でないのです。一番……。

――確かに、そんなふうな感じがしますね……。

**アンドレ**　そうです。でも一般的に言っても、予審というのは、ちょっと見た目には、法律の知識が一番要求されないものなのです。仕事の根幹の部分ではそうなのです。でも、一番、人間的な側面もあるんです。人に一番よく会う仕事ですし。そこが気に入ってたんです。だから自分でもできるだろうと思ってました。誰からも独立して、自分なりのやりかたで、わずらわされることなく……それに誠実に仕事することができるだろうと考えました。だから、失望を感じましたよ、自分の仕事をいつも誠実にやっているのに、――これは、その後、仕事をするようになってからのことですが――何度も、首にされそうになったのですから。ところが、私自身目にした知的に不誠実な連中や、仕事に対して無節操な連中は昇進し、正しくないことをしたり、事件をもみけしたり、疑問の余地がある人を罰したりした、そんな連中が出世したんです。私は出世したいとは思いませんでした。邪魔せずに自分の仕事をさせてほしかったのです。私には何度も圧力がかかりました。予審から出て行かせようとして。私を首にしたかったのです……。上層部というのは、誰もかれもなさけないものだと思いましたよ。私に対して、上層部のやったことはなさけないものでした。「待て。ほんとうのところはどうなのか見てみよう」と言う者は一人もいませんでした。私のことで嘘をつき、きたないことを言った連中はさっさと昇進しました。最高に早い昇進をしましたよ。ところがそいつらは、頭は悪く、道徳的にはどうしようもない連中でした……。どうしようもないんですよ。そんなこんなで、実際けっこう憤慨してたんです。

――そうですか。

**アンドレ**　これはぜひ言っておきたいのですが、国立司法学院にいたときは、私はめいっぱい勉強をしたわけではありません。人生を少しは楽しみました。その分、職務についてからは、常に仕事にうちこんで、誠実に働きました。自分から仕事を追い求めたわけではありませんが、被告の利益になることでしなければならないことがあるときには、なに一つおろそかにしたくなかったし、やれる限りのことをしました。ある時期には、一日一二時間働いていました。土日も働きました。司法官が一人欠員だったのですが、そのツケを被告に払わせて、長く刑務所に置いとくのがいやだったのです。こうやって公共サービスのために、目いっぱいがんばってるのに、上の連中は、私のやることが検察側や警察側の考えに合っていないということしか気にしていない。いい加減にしろ、ふざけるなってことですよ。こうして自分の時間を割き、ちゃんと仕事するためにちょっとは健康まで犠牲にしているのに、上が見ているのは……おまえは世間に波風を立てて騒がせている、おまえの決定は満足のいくものではない、ってことしかないんですよ。ほんとにショックですよ。私は誠実にやっていましたから、とうとう、完全に頭にきました。

［…］

今は、失望しているので、ちょっと誰もかれも批判しています、それはたぶん安易なことです……。みんながお互いに批判することになって、でもほんとうに私は自分は間違っていないと……こんなのではうまくいかないと思っています……正直言って、自分は裁判官になるための人間だと思ってました。ともかくも誠実な裁判官になれたし、きちんと仕事ができたと思っています。ある種の情熱も持っていると思います。つまり、おもしろい事件だったり、微妙な点のある事件だったりすると、調査し、掘り下げ、分析し、それから、戦うんです、もしそこに到達するのが正しいと思ったら……。判決を決める合議で、無罪判決を得るために戦います。それで、ほかの裁判官が有罪にしたがっているのに、私が無罪にする。あるいは逆に、ほかの人たちが無罪でいいと思っているときに、自分の意見をとおして有罪にする。そういう時は、そりゃあ、満足ですよ、立派に仕事をしたという印象を持ちますよ。だから、私は正しい裁判官になれただろうと思います。私には悪意も、サディズムもありません。なにか人間的なところがあると思います。人々には司法に対してちゃんと敬意を払ってほしいですけど、でも、その一方で、自分たちを苦しめたいと思っている非人間的な奴とわたりあっている、という印象を持って欲しくはないんです。まあともかく、すごく効率よくこの仕事をするというのは無理としても、できるだけ建設的な方向へとみんなの考え方を向けられるようにしたいのです。現実問題として、私は弁護士を排除はしません。弁護士も司法の一員なのですから。弁護士が厄介な問題を切り抜けて、依頼人の人生を救うのは、それは感動的です。法廷の意見を変えさせるなんてことができれば、そりゃそれでいいですけどね。弁護士になることは排除はしません。でも経済的な問題や、技術的な問題があるんです。だからどうするかまだわかりません……。でも、さしあたって、機構組織を変えるなんてことはできませんよ。できないですよ。私は国会議員でもないし、大統領でもありません。だから、組織はこのまんまですが、少なくとも、考え方を進歩させなくてはいけないでしょう。私がこうだと思っている、司法というものの概念を護るんです。そう、精神性を護るんですよ。というか、自由な精神の持ち主、少しは品格ある人たち、自分のやってることを問いなおすことのできる人たち、もしいい仕事ができてないなら、一〇年後に首になることを受け入れられる人たち、そういう人たちが必要なんです。批判されるのに慣れている政治家なんかがいますよね（批判されて、引き下がったり、弁解するのも得意ですよね）。こういう連中はあれこれ論争します。裁判官は論争しません。裁判官は、自分だけの場所にいて、仲間内でことを運び、身を隠し、こう言うのです。「どうせやっかいなことにはなりゃしない、ともかく有罪にしとこう」と。彼らはどうしてそういう判決になったのか、説明することができません。単に情報提供能力が足りないのではなく、勇気がないのです。その場で自分の役割を果たそうという気がない、人間味に欠ける、つまり、正当性を欠いているのです。なるほど、〔公的には〕彼らは正当性をもっています、だから、それを問い直したりはしないんです。ほんとうは、自分は裁かれる者のために働いているのだと感じる必要があるのに。

**――でも、組合だってありますよね……。**

**アンドレ**　司法官は一人で上層部に立ち向かうわけではありません。というか、何か問題があったとき、完全に一人だというわけでもないのです。だれでも資金請求をすることができます。予算面で多少の増額を求めて、ストをするとか。私も賛成です。私もみんなとおなじようにストをします。そうするのがいいと思うし、よい方向に行っていると思うからです。でも私が非難したくなるのは、そんなことをしてるうちに、何もしない司法官も大勢いるってことが隠されてしまうことなんです。こっちのことでは、だれも戦おうとしません。というのも、組合が身内の利益を擁護するから、組合には何もしない連中が大勢いて、時間外の仕事を頼んでも、誰もやってくれないし、いつも何もしてないくせに、「言語道断だ」とか言って抗議するのです。連中が働けば、まともになるでしょうに。だから、組合というものが問題なんです。いくつかの点で成果があったのは事実ですけど、でも同時に、無気力を生み出すこともたぶんあるんです。司法官組合は危機に瀕しています。再検討しなければならないことがいくつかあるでしょうし、それに、言うことは立派なのに、実際はたいして変わっていないのです。言ってることとやってることの間に差があるのです。どっかで組合の大会があって、みんなで刑務所の廃止を決議する。で、月曜日に家に帰ると、その日からもう、フル回転で刑務所送りをやってる。私にはそういうのがいつもショックでした。こんなことなら、自分が仕事でやっていることをきちんと考え、行動に一貫性を持たせたほうがいいでしょう。現実に刑務所を使っているんだから、刑務所に人を送り続けるし、これからもそうする、と言った方がいいでしょう。そのうえで、何とか刑務所の使用を限定し、救済措置に道を開き、どんな場合にそれを認めるか確定して制度を整え、刑罰行使の問題点を検討するとか、そういうことが大事でしょう。ああいう物言いは、にせ物だと思います。ああいうにせ物の知的な装いのせいで、結局、真剣にじっくり考察する必要がなくなってしまう。新しい思い切った考えを持つことで、現に今、自分がやっていることを深く考えなくてもよくなってしまうのです。私は、今は、それほど戦っていません。いくつか、原理的なことに関して最低限の戦いをしているだけです。組合に対して私が批判しているのは、こういう点です。組合の連中は、〔司法の〕独立に関する基本的な点が問題になると、こんなことを言います。「いや、でも、独立性が問題になるような司法行為の被害者が、闘いを起こすのをまず待つべきだ。被害者が救済を求めたときに……」。そのとき考えればいいというのです。私はそうではないと思います。独立性は、不利益をこうむっただれそれのために守られるのではなくて、原理として守られるべきなのです。個々のだれそれを守るという問題ではなく、絶対的に尊重されるべきなのにそうなっていない原理を守る、ということなのです。ぜんぜん尊重されていないんですよ、現状では……。

## すごく大切なことは、だれに認めてもらえるかということです

**アンドレ**　もう一つ重要な限界があります。以前はそれほど重要だと思っていなかったのですが、警察への依存です。われわれは完全に警察に依存しているんです。つまり、一目置いてもらうために、予審判事は警察を味方にしておく必要があるんです。そんなわけで、予審判事のほうが、ほとんどお願いする立場になってしまって、おかしなことになってる。警察官のほうが予審判事に従うべきなんですから。それでも、こういう形だけの原則を維持しておく必

要があるので、命令しているのはわれわれの方ってことになってますが、実際は、警察官がこっちに命令しているのです、現実にはそうなんですよ。警察が私らを必要とする以上に、こっちが警察を必要としているのです。

――そうですか……。

**アンドレ**　彼らは自分たちの好きなように時間を使ってます。こちらからほんとうに緊急に依頼しなきゃならないことがあると、「恐れ入りますが、ほんとうに、なんとかやっていただけるとありがたいんですが」とお願いするわけです。逆に、こっちが彼らの気に入らないことをやっていて、しかも間抜けな司法官にあたったりすると、言いたいことを言われて、非難されるはめになります……。私もこっぴどく非難されたことがありましたよ、憲兵〔→警察※〕のやったことを検証し直したときですけど。被疑者がこんなことを言ったんです。「憲兵の奴らがでっち上げをした。陰謀だ。証拠をねつ造した」。私は頭から被疑者を信用したわけではないんです。でも事実を確かめることにしました。ところが自分では司法の観点からよいと思った、というか健全だと思ったことで、私は非難されたのです。国家憲兵警察隊司令官から私のとこの検事に文書が来ました。たぶん検事のほうからそういう文書を出すように要請したのだと思います。「まったくこれは問題外の行ないであります。……氏は、憲兵の言葉に疑いをさしはさみ……」。そうじゃないんです。真意はそうではなかったんです。予審判事が自ら出向けば、捜査に対して補完的な保証を与えると、私は思ったのです。

――それは予審判事の義務の一環ですか。

**アンドレ**　もちろんです。ほんとのところがどうなっているのか調べるんですから。真実性に異議が申し立てられていたんですから、まず行って確認すればいいんです。ところがこうなんです。まったくどうしようもなくむかっ腹が立ちますよ。予告なしに警察署に行って、細かい点について警察官に聞いたわけです。おかげで真実を知ることができました。ただそれだけのことだったのに、まず、あらゆるつじつま合わせをして、そんな調査などなかったことにされました。私が調べたことによって、検察官が不誠実だったことがわかったからです。さらにそのあと、私のやりかたは許しがたいことにされました。なぜかと言うと、警察署に行くときには、お互いの言うことのつじつまが合うように、あらかじめ連絡しておかなければならないというんです！　むちゃくちゃじゃないですか！

それが、恐ろしいことなんです。それ自体は当然のことをしているうちに、だんだんどうにも許しがたいことになっていくのに気がつくんです。つまり、予審判事は自由で、真実を求める、とかいうような法の規則と大原則があります。でもその次には、ある種の問題について、たとえば警察の失態についてとか、そういう微妙なことが問題になるときには、してはいけない行動があるということに気づくんです。不文律があるんですよ。毎日そういうことが起こるわけではありません。でもときどき起こるんです。それで十分です。司法の信頼を失わせるには、事件が一つあれば十分なんです。私はそう思います。もみ消された事件も見ましたし、いろいろ見たんですよ。そんなことが今も続いてます。そんなこんなで、職務上の独立というものが本当に自分にあるのか、自問するようになったし、自分の職業の意義についてもそうです。この仕事をする能力を持っているし、天職だと感じてる部分もありますし、この仕事をほんとうにやりたいと、だんだん思うようになってきたのです。私は誠実に仕事しようとしました。勇気をもって、誰の言いなりにもならず、警察とも被疑者とも弁護士とも検察とも渡り合ってきました。検察とはずいぶん戦いましたよ。その証拠に、私はさんざんひどい目にあいました。私はこう思ってたんです。人から敬意をはらわれ、信用を得るには、予審判事は自分の考えをみんなに言うことができなくてはならない。それで、できるかぎり穏やかな態度を保つようにつとめる一方で、きちんと仕事しようとしました。(…)

さっき、傷つく、とかおっしゃったでしょう。私はほんとうに傷ついたのです。私はきちんと自分の仕事をしていました。愛情をもってです、ほんとうに仕事が好きでしたから。ところが認めてもらえませんでした。すごく大切なことだと思うのは、だれに認めてもらえるかということです。そりゃあ、一緒に仕事している人にですよね。まあ、一般的な常識ですが。私は一緒に働いてた警察官から認められてました、一目置かれてさえいました。警察官の中には、こちらからあれこれ要求してた人もいたのにね。弁護士や、拘置所の職員や、なにより私にぶち込まれた人たちからも一目置かれていましたよ。これはね、この仕事をやっていて得た満足のなかでも特別なものですよ。私はいつも刑務所で非常に評価されてました。つまり、私は約束を守る人間で、悪意を持ってる奴ではないということです。真実を追求している人間だということです。人にもそう言ってますし、人からも確かにそう見られていると思いますよ。そういうことは、文書とか、拘置所での話とかをとおして、わかるのです。大きく言えば、私たちが判断して裁くのとおなじように、私たちも判断されているのですよ。拘置所はちゃんと判断していますよ。そういうとこで評価されるのが、私にはうれしかったのだと思います。反対にショックを受けたのは、役所の方がそんなことは決して考慮に入れないということでした。それこそ、私が仕事で現実にしていることなのに。どういうことかというと、仕事をしながら、相手がこう感じてくれるようにしたかったのです。つまり、自分がここにいるのは、人を苦しめるためではなく、気高い意味での正義の原則を適用しようとしているのだということです……気高い意味というのは、あるべきかたちの正義ということですが、つまり、正義というのは、それで人が裁かれ、罰を受けるのであって、人を苦しませるために正義があるのではないということです。そこには、復讐を超えた使命があります。罰を理解させ、今後くりかえすことがないようにする、という使命です。ほんとにショックだったのは、私の仕事がきちんとなされているかどうか、だれも見てみようとはしなかったことです。

――司法という仕事の世界でそうなんですか。

**アンドレ**　そうなんですよ！

――……別の規則で動いているんですね、その世界は。

**アンドレ**　別の基準ですね。逆に最後には私が司法官仲間からつまはじきにされ、ほんとうにのけ者にされたのです。同期で、無能なのに、昇進した者が何人もいます。私は自分の価値が認められていないと感じましたよ。それと、これこそ一番根本的なことですが、私が感じたのは、もし人事査定の別の評価基準ってものがあったとしたら、といっても私は査定に汲々とする人間ではありませんが、しかし、もし判事を、実際の仕事に応じて、また、一緒に働いている者や訴訟当事者の意見も参考にして、違ったやり方で査定したなら、私は認められていたのではないかという印象を持っています。反対に、なにもやらず、面倒なことが一度もないまま、順調にキャリアを重ねてゆく者もいます。逆にもし訴訟当事者に、自分では判決を下さない者、やっつけ仕事をしている者、書類に目をとおさない者、こういう連中に満足かときけば、関係者はみんな、満足していないと答えると思いますよ。ありえないことなんですよ。だから、現実に仕事でやってることと査定との間に隔たりがあるんです。明らかですよ。私は査定なんかどうだっていいと思ってました。けれども、査定しだいで、ある種の仕事をやらせてもらえないとか、有利な人事異動からはずされるとか、またときには懲戒処分の圧力を受けることになるとは、思ってもみませんでした。そうなると、自分を正当化しなくてはいけない、とかいろいろ出てきます。体制順応主義ということも問題ですね。私の考えでは、大切なのは、自分が良く見られているかどうかではなく、やっている仕事の質を知ること、それが司法的に正しいかどうか、人間的に適用されているかどうか、わかっていることです。そんなことは、今じゃまったくはやってませんよ。逆に、たとえば、ネクタイを締めていないとか、私はそのくちでしたが、そんなことが物議をかもしたのです。私が指名された最初のポストでは、私が着任する前に会合がひらかれ、そこで検事正〔共和国検事〕※が検察官全員を集めてこう言ったのです。「いいか。頭のおかしい予審判事が来ることになった。そいつはネクタイなしでやって来るぞ」。まるでそんなことがほんとに許されないことのように……。ところが、検事正のほうは、封印物から抜き取ったり、たえず偽造をおこない、警官にも偽造させてました。もし上層部が聴取にのりだしていたら、それが本当だということが、知られずにはすまなかったでしょう。検事正は一度もめんどうなことにはなりませんでした。そうです、どこをみても、正直者がバカを見る……結局、重要なのは、波風立てないことです。あまり人の話題にのぼらないことです。話の種にならないことです。

根本的な問題ですけど、司法はなにかぼんやりしたものであってはならないと思います。何かめりはりのきいたものであるべきです。とりたてて激しいものであってはなりませんが。ある場合には、司法は厳格であるべきです。けれどもそれは……輝きがあるべきなんです、裁判をおこなうためには、ときには輝きがなくてはなりません。いつもいつも閉じていてはだめです。いつもいつも、「基準」にそった、大変節度ある決定を下すだけではだめなのです。現実には適合していない、偽りの「基準」があって、しかもそれを適用するように、いわば無理強いされるからです。つまり、もし社長さんを刑務所に送れば、「いや、この判決は節度を欠いている。正常ではない」と言われます。もし警察活動に行き過ぎがあるというので、警官を取り調べると、「いや、そんなことしちゃだめだ」と言われます。結局、従わなければならなくなる。それとは逆に、小さな犯罪に手を染めた一般の人に対してちょっと気がとがめたりすると、気にしすぎるとか、おセンチだとか、非難されるのです。

## 判事は自分が全うする仕事によって自分の正当性を示すべきでしょう

――そういうことは、職場全体でやっていることなんですか。それとも……。

**アンドレ**　そうです。こういうことをしてるのは、上層部であり、裁判所長であり、検事正です。さらに、もう一つあります。われわれは事実上、検事正に査定されているんです。で、検事正と所長が仲がいいと、大変なことになります。というのも、所長が先行査定をして、それを控訴院※へ伝達するのですが、予審判事の査定の場合、所長はまず検事正に会いに行きます。検事正が予審判事とうまくいっていないときには、予審判事の査定は悪くなります。こうなると、最終的には、予審判事が非難されるわけです。というか、訴訟当事者に対する独立という点で非難される可能性があるのです。なぜなら、検事正も、法の精神にてらせば、訴訟当事者の一つだからです。弁護側におとらずそうなのです。われわれ予審判事がほんとうに独立しているかどうかという問題には、司法の信頼性がかかっていますす。ところがです、一般的に言って、われわれは独立していないのです。確かに予審※というのは告訴と弁護の両方の観点から行なわれます。ですが、予審判事は、被疑者よりも検察寄りなのです。それでも、誰もそんなことはありえないなんて言いません。予審が検察に有利になるという、こういう当然の前提が私にはいやなんです。

――司法というところが、自分の考えたようには機能していなかったということの根本には、なにかそんなことがあったのですね……。

**アンドレ**　そうです。それに、そんなところでは法律も無意味になってしまうということです。つまり時々、適用してはいけない法律があるのです。一例をあげましょう。一度私は弁護側から証人として法廷に召喚されました。まさに検事正があれこれ裏工作をしていた事件でした。召喚された証人は、法廷に出なければなりません。そしたら、そのことで私は非難されたのです……私は出廷し、検事正を徹底的に批判しました。というか、できる限りそうしようとしました。検事正はこの事件で公平無私ではなかった、公正を欠いていた、と言ったのです。私は発言を途中で止められました。言ってはならないことだったからです。しかし、真実を言おうとすれば、不快なことも言わなくてはなりません。ここでもまた、偽りの基準が顔を出してくるんです……。私にとって、本来従うべき基準とはこういうことです。「いや、検事正殿、この件に関して、貴官は公正を欠いておりました、悪意を持ち、すさんでいました。非合法の捜査を行ない、すべきでないことをしました」と。これが私にとっての真実です。気分を害されても、言わなくてはなりません。結局、証言したために私は非難されました。理論的、司法的な観点から言えば、証人は出廷しないと処罰され罰金を払わされるんです。しかし現実には、場合によってそうすべきこともあれば、場合によってはそうすべきでないこともある、となるんです。

**――そうですね。**

**アンドレ**　腹の立つことがほかにもあります。たぶん、公務員に対してよく言われる批判にもちょっと関係あるんですが、せこいところがあるんです。仕事をしない人たちがいるんですよ。というか、なるたけ仕事をしないですませようとして、みんなが仕事を押しつけあっています。今現在だって、びっくり仰天するようなさぼりが、同僚にもたくさんいるのですよ。X市の司法官のうち、ほんと言って、五〇パーセントはなるたけ仕事をしないですませようとしています。いらいらしますよ。そんなふうだと、考え方が偏狭で、いやしくなります。ついには、被疑者の利益など忘れてしまうことになります。こんなことを言う怠け者だっています。「一生懸命やったってどうせ報われないんだから、かまうもんか。できるだけやらないほうがましだ」。こう言う者もいます。「勲章やらなんだらを用意して、ナポレオンは人々を鼓舞した。われわれには勲章なんてないんだからね……」。

**――言ってみれば、正当化しているわけですよね、自分の……。**

**アンドレ**　怠惰を。

**――……その怠惰をですね、要するに、当然のこととしているんですね……。**

**アンドレ**　そうです、当然のこととしてほとんど要求しているわけです。こう言ってますからね。「なあ、あくせくするのはやめとこうぜ、どうせ俺たちには上に行くチャンスなんかないんだから」と。確かに刺激的ではないんです。私が思うには、ある意味で、われわれはちゃんとリスクのある状況に置かれていないのです。戦わざるをえない状況、ともかくも自分たちの価値を正当化しなくてはいけない状況が必要かも知れません。それから、正当性というものが、与えられているのではなく、勝ち取るものでなくてはいけないのかも知れません。そうすれば、考え方も変わってくるんじゃないかと思いますよ。判事は自分が全うする仕事によって自分の正当性を示すべきでしょう。民事にせよ刑事にせよ、自分の下す決定の司法的な質によってです。

**――その正当性の獲得ですが、それはだれがどのようにして……。**

**アンドレ**　それは、込み入ってましてね。でもおおまかなところでは、いまお話しした、現実の仕事と査定との間の隔たりの問題なんです。査定というのは、波風立てずにいたとか、所長や同僚と仲がよかったとか、検察側と問題をおこさなかったとか、そういう事実に基づいてなされます。こういう査定は、自分が仕事をするのを見てくれている人、つまり、弁護士や、書記官ですね、それから、予審判事の場合は警官、憲兵、囚人といった人たちも含まれますが、こういう人たちに本当に認められているという事実とはかけ離れています。結局、会ったこともない人たちによる無意味な評価と、広い意味で「人の話では」という評価の間にある違いなのです。だれそれが何もやっていないことを人は知っている、とか。だれそれは良心的な司法官だと人は知っている、とか。こういう「人の知るところ」というのが、まあ、確かに主観的ではあるのですが、それが……それをうまく伝える方法があるべきなんですね。それをもっと取り入れて欲しいんです。そうして、現実を、各人の仕事の本当の姿をもっと考慮にいれてほしいんです。すごく良く仕事ができているのに、惨憺たるキャリアであるというのを目の当たりにするのは、不愉快ですよ。一緒に仕事をしている人たちからは認められているんですからね。ところが反対に、仕事はひどくいいかげんなのに、すばらしいキャリアを誇る人もいます。人間関係とか、友人関係とか、まあいろいろなことがものをいうわけですからね……たぶん政治的な後ろ楯とかも……。

［…］

それから提訴を受けた事件とそうでない事件とがあるわけです。脱税事件などで、常に必ず提訴されるとは限らないものがあり、握りつぶされる事件もあるわけです。政治的事件はいわずもがなです。それでそんなことでも、私だけが言うんじゃなく、一般的に言ってですよ、そんなことでもみんなうんざりしはじめているのです、司法官はみんな、というか司法官の大部分はですね、事件が握りつぶされることについて……。

**――事件の一部がということですよね……。**

**アンドレ**　そしてみな、そのことを知っています。囚人も知っているのです。今ではフランスの拘置所にはいっている囚人の半分以上が知っていると言ってもいいと思います……司法は不公平で、政治家や有力者がらみの事件は握りつぶされている、ということをです。信用できないということをです。信頼を失っているのです。法務大臣が「そうです。神聖なる使命などない、判事は神聖なる使命を与えられているわけではありません」と言うのを聞くと、私は、人々に理解してもらうには、やはり価値を明確にする必要があると思うのです。そういう価値に近づこうと努力しない限り、信頼してもらえません。

[…]

――そうですね。

**アンドレ**　司法の信頼を回復しようと思うなら、一緒に仕事をしている人たちにたいする権限を再度確立する必要があります。とりわけ警察にたいする権限ですね。変革を推奨する〔委員会や審議会の〕答申に対して私は大きな不満があるのですが、それは、検察機構に対する政治的監督のことが問題にされていないということです。まあ、ぜんぜん問題にしていないというわけでもないんですが。それから、司法が警察に対してまったく権限を持っていないという事実も問題にしていません。現状では、捜査の根幹になるところは、警察がやっているのです。予審判事は例外的で、いずれにしろ、すべてをとりしきることはできません。予審判事がもっとやるべきでしょうが、何もかもはできないのです（…）でも、司法は警察の捜査の段階を超えなければなりません。したがって警察は……。

――どうして超えなければならないのですか……？

**アンドレ**　単なる捜査ですませてはいけないということです……確かに、警察も非常に優秀でありえるのですが、でも警察の精神だけでは、えてして、十分とはいえないのです。それは、「おまえがやった」ということをつきとめる精神で、たんに動機を知り、状況を知ろうと努めるわけです。司法は、また別です。私の考えでは、理解するためにはある種の感受性が必要です。いろいろなことを吟味し、被疑者の生き方をみつめ、といったことが必要になるでしょう……この点に関して、警察官はかなり単純化する傾向があると私は思います。もちろん、警察は必要ですよ……。私にとって、判事という概念は……精神の自由を持つこと、言いたいことを思い通りに言えること、独立を確保すること、自分の考えを主張できること、それが確固とした、明快な主張であること、意見を述べるときに自己規制するように強制されないこと、こういったことが必要なのです。

——だれに対してそういうことが必要なのですか。

**アンドレ**　大きくみれば、警察官に対してです……。警察は、国家のなかの国家です。大変重要な存在です。自分たちの組合組織とかも持ってますしね。私たちより、彼らのほうが人数が多いし、予算も巨額ですし、内務省の権力は最強です。ですから、彼らが決めて、彼らが仕事をするんです。私たちは、最後にやってきて、アフターサービスをやるわけです……。私は思うのですが、私たちは……、そう、私たち判事は自由人でなければいけないのです。独立性もあり、勇気も、品格も、活気もあり、自分の決定を説明することができ、少しばかりは、いわゆる「権威」もあり、こそこそ逃げ隠れせず、確固たる主張を持っているけれども、乱暴ではなく、人にたいする敬意を欠くこともなく、先入観や予断をもって仕事をするのでもない、そんな人でなくてはいけないと思います。そうです、これです。判事には、なんて言うか、懐の深さがなければならない。公共の場で自分の見解を主張することができ、行動によって、自分に審判する正当性があることを示すことができなくては。

［…］

——現在、これまでの職業上の経験をふまえて、ほかの人にもこの職業を勧めますか。

**アンドレ**　正直に言ってですか。うーん。仕事はおもしろくないわけではありません。仕事そのものはいいんですが。あまり幻想を抱かないでやらなければなりません。それに戦わなくてはいけない。仕事を正しくやれるように、ほんとうに戦わなくてはいけないんです。

——あなたの職場では、戦っている人はいますか。

**アンドレ**　ええ、そりゃもちろん。すばらしい判事もいますよ……。

——そうですか。

**アンドレ**　敬服している判事もいますし、やるべきことをちゃんとやっている司法官や、立派な仕事をしている弁護士もいます。ときどき感動することがあるんですよ、弁護士でこんなことを言ってくれる人があると。「私の依頼人は収監されて二年になるんですが、予審判事がとても思いやりのある人で、当人の人格を理解しようとしてくれましてね、人間的なとても気持ちのよいふれあいができたんですよ」というようなことをです。予審判事が、バカなことをしでかした犯罪者の依頼人から認められてるんです。それとか、重大な罪で告発されている人が、予審判事に対して敬意を抱くわけです。私はこういう判事を誇りに思います。厳格かつ細心でありながら、真実を求め、被疑者がやったことを理解しようとし、フランスに同化されるべき人たちと交流を持つ、そんな判事がいるのです。フランス社会にはマグレブ※の人たちがいます。彼らを社会に同化させる役割をわれわれは持っている、と私は思います。法律を思い出させ、ちょっと父親代わりのようなことをするわけで、その仕事がきちんとできたときは、すばらしいですよ。判決をくだしたときに、法廷の人たちから拍手が起こることがあるんです。うれしくて拍手喝采というのではありません。しっかりと正義が行なわれたと思うゆえの拍手なのです。それで人々は満足なのです。裁判官は媚びを売ったわけではありませんが、少しリスクのある決定を選んだのです。そうです。少なくともよい判決を出すには、ときにはある意味でリスクを冒す必要もあるのです。リスクといっても、罪状に関するものではありません。奇妙に見えること、大胆なことをするということなのです。というのも、きちんと適切な制裁を課すには、ときどき踏み慣れた道からはずれることも必要になるからです。それまでとは別のこと、人が予想もしないこと、検察の要求とは合致しないこと、びっくりさせることをしなければならないわけです。よい判決を下すには、ときには驚かす必要があると思います。そして、例外的にですが、こうした驚くべき判決をくだし、しかも人々が満足するというようなときには、それは、だいたいにおいて、よい判決なのです、そうです、そういう時、私は満足し、誇りを感じます。

**——何か具体的な例はありますか。**

**アンドレ**　ありますよ、もちろん。

——たとえば？

**アンドレ**　大量の麻薬密売事件に関係した女性がいました。キロ単位のヘロイン売買です……。その女性は尿便失禁をともなう多発性硬化症を患っていました。二年前に拘留されましたが、一貫して事実を認めていました。態度もなかなか立派でしたよ。裁判は二週間続き、弁護士はこう言いました。「医者は彼女の健康状態が収監にたえられると明言してます」と。でもこういう状態にあればですね、つまり彼女はおむつをしていたし、たえず席をはずしていたんですから、収監は尊厳に反すると考えてもよかったのです。それでわれわれは考えを変えました。懲役八年に処そうとしていたのですが、執行猶予付き六年の刑にしたのです。その日の夕刻には彼女は釈放されました。私たちは自分の責任を果たしたと思います。(…) これでおわかりのように、意見を変えることは可能なのです。自分を問いなおし、人間的な問題を考慮に入れること。その点で、あの時、私は司法を誇りに思いました。私は退室しました、私は満足でした。こう思っていました、「Y市では、きちんと仕事がされている」と。

**――自分で妥当だと思ったときは、人に罰をくだすことにも満足しているのですね。**

**アンドレ**　そのとおりです。たとえば労働法関連の一件では、判決前の討議では判事は全員、「これは詐欺だ」と言ってました。私は戦いました。というのも、被告側の言っていることは現実とは異なっていて、労働法に合致していなかったからです。パートで人を雇っていた者がいたのですが、完全に違法でした。被告側弁護士の準備した議論は、表向きは悪くありませんでした。けれどもすこし掘り下げてみると、完全に間違っていて、あらゆる乱用へつながるものでした。私はほかの二人の裁判官を納得させる論点を見つけました。満足でした。私は思いましたよ、自分は何の役にも立たなかったわけではない、と。私はあらかじめ書類に目をとおしていて、その私が議論を主導したのですから、それは正しく一貫したことだと思っています。労働者の利益を守るということでしたが、先入観をもって雇用者をみることもなく、法にそって判断したのです。それに、相手の策略を空回りさせ、まことしやかな議論に足を掬われなかったことにも、満足でした。(…)

**――それはほんとの例外ですか……。**

**アンドレ**　いいえ。ありがたいことに、ちゃんとした人たちもいますからね。例外だってほかにもままあるんですよ。とはいっても、組織は……。

**――そうですね、組織の力は強まる傾向ですね……。**

**アンドレ**　そうです。ごらんのとおりですよ。少しばかり口を開いたおかげで、私は散々な目に遭いましたよ。単独判事の職からはずされましたし、首にされそうになりました。だから私もやっぱり、ちょっと組織の価値観を取り入れたわけですよ。つまり、裁判所長に、あなたのやっていることは言語道断だ、といわなければならないときには、今では丁寧にこう言ってますからね。「しかし、まあ、こういう問題もあるんじゃないでしょうか」ってね。しかしですよ、判事というのは、ノーと言えなくてはいけないのです。そんなことは許されない、原則に反している、法に反している、と言えなくてはいけないのです。私たちは、民間企業で働いているわけではありません。だから企業の論理に従う必要はないのです。管理職が、自分より上の管理職に従うといったようなことです。判事は、公的な人間でなきゃいけないんです、つまり、そう、市長とか、選挙で選ばれた人みたいなもんです。一般の利益を擁護する職務を務め、「あなたの利益はそうだろうが、共通の利益はそうではない」と言うことができ、同時に、少数者の利益も侵害されないようにする、そういう人です……。

一九九一年

〔以下、第Ⅱ分冊〕

## 編者紹介

ピエール・ブルデュー（Pierre Bourdieu, 1930-2002）

高等師範学校卒業後、哲学の教授資格を取得、リセの教員となるが、55年アルジェリア戦争に徴兵。アルジェ大学助手、パリ大学助手、リール大学助教授を経て、64年、高等研究院第6部門（後の社会科学高等研究院）教授。81年コレージュ・ド・フランス教授、2001年同名誉教授。レイモン・アロンの下で創設したヨーロッパ社会学センターおよび教育・文化社会学センター（現在は前者に統合）、雑誌『社会科学研究学報』を主宰し、90年代には出版社レゾン・ダジールを創設するなど、学際的共同研究を国際的に展開。20世紀における最も影響力ある社会科学者のひとりであり、新自由主義に反対するグローバルな動員を呼びかけた知識人のひとりだった。

社会学ならびに人類学の数多くの古典的作品の著者であり、『ディスタンクシオン』『再生産』（パスロンと共著）『社会学の社会学』『構造と実践』『話すということ』『資本主義のハビトゥス』『社会学者のメチエ』（シャンボルドン、パスロンと共著）『芸術の規則』『自由―交換』（ハーケと共著）『遺産相続者たち』（パスロンと共著）『ホモ・アカデミクス』『教師と学生のコミュニケーション』（パスロン、サン・マルタンと共著）『ハイデガーの政治的存在論』『政治』『住宅市場の社会経済学』『リフレクシヴ・ソシオロジーへの招待』（ヴァカンと共著）『実践理性』『結婚戦略』『国家の神秘』（ヴァカン他と共著）『パスカル的省察』『科学の科学』『自己分析』『国家貴族』『介入』『男性支配』『知の総合をめざして』など、また〈シリーズ・社会批判〉として『市場独裁主義批判』『メディア批判』（以上邦訳、藤原書店）など、多数の著書がある。

## 監訳者紹介


### 荒井文雄（あらい・ふみお）

1953年生。パリ第8大学一般言語学科博士取得。上智大学外国語学研究科言語学専攻博士後期課程中退。同大学言語情報研究所助手。1989年より京都産業大学外国語学部勤務。現在同大学名誉教授。言語学、教育社会学、メディア社会学専攻。

著作に「日本語及びフランス語における空間表現の対照意味論」（1994年）、「日本語における起因他動詞の習得段階」（2003年）、「フランスにおける学校選択と社会階層」（2011年）、「重大災害時におけるメディアの役割」（2012年）、「『風評被害』のプロトタイプ意味論」（2014年）、「福島第一原発事故関連報道と象徴暴力」（2016-17年）（以上『京都産業大学論集』）、「職業高校生たちの職業移行問題の構造」（園山大祐編著『教育の大衆化は何をもたらしたか』勁草書房、2016年）等がある。

### 櫻本陽一（さくらもと・よういち）

1966年生。1996年、パリ・ソルボンヌ（パリ第4）大学DEA（研究深化学位）取得。1999年、東京大学大学院総合文化研究科国際社会科学専攻単位取得退学。和光大学現代人間学部准教授等を経て、現在、社会科学高等研究院（EHESS）ヨーロッパ社会学センター所属、日本大学通信教育部・東洋大学社会学部講師。社会学専攻。

訳書にブルデュー『メディア批判』（2000年）『介入 I・II』（2015年、以上藤原書店）、論文に「職業団としてのフランス初等教員組合運動――その歴史的形成および解体の条件と意義」（広田照幸編『戦後日本における教職員組合』日本大学文理学部広田研究室、2018年）等がある。



**世界《せかい》の悲惨《ひさん》 I**　（全3分冊）

2019年12月31日　初版第1刷発行 ©
2022年 6月30日　初版第2刷発行

監訳者　荒井文雄
　　　　櫻本陽一

発行者　藤原良雄

発行所　株式会社 藤原書店

〒162-0041　東京都新宿区早稲田鶴巻町523
電話　03（5272）0301
FAX　03（5272）0450
振替　00160‐4‐17013
info@fujiwara-shoten.co.jp

印刷・製本　中央精版印刷

落丁本・乱丁本はお取替えいたします
定価はカバーに表示してあります

Printed in Japan
ISBN978-4-86578-243-1

**超領域の人間学者、行動する世界的知識人**

# ピエール・ブルデュー （1930–2002）

「構造主義」と「主体の哲学」の二項対立をのりこえる全く新しい諸概念を駆使して、人文・社会科学のほとんどあらゆる分野を股にかけた「超領域の人間学」者。

コレージュ・ド・フランス教授の職務にとどまらず、社会学の共同研究はもちろん、自ら編集した雑誌『Actes』、自律的出版活動〈レゾン・ダジール〉、「ヨーロッパ社会運動協議会」の組織などを通して、世界的な知識人として行動。最晩年は反グローバリゼーションの国際社会運動をリードした。拡大された「資本」概念（文化資本）、〈場=界〉（champ）の概念をはじめ、人文・社会諸科学への影響は日増しに深まっている。

---

**圧倒的名著の普及版、ついに誕生**

*LA DISTINCTION*

普及版

# ディスタンクシオン Ⅰ・Ⅱ

〔社会的判断力批判〕 （全2分冊）

**P・ブルデュー** 石井洋二郎訳

絵画、音楽、映画、読書、料理、部屋、服装、スポーツ、友人、しぐさ、意見、結婚……。毎日の暮らしの「好み」の中にある階級化のメカニズムを、独自の概念で実証した、ブルデューの押しも押されもしない主著にして名著。

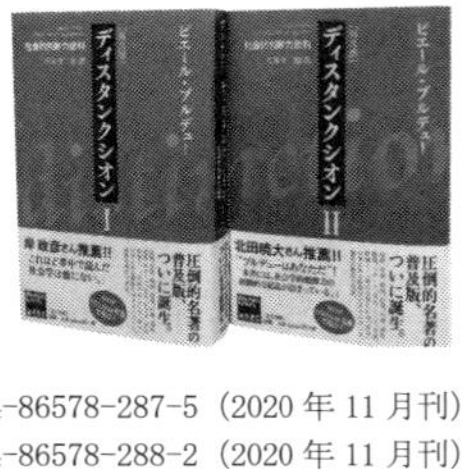


●**第８回渋沢・クローデル賞受賞**

Ａ５判 Ⅰ 528 頁 **3600 円** ◇ 978-4-86578-287-5（2020 年 11 月刊）
Ⅱ 520 頁 **3600 円** ◇ 978-4-86578-288-2（2020 年 11 月刊）

**ハードカバー版（全2分冊）** Ａ５上製 **各 5900 円**（1990 年 4 月刊）
Ⅰ 512 頁 **品切**◇ 978-4-938661-05-2 Ⅱ 500 頁 **品切**◇ 978-4-938661-06-9

大学世界のタブーをあばく

## ホモ・アカデミクス

P・ブルデュー
石崎晴己・東松秀雄訳

この本を焼くべきか？　自己の属する大学世界の再生産を徹底的に分析した、科学的自己批判・自己分析の金字塔。世俗的権力は有するが学問的権威を欠く管理職的保守派と、その逆をゆく知識人的革新派による学部の争いの構造を、初めて科学的に説き得た傑作。

Ａ５上製　四〇八頁　**四八〇〇円**
（一九九七年三月刊）
◇978-4-89434-058-9

*HOMO ACADEMICUS*　Pierre BOURDIEU

まったく新しいハイデガー像

## ハイデガーの政治的存在論

P・ブルデュー
桑田禮彰訳

一見社会的な政治性と無縁にみえるハイデガーの「純粋哲学」の核心に社会的な政治性を発見。哲学と社会・時代の関係の本質にラディカルに迫る「哲学の社会学」。哲学言語の「内在的読解」による哲学的自己批判から、デリダ／ブルデュー論争の本質を明かす。

四六上製　二〇八頁　**二八〇〇円**
（二〇〇〇年一月刊）
◇978-4-89434-161-6

*L'ONTOLOGIE POLITIQUE DE MARTIN HEIDEGGER*　Pierre BOURDIEU

ネオリベラリズム批判

## 市場独裁主義批判

P・ブルデュー
加藤晴久訳＝解説

ピエール・ブルデュー監修〈**シリーズ・社会批判**〉第一弾。「市場」なるものが独裁者然と君臨するグローバリズムへの対抗戦術を呈示。最晩年のブルデューが世界各地で行なった、緊張感溢れる講演・政治的発言を集成。「市場派」エコノミストの詭弁をあばき、「幸福の経済学」を提唱する。

四六変並製　一九二頁　**一八〇〇円**
（二〇〇〇年七月刊）
◇978-4-89434-189-0

*CONTRE-FEUX*　Pierre BOURDIEU

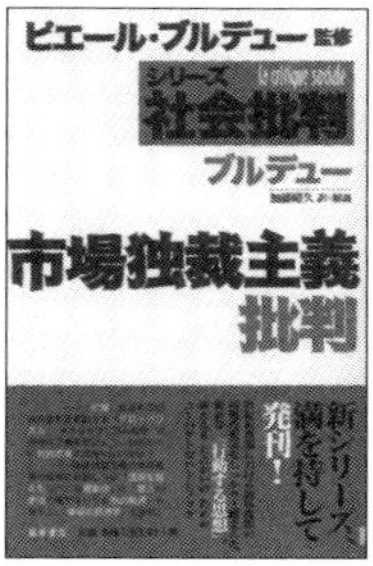


商業主義テレビ批判

## メディア批判

P・ブルデュー
櫻本陽一訳＝解説

ピエール・ブルデュー監修〈**シリーズ・社会批判**〉第二弾。メディアの視聴率・部数至上主義によって瀕死の状態にある「学術・文化・芸術」を再生させるために必要な科学的分析と実践的行動を具体的に呈示。視聴者・読者は、いま消費者として「メディア批判」をいかになしうるか？

四六変並製　二一六頁　**一八〇〇円**
（二〇〇〇年七月刊）
◇978-4-89434-188-3

*SUR LA TÉLÉVISION*　Pierre BOURDIEU

「これは自伝ではない」

# 自己分析

P・ブルデュー
加藤晴久訳

父母や故郷など自らの出自から、一九五〇年代のフランスの知的状況、学問遍歴、アルジェリア経験、そして「取り返しのつかない不幸」まで。危険を省みず、自己自身を容赦なく科学の対象としたブルデューの絶筆。『パスカル的省察』『科学の科学』に続く晩年三部作、ついに完結！

四六上製　二〇〇頁　二八〇〇円
（二〇一一年一月刊）
◇978-4-89434-781-6

*ESQUISSE POUR UNE AUTO-ANALYSE* Pierre BOURDIEU

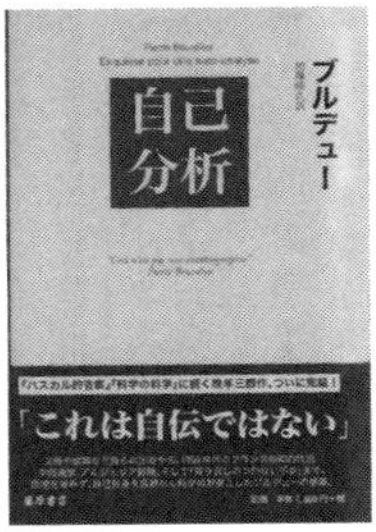


ブルデューの"資本論"

# 国家貴族 Ⅰ・Ⅱ

（エリート教育と支配階級の再生産）

P・ブルデュー
立花英裕訳＝解説

膨大な文献資料・統計データを渉猟し、一九六〇―八〇年代フランスにおける支配階級再生産の社会的基盤を分析、「権力維持に文化・教育が果たす役割」についての一般理論を展開。

A5上製　Ⅰ四八〇頁　Ⅱ三五二頁
各五五〇〇円
（Ⅰ二〇一二年二月刊　Ⅱ二〇一二年三月刊）
Ⅰ◇978-4-89434-841-7
Ⅱ◇978-4-89434-842-4

*LA NOBLESSE D'ÉTAT* Pierre BOURDIEU

四〇年にわたる「政治的発言」の主要テクストを網羅

# 介入 Ⅰ・Ⅱ

（社会科学と政治行動 1961-2001）

P・ブルデュー
F・プポー＋Th・ディセポロ編
櫻本陽一訳＝解説

社会に介入＝発言し続ける「知識人」ブルデューの真価とは何か。全生涯の社会的発言を集成し、旧来型の「社会運動」への挺身でも「国家」の単純な再評価でもなく、両者を乗り越えてグローバリズムと対峙したブルデュー思想の現代的意味を炙り出す決定版論集。

A5並製　Ⅰ四〇八頁　Ⅱ三三六頁
各三六〇〇円　（二〇一五年三月刊）
Ⅰ◇978-4-86578-016-1
Ⅱ◇978-4-86578-017-8

*INTERVENTIONS 1961-2001* Pierre BOURDIEU

ブルデュー社会学の集大成！

# 世界の悲惨 ⅠⅡⅢ

P・ブルデュー編
荒井文雄・櫻本陽一監訳

ブルデューとその弟子ら二三人が、五二のインタビューにおいて、ブルーカラー労働者、農民、小店主、失業者、外国人労働者などの「声なき声」に耳を傾け、その「悲惨」をもたらした社会的条件を明らかにする。

第56回日本翻訳出版文化賞　翻訳特別賞受賞

A5並製　各四八〇〇円
Ⅰ四九六頁（二〇一九年一二月刊）
Ⅱ六〇八頁（二〇二〇年一月刊）
Ⅲ四六四頁（二〇二〇年二月刊）
Ⅰ◇978-4-86578-243-1/256-1/257-8

*LA MISÈRE DU MONDE* un collectif dirigé par Pierre BOURDIEU